Beat Niederberger

Sarah – Warum gerade ich?

Eine Pflegekind-Geschichte

Lysingur Verlag

Alle Rechte vorbehalten
© 2000 Lysingur Verlag
Beat Niederberger, Grabenstrasse 57, 4814 Bottenwil
Lektorat: Beatrice Schultheiss, Uster
Satz und Druck: Druckerei Odermatt AG, Dallenwil
Ausrüsten: Schumacher AG, Schmitten
gedruckt in der Schweiz auf chlorfrei gebleichtes Papier, Z-Offset W
ISBN 3-9521186-8-0

Für Sarah

Ennetmoos, 25. September 1995

Liebe Sarah

Seit fast einem Jahr lebst du jetzt bei uns. Für mich war es ein sehr spannendes Jahr. Du hast viel Abwechslung und Action in unser Haus und auch in mein Leben gebracht. Es war ein intensives Jahr. Ich habe dank dir in diesem Jahr oft lachen können. Manchmal hatten wir auch schwierige Situationen, in denen es nicht ganz einfach war mit dir. Ich denke, das ergeht dir wohl auch so, es war sicher auch nicht immer einfach mit mir.

Manchmal habe ich das Bedürfnis, dir etwas mehr zu erzählen, wie es mir so mit dir ergeht, wie ich dich erlebe und was ich dabei so denke. Dazu aber finden wir kaum die Gelegenheit. Gespräche zwischen dir und mir sind ja immer sehr kurz und bündig. Ich habe dir deshalb die Geschichte aufgeschrieben.

Die folgende Geschichte ist aus meiner Erinnerung frei erfunden. Sie ist also nicht wahr in dem Sinne, dass sich die Ereignisse so zugetragen hätten, wie sie hier beschrieben sind. Die Geschichte hat auch viele Lücken, denn ich war ja meistens nicht selber dabei. Aber die Geschichte sagt dir ein bisschen, wie ich dich erlebt habe. Ich überlege mir auch oft, wie es dir bei uns wohl gefällt und wie du dich fühlst. Das habe ich auch aufgeschrieben. Es ist also mein Eindruck, meine Sicht der Erlebnisse. Vielleicht hast du es ja ganz anders erfahren.

Die Geschichte ist noch nicht fertig. Das ist der erste Teil. Ich bin am Weiterschreiben, und es ist ja bald Weihnachten, dann bekommst du ein weiteres Kapitel.

Sarah, ich freue mich, dass du bei uns lebst. Manchmal lache ich mit dir, manchmal leide ich mit dir, manchmal ärgere ich mich über dich, manchmal ärgere ich mich über mich, aber immer bin ich froh, dass es dich gibt und dass du mit uns so offen und ehrlich bist. Ich freue mich auf die weiteren Abenteuer und hoffe, dass ich dir ein nicht allzu schlechter Wegbegleiter sein kann.

So, nun wünsche ich dir viel Spass beim Lesen der Geschichte.

Dein «Hüetiätti» Walo

Ein neues Zuhause

Lysingur und Airline

Sarah Huber war froh, dass sie für zwei Wochen nicht mehr zur Schule musste: Osterferien. Sie war elfjährig und besuchte die 5. Primarklasse. In letzter Zeit war ihr die Schule zur Qual geworden. Sie konnte sich kaum konzentrieren und bekam kaum mit, was ihre Lehrerin erzählte. Seit ihre Eltern Monika und Ruedi mit Sarah und den beiden Geschwistern Nico und Nora von Sarnen in dieses kleine Dorf Kerns gezogen waren, ging es Sarah zwar wieder etwas besser. Im Nachbardorf Ennetmoos wohnte Jacqueline, eine gute Kollegin, die sie oft besuchte. Immer öfter verbrachte sie auch die Wochenenden bei Jacqueline. Jetzt, in den Osterferien, konnte sie sicher für eine Woche oder sogar länger bei ihr wohnen. Jacqueline war zwar zwei Jahre jünger, aber Sarah verstand sich sehr gut mit ihr. Ihre Eltern kannten sich ebenfalls sehr gut. So konnte sie sicher sein, dass hier keine unangenehmen Fragen gestellt wurden. Die Eltern von Jacqueline wussten Bescheid und liessen sie in Ruhe. Sarah konnte auch weiterhin die gleiche fünfte Klasse an der gleichen Schule in Sarnen besuchen und war froh, dass wenigstens die Schulkolleginnen die gleichen geblieben waren. Dass sie mit dem Fahrrad oder mit dem Bus täglich 20 Minuten bis zur Schule fahren musste, störte sie nicht, das war noch das kleinste Problem, das sie hatte. Auf dem Fahrrad konnte sie ungestört ihren Gedanken nachhängen und darüber nachdenken, was sie zu Hause erlebte, denn ihre Eltern waren drogenabhängig.

Die Wohnungstür war nicht abgeschlossen. Sarah trat in die Wohnung. Es war niemand zu Hause. Seit Nico und Nora vor einigen Wochen zu ihren Grosseltern nach Büren gezogen waren, kam es immer häufiger vor, dass Sarah allein zu Hause war. Sie legte ihre Schultasche in den Schrank und holte sich im Kühlschrank ein Joghurt. Wann würden Mami und Papi heute nach Hause kommen? Sie wusste es nicht. Manchmal wurde es sehr spät und Sarah musste den Abend alleine zu

Hause verbringen. Davor fürchtete sie sich. Das war unerträglich, wenn ihre Eltern einfach nicht nach Hause kamen. Oft schlief sie dann irgendwann spät am Abend auf dem Sofa in der Stube ein und hörte ihre Eltern gar nicht mehr kommen.

Die Wohnungstür wurde geöffnet. Sarah schoss auf und lief zur Tür.

«Mami, Mami, darf ich in den Ferien zu Jacqueline gehen?», stürmte Sarah.

«Hoi, Sarah», sagte ihr Mami und stellte die beiden Einkaufstaschen auf den Küchentisch.

Sie sah gereizt aus und fluchte vor sich hin: «Die können mich doch alle! Diese blöden Gaffer, das geht die überhaupt nichts an, was ich mit meinem Geld einkaufe.»

«Mami, darf ich in den Ferien zu Jacqueline gehen?», fragte Sarah nochmals.

«Ja, Sarah, das darfst du.»

«Ist Papi auch einverstanden?», fragte Sarah nach.

Die Mutter hatte sich an den Küchentisch gesetzt und eine Zigarette angezündet. Sie meinte: «Wir können ihn am Abend fragen, aber ich denke, er ist schon einverstanden.»

Sarah verschwand im Zimmer. Sie ertrug es schlecht, wenn ihre Mutter derart gereizt war. Dann konnte sie nicht mit ihr reden.

Als Sarah ihren Papi nach Hause kommen hörte, fragte sie auch ihn: «Papi, darf ich in den Osterferien zu Jacqueline gehen?»

Ihr Vater legte erst mal seine Malerkleider ab und hängte sie in der Garderobe auf.

«Ruedi, hast du mir 100 Franken?», fragte Monika aus der Küche.

«Nein, ich bin pleite!»

«Verdammt, ich brauche jetzt aber Geld», gab Monika gereizt zurück.

«Besorg doch du dir dein Geld selber, ich habe selber zuwenig!», schrie ihr Vater in die Küche zurück.

«Ich halt das nicht mehr aus. Jetzt geben sie mir im Dorfladen nicht mal mehr Zigaretten. Die können mich doch alle!», fluchte Monika vor sich hin.

«Was ist?», wollte Ruedi wissen.

«Die Verkäuferin hat verachtend gesagt, sie hätte von der Gemeinde die Anweisung bekommen, mir keine Zigaretten mehr zu verkaufen, dafür sei das Geld vom Sozialamt nicht gedacht.»

«Die spinnen doch!»

«Hast du mir 100 Franken?», wiederholte Monika ihre Frage.

«Nein, verdammt noch mal, nein, ich habe keine 100 Franken!», gab Ruedi zurück, der inzwischen auch wütend geworden war.

Sarah hatte wortlos zugehört. Sie ertrug solche Momente nicht.

«Papi, darf ich in den Ferien zu Jacqueline gehen?», fragte sie zum wiederholten Mal.

«Ja!», gab der Vater kurz zur Antwort. «Damit hast wenigstens du etwas Ruhe.»

Sarah lief zum Telefon und rief Jacqueline an.

Sie war erleichtert, auch die Mutter von Jacqueline hatte nichts einzuwenden. Sie wusste, was Sarah zu Hause erlebte und war gerne bereit, ihr für einige Tage zu etwas Ruhe zu verhelfen.

Sarah verschwand in ihrem Zimmer. Ihre Eltern stritten sich weiter. Auf das gemeinsame Nachtessen würde sie wohl verzichten müssen, denn schon wenige Minuten später verschwanden die Eltern aus dem Haus. Sarah weinte. Sie wusste zu gut, was es bedeuten würde: Ihre Eltern kamen irgendwann mitten in der Nacht nach Hause, am nächsten Morgen musste sie alleine aufstehen, weil die Mutter noch schlief.

Es ging jedoch an diesem Abend nicht so lang. Schon zwei Stunden später hörte Sarah Stimmen im Treppenhaus.

«Ich habe dir doch gesagt, dass ich das Geld nicht habe!»,

hörte Sarah ihren Vater.

«Das ist mir scheissegal, ich gehe nicht mehr aus dieser Wohnung, bis ich das Geld habe, das verspreche ich dir!», vernahm Sarah eine andere, wütende Stimme, die sie als die Stimme eines Kollegen des Vaters erkannte.

Die beiden Männer kamen heftig diskutierend in die Wohnung, Sarah verzog sich im Zimmer, sie wollte diese Auseinandersetzung nicht miterleben. Aber selbst in ihrem Zimmer hinter geschlossener Türe hörte und verstand Sarah jedes Wort, das ihr Vater mit dem Kollegen wechselte. Es ging um Geld, wie immer.

«Du gibst mir jetzt das verdammte Geld, du hast es mir schon lange versprochen!», forderte der Kollege wütend ein.

«Und ich habe das Scheissgeld einfach nicht!», antwortete Sarahs Papi.

«Das interessiert mich gar nicht!»

«Ich gebe es dir morgen Abend, ich kann es morgen auftreiben!», schlug Ruedi vor.

«Nein! Heute! Du hast jetzt lange genug Zeit gehabt!»

Sarah hörte, wie ein Stuhl umstürzte.

«Hör doch auf! Das bringt doch nichts!»

«Nein, ich höre nicht auf, bis ich das Geld habe, und wenn ich dich aus dem Fenster werfen muss!»

«Du spinnst wohl!»

«Nein, ich spinne nicht, ich will nur mein Geld, und das Fenster ist offen!»

«Ich habe es nicht!»

Sarah hörte Stühle umfallen, hörte wie die beiden Männer anscheinend miteinander kämpften.

«Arschloch, verdammtes Arschloch!», rief der Kollege aus dem Fenster. «Nicht mit mir, ich komme schon zu meinem Geld!»

Sarah hörte, wie er aus der Wohnung lief, die Türe zuknallte. Dann war es still. Was war mit ihrem Papi geschehen? Sarah riss die Zimmertür auf und eilte in die Küche. Die

Küche war leer, das Fenster offen. Sie eilte zum Fenster. Ihr Papi lag drei Meter tiefer auf dem Garagendach und hielt sich den Arm.

«Papi, Papi!», rief Sarah beängstigt.

«Es geht schon», gab Ruedi zur Antwort.

Er hatte sich nicht weiter verletzt, nur der Arm schmerzte teuflisch. Er kletterte von der Garage runter und kam über das Treppenhaus wieder in die Wohnung. Er blutete am Ellbogen. Sarah half ihm, die Wunde zu reinigen und dann zu verbinden.

«Wo ist Mami?», fragte Sarah.

«Ich weiss es nicht, wahrscheinlich in Luzern.»

«Wann kommt sie nach Hause?»

«Ich weiss es nicht!»

«Wann hört ihr endlich auf, diese Drogen zu nehmen?», fragte Sarah verzweifelt.

Ruedi schaute sie an. Er hatte Tränen in den Augen. Er nahm Sarah in die Arme und sagte gar nichts mehr. Er weinte. Sarah hielt es nicht aus. Sie löste sich aus den Armen ihres Vaters und lief in ihr Zimmer. Erst jetzt konnte sie ebenfalls hemmungslos weinen.

Am anderen Morgen erwachte Sarah früh und packte ihre Sachen zusammen. Ihr Mami schlief noch tief.

Sarah ging ins Schlafzimmer und verabschiedete sich: «Tschüss, Mami, ich gehe zu Jacqueline.»

«Tschüss Sarah», meinte Monika verschlafen. «Geniesse die Zeit dort!»

Sie gaben sich einen Abschiedskuss und Sarah fuhr mit dem Fahrrad zu Jacqueline.

※ ※ ※

«Kommst du mit zu Rea?», fragte ihre Kollegin Jacqueline.

«Zu welcher Rea? Wer ist das?», wollte Sarah wissen.

«Rea von Ah. Sie wohnt hier in Ennetmoos und hat zwei Pferde. Ich nehme Reitstunden bei ihr.»

Das liess sich Sarah nicht zweimal sagen. Sie liebte Pferde. Schon seit Jahren hingen in ihrem Zimmer Pferdeposter und sie wünschte sich nichts sehnlicher als ein eigenes Pferd. Manchmal durfte sie auch reiten gehen, wenn die Eltern genug Geld hatten. In letzter Zeit war das allerdings immer seltener geworden. Ja, sie hatte sogar einen eigenen Sattel geschenkt bekommen, auf dem sie besonders gerne ritt. Aber seit langem lag dieser Sattel ungebraucht im Keller. Ab und zu stieg Sarah in den Keller hinunter, ging zu ihrem Sattel und putzte und polierte ihn. Da konnte sie so gut ihren Träumen vom Reiten nachhängen. Als sie letzthin wieder in den Keller zu ihrem Sattel wollte, war er verschwunden. Sie suchte ihn im ganzen Keller, konnte ihn aber nirgends finden. Sie wurde traurig. Sie wollte ihre Eltern jedoch nicht fragen, wo der Sattel sei. Sie wusste ohnehin, was geschehen war und wollte ihre Eltern nicht in Verlegenheit bringen. So frass sie den Schmerz über den verkauften Sattel in sich hinein.

Jacqueline und Sarah gingen also gemeinsam zu Rea, die in einem alten Bauernhaus am Rande des Dorfes wohnte. Es waren nur wenige hundert Meter bis zum Reithof von Rea, so dass sie mit ihren Fahrrädern sehr schnell dort waren. Sie waren noch nicht von ihren Fahrrädern gestiegen, da begrüsste sie ein stürmisch bellendes Hundetrio. Sarah schreckte zurück, Jacqueline jedoch stieg vom Fahrrad und ging langsam auf die Hunde zu. Erst als Rea die Hunde beruhigt hatte, getraute sich auch Sarah abzusteigen und näher zu kommen.

«Hoi!», begrüsste Rea die beiden Mädchen.

«Hoi, Rea», erwiderte Jacqueline, «ich habe noch Sarah mitgenommen, darf sie uns zuschauen?»

«Hoi, Sarah», lachte Rea sie an, «ich heisse Rea, natürlich darfst du uns zuschauen.»

An Jacqueline gewandt, sagte sie weiter: «Ihr könnt schon mal in den Stall gehen und Lysingur und Airline putzen. Du weisst ja, wo die Sachen sind und wie es geht, ich komme in zehn Minuten nach.»

Sarah und Jacqueline gingen zu den Pferdeboxen. Die Pferde lebten eigentlich im Freien, nur zum Fressen kamen sie in den Stall und in ihre Boxen. Die beiden Boxen waren denn auch nur mit einer Kette verschlossen, wenn die Pferde am Fressen waren oder wenn sie zum Reiten vorbereitet wurden. So war es auch jetzt. Der Stall war leer. Jacqueline führte Sarah durch den Stall hindurch auf die Hinterseite. Hier schloss sich unmittelbar an den Stall der Reitplatz an und dahinter lag die Weide für die Pferde. Dort, zuhinterst auf der Weide, konnten sie die beiden Pferde entdecken.

«Lysingur! - Airline!», schrie Jacqueline aus Leibeskräften.

Tatsächlich, das eine Pferd hob seinen Kopf und blickte Richtung Stall.

«Lysingur! Airline!», nochmals rief Jacqueline den Pferden.

Wieder blickte das eine Pferd zum Stall. Dabei blieb es allerdings, die beiden Pferde blieben, wo sie waren und grasten weiter.

«Dann müssen wir sie eben holen», bemerkte Jacqueline, die anscheinend nicht überrascht war, dass die Pferde nicht zum Stall kamen. «Weisst du, wenn Rea ihnen ruft, kommen sie meistens sofort hergerannt, sie gehorchen ihr sehr gut.»

Miteinander gingen sie in den Raum, wo die Sättel und alles andere Pferdegeschirr an den Wänden hingen. Jacqueline wusste, was wo zu finden war und so hatte sie die beiden Halfter bald von der Wand genommen. Sie liefen zu den Pferden.

«Das ist Lysingur!», erklärte Jacqueline und trat auf den weiss-beigen Isländer zu.

«Wieso Lysingur?», fragte Sarah.

Aber Jacqueline wusste selber auch nicht, was der Name bedeutete. Sarah ging ebenfalls auf Lysingur zu, der sie kaum beachtete und weiter seine ganze Aufmerksamkeit dem Fressen widmete. So konnten Jacqueline und Sarah bis zu ihm hingehen und ihn auch anfassen. Er lief nicht weg. Sarah hatte keine Angst, sie war ja schon mehrmals bei Pferden gewesen. Lysingur gefiel ihr. Er war etwas kleiner als die anderen Pferde, sah aber stark aus und hatte eine volle, wild herabhängende weisse Mähne. Sarah strich ihm durch die Mähne und fühlte die weiche warme Haut unter der Mähne.

Jacqueline war inzwischen zum anderen Pferd gegangen.

«Das ist Airline!», rief sie Sarah zu, und Sarah kam nun ebenfalls zu Airline.

«Die ist aber gross!», entfuhr es ihr.

Airline war um einiges grösser als Lysingur und ebenfalls kräftig gebaut. Als Sarah ihr ebenso durch die Mähne streichen wollte, wie sie das bei Lysingur getan hatte, hob Airline ihren Kopf ruckartig an und legte die Ohren zurück. Sarah erschrak, diese Reaktion hatte sie nicht erwartet, und sie wich einige Schritte zurück.

Jacqueline beruhigte sie: «Du musst ganz langsam auf sie zugehen, sie ist etwas ängstlich, aber wenn sie dich dann einmal kennt, geht es viel besser. Ich reite auf ihr lieber als auf Lysingur.»

Sie legten zuerst Lysingur das Halfter an. Er liess dies ohne Regung über sich ergehen. Als sie anschliessend auch Airline das Halfter anziehen wollten, hob diese wieder ihren Kopf und die beiden Mädchen hatten keine Chance, in diese Höhe zu langen.

«Ruhig, Airline, es ist ja gut, wir tun dir nichts», beruhigte Jacqueline.

Aber Airline senkte ihren Kopf nicht mehr und die Ohren blieben warnend zurückgelegt.

«Airline! Lysingur!»

Jacqueline und Sarah hörten die laute Stimme Reas. Airline blickte zum Stall.

«Airline! Lysingur!», rief Rea nochmals.

Airline streckte den Kopf in die Höhe und lief an. Sarah staunte nicht schlecht. Plötzlich galoppierte Airline zum Stall und Sarah bewunderte ihre Leichtigkeit und ihre Lebhaftigkeit. Lysingur bewegte sich noch nicht. Erst als sie ihn am Halfter nahmen und Jacqueline recht energisch zog und sagte: «Komm, Lysingur!», da begann auch er, langsam in Richtung Stall zu schreiten. Sarah lief nebenher.

Rea hatte die Boxe von Airline bereits mit der Kette verschlossen. Sie hatte die beiden Plastikkisten mit den Putzwerkzeugen vor den Boxen bereitgestellt.

«Jacqueline, welches Pferd willst du heute putzen und reiten?», fragte sie.

«Airline!», gab Jacqueline prompt zur Antwort.

Sie ritt gerne auf diesem grossen, kräftigen Pferd.

«Und du, Sarah? Willst du Lysingur putzen?»

«Darf ich?»

«Natürlich! Die Sachen sind hier im Korb.»

Rea zeigte ihr den Korb mit den Putzwerkzeugen. Sarah kannte sich ja schon gut aus. Sie wusste mit Bürste und Striegel umzugehen. Sie ging zu Lysingur, der inzwischen auch in seiner Boxe war. Er trat allerdings nicht zur Seite und Sarah musste ihn mit Entschlossenheit auf die Seite drücken, um neben ihm Platz zu finden. Sorgfältig bürstete sie den Hals, den Rücken und die Beine. Sie war konzentriert bei der Sache und schwieg. Nach einer Weile legte sie die Bürste zurück in die Kiste. Sie wollte das Fell mit ihren blossen Händen abtasten. Es war dicht und voll. Sie konnte mit ihren Händen die recht langen Haare durchstreifen und die warme Haut des Pferdes fühlen. Aber vor allem gefiel ihr Lysingurs Mähne. Darin konnte sie so richtig wühlen, ihre Hände darunter verstecken und die langen Haare durch ihre Finger ziehen. Lysingur stand ruhig da, er liess es mit sich geschehen, als merkte er nichts. Sarah lehnte ihren Kopf an Lysingurs dichte Mähne und umarmte das Pferd. So blieb sie lange stehen. Sie war tief in Gedanken versunken und merkte nicht, dass Jacqueline in der Boxe nebenan inzwischen Airline bereits gesattelt hatte. Erst als Jacqueline das riesige Pferd aus der Boxe ins Freie führte, erwachte Sarah aus ihren Träumen am Hals von Lysingur.

«Willst du noch dableiben? Oder möchtest du zuschauen, wie Jacqueline reitet?», fragte Rea, die mit Jacqueline aus dem Stall ging.

«Ich schaue euch zu!»

Sarah sprang den beiden nach und setzte sich am Rand des Reitviereckes auf eine Kiste. Jacqueline war inzwischen auf das grosse Pferd gestiegen und ritt auf Airline die ersten Runden. Rea stand in der Mitte des Viereckes und beobachtete Jacqueline und das Pferd aufmerksam. Ab und zu gab sie kurze und präzise Anweisungen, was Jacqueline mit Airline zu tun hatte.

'Das ist aber viel schöner als in der Reithalle, wo man einfach in einer Gruppe hintereinander herreitet', dachte Sarah. 'Am liebsten würde ich mit Lysingur reiten, der ist so nett.' Bilder stiegen in ihr auf, wie sie auf Lysingur sass und auf dem Viereck ritt, wie sie mit Lysingur traben und galoppieren wollte. Sie begann zu strahlen. Sie wünschte sich sehr, sie könnte auch hier wie Jacqueline die Reitstunden besuchen. Dieser Gedanke stimmte sie aber sofort wieder traurig. Sie wusste zu gut, ihre Eltern hatten kein Geld, um die Reitstunden zu bezahlen und sie wusste zu genau, warum ihre Eltern kein Geld hatten. Sarah stand auf und ging zurück in den Stall. Lysingur stand noch immer in der Boxe. Sie ging zu ihm, vergrub ihre Hände und ihr Gesicht in der dichten Mähne und weinte.

«Gefällt er dir?», holte Rea sie mit ihrer Frage aus den Träumen in die Wirklichkeit zurück.

«Ja, er hat eine so schöne Mähne.»

«Möchtest du einmal auf ihm reiten? Jacqueline hat mir erzählt, du hättest schon Reitstunden besucht.»

Sarahs Gesicht leuchtete: «Ja, das wäre so schön.»

«Gut, das nächste Mal, wenn du mit Jacqueline zu mir kommst, kannst auch du ein paar Runden reiten.»

«Darf ich dann auf Lysingur reiten?», wollte Sarah noch wissen.

«Wenn du willst, er ist aber ein kleines Schlitzohr», meinte Rea lachend.

Sarah freute sich. Ihr Gesicht leuchtete. Sie würde bestimmt wieder hierher kommen zu Lysingur. Wenn sie sogar reiten durfte, dann um so schneller.

Von nun an begleitete Sarah Jacqueline regelmässig zu den Reitstunden. Sie durfte dann wirklich schon das zweite Mal auf Lysingur sitzen und mit ihm auf dem Reitviereck ein paar Runden reiten. Rea gab ihr die nötigen Ratschläge und Anweisungen. Sarah kam mit dem kleinen Schlitzohr gut zurecht. Sie freute sich jeweils schon Tage zuvor auf die Nachmittage, die sie bei Rea und Lysingur verbringen durfte. Auch wenn sie manchmal nicht reiten durfte, so hatte sie doch Lysingur, konnte ihn putzen und seine lange, wilde Mähne mit ihren Händen durchwühlen. An diesen Nachmittagen fühlte sie sich glücklich. Es gab wieder etwas in ihrem Leben, das sie freute, das sie glücklich machte. Für ein paar wenige Stunden konnte sie leben, musste an nichts denken und konnte alles vergessen, was sie bedrückte. Rea konnte sie auch gut leiden. Sie lud Sarah und Jacqueline nach dem Reiten oft noch in die Küche zu einem Getränk ein.

Einmal schlug Rea vor: «Sag doch deinem Mami und deinem Papi, sie sollen einmal vorbeikommen, um zu sehen, wie gut du reitest.»

Sarah ging auf die Einladung nicht ein.

Eine unmögliche Frage

Sie hatte den Morgen in der Schule abgesessen. Sie wusste nicht einmal, wovon die Rede gewesen war. Mit ihrem Fahrrad fuhr sie nach Hause und wäre am liebsten irgendwo anders hingefahren. Etwas hatte sich verändert. Zu Hause war es noch stressender, noch hektischer, noch angespannter als bisher. Die Eltern durchlebten wieder einmal eine schwierige Zeit, das hatte Sarah schon längst bemerkt, aber diesmal war es besonders schlimm. Es musste noch etwas anderes geschehen sein, denn sie wusste jeweils genau, wie es ihren Eltern erging, wenn sie eine schlechte Phase durchlitten.

Als sie in die Wohnung kam, war es still. Die Mutter schlief anscheinend noch, daran hatte sich Sarah schon längst gewöhnt. Sie hatte Hunger. Im Kühlschrank fand sie etwas Käse, Brot war auch da. Sie strich Butter auf das Brot und legte die Käsescheiben darauf. Sie fand auch eine Flasche Cola und schenkte sich ein. Damit setzte sie sich an den Küchentisch und ass. Auf dem Küchentisch herrschte ein grosses Chaos, neben einem überfüllten Aschenbecher standen eine leere und eine angebrauchte Flasche Wein und drei Gläser. Zigarettenpakete, Feuerzeuge, schmutzige Teller und Besteck lagen im wilden Durcheinander da. Sarah ekelte es an, und sie ass in ihrem Zimmer fertig. Am Nachmittag hatte sie zum Glück schulfrei, und sie wollte mit Jacqueline zu Rea gehen.

Sie ging ins Schlafzimmer der Eltern: «Mami, darf ich am Nachmittag mit Jacqueline zu Rea gehen?»

Sie bekam keine Antwort. Auch daran hatte sich Sarah gewöhnt: wenn ihre Mutter schlief, dann schlief sie, dann musste sie sie jeweils richtig wachrütteln.

«Mami! Mami! Darf ich am Nachmittag zu Rea gehen?», fragte sie nochmals und rüttelte ihre Mutter.

Nur langsam erwachte die Mutter und schaute Sarah mit verschlafenen Augen an.

«Mami, darf ich am Nachmittag mit Jacqueline zu Rea gehen?», wiederholte Sarah.

Jetzt erst hatte die Mutter die Frage verstanden.

«Sicher, Sarah, du darfst dorthin gehen. Du bist ja gerne dort.»

Erst jetzt bemerkte Sarah, dass nicht nur ihre Mutter, sondern auch ihr Vater da war. Er schlief ebenfalls. Sie war nicht sonderlich überrascht, denn in letzter Zeit war Papi öfters tagsüber zu Hause.

«Muss Papi heute nicht arbeiten?», fragte sie dennoch.

«Nein, er muss nicht mehr arbeiten», antwortete die Mutter verschlafen. «Sie haben ihn letzte Woche rausgeworfen.»

«Ich gehe jetzt zu Rea», gab Sarah zur Antwort und stürmte davon.

Bei Rea fühlte sich Sarah inzwischen schon sehr wohl. Sie hatte auch die Angst vor den drei Hunden Ronja, Tina und Tschima verloren und wusste, dass diese vor allem aus Freude und nicht aus Wachsamkeit bellten. Sarah begrüsste die Hunde jeweils noch vorsichtig, aber wenigstens den einen, Ronja, konnte sie schon gut streicheln. Lysingur hatte sie inzwischen fest in ihr Herz geschlossen. Sarah verbrachte auch heute einen ungetrübten und glücklichen Nachmittag mit ihrem Pferd.

Als sie am Abend wieder nach Hause kam, verflog die heitere Stimmung allerdings ziemlich schnell. Ihre Eltern stritten sich. Das konnte sie nicht ertragen. Sie ging in ihr Zimmer, schloss die Türe und wusste nicht so recht, was sie tun sollte.

«Du, Sarah, komm mal, wir müssen dir etwas sagen!», hörte sie ihre Mutter rufen.

«Was ist?», antwortete Sarah mürrisch.

«Komm raus, Sarah, wir müssen miteinander reden!»

Sarah stand auf und ging zu den Eltern in die Küche.

Sie setzte sich lustlos an den Tisch: «Was ist?»

«Du, Sarah, wenn du nicht mehr bei uns wohnen könntest,

wo würdest du dann am liebsten hingehen?»

Die Frage überrumpelte sie. Die Frage war unmöglich! Wo sollte Sarah wohnen wollen, wenn nicht bei den Eltern, auch wenn es schwierig war? Sie wollte immer bei den Eltern wohnen. Sie konnte sich nicht vorstellen, dass sie einmal nicht mehr bei den Eltern wohnen könnte. Es war eine ganz unmögliche Frage.

«Ich will bei euch wohnen, sonst nirgends!», antwortete sie ohne zu zögern.

«Weisst du, Sarah, Papi hat keine Arbeit, das heisst, wir verdienen kein Geld mehr, und das bedeutet, wir können die Miete nicht mehr bezahlen und dann werfen sie uns bald aus der Wohnung. Wir wissen nicht, wo wir dann wohnen können.»

«Das ist mir egal, wo wir wohnen werden, aber ich will bei euch bleiben und bei euch wohnen.»

«Das geht aber nicht mehr, Papi und ich werden nicht mehr am gleichen Ort wohnen. Möchtest du bei den Grosseltern wohnen?»

Nein, das wollte sie nicht!

«Wenn ich schon nicht bei euch wohnen darf, dann sicher nicht bei den Grosseltern, dann lieber bei Rea!», sagte sie wütend.

«Ja, würdest du gerne bei Rea leben mit den vielen Tieren, mit den Pferden, mit Lysingur?», fragte nun die Mutter, die froh war um diese mögliche Lösung.

Sarahs Gedanken schwirrten umher. Sie wollte bei den Eltern bleiben, das schien aber nicht möglich zu sein; sie wollte sicher nicht zu den Grosseltern, das auf keinen Fall. Sie dachte auch an die glücklichen Nachmittage bei den Pferden, an die wilde Mähne Lysingurs.

«Ja, wenn ich schon von euch weg muss, dann will ich zu Rea», antwortete sie jetzt ziemlich bestimmt.

«Weiss eigentlich Rea, was mit uns los ist?», fragte nun Papi.

«Nein, ich habe ihr nie von euch erzählt und Rea hat auch nie gefragt», gab Sarah zur Antwort.

Auch darum fühlte sich Sarah bei Rea so wohl, weil sie nie über ihre Eltern ausgefragt wurde.

«Ich werde Rea mal anrufen», griff die Mutter Sarahs Vorschlag wieder auf.

Sie schien erleichtert zu sein, dass sich doch noch eine Lösung abzeichnen könnte, die für Sarah nicht allzu schlimm und auch für sie sehr akzeptabel war. Denn sie selber war auch nicht begeistert von der Idee, Sarah bei den Grosseltern in Büren wohnen zu lassen.

«Nein, das machst du nicht!», wehrte sich Sarah heftig.

Vor ihren Augen spielte sich erneut eine Tragödie ab: Rea würde erfahren, dass ihre Eltern Drogen nehmen. Rea würde darüber empört sein und sie jetzt mit blöden Fragen ausquetschen. Sie hatte überhaupt keine Lust, Fragen über ihre Eltern zu beantworten, das ging die anderen nun wirklich nichts an. Was konnte sie dafür? Warum mussten diese blöden Leute immer gerade sie ausfragen? Nein, die Mutter durfte nicht anrufen und ihr dieses kleine Glück mit Lysingur wieder zerstören. Sie lief ins Zimmer, warf sich auf ihr Bett und weinte. Warum mussten ausgerechnet ihre Eltern Drogen nehmen? Warum musste es ausgerechnet ihr Papi sein, der arbeitslos wurde? Warum durfte sie nicht mehr bei den Eltern wohnen? WARUM? WARUM?

Dieses Warum stand ihr wie ein grosser Felsblock im Wege. Sarah musste lange weinen, bis sie an diesem Abend endlich vor Müdigkeit einschlief.

Mami wollte dich selber fragen

Zwei Wochen später musste Sarah zügeln. Der Grossvater half ihr, die wenigen Sachen, die sie mitnehmen wollte, hinunterzutragen. Die Eltern hatten es ihr zwar gesagt, aber bis heute, bis der Grossvater tatsächlich vorfuhr und ihre Sachen hinuntertrug, hatte sie es nicht wahrhaben wollen. Es konnte nicht wahr sein. Sarah musste zu den Grosseltern nach Büren ziehen. Sie war an diesem Nachmittag besonders unerträglich und benutzte jede Gelegenheit, ihren Grossvater zu ärgern. Der liess sich allerdings kaum aus der Ruhe bringen und trug ihre Sachen, sauber in Kisten verpackt, zum Auto hinunter. Was sollte sie bei den Grosseltern? Die waren doch so altmodisch und sie durfte dort nichts machen, was sie gerne machte.

Darüber hinweg half auch nicht die Tatsache, dass sie bei den Grosseltern wieder mit ihren Geschwistern zusammenwohnen konnte. Denn Nora und Nico, ihre vierjährigen Zwillingsgeschwister, lebten schon seit mehreren Monaten bei den Grosseltern. Sarah hatte Nico und Nora häufig besucht, mit ihnen gespielt, sich aber jedesmal über die Grosseltern aufgeregt, weil sie es nicht ausstehen konnte, wie diese die kleinen Geschwister behandelten. Sie konnte sich schlichtweg nicht vorstellen, bei diesen Gruftis leben zu müssen. Sie würde abhauen, zurück nach Hause, zurück zu den Eltern.

«So, komm, Sarah!», forderte der Grossvater auf. Er hatte die Sachen fertig eingeladen. «Wir können gehen.»

Viel mehr sagte er nicht. Sarah wusste, dass es keinen Ausweg gab. Sie ging mit dem Grossvater zum Auto und fuhr mit ihm zu seinem Haus am Dorfrand von Büren.

Um so wichtiger war es für Sarah, von nun an keine Gelegenheit zu verpassen, um Rea zu besuchen und Lysingur zu sehen.

«Du, Sarah», begann Rea, «ich muss dich etwas fragen.»

Sarah zuckte zusammen. Ihr ahnte Schlimmstes. Immer wenn die Erwachsenen ein Gespräch so begannen, betraf es ihre Eltern. Hatte ihre Mutter angerufen? Folgte jetzt die ganze Litanei an Fragen?

«Könntest du dir vorstellen, bei uns zu leben?», fragte nun Rea sehr direkt und ohne Umwege.

'Rea weiss also alles!', schwirrte es Sarah durch den Kopf.
«Hat dich mein Mami angerufen?», fragte sie.
«Nein, eine Bekannte aus dem Dorf hat mich heute angerufen. Sie hat mir erzählt, dass deine Eltern dich und deine Geschwister beim Sozialamt für ein Pflegeverhältnis angemeldet hätten. Da dachte ich mir, vielleicht könntest du ja zu uns kommen.»
«Was hat dir diese Frau noch alles erzählt?», bohrte Sarah nach.
Sie wollte wissen, wieviel Rea schon wusste.
Rea erzählte ruhig: «Sie hat mir gesagt, dass deine Eltern Drogen nehmen und dass es ihnen im Moment eher schlecht geht. Sie hat mir auch erzählt, dass du und deine Geschwister jetzt bei den Grosseltern wohnen und dass es dir dort nicht besonders gut gefällt. Aber überlege es dir einmal, du musst mir jetzt keine Antwort geben. Sag doch deinem Mami, sie solle einmal zu uns auf Besuch kommen und sehen, welche Fortschritte du im Reiten gemacht hast. Das würde mich freuen und dich doch sicher auch.»
Sarah wusste nicht, was sie antworten wollte. Das war wieder zuviel auf einmal. Mehr als: «Ja, ich werde Mami fragen», konnte sie im Moment nicht sagen. Freude und Wut gingen wild durcheinander. 'Das konnte nur diese blöde Gans gewesen sein, die wieder einmal nicht auf ihrem Mund sitzen konnte. Ich hasse diese Waschweiber. Bei Rea wohnen, dann kann ich sicher viel öfter reiten und bin immer bei Lysingur. Das wäre noch tausendmal besser als bei den Grosseltern. Ist Rea eigentlich verheiratet? Und mit wem? Welches ist ihr Mann? Dann muss ich die Schule schon wieder wechseln! Nein! Das will ich nicht, dann lieber bei den Grosseltern bleiben und wenigstens die Schulkolleginnen behalten. Was geschieht mit Nora und Nico? Ich will bei meinen Geschwistern bleiben, auf alle Fälle, von ihnen gehe ich nicht mehr weg.'
Sie wusste nicht, was sie mit der Frage von Rea anfangen sollte. Und mit ihren Grosseltern konnte sie ihr Problem auf

keinen Fall besprechen, die verstanden nichts davon. Sie musste zu Mami. Sarah fuhr sofort nach Hause. Sie drückte die Türfalle, doch die Wohnungstür war verschlossen. Sie läutete mehrmals. Es dauerte sehr lange, bis sie im Inneren der Wohnung etwas hörte. Ihre Mutter war noch ganz verschlafen.

«Mami, muss ich jetzt zu Rea gehen?», überraschte sie ihre Mutter.

Diese fragte abwesend nach: «Was ist?»

«Diese blöde Gans hat Rea alles erzählt. Und Rea hat gesagt, du sollst mal vorbeikommen, um zu sehen, wie ich reite. Dann hat sie mich gefragt, ob ich bei ihr wohnen möchte», erzählte Sarah.

Die Mutter bekam nicht so recht mit, was Sarah ihr erzählte. Sie war müde, ihr Kopf brummte wie ein Wespennest.

«Ja, Sarah, ich komme mal zuschauen, wie du reitest. Rea würde ich auch gerne kennen lernen. Ich komme mal mit», antwortete sie nach einigen Augenblicken.

Sarah fuhr am nächsten Tag wieder zu Rea. Diesmal war die Hinfahrt allerdings nicht so unbeschwert wie sonst.

«Hallo, Sarah», rief Rea ihr entgegen, als Sarah mit dem Fahrrad ankam.

Nach dem Begrüssungsgebell der Hunde, die sie inzwischen schon sehr gut kannte und auch liebgewonnen hatte, gingen sie zu den Pferden.

«Hoi, Lysingur! Hoi, Airline!», begrüsste Sarah die beiden Pferde.

Sie ging zu Lysingur in die Boxe und strich ihm durch die Mähne.

«Mami hat gesagt, dass sie nächstens mal mit mir auf Besuch kommt. Weisst du, Mami hat mir gesagt, dass sie dich eigentlich selber fragen wollte, ob ich bei dir wohnen könnte. Jetzt sei ihr diese Bekannte zuvor gekommen. Sie möchte dich gerne kennen lernen», erzählte Sarah und schwankte zwischen Freude und Bangen.

«Schön, sie soll ruhig mal vorbeikommen. Ich freue mich auch, dein Mami kennen zu lernen, dann können wir ja alles miteinander besprechen», antwortete Rea ruhig und in einem einladenden Ton.

Anschliessend sprachen sie kaum mehr ein Wort. Sarah putzte und massierte Lysingur, und Rea war in der Sattelkammer beschäftigt und liess sie in Ruhe. Reiten konnte sie heute nicht, aber das war ihr egal, es genügte ihr, die Mähne zu bürsten, ihre Hände unter der Mähne aufzuwärmen und die warme Haut zu spüren. Irgendwie war sie glücklich.

Bald begannen die Sommerferien. Da konnte sie fast jeden Tag mit dem Fahrrad zu Rea fahren und bei den Pferden sein, so oft und so lange wie sie wollte.

Das Geburtstagsgeschenk

Endlich Ferien! Sarah stürmte mit ihren Schulkolleginnen aus dem Schulhaus. Ferien! Fünf Wochen nicht mehr in dieses Schulzimmer, fünf Wochen keine Hausaufgaben. Fünf Wochen, während derer sie viel zu Rea und zu Lysingur gehen konnte. Sarah freute sich. Jacqueline hatte sie auch eingeladen, für zwei Wochen zu ihr in die Ferien zu kommen. Sarah fuhr mit dem Fahrrad zu den Grosseltern, und noch am gleichen Nachmittag packte sie ihre Sachen und ging zu Jacqueline. Hier fühlte sich Sarah wohl. Ebenso wichtig war ihr, dass sie hier ganz nahe bei Rea und Lysingur wohnte. Sarah kannte sich gut aus bei Jacqueline und versorgte ihre wenigen Sachen fraglos im Zimmer, wo sie jeweils schlafen konnte. Schon am nächsten Tag fuhren Sarah und Jacqueline wieder zu Rea und ihren Pferden. Auch wenn sie nicht immer reiten durften, so konnten sie doch bei den Pferden sein. Sarah konnte Lysingur putzen, ihre Hände in seiner dichten Mähne vergraben und einfach bei ihm sein. Es machte ihr auch Spass, die Pferdeboxen auszumisten und den Mist auf dem Reitplatz einzusammeln. Oft verbrachten Sarah und Jacqueline mehr als zwei Stunden bei den Pferden. Rea war froh, dass sie ihr halfen und liess sie oft allein gewähren. Anschliessend lud Rea sie meistens zu einem Glas Sirup ein und sie sassen zu dritt am Küchentisch und hatten es oft sehr lustig. Mit Rea verstand sich Sarah bald ganz ausgezeichnet. Die Tage verflogen, Sarah fühlte sich wohl, die Probleme ihrer Eltern waren nicht mehr so belastend.

«Du, Sarah», sprach Rea sie wieder einmal an, nachdem sie bei den Pferden gewesen waren und am Küchentisch sassen, «wir haben mit dem Sozialamt Kontakt aufgenommen und darüber gesprochen, ob du und deine Geschwister zu uns kommen könnten.»

Sarah war gespannt, was jetzt kommen würde.

Rea fuhr fort: « Die zuständige Frau vom Sozialamt, die jetzt eure Beiständin ist, wäre damit einverstanden. Ich habe es auch lange mit Walo, meinem Mann, besprochen. Er ist ebenfalls einverstanden, wenn du im Herbst zu uns kommst.»

«Und Nora und Nico? Dürfen sie auch kommen?», fragte Sarah.

Das war für sie die entscheidende Frage. Sie wollte unbedingt mit ihren Geschwistern zusammenbleiben.

«Ja, Nora und Nico können auch zu uns kommen. Aber erst im nächsten Sommer», beruhigte Rea.

«Warum können sie nicht auch jetzt kommen?», bohrte Sarah nach.

«Weisst du, für Walo und für mich ist das eine ganz neue Situation. Drei Kinder miteinander aufnehmen, das wäre wohl etwas zu viel für uns. Und dir verrate ich es jetzt: Im Frühling bekommen wir selber ein Kind. Das braucht am Anfang viel Kraft. Darum möchten wir, dass deine Geschwister erst im Sommer kommen.»

«Ich will aber nicht schon wieder die Schule wechseln. Sonst verliere ich schon wieder alle Schulkolleginnen!», gab Sarah zu bedenken.

«Das können wir nicht verhindern. Wir leben hier in einer anderen Gemeinde. Du wirst in der neuen Klasse sicher schnell wieder ein paar gute Kolleginnen haben», versuchte Rea sie zu beruhigen.

«Aber ich kann doch von hier aus zur Schule fahren, das habe ich bei den Grosseltern auch gemacht.»

«Bei uns wirst du aber wahrscheinlich für längere Zeit wohnen, darum musst du die Schule wechseln.»

«Das will ich aber nicht!», bestand Sarah auf ihrer Meinung.

«Freust du dich, dass du zu uns kommen kannst?», fragte Rea.

Die Frage war schwierig. Was sollte Sarah darauf antworten? Am liebsten wäre sie bei ihren Eltern, denn dort war es am schönsten. Aber sie konnte ja nicht bei den Eltern bleiben. Wenn sie schon von den Eltern weg musste, dann war es vielleicht bei Rea gar nicht so schlecht. Auf alle Fälle besser als bei den Grosseltern.

So antwortete Sarah: «Ich komme lieber zu dir, denn ich will nicht bei den Grosseltern bleiben. Darf ich dann jeden Tag reiten?»

«Sicher jede Woche einmal. Wenn es dir dann ganz gut gefällt, vielleicht auch öfters. Aber das müssen wir nicht jetzt entscheiden», antwortete Rea.

Sarah erlebte die nächsten Tage und Wochen schwierig und zwiespältig. Sie freute sich, dass sie von den Grosseltern weg konnte, sie freute sich auch auf die Pferde, die sie dann jeden Tag besuchen konnte. Wenn sie jedoch an den Schulwechsel dachte, dann wurde sie sehr traurig. Sie hatte sich in dieser neuen Klasse in Sarnen kaum eingelebt und ein paar gute Schulkolleginnen gefunden. Jetzt musste sie schon wieder weg. Sie konnte sich ausdenken, wie die neue Klasse sie aufnehmen würde. Sie hörte schon alle die dummen Fragen: Warum kommst du zu uns? Wo wohnst du? Warum lebst du nicht bei den Eltern? Alles Fragen, die sie hasste, weil sie selber die Antworten darauf nicht wusste. Es würde nicht lange dauern, bis alle wussten, dass ihre Eltern drogenabhängig waren, und dann war sie sowieso verloren. Was konnte sie denn dafür?

Die Ferien waren schneller vorüber, als es Sarah lieb war. Sie verbrachte die letzten fünf Wochen Schule in der ihr vertrauten Klasse. In den Herbstferien würde sie dann ja Abschied nehmen müssen.

※ ※ ※

Sarah wurde in einer Woche zwölfjährig. Rea hatte sich eine Überraschung ausgedacht.

Sie fragte Sarah: «Wann kommst du das nächste Mal?»

«Übermorgen», erwiderte Sarah und fragte zugleich: «Darf ich dann wieder einmal reiten?»

«Wir werden es sehen», antwortete Rea unverbindlich. «Wenn nichts dazwischen kommt, darfst du reiten.»

Sarah war zufrieden, denn diese Antwort bedeutete bestimmt, dass sie reiten durfte, denn es kam höchst selten etwas dazwischen. So kam sie zwei Tage später bald nach dem Mittagessen zu Rea.

«Hoi, Sarah», begrüsste Rea sie, «geh du schon mal in den Stall und putze Lysingur. Ich muss noch die Küche fertig aufräumen.»

Sarah lief in den Stall, holte die Putzutensilien aus der Sattelkammer und ging zu Lysingur. Er war noch in der Boxe eingesperrt. Airline und Lysingur störten sich nämlich dauernd beim Fressen. Darum sperrte Rea sie jeweils ein, damit beide in Ruhe fressen konnten. Anscheinend hatte Rea sie heute nach dem Fressen nicht mehr ins Freie gelassen. Sarah ging in die Boxe und putzte Lysingur. Schon kurze Zeit später erschien auch Rea im Stall. Sie holte ebenfalls Putzzeug und begann, Airline zu putzen.

«Du kannst schon den Sattel für Lysingur holen, ich bin

auch gleich soweit», forderte Rea Sarah auf.

Sarah ging in die Sattelkammer und holte den schweren Sattel. Sie musste sich anstrengen, um diesen tragen zu können. Noch schwieriger für sie war es, den Sattel auf Lysingurs Rücken zu heben. Aber sie schaffte es und war ein wenig stolz auf sich selber. Rea ging ebenfalls in die Sattelkammer und kam mit dem Sattel für Airline zurück.

«Reitest du auch?», fragte Sarah verwundert.

«Ja, heute reite ich auch», war Reas knappe Antwort.

Sie legte den Sattel auf Airline und zog die Sattelgurten fest.

«So, nun führe Lysingur vor das Haus, heute reiten wir aus!», sagte Rea überraschend.

Sarah strahlte: «Was? Wir gehen ausreiten? Wau, weisst du, wie ich schon lange darauf gehofft habe, einmal ausreiten zu können.»

Rea freute sich, dass ihr die Überraschung gelungen war: «Du hast ja nächste Woche Geburtstag, und ich dachte, dies wäre ein gutes Geburtstagsgeschenk für dich.»

«Das ist das schönste Geburtstagsgeschenk, das ich mir vorstellen kann», schwärmte Sarah.

Sie waren mit den Pferden vor das Haus gegangen und sassen auf. Rea hatte Lysingur an einem Strick angebunden und behielt diesen Strick in ihren Händen.

Sie erklärte Sarah, warum sie das so machte: «Ich führe Lysingur an einem Strick, weil er beim Ausreiten etwas unberechenbar ist. Er kann plötzlich umkehren und nach Hause galoppieren.»

Sie ritten los, schon nach 50 Metern konnten sie von der Dorfstrasse auf eine kleine Nebenstrasse abzweigen, die zum Wald führte. Sarah staunte, mit welcher Freude und Energie die beiden Pferde vorwärts schritten. Rea musste die Zügel eher straff halten und bremsen, Airline strotzte vor Energie und Wille. Aber auch Lysingur war keineswegs unwillig, wie er es manchmal auf dem Reitplatz sein konnte. Er schritt entschieden voran. So kamen sie bald zum Wald und dort begann die Strasse steil anzusteigen. Die beiden Pferde zeigten allerdings keine Ermüdungserscheinungen und bewältigten die Steigung, ohne gross zu schwitzen. Sie kamen auf die Anhöhe und da öffnete sich ihnen nun ein wahres Reitparadies. Sie waren in einem riesigen Wald und unzählige Waldstrassen und kleinere Wege luden sie ein. Es ging nicht lange, bis Sarah jede Orientierung verloren hatte und überhaupt nicht mehr wusste, wo sie waren. Aber dies kümmerte sie nicht, sie genoss es einfach, mit Rea und den Pferden unterwegs zu sein. Der riesige Wald war wirklich der ideale Ort dafür. Rea gab ihr wenn nötig ein paar Ratschläge, wie sie mit Lysingur beim Ausreiten am besten zurechtkommen und wie sie sich in verschiedenen Situationen richtig verhalten konnte. Sonst schwiegen sie und genossen das Reiten.

«Das möchte ich jeden Tag machen», unterbrach Sarah das Schweigen. «Da kann ich einfach alles vergessen und die Natur und Lysingur richtig geniessen. Das ist so schön!»

«Mir gefällt es auch immer wieder», bestätigte Rea. «Ich kann mich jedes Mal bestens erholen. Ich fühle mich nachher jeweils wie ein neuer Mensch.»

«Weisst du, sonst ist alles so schwierig, aber hier im Wald zu reiten, ist so richtig schön. Alles andere ist wie nicht mehr da. Findest du eigentlich mein Mami nett?»

«Ich habe dein Mami, Monika, erst einmal gesehen, als wir mit der Beiständin zusammengesessen sind. Du weisst ja, wir haben mit deinen Eltern besprochen, dass ihr zu uns kommen könnt. Die Beiständin hat uns und deine Eltern zu einem Gespräch eingeladen. Dabei habe ich dein Mami gesehen.»

«Findest du sie nett?», bestand Sarah auf ihrer Frage.

«Das ist noch schwierig zu beurteilen, denn das Gespräch hat an einem Morgen stattgefunden und deine Eltern waren noch sehr verschlafen. Sie sahen gestresst aus. Dein Mami ist sehr dünn. Und ihre Haut sieht schlecht aus. Aber ich denke schon, dass sie nett ist.»

«Und Papi?», wollte nun Sarah wissen.

«Dein Papi, Ruedi, hat an diesem Morgen nicht viel gesagt. Er war mit allem einverstanden. Aber er sieht nicht sehr gut aus, er hatte viele Ausschläge an den Händen und Armen. Aber ich denke, auch er ist nett.»

«Hättest du im Frühling Mami auch zu dir eingeladen, wenn du gewusst hättest, dass sie Drogen nimmt?»

«Aber sicher, wieso sollte ich sie dann nicht einladen?», fragte Rea zurück.

«Das finde ich aber nett von dir. Viele Leute wollen nämlich mit Mami und Papi nichts mehr zu tun haben, weil sie Drogen nehmen. Die sind alle so fies.»

«Für mich ist jemand, der Drogen nimmt, noch lange kein schlechterer Mensch. Wieso sollte ich mit so jemandem nichts mehr zu tun haben wollen? Dein Mami und dein Papi sind krank, sehr krank, aber sie sind deswegen nicht schlecht.»

«Warum denken nicht alle Leute so? Warum behandeln gewisse Leute Mami und Papi wie den letzten Dreck?»

«Ich weiss es auch nicht. Vielleicht brauchen sie irgendwelche Sündenböcke, um ihre eigene Sucht zu verstecken.»

«Hast du auch schon Drogen genommen?», fragte nun Sarah ganz direkt.

«Ich habe lange geraucht. Ich betrachte auch Zigaretten und Alkohol als Drogen, die süchtig machen. So muss ich sagen, ja, ich habe auch Drogen genommen. Es hat mich viel Kraft gekostet, mit dem Rauchen aufzuhören.»

«Ich meine richtige Drogen. Hast du schon einmal Heroin genommen oder Kokain oder sonst etwas?»

«Nein, und ich hatte auch nie Lust dazu verspürt. Ich hatte allerdings auch Kollegen, die ab und zu Haschisch rauchten. Aber mehr habe ich nicht erlebt und ich vermisse es auch nicht.»

«Da kannst du aber froh sein. Bei meinen Eltern war das ganz anders. Die nehmen schon lange Drogen. Früher haben sie zwar auch nur Haschisch geraucht, das ging ja noch, da habe ich noch nichts gemerkt. Aber seit sie Heroin nehmen, ist alles ganz anders geworden. Es ist nicht mehr so schön, wie es früher war.»

«Wie habt ihr denn früher gewohnt?», fragte nun Rea.

Sarah begann zu erzählen: «Wir hatten eine wunderschöne Wohnung. Mami und Papi hatten sie ganz schön eingerichtet. Mami hatte damals viel Zeit für uns, sie ging mit uns oft spazieren und spielte mit mir und meinen Geschwistern. Ich durfte mit Mami die Storen bedrucken. Wir haben Kartoffeln genommen und verschiedene Formen ausgeschnitten. Mit diesen haben wir dann die Storen bedruckt. Das war schön. Die Storen habe ich immer noch. Die möchte ich dann auch bei euch aufhängen, wenn ich darf.»

«Aber natürlich darfst du das», antwortete Rea und schwieg einladend.

Sarah erzählte weiter: «Ich kann mich aber auch erinnern, dass wir in dieser Wohnung immer die ganze Nacht das Licht brennen liessen. Denn ohne dieses Licht hatte ich Angst im Schlafzimmer und konnte nicht schlafen. Oft bin ich dann jeweils zu Mami ins Bett geschlüpft. Das war immer so schön. Dann mussten wir zügeln. Wir sind in ein altes Bauernhaus gezogen. Mein Papi hat dann die ganze Wohnung renoviert, er kann das sehr gut. Dort hatten wir es am Anfang sehr schön. Weisst du, dann hat das mit den Drogen so richtig angefangen und es wurde immer schlimmer.»

«Dann seid ihr also nicht sehr lange dort geblieben?»

«Nein, wir mussten plötzlich wieder zügeln und sind dann in die Wohnung gekommen, wo Mami und Papi jetzt rausgehen mussten. Findest du das eigentlich gerecht, dass sie da rausgeworfen wurden?», wollte Sarah nun wissen.

«Ich weiss nicht genau, was alles passiert ist. Ungerecht finde ich, dass deine Eltern die Wohnung so kurzfristig verlassen mussten. Aber ich denke, deine Eltern haben dabei auch Fehler gemacht und sind wohl nicht ganz unschuldig.»

«Aber Papi konnte doch nichts dafür, dass er arbeitslos wurde und die Miete nicht mehr bezahlen konnte», verteidigte Sarah ihren Vater.

«Vielleicht ist dein Papi auch arbeitslos geworden, weil er Drogen nimmt und nicht mehr regelmässig zur Arbeit kam. Dann kann er schon auch etwas dafür. Dein Mami hat uns erzählt, dass sie grundsätzlich keine Briefe, die von der Gemeinde kommen, öffnet. Dass in diesen Briefen sicher viel Unangenehmes steht, kann ich mir denken, aber vielleicht haben sie so auch Briefe weggeworfen, die ihnen hätten helfen können. So gesehen, können deine Eltern schon auch etwas dafür, dass sie aus der Wohnung geflogen sind.»

«Ich finde es trotzdem hundsgemein!»

«So, hier steigen wir ab!», befahl Rea.

Sie waren eine lange Schleife durch den Wald geritten und kamen nun wieder an die steil abfallende Strasse, die den Hügel hinunter aus dem Wald führte. Sarah war überrascht, dass sie schon wieder hier waren. Sie hatte während des Gesprächs überhaupt nicht mehr darauf geachtet, wo sie in welche Richtung abgezweigt waren. Sie hatte nur den Wald und die Bewegungen des Pferdes genossen.

«Es ist nicht gut für die Beine der Pferde, wenn man steil hinunter reitet, darum führen wir die Pferde bis an den Waldrand», erklärte Rea.

Sarah liess sich aus dem Sattel gleiten. Sie führten die Pferde schweigend bis zum Waldrand. Die steile Strasse forderte ihre Aufmerksamkeit. Den letzten Teil bis zum Stall konnten sie wieder reiten. Sie führten die Pferde in die Boxen und lösten die Sattelgurten. Anschliessend bürsteten sie die Pferde gut durch, denn sie waren stark verschwitzt.

«So, jetzt habt ihr noch etwas zugute», sagte Rea und verschwand in der Sattelkammer.

Sie kam mit zwei Äpfeln zurück.

«Du kannst Lysingur auch einen Apfel geben», meinte Rea zu Sarah und drückte ihr einen Apfel in die Hand. «Er hat es verdient, meinst du nicht auch?»

«Doch, doch!», entgegnete Sarah, nahm den Apfel und ging zu Lysingur.

«Schau mal, was ich habe. Extra für dich. Danke, dass du mich getragen hast», sagte sie zu ihm und streckte ihm den Apfel entgegen.

Lysingur schwenkte den Kopf. Mit seinen beweglichen Lippen frass er den Apfel aus ihrer Hand.

«Danke vielmals, Rea, das war ein wunderschönes Geburtstagsgeschenk!»

Sarah strahlte und spürte in sich ein Gefühl der Zufriedenheit und Ruhe, wie sie es nur noch selten erlebte.

Die Villa Sorgenlos

Die fünf Schulwochen zwischen den Sommer- und Herbstferien waren kein Vergnügen. Sarahs Gedanken waren nur selten in der Schule. Zu vieles ging ihr durch den Kopf, zu vieles war unklar, zu vieles veränderte sich. Sie konnte sich nicht konzentrieren. So war sie denn froh, als die Ermahnungen der Lehrerin und die schlechten Noten wieder vorbei waren, wenn auch nur für zwei Wochen.

Auf die Ferien freuen konnte sie sich allerdings auch nicht so recht. Worauf hätte sie sich denn freuen sollen? Andere fuhren mit den Eltern in die Berge zum Wandern, einzelne verreisten sogar bis ans Meer, und jene, die zu Hause blieben, wussten wenigstens, wo sie zu Hause waren und bleiben konnten. Aber sie? Es musste ja nicht gerade das Meer sein. Es mussten nicht einmal Ferien in den Bergen sein. Aber für sie war es nicht einmal die freie Zeit zu Hause, es gab auch nicht die Gelegenheit, mit den Schulkolleginnen etwas abzumachen und mit ihnen etwas zu unternehmen. Für sie bedeuteten diese Ferien Abschied nehmen. Sie bedeuteten zugleich den Start in eine ungewisse Zukunft an einem neuen Ort mit vielen unbekannten und fremden Menschen. Nein, Sarah konnte sich nicht auf die Ferien freuen. Hätte sie sich freuen sollen: Dass sie alle ihre Schulkolleginnen verlor? Dass sie in ein anderes Dorf zügeln musste? Dass sie nun endgültig weg von den Eltern in eine Pflegefamilie gesteckt wurde? Dass sie nicht mehr am gleichen Ort wie ihre Geschwister wohnen würde? Diese Ferien versprachen nicht viel Gutes. So war es Sarah auch zumute, als sie am letzten Tag vor den Ferien das Schulhaus endgültig verliess und mit dem Bus nach Hause zu den Grosseltern fuhr.

Anfangs Oktober war es dann soweit. Sie zügelte zu Rea und Walo nach Ennetmoos. Walo hatte in den letzten zwei Wochen das grosse Zimmer ausgeräumt, das vollgestopft war mit Büchern und etlichem Gerümpel, von dem Sarah auch nicht wusste, wofür er gut war. Sie hatte allerdings den Eindruck, dass auch Walo bei vielen Sachen nicht so genau wusste, wofür er sie eigentlich brauchte. Denn er stopfte vieles achtlos in die Bananenschachteln und trug diese auf den Estrich. Walo besass unglaublich viele Bücher. Zwischen den Büchern standen viele kleine Kartonschachteln, in denen sich Filzstifte, Klebstreifen und viel Bastelmaterial ungeordnet häufte. Als Jugendarbeiter brachte Walo dauernd verschiedenstes Material von den Anlässen mit nach Hause, das er ungeordnet irgendwo in den Gestellen verstaute. So hatte sich in den letzten Jahren das Zimmer gefüllt. Aber er hatte wenigstens fristgerecht aufgeräumt, das Zimmer war jetzt völlig leer. Sarah selber musste an diesem 9. Oktober fast nichts zügeln. Die meisten Sachen hatte Walo bereits Ende August, als die Eltern ihre Wohnung räumen mussten, von Kerns direkt hierher transportiert und im alten Stall abgestellt.

Walo half ihr, die Möbel in die Wohnung und ins Zimmer zu tragen. Es waren allerdings nur ganz wenige Möbelstücke: Ein Schrank, ein Pult, ein Stuhl. Ein Bettgestell wollte sie nicht, sie legte die Matratze auf den Boden. Walo war zwar keineswegs begeistert von der Idee, erzählte etwas vom Grauwerden der Matratzen, liess sich aber überreden. Sarah merkte schnell, dass sie über die mögliche Zimmereinrichtung und Möbelzusammenstellung besser mit Rea sprach. Walo war gerade gut zu gebrauchen, um die schweren Möbel ins Zimmer zu tragen, aber vom Rest verstand er nun wirklich nichts. Es war ihm auch ziemlich egal, wie sie das Zimmer einrichtete. Nur, als sie den Schrank zum dritten Mal an einem anderen Ort wollte, merkte sie ziemlich deutlich, dass sie es sich wohl kein viertes Mal mehr würde leisten können, Walo zu rufen und ihn den Schrank ein weiteres Mal verschieben zu lassen. Sarah war konzentriert an der Arbeit. Noch an diesem ersten Tag wurde aus dem grossen leeren Zimmer ein Stück weit ihr Zimmer, eine Welt, die ihr gehörte. Sie packte die Schachtel mit den vielen kleinen, aber an viele Erlebnisse und Erinnerungen gebundenen Gegenstände aus und stellte sie sorgfältig auf dem Pult auf. An die Wände hängte sie die gleichen Posters, die auch im Zimmer in der Wohnung der Eltern gehangen hatten. Die beiden Matratzen - sie hatte Walo davon überzeugen können, dass es viel lässiger sei, auf zwei Matratzen zu schlafen – waren mit ihren Bettanzügen versehen. Den Käfig mit den Meerschweinchen stellte sie so hin, dass die Tiere auch eine Ecke hatten, in der sie sich gut verstecken konnten.

Als sie sich das Zimmer am Schluss ansah, gefiel es ihr nicht einmal so schlecht, und sie fühlte, wie sie sich ein Stück Zuhause eingerichtet hatte.

«Richtig schön!», lobte Rea. «Gefällt es dir auch?»

«Ja, jetzt ist es schon ein wenig mein Zimmer», meinte Sarah und freute sich über das Kompliment.

Rea hatte inzwischen das Nachtessen fertig gekocht und Sarah staunte nicht schlecht: Es war ihr Lieblingsgericht, gebratene Zucchetti mit Hirse. Rea hatte den Tisch besonders schön gedeckt und auch eine Flasche Wein geöffnet.

«Willkommen in der Villa Sorgenlos», sagte sie lachend, aber dennoch in einem fast feierlichen Ton. «Ich freue mich,

dass du da bist und wünsche dir und uns eine gute Zeit.»
Sarah sagte nichts. Walo sagte auch nichts. Er konnte solche Momente anscheinend nicht ertragen. Er schenkte ein und begann zu schöpfen.

※ ※ ※

Es war Sarah schon früher aufgefallen. Am Briefkasten stand es. Es war ja eigentlich kein richtiger Briefkasten, sondern nur eine alte Holzkiste, die an einen Pfosten genagelt war. Die Kiste war mit Biberschwanzziegeln gedeckt und so mehr schlecht als recht vor Regen geschützt. Auf dieser Holzkiste stand mit bunten Buchstaben Villa Sorgenlos. Hier würde sie jetzt also bis auf weiteres wohnen und zu Hause sein: in der Villa Sorgenlos. Was steckte wohl hinter dem Namen? Bei ihren vielen Besuchen hatte sie die Villa Sorgenlos bereits ziemlich gut kennen gelernt. Sie kannte sich im Stall und in der Sattelkammer recht gut aus. Die Wohnung von Rea und Walo war ihr ebenfalls vertraut. Dennoch nahm sie sich vor, am anderen Morgen diese Villa Sorgenlos genauer anzuschauen.

Nach dem Morgenessen begann sie ihre Entdeckungsreise. Am meisten interessierte sie die alte Scheune, die ans Wohnhaus angebaut war. Das war ein wahres Labyrinth, das sie noch nicht gänzlich durchschaut hatte. Vom Pferdestall konnte sie durch die eine Tür in die Sattelkammer gehen, das war ein niedriger Raum, der sehr dunkel war. Sie musste also zuerst nochmals zurück, um vor dem Pferdestall das Licht anzuzünden. Die Beleuchtung war primitiv, ein Kabel hing im Raum, daran war eine Glühbirne befestigt, die so tief im Raum hing, dass selbst sie den Kopf einziehen musste, wenn sie unten durch ging. Diese Sattelkammer konnte man auf der anderen Seite wieder verlassen. Sie stand nun in einer Art Gang, der auf die rechte Seite ins Freie hinter dem Stall führte. Das kannte sie, sie drehte nach links und kam so wieder zum Haus, allerdings auf der Rückseite, auf die Laube. Von dieser Laube aus konnte sie wieder in die Wohnung gehen. Aber sie kehrte um und bemerkte, dass neben der Sattelkammer noch weitere Räume lagen. Im einen sah sie allerdings nur Brennholz liegen und eine alte Fräse stehen. Das interessierte sie weniger. Auf der anderen Seite neben der Sattelkammer entdeckte sie einen weiteren Raum. Sie öffnete die schwere Tür und stand in einem alten Schweinestall mit drei Boxen. Die Boxen waren schon lange unbenutzt und jetzt mit verschiedenstem Grümpel gefüllt. Das war interessanter. Sie wühlte eine Weile in den Sachen und fand neben vielem Abfall einen Schaukelstuhl, einen Grill, einen Hasenstall. Und sie kam auf eine Idee. Wenn sie eine dieser Boxen räumte, könnte sie ihren Meerschweinchen hier ein grosses Zuhause einrichten. Sie musste Rea fragen, ob das möglich sei. Da merkte sie, dass dieser Raum auf der anderen Seite ebenfalls eine Tür hatte. Sie versuchte sie zu öffnen. Aber das Riegelschloss war anscheinend schon lange nicht mehr geöffnet worden. Erst als sie mit einem Stecken nachhalf, gab es nach. Sie öffnete die Tür und stand nun wieder im wohlvertrauten Pferdestall. Sie hatte diese Türe im Pferdestall schon ein paar Mal gesehen, sich bisher aber nie überlegt, was wohl dahinter war. Jetzt war es ihr klar. Die Sattelkammer, der alte Schweinestall und der Holzraum lagen nebeneinander und waren alle gleich lang, auf der einen Seite von ihnen lag der Pferdestall, auf der anderen Seite der Gang, der von der Laube ins Freie führte. Sie ging zurück in diesen Gang, denn dort hatte sie zwei weitere Türen gesehen. Sie öffnete sie. Diese beiden Räume waren nur klein, der eine war gefüllt mit Gartengeschirr und alten Blumentöpfen. Im anderen Raum stand die Waschmaschine und ein alter Holzofen. Das war also die Waschküche. Sarah ging zurück Richtung Laube, und da stand ihr eine riesige Holzkiste im Weg, die fast bis zur Decke reichte. Was soll das? Da bemerkte sie, dass die riesige Holzkiste eine Tür hatte, in der sogar ein Fenster eingelassen war. Sie öffnete die Tür und die Holzkiste entpuppte sich als WC. Ein WC, wie es Sarah bisher noch nicht gesehen hatte, ohne Licht, ohne Spülung, ohne WC-Brille. Es bestand lediglich aus einem Brett, in das ein Loch gesägt worden war. Ob das noch jemand benutzte? Sie sicher nie! Sie schloss die Tür und ging weiter. Sie hatte noch einen Raum übersehen. Neben dem Holzraum war nochmals ein ebenso langer Raum. Dieser war angefüllt mit verschiedenen Kisten, mit Latten und Brettern. Sie entdeckte auch eine Werkzeugkiste. Aber es herrschte ein ziemliches Chaos in diesem Raum. Sarah konnte den Raum auf der anderen Seite wieder verlassen und stand jetzt vor dem Pferdestall, aber immer noch unter dem riesigen Stalldach. Sie blickte nach oben, und da oben war noch mehr. Sie musste zurück in den Gang auf der Rückseite, denn dort hatte sie zwei Treppen entdeckt. Welche führte wohin? Sie entschied sich für die bequemere. Diese schien ihr auch einiges sicherer zu sein. Sie stieg die Treppe hoch und stand nun unmittelbar unter dem Dach. Es war ein riesiger Estrich, der die ganze Hauslänge umfasste. An diesen Estrich schloss die obere Wohnung an und es gab eine Tür, die von hier in die Wohnung führte. Sarah getraute sich aber nicht, die Tür zu öffnen, sie guckte nur durch das Fenster in der Tür und sah in eine schmale, dunkle Küche. Durch ein anderes Fenster sah sie direkt in das WC dieser Wohnung. Das interessierte sie nicht besonders, sie stieg die Treppe hinunter und kletterte die andere hinauf. Diese war wirklich sehr steil und schlecht. Ein richtiges Geländer gab es nicht, da war nur eine Latte hingesetzt, die nicht einmal richtig hielt. Sarah stieg sehr vorsichtig diese Treppe, die ihr eher wie eine Leiter vorkam, hinauf. Sie stand jetzt oberhalb des Ganges und konnte von hier aus rechts in einen weiteren Raum gehen. Da breitete sich nun der ganze riesige Dachraum der alten Scheune vor ihr aus. Es war eindrücklich. Da könnte man viele Räume machen, ging es ihr durch den Kopf. Da könnte man Geburtstagspartys feiern im Heu. Hier war auch das Heu und das Stroh für die Pferde gelagert. Sarah kletterte auf die Heuballen und war von dieser Höhe aus noch mehr beeindruckt von der Grösse des Raumes. Sie setzte sich auf einen Heuballen und betrachtete den Raum. Wau, schoss es ihr durch den Kopf, was man hier alles machen könnte. Sie sass plötzlich im Kino und hatte vor sich an der Wand die grosse Leinwand und rund um sich sassen andere Jugendliche auf den Heuballen mit ihr im Kino. Vorne lief ein interessanter Film. Dann sah sie plötzlich oben an der Decke ein paar Scheinwerfer, die die Tanzfläche in bunten Farben beleuchteten. Vor sich auf der Tanzfläche sah sie eine Gruppe Jugendlicher, die zu den Hip-Hop Rhythmen wild tanzten und stark schwitzten. Die Musik drang aus verschiedenen Lautsprechern, die im ganzen Raum verteilt an der Decke hingen, in ohrenbetäubender Lautstärke auf die Jugendlichen ein. Dann wieder sah sich Sarah mit ihren Schulkolleginnen zwischen den Heuballen sitzen. Vor sich hatten sie ein paar Flaschen Cola und Pommes Chips. Es war schon elf Uhr und sie verbrachte den Abend und die Nacht mit ihren Kolleginnen hier auf dem Heu. Sie hatte zur Heustockparty eingeladen. Natürlich waren auch ein paar Knaben dabei, das gab dem Abend eine prickelnde Stimmung. Nur langsam verschwanden die Bilder wieder vor ihren Augen und Sarah sah vor sich wieder diesen grossen Dachstock, der fast unbenutzt war.

Erst nach einigen Minuten stand sie auf und stieg die steile Treppe wieder hinunter. Von oben kam sie ihr noch steiler, noch wackliger, noch unsicherer vor. Sarah drehte sich, dass sie mit dem Gesicht der Treppe zugewandt blieb und stieg so vorsichtig rückwärts hinunter.

Sie verliess die alte Scheune und stand nun vor dem Haus. Es war ein altes, gemauertes Bauernhaus. Sie stellte fest, dass sie ausser dem Briefkasten und der Küche eigentlich von diesem Haus noch gar nichts gesehen hatte. Sie ging vor das Haus und stieg die drei Tritte zur Kellertür hinab. Die Tür stand offen und sie blickte in einen gewölbten Keller, der sich hinten in der Dunkelheit auflöste. Doch bald sah sie, dass dieser Keller hinten noch einmal eine Türöffnung hatte und dahinter nochmals ein Raum sein musste. Sie getraute sich allerdings nicht bis zu dieser Öffnung hineinzugehen, denn das Loch kam ihr recht unheimlich vor. Sie verliess dieses Kellerloch, denn sie fand auch nirgends einen Lichtschalter, der die Dunkelheit vertrieben hätte.

Neben der Kellertür war das Garagentor. Dieses hatte sie schon wahrgenommen und sie ging zielstrebig auf das Tor zu und öffnete es. Die Garage war allerdings nichts Besonderes. Sie entdeckte einige Paare Skier und Skischuhe. Ein altes Herrenvelo lag in der Ecke, es fehlte allerdings das Hinterrad. Aber da stand auch ein Tandem an der Wand. Sie untersuchte es genauer, in den Reifen war noch Luft, es schien fahrbar zu sein. Sie dachte an Jacqueline, die würde sicher einmal auf eine Tandemtour mitkommen. Sie war noch nie mit einem solchen Doppelvelo gefahren. Das musste sicher spannend sein.

In der Garagenwand war hinten ein weiteres Türloch, allerdings ohne Tür. Sarah wagte sich vor bis zu diesem Durchgang. Dahinter entdeckte sie in einem dunklen Raum einen riesigen Tank. Das musste die Heizung sein, denn von diesem Tank führten viele Rohre an der Decke nach hinten und auch in die Garage hinein. Auch der Heizraum hatte hinten nochmals eine Öffnung, aber dort hinten war es so dunkel, dass Sarah nicht sehen konnte, was sich in diesem Raum befand. Sie getraute sich auch nicht, so weit in die Dunkelheit vorzudringen, es kam ihr unheimlich vor. Sie verliess die Garage und warf nochmals einen neugierigen Blick auf das Tandem. Dieses wollte sie schon bald ausprobieren.

Sie stand nun wieder vor dem Haus. Sie ging auf der linken Seite des Hauses zum Zaun. Das Tor liess sich leicht öffnen. Hier waren die Kaninchen auf der Wiese und sonnten sich. Rea hatte ihr schon einmal alle Tiere des Hauses gezeigt und Sarah war begeistert. Was es da alles hatte: Da waren eben die vier schwarzen Kaninchen, die immer auf der Wiese sein durften. Auf der gleichen Wiese suchten auch die Hühner nach Würmern und Insekten. Sarah schaute ihnen eine Weile lang zu und beneidete die Tiere ein wenig. Die hatten es schön, sie konnten den ganzen Tag draussen auf der Wiese sein und mussten nur während der Nacht in den Stall, der sich direkt hier unter der Laube befand.

Sie konnte von dieser Wiese direkt zur Laube hochsteigen, es gab da ebenfalls eine Treppe und oben konnte sie die Falltür öffnen und stand nun wieder vor dem hinteren Wohnungseingang. Auf der Laube befand sich ein grosser Käfig. Es war eigentlich kein Käfig, vielmehr waren die letzten drei Meter der Laube mit einem Maschendraht eingefasst. Darin befanden sich die Chinchillas. Sarah hatte sie allerdings noch nie richtig beobachten können, denn die Tiere waren ja nachtaktiv und schliefen den ganzen Tag. So konnte sie auch jetzt keines der zierlichen Tiere entdecken. Sie entschloss sich, an diesem Abend Rea beim Füttern zuzusehen und die frechen Chinchillas einmal näher zu betrachten. Wie sie so vor dem Käfig stand, strich ihr eine Katze um das Bein und stiess mit dem Kopf immer wieder gegen ihr Bein. Sarah bückte sich: «Hoi, Micki». Sie begrüsste den rot-weissen Kater und strich ihm sanft durch das Fell. Das gefiel dem Kater, er legte sich sofort auf den Boden, drehte sich auf den Rücken und begann mit seinen Pfoten nach ihren Händen zu greifen. Er wollte mit ihr spielen. Sarah genoss es, den Kater zu kraulen und mit ihm zu spielen. Als sie wieder aufstand, erhob sich die Katze blitzschnell und strich wieder um ihr Bein. Sie konnte nie genug an Streicheleinheiten bekommen.

Die vielen Tiere, die hier lebten, waren für Sarah schnell zu wohlvertrauten Mitbewohnerinnen und Mitbewohnern geworden und sie genoss es, mit ihnen zu spielen oder ihnen einfach zuzuschauen. Da erinnerte sie sich, dass Walo einmal gesagt hatte, ihm seien die Tiere schon recht, aber er wolle nicht, dass es insgesamt mehr als 20 seien. Sarah hatte den

Eindruck, dass es längst mehr waren und sie begann zu zählen: Da waren Airline und Lysingur, die beiden Pferde. Es gab die drei Hunde, Ronja, Tina und Tschima. Auf der kleinen Wiese zählte sie vier Hasen und acht Hühner. Bei den Katzen war sie unsicher. Sie kannte den Kater Micki, dann gab es da sicher noch Zimba, Mike und Max. Es strichen ab und zu weitere Katzen durch den Stall oder um das Haus, aber ob die auch dazugehörten oder aus der Nachbarschaft stammten, das wusste sie nicht. Bei den Chinchillas waren nicht einmal Rea und Walo sicher, ob es sechs oder sieben waren. Da kamen jetzt noch ihre zwei Meerschweinchen dazu. Sarah zählte zusammen: Vier Hasen, acht Hühner, drei Hunde, mindestens vier Katzen, mindestens sechs Chinchillas, Airline und Lysingur und ihre zwei Meerschweinchen. Das ergab also mindestens 29 Tiere. Fast ein Zoo, dachte Sarah. Ob Walo wohl auch schon nachgezählt hatte? Sie würde wohl besser Rea fragen, ob ihre Meerschweinchen Junge haben durften.

Sie ging in ihr Zimmer zu den Meerschweinchen und liess sie frei im Zimmer umherlaufen. Die neugierigen Tiere musterten das ganze Zimmer. Sarah beobachtete sie und sah, wie auch sie ihr neues Zuhause ausgiebig auskundschafteten. Es gefiel ihnen offenbar, sie krochen in alle Ecken und begannen bald, da und dort zu knabbern. Sarah schaute ihnen zu und fühlte sich in ihrem neuen Zimmer erstaunlich wohl.

Die Villa Sorgenlos lebt nicht ganz sorgenlos

Die neue Klasse

Sarah sah dem Ende der Ferien mit Bangen entgegen. Sie hatte am Anfang der Herbstferien in ihrer alten Klasse von den besten Schulkolleginnen Abschied nehmen müssen, nachdem sie sich dort überhaupt erst ein wenig eingelebt hatte. Jetzt fing das wieder von vorne an. Bald würde sie sich an eine neue Klasse gewöhnen müssen. Rea und Walo waren schon vor den Ferien mit dem neuen Klassenlehrer zusammengekommen und hatten mit ihm über ihren Schuleintritt gesprochen. Sarah selber wollte nicht zu diesem Gespräch mitkommen, denn sie konnte sich bestens vorstellen, dass Rea, Walo und der Lehrer dabei nicht nur über die Schule, sondern mehr über sie und ihre Eltern sprechen würden. Rea und Walo gingen also allein zu diesem Gespräch. Sarah ahnte es im Voraus: Der Lehrer wusste also wahrscheinlich schon alles. Wie würde er auf sie reagieren? Konnte sie mit diesem Lehrer überhaupt etwas anfangen? Wie würde er auf sie eingehen? Er konnte sie vor der ganzen Klasse blossstellen, er konnte sie mitleidig umsorgen, er konnte sie bedauern, er konnte sie ganz schön unter Druck setzen. Kurz, der Lehrer hatte Macht über sie und sie hatte Angst, ihm zu begegnen. Und da war ja noch eine ganze Schulklasse. Sarah kannte keine einzige Schülerin, keinen einzigen Schüler. Sie konnte sich schon vorstellen, wie sie als Neue in diese Schulklasse kam und ausgefragt würde. Es würde nicht lange dauern und alle wüssten, dass ihre Eltern drogenkrank waren und sie würde mit ihren Eltern in den gleichen Topf geworfen und als der letzte Dreck betrachtet. Sie hatte Angst vor diesem ersten Schultag und sie wusste nicht, was sie tun konnte.

«Ich will nicht in eine neue Klasse!», wehrte sich Sarah am Vorabend noch einmal. «Die fragen mich dann alle so blöd aus. Was soll ich dann tun?»

Sarah wusste zwar bestens, dass daran kein Weg vorbei führte, aber sie bäumte sich nochmals dagegen auf.

Rea versuchte sie zu beruhigen: «Wir haben mit dem neuen Lehrer auch darüber gesprochen. Er wird dich sicher nicht blossstellen. Und er wird dich sicher auch vor diesen unbequemen Fragen ein Stück weit schützen.»

«Das kann der doch gar nicht, wenn mich die anderen vor der Schule oder in der Pause ausfragen. Das geht die doch gar nichts an. Ich habe Angst, dort in die Schule zu gehen, weil mich dann alle fragen, warum ich nicht bei den Eltern wohne, warum ich bei euch sei, was mit meinen Eltern sei.»

«Wenn dich die andern fragen, warum du neu in die Klasse kommst, dann sage ihnen einfach so viel, wie du willst und kannst.» Walo versuchte, sie zu trösten. «Du musst dich nicht schämen für deine Eltern, du hast nämlich gute Eltern, sie sind jetzt zwar krank, aber dafür bist du nicht verantwortlich. Sag doch einfach, deine Eltern seien krank. Wenn du nicht antworten magst, so sag einfach, sie sollten uns fragen.»

Am ersten Morgen brachte Rea Sarah mit dem Auto zur Schule und bot ihr auch an: «Wenn du willst, komme ich mit dir noch ins Schulhaus.»

Tatsächlich liess sich Sarah auf das Angebot ein: «Ja, du kannst noch mit hineinkommen. Du weisst ja schon, wo das Schulzimmer ist.»

Rea begleitete Sarah ins Schulhaus und ging mit ihr bis zur Schulzimmertür. Sie wartete bei der Tür und wechselte noch ein paar Worte mit ihrem Lehrer. Sarah war bereits im Schulzimmer verschwunden. Sie kannte noch niemanden, sie wusste überhaupt nicht, wie die anderen Schülerinnen und Schüler, die bereits im Schulzimmer waren, hiessen. Sie wusste auch nicht, wohin sie im Schulzimmer gehen sollte und welches Pult für sie reserviert war.

«Hoi!», begrüsste sie der Lehrer, «ich nehme an, du bist Sarah.»

«Grüezi, Herr Müller», erwiderte Sarah.

«Schön, dass du zu uns in die Klasse kommst», fuhr Herr Müller fort. «Du kannst fürs Erste mal hier neben Mirjam sitzen. Dann schaust du heute einfach mal zu, wie wir hier den Unterricht gestalten und was wir tun. Ich bitte dich, dann am Nachmittag, wenn die Schule fertig ist, noch kurz dazubleiben, damit ich mit dir besprechen kann, was du noch alles brauchst. Hier gebe ich dir auf alle Fälle schon mal eine Mehrfahrtenkarte für den Schulbus.» Sarah hatte jetzt die Wahl, ob sie jeweils mit dem Bus oder mit dem Fahrrad zur Schule fahren wollte.

Die restlichen Schülerinnen und Schüler waren inzwischen auch ins Schulzimmer gestürmt, und es war recht lärmig geworden. Die Banknachbarin Mirjam war auch da.

«Hoi, ich bin Sarah», begrüsste sie ihre zukünftige Mitschülerin.

«Ich bin Mirjam», antwortete die Banknachbarin aufgestellt und lachte Sarah an.

Die anderen Schülerinnen und Schüler reagierten kaum auf Sarah. Sie sagten wenigstens nichts, sie fragten wenigstens nichts, sie liessen sie sein, und Sarah war sehr dankbar dafür.

«Guten Morgen!», begann nun Herr Müller. «Bitte werdet jetzt ruhig, wir beginnen.»

Nur langsam wurde die Klasse ruhig.

Herr Müller musste noch energisch durchgreifen: «So, Ruhe jetzt! Wir beginnen mit dem Unterricht.»

Er musste nochmals ein paar Augenblicke warten, bis sich die Klasse endlich einigermassen beruhigt hatte.

«Wir haben heute eine neue Mitschülerin bekommen. Sarah ist zu uns gekommen. Sie wohnt seit den Herbstferien in Ennetmoos und wird jetzt mit uns dieses Schuljahr verbringen. Ich bitte euch, Sarah etwas zu helfen, damit sie sich bei uns wohl fühlen kann und auch die verschiedenen Schulzimmer findet. Sarah, ich freue mich, dass du da bist, und wünsche dir einen guten Start. Du wirst deine Mitschülerinnen und Mitschüler dann ziemlich schnell kennen lernen.»

Sarah starrte auf das Pult. Es war ihr peinlich, so im Mittelpunkt zu stehen. Am liebsten wäre sie in den Boden versunken oder hätte sich unsichtbar gemacht. Sie schaute lange nicht vom Pult auf. Herr Müller begann nun mit seinem Unterricht. Sie beschäftigten sich in der ersten Stunde mit Mathematik. Sarah versuchte, dem Unterricht zu folgen. Nur zögernd wagte sie manchmal einen Blick in das Schulzimmer und auf die anderen Schülerinnen und Schüler. Sie merkte, dass deren Blicke auch ab und zu auf sie gerichtet waren. Es waren nicht sehr viele Schülerinnen und Schüler in dieser Klasse, bloss 15. In der Pause hängte sich Sarah an Mirjam. Sie gingen miteinander auf den Pausenplatz und standen mit anderen Mädchen aus der Klasse zusammen. Sarah war froh, dass sich das Gespräch nicht um sie drehte.

«Kommst du am Samstag auch in die Schülerdisco?», fragte Mirjam eine Kollegin.

«Ich weiss noch nicht, ich muss zuerst meinen Vater fragen», antwortete die Kollegin. «Aber es wird schwierig sein, ihn zu überzeugen, er ist sowieso wieder dagegen.»

«Mein Vater erlaubt es mir auch fast nie», meinte darauf Mirjam. «Wenn es mir die Mutter erlaubt, so kommt sicher mein Vater und sagt nein! Ich weiss nicht, was er gegen die Disco hat.»

Sarah wusste nicht, ob sie schon in die Schülerdisco wollte, sie kannte ja sowieso niemanden, so war es nicht lustig. Sie hörte ihren Mitschülerinnen zu und schwieg. Der Rest des Morgens verging schnell. Sarah war selber überrascht, als es bereits Mittag war. Rea holte sie wie abgemacht an diesem ersten Morgen wieder von der Schule ab.

«So, wie war es?», fragte sie, als Sarah zu ihr ins Auto stieg.

«Ja, ganz gut», antwortete Sarah aufgestellt. «Es hat da ganz nette Mädchen dabei. Ich sitze neben Mirjam, ich glaube, die ist noch gut.»

Rea war erleichtert: «Siehst du, frisch gewagt ist halb gewonnen, jetzt ist es schon nicht mehr neu für dich. Und in ein paar Tagen hast du schon Kolleginnen und Kollegen.»

Sie fuhren nach Hause. Rea hatte extra für sie etwas Aussergewöhnliches gekocht, das bereits auf dem Tisch stand. Sarah freute sich über die feinen gebratenen Zucchetti.

«Komm jetzt an den Tisch, wir feiern deinen ersten Schultag», lud Rea sie ein.

Sarah ass mit Appetit.

«Am Samstag ist Schuldisco. Darf ich da hingehen?»

«Was ist eine Schuldisco?», fragte Rea unwissend zurück.

«Da können nur die Oberstufenschüler und Oberstufenschülerinnen hingehen. Ich glaube, die wird von der Gemeinde organisiert. Die sei super, haben die anderen gesagt», klärte Sarah sie auf.

Rea war nun wirklich etwas überrascht, dass Sarah so schnell ihre Angst und Abscheu überwunden hatte.

«Ich denke schon, dass du hingehen darfst. Ich werde das aber noch mit Walo besprechen.»

Sarah war am Nachmittag nicht schlecht erstaunt, als bei der Busstation bereits drei Schülerinnen und Schüler auf sie warteten und sie herzlich begrüssten, als sie zu ihnen kam. Es tat ihr gut, dass sie von ihren Schulkameradinnen und Schulkameraden ohne blöde Fragen angenommen wurde.

Schon am ersten Schultag hatte Sarah ihren ersten Streit, allerdings nicht in der Schule, sondern zu Hause mit ihren Pflegeeltern. Sie hatte sich am Nachmittag in der Schule schon ziemlich wohl gefühlt, sie getraute sich auch, sich zu melden und etwas zum Unterricht beizutragen. Die blöden Fragen, vor denen sie sich so gefürchtet hatte, blieben zu ihrer Erleichterung aus. Es schien niemanden aus der Klasse brennend zu interessieren, wie ihre Familienverhältnisse aussahen. Sarah sass also nach der Schule, nachdem sie der Lehrer entlassen hatte, mit ihren neuen Kolleginnen und Kollegen auf dem Schulhausplatz und hörte ihren Gesprächen zu. Die Zeit verstrich, der Schulbus fuhr ohne sie ab. Als Sarah dies merkte, war es längst zu spät. Der nächste Bus fuhr erst in einer Stunde. So warteten Sarah und die anderen Schüler halt bei der Busstation. Da erzählte Peter, einer ihrer neuen Mitschüler, dass er in den Ferien wieder einmal bei seiner Mutter gewesen sei. Die sei schon viel netter als seine Pflegemutter, mit der habe er immer nur Streit. Sarah horchte auf und spürte so etwas wie Erleichterung. Sie war also nicht die einzige, die nicht bei den Eltern wohnte. Es gab also noch andere, die in ähnlichen Situationen steckten. Sie war erstaunt, wie offen Peter davon erzählte, es schien, als wäre das für ihn die natürlichste Sache der Welt. Sie hätte ihn gerne gefragt, wie das denn so sei, aber sie sagte nichts. Für Sarah war ihre neue Situation noch alles andere als selbstverständlich und sie wollte nicht davon erzählen. Als sie dann endlich um halb sechs nach Hause kam, wurde sie nicht sehr freundlich empfangen.

«Wo hast du solange gesteckt? Die Schule war doch um halb vier beendet!», fragte Rea in einem ziemlich erzürnten Ton.

«Wir haben noch miteinander geredet!», rechtfertigte sich Sarah, die nicht verstand, worüber sich Rea aufregte.

«Dann hat man ganze zwei Stunden, bis man von der Schule nach Hause kommt? Ich will nicht, dass du auf der Strasse herumstreichst!»

«Ich bin gar nicht auf der Strasse herumgestrichen, ich habe mit den Schulkollegen und Schulkolleginnen gesprochen. Das ist doch nicht verboten.»

«Das ist jetzt schon gut für heute, aber wir machen heute Abend miteinander ab, wann du nach der Schule jeweils zu Hause sein musst», schloss Rea das Thema für den Moment ab.

Sarah verschwand in ihrem Zimmer. Nach dem Nachtessen brachte Rea das Thema wieder auf den Tisch.

«Walo, was meinst du, wann muss Sarah jeweils nach der Schule zu Hause sein?», begann sie.

«Ja, wie lange braucht man für den Weg?», fragte er wenig interessiert.

«Meinst du eigentlich, ich steige nach der Schule sofort in den Bus oder auf das Fahrrad und fahre direkt nach Hause? Wir wollen auch eine Weile zusammensitzen und miteinander reden», warf Sarah ein.

«Das ist schon gut, aber wenn das Zusammensitzen zwei Stunden dauert, ist mir das zu lang. Ich will nicht, dass du solange unterwegs bist», bestand Rea auf einer Regelung.

«Die Zeit ist so schnell verflogen!»

«Wann fährt denn der Schulbus?», fragte Walo.

«Um vier Uhr», antwortete Sarah genervt. «Aber ich werde künftig sowieso mit dem Fahrrad zur Schule fahren.»

«Und die Schule ist um halb vier Uhr aus», ergänzte Rea.

«Ja, aber bis man zusammengeräumt, die Schuhe angezogen hat und aus dem Schulhaus ist, ist schon eine Viertelstunde vorbei. Dann haben wir halt noch eine Weile miteinander geredet. Ist das so schlimm?»

Sarah konnte nicht verstehen, was es da zu reklamieren gab.

«Ich würde vorschlagen, dass du jeweils eine Stunde nach Schulschluss zu Hause sein musst, und wenn es später wird, musst du schnell anrufen und uns mitteilen, du kämest später heim», wollte Walo die Sache möglichst praktisch regeln.

Sarah gab sich nicht so schnell geschlagen: «Dann muss ich ja immer auf die Uhr schauen! Und wenn einmal kein Telefon in der Nähe ist?»

«Ja, dann musst du dir halt eines suchen oder pünktlich nach Hause kommen, das ist deine Verantwortung», verteidigte Walo seinen Vorschlag.

«Ein zwölfjähriges Mädchen gehört am Abend nicht auf die Strasse! Ich will wissen, wo du bist, sonst mache ich mir Sorgen», erklärte Rea nochmals.

Sarah sah es ein, sie hatte keine Chance, eine Abmachung zu verhindern. Walo und Rea bestanden auf einer Regelung.

«Also gut, wenn ihr das unbedingt so wollt!», war ihr ganzer Kommentar.

In der Schule verstand sich Sarah schnell sehr gut mit Mirjam, ihrer Banknachbarin. So fühlte sie sich bald wohl und aufgenommen in der neuen Klasse. Es war eine sehr lustige und lebhafte Klasse, da lief etwas. Das war für alle so in Ordnung ausser für ihren Lehrer, Herrn Müller. Er kämpfte energisch gegen die grosse Unruhe, die im Klassenzimmer herrschte. Immer wieder versetzte er Schülerinnen oder Schüler und platzierte sie möglichst weit auseinander, um doch noch eine ruhigere Atmosphäre schaffen zu können, die einen besseren Schulunterricht ermöglichen würde. Es ging nicht allzu lange, da war auch Sarah zum ersten Mal an der Reihe. Sie musste ihren Platz neben Mirjam räumen und in die gegenüberliegende Ecke allein an ein Pult sitzen.

※ ※ ※

Sarah fühlte sich wohl bei ihren Schulkolleginnen. Sie waren gar nicht so schlimm, wie sie sich das vorgestellt hatte. Sie fand auch Kontakt mit Schülerinnen und Schülern aus anderen Klassen. Nach der Schule sassen sie oft noch lange vor dem Schulhaus und plauderten miteinander.

«Kommst du morgen Nachmittag zu mir nach Hause?», fragte Yvonne sie.

«Ja, gerne. Wo wohnst du?»

«Ich komme dich abholen, wir treffen uns um halb zwei vor dem Dorfladen, dann können wir miteinander nach Hause gehen. Abgemacht?»

«Abgemacht!», bestätigte Sarah und war froh, auch zu Yvonne einen sehr guten Kontakt gefunden zu haben.

Beim Mittagessen fragte sie zu Hause: «Rea, darf ich morgen zu Yvonne gehen?»

«Jawohl, das ist gut, wir müssen aber noch abmachen, wann du wieder zu Hause sein musst.»

Rea war damit also einverstanden. Da läutete das Telefon.
«Es ist für dich, Sarah, eine Maria», rief Rea.
«Ah, Maria, die habe ich schon lange nicht mehr gesehen», freute sich Sarah und lief zum Telefon.
«Okay. Morgen Nachmittag, um zwei Uhr», bestätigte Sarah und legte den Hörer auf.
«Aber morgen gehst du doch zu Yvonne», machte Rea sie aufmerksam, aber Sarah stürmte schon aus dem Haus, sie musste in die Schule.
Am gleichen Abend rief die Mutter von Sarah an. Sarah war noch nicht zu Hause.
«Könnt ihr bitte Sarah ausrichten, dass ich morgen Nachmittag vorbeikomme, wir könnten miteinander Fahrrad fahren gehen.»
Auch die Mutter wollte den Samstagnachmittag mit Sarah verbringen.
«Sarah hat schon etwas abgemacht für morgen», erwiderte Rea. «Aber ich sage es ihr auf alle Fälle und sie kann dir zurückrufen.»
Nach der Schule erzählte Rea Sarah vom Telefonanruf ihrer Mutter: «Du, Sarah, dein Mami hat angerufen, sie möchte morgen mit dir Fahrrad fahren gehen.»
Sarah freute sich, mit Mami zusammen zu sein, das war das Schönste, was es gab. Rea machte sie noch auf die beiden anderen Abmachungen aufmerksam, aber Sarah reagierte nicht. Es wurde Samstagmittag, Sarah kam von der Schule nach Hause und hatte kaum ihren Rucksack abgelegt, als das Telefon schellte.
«Ich gehe», rief sie und war schon beim Telefon.
«Hoi, Mirjam.» -
«Nein, heute Nachmittag geht es wahrscheinlich nicht, ich habe schon mit Yvonne abgemacht, aber wenn es doch gehen sollte, ruf ich dich an.»
Sarah sass am Mittagstisch wie ein gefangenes Tier. Vier Angebote gab es für diesen Nachmittag. Sie wusste nicht

weiter. Vier Sachen standen miteinander an diesem Nachmittag auf dem Programm und waren unvereinbar. Sie wollte mit Yvonne unter keinen Umständen Streit, denn sie war eine der besten Kolleginnen, die sie hatte. Die wollte sie nicht sitzen lassen. Maria hatte sie schon lange nicht mehr gesehen, sie war immer so lustig und aufgestellt, Sarah wollte sie unbedingt sehen, damit ihre ehemalige Freundin nicht ganz vergessen ging. Mami kam am Nachmittag extra wegen ihr hierher. Die wäre sicher enttäuscht, wenn sie dann nicht zu Hause wäre. Mit Mami zusammen zu sein war immer so schön, und seit sie nicht mehr zu Hause wohnte, wollte sie jede Gelegenheit nutzen, um bei Mami zu sein. Mirjam war noch am einfachsten abzuwimmeln, ohne sie zu verletzen, der hatte sie ja gar nicht so richtig zugesagt, die würde sie verstehen. Sarah wurde nervös, sie konnte nicht mehr ruhig sitzen.

«Was soll ich jetzt machen?», fragte sie unschlüssig.

«Du musst dich entscheiden!», gab Walo knapp zur Antwort.

«Aber das ist so schwer, ich möchte alles machen!»

Sarah war am Verzweifeln.

«Du hast selber vier Sachen abgemacht. Das musst du auch selber ausbaden», meinte Rea ziemlich hart.

«Aber Mami kommt doch extra wegen mir!»

«Dann musst du die anderen anrufen und ihnen sagen, es gehe nicht.»

«Aber Yvonne wird sicher wütend und will nichts mehr mit mir zu tun haben. Und Maria möchte ich auch gerne sehen, mit ihr bin ich so viel zusammen gewesen.»

Sarah wurde ungeduldig. Was sollte sie tun? Wie war es möglich, sich zu entschieden, ohne jemanden zu verletzen? Es schien unmöglich zu sein.

«Das wird schwierig für dich!», liess Walo sie offensichtlich mit Genuss noch etwas zappeln.

«Ja, was würdest du denn am liebsten machen?», fragte Rea.

«Alles, aber das geht ja nicht», meinte Sarah und fühlte sich bedrängt.

«Sollen wir für dich entscheiden?», fragte nun Walo.

Sarah wusste nicht, ob er es aus Schadenfreude fragte, oder ob er ihr wirklich helfen wollte.

«Ja!», sagte sie und fühlte sich erleichtert, dass Walo also die Entscheidung für sie treffen würde.

Walo konnte sein Lachen nicht verbergen: «So, das ist ja schön, wenn wir einmal um eine Entscheidung gebeten werden. Wenn ich dich wäre, würde ich den Nachmittag mit Mami verbringen. Die anderen siehst du schon nächste Woche wieder in der Schule und kannst mit ihnen etwas anderes abmachen. Du musst aber alle anrufen und sagen, dass nichts aus den Abmachungen wird.»

«Das merken die dann von selber, wenn ich nicht komme», wollte sich Sarah vor den peinlichen Telefonanrufen drücken.

«Nein, Sarah, wenn du etwas abmachst und dann nicht einhältst, dann musst du zumindest anrufen und es den anderen sagen. Du hast es auch nicht gerne, wenn man dich sitzen lässt», bestand Walo nun darauf, dass sie sich bei den anderen abmeldete.

Sarah biss in den sauren Apfel. Sie rief Yvonne, Maria und Mirjam an und teilte ihnen mit, sie bekomme an diesem Nachmittag Besuch von Mami und könne deshalb nicht kommen. Sie war froh, als die Absagen endlich vorüber waren und sie konnte den Nachmittag mit Mami so richtig geniessen.

Ich hasse diese Frau

Sarah konnte diese Gespräche nicht ertragen. Und jetzt stand also wieder eines an. Sie wollte nicht dabei sein. Fest entschlossen teilte sie mit: «Ich will nicht dabei sein bei diesem Gespräch, ich werde mich verstecken. Ich werde bei Lysingur sein. Ich will sie gar nicht sehen, diese blöde Gans.»

Sarah hatte es mehrmals angedroht. In der Zwischenzeit war einiges geschehen, das ihr nicht passte. Irgendwie spürte sie ein ungutes Gefühl in sich und sie wusste nicht so genau, was es war. Jetzt, da dieses Gespräch bevorstand, drängte sich dieses Gefühl wieder mit ungeheurer Kraft in den Vordergrund und verdrängte alles andere. Sie konnte nicht genau sagen, was es war. Aber in dieser Frau vom Sozialamt stand dieses starke Gefühl als Person vor ihr. Nicht nur in ihr, nein, lebhaft vor ihr, dieses erniedrigende Gefühl, gegen das sie sich aus einem fast instinktiven Lebenstrieb heraus aufbäumen musste. Es ging um nichts weniger als um das nackte Überleben. Sie hatte keinen Namen dafür. Aber sie musste es hassen und hatte es jetzt in dieser Frau als sichtbares und damit einfacher hassbares Objekt vor sich.

Erst viel später würde es ihr bewusster werden, warum sie diese Menschen von den Ämtern so hassen musste, auch wenn sie es nicht wollte: Es war der Kampf auf Leben und Tod um ihre Selbstbestimmung. Diese Menschen bestimmten über sie. Als fremde Menschen griffen sie radikal in ihr Leben ein, regelten ihre Angelegenheiten und verhandelten über sie. Es ging dabei nicht allein um Geld, Versicherungen und Besuchsrechte, das kümmerte sie wenig. Nein, es ging dabei um sie, um sie als Sarah. Sie selber stand auf dem Spiel, ihr Leben, alle ihre Erinnerungen und Träume, alle ihre Tränen und Hoffnungen, alle ihre Gedanken, die sie sich über ihr Leben machte. Das konnte sie sich nicht gefallen lassen, wie sie gleichsam auf den Sitzungstisch gelegt und verhandelt wurde wie ein Stück Vieh. Was glaubten diese Menschen eigentlich? Sie liesse sich von denen zerlegen, verwalten und bestimmen? Sie spürte eine ungeheure Wut in sich und eine ungehemmte Kraft zu leben.

Sarah schlich sich davon, noch bevor die Frau vom Sozialamt aufgetaucht war. Sie wusste, wohin sie gehen würde. Das Gespräch begann also ohne sie. Sie wurde auch nicht gesucht.

Erst eine Stunde später hörte sie, wie Rea auf sie zukam

und sie fragte: «Du, Sarah, willst du nicht noch schnell ins Haus kommen? Wir möchten dir erklären, was wir besprochen haben. Denn es ist für uns ganz wichtig, dass du damit einverstanden bist, bevor wir etwas unterschreiben.»

Nur widerwillig und nach langem, gutem Zureden folgte Sarah Rea in die Wohnung. Sie senkte ihren Blick, sie wollte diese Frau gar nicht sehen. Die sollte schon merken, dass sie mit ihr nichts anfangen konnte. Sie setzte sich auf einen Stuhl und schwieg.

«Du bist Sarah. Schön, dass ich dich kennenlerne», begann nun die Frau vom Sozialamt. «Du wohnst jetzt ja schon seit zwei Wochen hier bei Rea von Ah und Walo Barmettler. Hast du dich gut eingelebt?»

«Ja!», war die kurze und abweisende Antwort Sarahs, das ging diese Frau nämlich überhaupt nichts an.

«Ich möchte dir kurz erzählen, warum ich eigentlich da bin», versuchte sich die Frau vom Sozialamt zu rechtfertigen.

«Das weiss ich schon, es geht um mich!», warf Sarah mürrisch ein.

«Ja, es geht auch um dich, Sarah», nahm die Frau ihre Antwort auf und fuhr fort: «Dein Mami, Monika Huber, und dein Papi, Ruedi Huber, haben in den Sommerferien bei uns angerufen und uns mitgeteilt, dass sie euch Kinder gerne bei einer Pflegefamilie platzieren möchten, weil es ihnen momentan sehr schlecht geht. Und sie mussten ja auch die Wohnung verlassen.»

Sarah wusste das alles nur zu gut. Warum musste diese Frau ihr jetzt noch mal die ganze Geschichte erzählen und in den schmerzhaften Erlebnissen dieses Sommers herumwühlen? Doch sie sagte nichts.

Die Frau vom Sozialamt fuhr fort: «Weil du und deine Geschwister nicht mehr bei den Eltern leben könnt, bekommt ihr eine Beiständin. Ich bin als eure Beiständin dafür verantwortlich, bei wem du und deine Geschwister wohnen. Ich werde von jetzt an stellvertretend für deine Eltern die verschiedenen Sachen für euch regeln. Du kannst mich auch jederzeit anrufen, wenn du Hilfe brauchst. Rea von Ah und Walo Barmettler haben sich bei uns gemeldet und uns gesagt, dass sie bereit sind, euch alle, also dich und deine beiden Geschwister Nora und Nico, bei sich aufzunehmen. Wir sind noch im Sommer mit deinen Eltern zusammengesessen. Deine Eltern waren sehr froh, dass ihr zu Rea von Ah und Walo Barmettler kommen könnt. Sie haben uns den Auftrag gegeben, mit den beiden einen Vertrag für ein Pflegeverhältnis abzuschliessen. Wir haben jetzt, währenddem du draussen warst, miteinander diesen Vertrag besprochen. Über einige Sachen möchten wir mit dir reden.»

Sarah hatte kein gutes Gefühl. Sie spürte wieder diese Kraft in sich, die sich aufbäumte, diese Wut, die so unaufhaltsam über sie herfiel. Jetzt würde es also kommen, wovor sie solche Abscheu hatte, was sie nicht ertragen konnte, was in ihr diese starke Aggression auslöste.

Die Beiständin fuhr fort: «Um Frau von Ah und Herrn Barmettler etwas zu entlasten, haben wir abgemacht, dass du pro Monat zwei Wochenenden bei den Grosseltern verbringst. Wie ist das für dich?»

In Sarah ballte sich die Wut zusammen. Sie hatte es gewusst. Da wurde von irgendwelchen fremden Menschen einfach über sie bestimmt. Man fragte sie nicht einmal. Es wurde entschieden. Sie war wieder mal auf dem Tisch und wurde verhandelt wie ein Stück Ware. Wie hatte die Frau doch gesagt, sie werde ‚verschiedene Sachen für euch regeln'. Jetzt hatte sie also auch entschieden, wo sie über die Wochenenden hin musste.

«Nein, sicher nicht, dorthin gehe ich sicher nicht mehr!», schoss es aus ihr heraus.

«Was stört dich an den Grosseltern?», fragte die Beiständin nach.

«Die sind so blöd!»

Mehr konnte Sarah als Begründung nicht angeben. Es ging

diese Frau auch gar nichts an, was ihr an den Grosseltern nicht passte, das ging überhaupt niemanden etwas an.

«Es geht auch darum, dass wir ab und zu an einem Wochenende für uns sein können, dass wir auch einmal etwas allein unternehmen können», versuchte Rea zu begründen.

«Dann kann ich ja zu Mami gehen!», war die schnelle Antwort, mit der Sarah einen Ausweg suchte, um Rea nicht widersprechen zu müssen.

«Wir wissen leider nicht, wo dein Mami momentan lebt», gab die Beiständin zu bedenken. «Sie ist nirgends angemeldet.»

«Sie lebt doch bei ihrem Freund, ich weiss das ganz genau.»

Sarah merkte erst jetzt, dass der Vorschlag mit Mami doch nicht so gut war. Ihr Mami lebte ja jetzt bei ihrem Freund, und den konnte sie nun wirklich nicht ausstehen. Mit dem sprach sie kein Wort, nicht einmal Hoi sagte sie diesem Blödmann. Dort ein Wochenende verbringen, nein! Das kam auf keinen Fall in Frage.

«Weisst du, Sarah, ich kann mir gut vorstellen, dass du vorerst mal über längere Zeit bei uns bleibst, auch über die Wochenenden. Wenn du dich bei uns gut eingelebt hast und mal Lust hast, deine Geschwister zu besuchen, dann kannst du dies ja mal probieren. Vielleicht geht es nur für ein Wochenende mit den Grosseltern viel besser, als wenn du immer dort wohnen müsstest.»

Mit diesem Vorschlag von Walo konnte Sarah schon besser leben. Daran hatte sie im Moment gar nicht gedacht. Nora und Nico waren ja noch bei den Grosseltern. Die wollte sie unbedingt so viel wie möglich sehen und mit ihnen zusammen sein. Für ein Wochenende konnte sie ja die Grosseltern einfach nicht beachten und nur mit Nora und Nico zusammen sein.

«Dürfen dann Nora und Nico manchmal hier auf Besuch kommen?», stellte Sarah eine für sie ganz wichtige Frage.

Rea konnte sie beruhigen: «Es ist mir sogar sehr wichtig, dass sie ab und zu bei dir auf Besuch kommen, sie dürfen auch hier schlafen, wenn du das willst. Denn sie können sich so bei uns ein wenig einleben, damit es für sie nicht so schwierig ist, wenn sie ganz zu uns kommen.»

«Wann kommen sie zu uns?», bohrte Sarah nach.

Für sie war es sehr wichtig, was mit ihren Geschwistern geschah.

«Wir denken», antwortete die Beiständin, «dass es gut ist, wenn sich Frau von Ah und Herr Barmettler jetzt zuerst an das Leben mit dir gewöhnen können. Für sie ist das eine grosse Umstellung. Du weisst auch, dass die beiden im Frühling ein Kind erwarten. Ich denke, es wäre etwas viel, wenn dann deine Geschwister auch im Frühling kämen. Wir haben miteinander abgemacht, dass sie im nächsten Sommer kommen und den Kindergarten hier besuchen werden. Ihr alle seid dann schon ein wenig an das kleine Kind gewohnt.»

«Ich will aber unbedingt, dass Nora und Nico mit mir am gleichen Ort wohnen können», forderte Sarah noch einmal.

«Das wollen wir auch», beruhigte Rea. «Wir können es dir jetzt einfach noch nicht ganz sicher versprechen, weil wir selber nicht wissen, wie wir mit dir zurechtkommen, wie es mit der Geburt geht, ob unser Kind gesund ist. Aber wenn alles gut geht, können Nora und Nico gerne zu uns kommen. Dann könnt ihr alle wieder zusammen wohnen.»

«Darf mich Mami hier besuchen?», stellte Sarah eine weitere Frage.

«Darüber haben wir auch gesprochen», antwortete die Beiständin. «Wir hoffen, dass deine Eltern weiterhin guten Kontakt zu dir haben werden. Sie bleiben deine Eltern und du bleibst ihr Kind, auch wenn du jetzt nicht mehr bei ihnen wohnst. Wir haben gedacht, dass es gut ist, wenn deine Eltern die Besuche jeweils mit Frau von Ah oder Herrn Barmettler besprechen, damit es keine Missverständnisse gibt. Du darfst natürlich auch deine Eltern besuchen, wenn du willst und so oft du willst, oder deine Eltern können mit dir auch mal etwas unternehmen. Das finden wir ganz wichtig. Es ist einfach wichtig, dass man solche Sachen vorher miteinander bespricht, damit alle wissen, was geschieht.»

Sarah war ein Stück weit beruhigt. So, wie sie Rea kannte, konnte man mit ihr eigentlich recht gut irgendwelche Sachen regeln. Wie gut das mit Walo ging, wusste sie nicht so recht, sie kannte ihn ja kaum und er kam ihr recht fremd vor. Sie würde die Sachen jeweils wohl besser mit Rea abmachen.

«Ja, das wär's dann etwa gewesen. Ich wünsche dir, Sarah, eine ganz gute Zeit am neuen Ort und hoffe, dass es dir gefällt», schloss die Beiständin das Gespräch.

Sie stand auf, entschuldigte sich für ihre Eile und verabschiedete sich. Sarah fielen fast die Augen aus dem Kopf, die Frau war riesig, fast zwei Meter gross. Das hatte Sarah bis jetzt gar nicht bemerkt. Aber wie die Frau nun vor ihr stand, konnte sie es fast nicht glauben. Sie war unwahrscheinlich gross. Von dieser Überraschung noch ganz benommen, verabschiedete sich Sarah sogar freundlich.

Erst als die Frau weg war, kommentierte sie kurz und hart: «Das ist eine riesengrosse und blöde Gans!»

Das erste Mal: Rosy auf Besuch

Sie sassen beim Mittagessen und Sarah erzählte von der Schule. Plötzlich lachte sie laut: «Aha, jetzt komme ich draus! Rea, ich muss dir einen Witz erzählen: 'Eine Schlange und ein Vögelchen treffen sich am Waldrand. 'Hoi', begrüsst das Vögelchen die Schlange, 'wie geht es dir?' Die Schlange sagt etwas bedrückt: 'Es geht, ich schlängle mich so durchs Leben'. Und sie fragt jetzt auch: 'Und du, was machst du?' Da läuft das Vögelchen rot an und fliegt davon.'

Sarah lachte nochmals herzhaft. Rea und Walo mussten ebenfalls lachen.

Walo meinte dann trocken: «Dann darf ich dir also nie am Abend einen Witz erzählen?»

«Warum?», fragte Sarah, die den Zusammenhang überhaupt nicht einsah.

«Weil du sonst am Morgen in der Schule plötzlich einen Lachanfall hast», meinte er lachend.

Sarah fand das nun überhaupt nicht lustig: «Sei doch du einfach still!»

Das Thema war gegeben, während des ganzen Essens erzählten sich Rea, Sarah und Walo nun Witze und lachten.

«Sarah, erzähle den Witz noch Walo!», forderte Rea Sarah am nächsten Abend auf.

Walo war soeben von der Arbeit nach Hause gekommen, er begrüsste die Hunde und stellte seine Mappe in die Ecke.

«Walo, weisst du, wieso eine Frau aus dem siebten Stock springen kann, ohne dass ihr etwas zustösst?», fragte Sarah.

Walo war noch gar nicht richtig angekommen und murrte: «Nein!»

«Weil sie Allways mit Flügeli hat!»

«Und jetzt? Muss ich lachen?», fragte Walo zurück, der den Witz offensichtlich nicht begriffen hatte.

«Du hast ja keine Ahnung!», meinte Sarah kurz.

«Nein, anscheinend nicht, ich weiss wirklich nicht, wovon du redest und was daran lustig ist», erklärte ihr Walo und zog sein Jacke aus.

«Allways sind Binden», klärte Rea ihn auf. «In neuster Zeit haben diese Flügeli, kleine Laschen, an der Seite.»

«Aha», kommentierte Walo kurz, aber der Witz war natürlich längstens vorbei.

«Sarah, weisst du, warum alle Blondinenwitze so kurz sind?», fragte er zurück.

«Nein!»

«Damit sie auch die Männer begreifen!»

Sarah wusste nicht so recht, ob sie lachen sollte oder nicht, ob Walo nun einen Witz erzählt hatte oder was er damit meinte. Walo blieb die Erklärung schuldig. Er hatte Hunger und kümmerte sich um das Nachtessen. Während des Essens beklagte sich Sarah über Magenschmerzen. Sie hatte schon den ganzen Tag ein komisches Gefühl in der Magengegend.

Rea kam dann ziemlich schnell auf den Sprung und fragte sie noch etwas genauer aus: «Wie lange spürst du es schon?»

«Schon heute Morgen war es mir nicht ganz wohl, und in der Schule habe ich mich den ganzen Tag nicht recht konzentrieren können», erzählte Sarah. «Es ist so, als ob es mir den Magen zusammenziehen würde.»

«Es könnte sein, dass du die Periode bekommst», erklärte Rea nun recht sachlich. «Hast du Binden?»

«Nein, ich habe nur diese Slipeinlagen.»

«Du kannst ein paar Binden von mir haben», beruhigte sie Rea. «Morgen kannst du dann selber welche einkaufen, oder ich kann sie dir nach Hause bringen.»

Rea suchte nach dem Essen ein paar Binden im Badezimmer und erklärte Sarah auch, wie sie diese richtig einlegen musste. Sarah war froh, dass Rea so unbeschwert und natürlich damit umging und ihr weiterhalf.

An diesem Abend lag sie noch lange wach im Bett. Sie konnte nicht einschlafen. Da war einerseits dieses komische Gefühl in der Magengegend, aber vielmehr hielten sie ihre wild durcheinander gehenden Gedanken wach: Jetzt begann also auch das. Obwohl Rea ihr schon viel über die Periode erzählt hatte und sie wusste, was in ihrem Körper vorging, war es jetzt, wo sie es selber erlebte, etwas ganz Neues. Jetzt müsste sie also für Jahre mit dieser monatlichen Umstellung leben. Sie müsste immer daran denken, Binden mitzunehmen, um gewappnet zu sein für diese Blutungen. Sie müsste sich in der Schule jeweils rechtfertigen, warum sie nicht ins Hallenbad mitkäme. Sie müsste sich für ihr Unwohlsein entschuldigen, obwohl sie ja nichts dafür konnte. Nein, diese Periode war wirklich nichts, worüber sie sich freuen konnte. Was brachte es ihr, ausser vielen zusätzlichen Problemen? Sarah wusste auch, dass viele Frauen starke Beschwerden während der Periode hatten, ja, dass einzelne sogar jedesmal für einige Tage im Bett lagen. Wie würde es bei ihr sein? Sie spürte Angst und auch so etwas wie Wut auf diese Veränderung in ihrem Körper. Sie konnte nicht schlafen, sie stand wieder auf und ging zu Rea.

«Wie ist das jeweils bei dir?», fragte sie direkt.

Rea konnte sie einerseits beruhigen: «Ich selber habe selten Beschwerden während der Periode. Manchmal spüre ich sie kaum.»

Sie wusste allerdings, dass es andere Frauen gab: «Aber es gibt schon viele Frauen, die damit Probleme haben. Meine Schwägerin ist zum Beispiel jedesmal für einige Tage völlig kaputt und liegt im Bett. Für sie ist es sehr unangenehm und mühsam.»

«Das will ich aber nicht!», trotzte Sarah.

Rea versuchte, sie zu beruhigen: «Jetzt warten wir mal ab, ob es überhaupt die Periode ist, und dann werden wir ja sehen. Mach dir jetzt keine Sorgen, die kommen dann noch früh genug.»

«Was ist eigentlich angenehmer, Tampons oder Binden?», wollte Sarah nun wissen.

«Das kann ich dir nicht genau sagen. Es gibt Frauen, die schwören auf Tampons, andere wiederum vertragen sie nicht und bevorzugen Binden. Das musst du dann selber ausprobieren.»

«Wie machst du das?»

«Ich brauche beides. Meistens benutze ich Tampons, aber manchmal auch Binden.»

«Wie ist das eigentlich mit Baden? Darf ich dann während der Periode nicht mehr baden gehen?», fragte Sarah weiter.

«Wenn du vor dem Baden unter die Dusche gehst und dann einen neuen Tampon einführst, kannst du schon baden gehen. Das macht nichts. Aber vielleicht hast du jeweils gar nicht so viel Lust aufs Baden und verzichtest lieber darauf.»

«Ist es nicht stressend, wenn man immer daran denken muss, dass die Periode kommen kann, und was mache ich, wenn ich einmal keine Binden dabei habe?»

«Meistens merkst du es im Voraus, dass die Periode kommt und sie überrascht dich nicht. Aber du musst jetzt halt schon immer darauf achten, dass du im Zimmer Binden oder Tampons bereit hast. Weisst du, du wirst jetzt eine Frau und das gehört auch zum Frausein.»

«Ich will aber keine Frau werden. Ich will immer ein Kind bleiben, das ist viel schöner!», widersprach Sarah.

«Ja, ich denke, das kannst du nicht ändern. Du wirst eine Frau und du musst lernen, damit umzugehen. Ich weiss, das ist nicht ganz einfach.»

«Warum bekommen eigentlich die Männer keine Periode? Die haben es viel einfacher.»

«Ja, die haben es einfacher in dieser Hinsicht. Aber für mich ist die Periode manchmal auch ein schönes Erlebnis. Dann spüre ich wieder ganz fest, dass ich eine Frau bin, dann bin ich jeweils wieder ganz direkt mit dem Leben verbunden.»

«Ich kann mir die Knaben in unserer Klasse schon vorstellen, wie sie dumme Sprüche machen, wenn sie erfahren, dass ich die Periode habe», bemerkte Sarah weiter.

Rea wurde beinahe wütend: «Lass dich von denen ja nicht einschüchtern, die haben doch keine Ahnung, was das ist. Ich denke auch, die sind irgendwie nur neidisch auf dich. Du könntest jetzt nämlich schon Kinder auf die Welt bringen, und das können die nicht. Weil sie neidisch sind, müssen sie die Frauen wegen der Periode schlecht machen und diese als etwas Schwaches hinstellen. Das ist die Periode aber nicht. Also, sag denen nur, sie sollen die Klappe halten, die mit ihrem Gebärneid!»

Sarah konnte sich zwar nicht vorstellen, dass man auf die Periode neidisch sein konnte, aber sie war froh um die Ratschläge und Auskünfte, die ihr Rea gab.

«So, und jetzt gehörst du ins Bett!», sagte Rea lachend.

«Gute Nacht!», erwiderte Sarah und ging in ihr Zimmer.

Mit Rea konnte man auch über schwierige Sachen recht vernünftig sprechen, dachte sie sich. Aber sie müsste dann einige Sachen schon noch bei Mami genauer nachfragen. Rea hatte mit ihrer Vermutung recht bekommen. Am anderen Morgen war es klar, Sarah hatte ihre erste Periode. Es ging ihr aber gut und sie konnte in die Schule gehen. Bevor Walo das Haus verliess, bestand Rea darauf, er müsse zum Mittagessen wieder zu Hause sein. Walo wollte nicht, erzählte etwas von einer wichtigen Sitzung.

Aber Rea bestand darauf: «Was ist dir wichtiger, diese blöde Sitzung oder deine Pflegetochter Sarah?»

Walo versprach dann, zum Mittagessen zu Hause zu sein.

Der Mittagstisch war festlich gedeckt. Als Sarah nach Hause kam, war Walo schon da.

«Musst du nicht arbeiten?», fragte sie ihn.

«Ich bin für das Mittagessen nach Hause gekommen, wir feiern ja ein Fest», gab er zur Antwort.

Auf dem Tisch stand Sarahs Lieblingsgericht: Gebratene Zucchetti mit Hirse. Dazu hatte Rea einen speziellen Tee gekocht, den Sarah besonders mochte.

«Zum Wohl, Sarah», begann Rea nun feierlich. «Wir feiern deine erste Periode. Jetzt bist du eine junge Frau, und das ist ein Fest wert.»

Neben ihrem Teller fand sie auch ein kleines Geschenkpaket, das sie nun rasch öffnete. Es enthielt einen Stein, einen Bergkristall, den sie sich schon lange gewünscht hatte.

«Der ist schön! Danke vielmals», sagte sie und bestaunte ihr Geschenk.

Während des Essens war Sarah eher etwas verlegen, freute sich aber, dass Rea ihr Lieblingsgericht gekocht und den Tisch extra für sie so festlich gedeckt hatte.

«Rosy kommt auf Besuch», so pflegte Sarah von nun an regelmässig mitzuteilen, wenn sie die Periode hatte.

Es gab dann zwar jeweils kein Festessen mehr, aber dennoch spürte Sarah, dass sie es so mitteilen konnte und dass es von Rea und Walo als Mitteilung ernst genommen wurde. Sarah war froh, dass sie jeweils kaum ernsthafte Beschwerden hatte und mit Rea über alle Probleme gut reden konnte. Nur einmal konnte es Walo nicht lassen.

Er sagte zu ihr so aus heiterem Himmel: «Jetzt kannst du aus dem siebten Stock springen!»

Sarah verstand nicht, was er meinte.

«Warum?», fragte sie ihn.

«Allways mit Flügeli», war sein ganzer Kommentar.

Oh Tannenbaum

Sarah wohnte nun schon ein paar Monate bei Rea und Walo. Es wurde Winter, und mit dem Winter kamen die langen Abende. Es wurde bereits um fünf Uhr dunkel. Sarah konnte nicht mehr so viel im Freien bei den Pferden sein. Sie war jetzt viel häufiger in der Wohnung. Nach dem Nachtessen verspürte sie kaum mehr Lust, in die Kälte hinauszugehen. Der Holzofen verbreitete eine angenehme Wärme in der Küche, die zum Verweilen einlud.

«Machen wir ein Spiel?», fragte sie Walo und Rea.

«Ja, gerne, weisst du eines, das du gerne spielen möchtest?», fragte Walo zurück.

«Wir können ja das Geografiespiel machen», schlug Sarah vor.

«Wie geht das schon wieder?», fragte Rea.

«Das ist ganz einfach. Wo ist ein Block Papier?»

Sarah holte sich in der Stube einen Block Papier und einige Bleistifte.

«Also, oben schreibt man sechs Stichworte auf, zum Beispiel Länder, Flüsse, Tiere und so weiter. Dann muss jemand still das Alphabet aufsagen, bis der andere stopp ruft. Der andere muss diesen Buchstaben, bei dem er war, laut sagen, und dann müssen alle zu jedem Stichwort ein Wort schreiben, das mit diesem Buchstaben beginnt. Alles klar?»

Sie schrieben nun auf das Blatt die sechs Stichworte: Pferderassen, Länder, Bäume, Tiere, Ortschaften, Flüsse.

«Jetzt musst du, Walo, das Alphabet aufsagen, bis ich stopp rufe!», befahl Sarah.

Walo begann, leise das Alphabet vor sich hin zu sagen.

«Stopp!», rief Sarah.

«L», sagte nun Walo laut.

Alle versuchten nun, zu jedem Stichwort ein Wort mit dem Anfangsbuchstaben L zu finden.

Plötzlich rief Sarah: «Stopp!»

«Was stopp?», fragte Walo.

«Ich bin fertig, und wenn jemand fertig ist, kann er stopp rufen, dann müssen die anderen auch aufhören. Jetzt schauen wir, wer wie viele Punkte hat. Also ich habe: Liliputaner, Libyen, Linde, Luchs, Leimbach und Limmat, das gibt sechs Punkte.»

Anschliessend zählte Rea ihre Stichworte auf: «Also, ich habe Liliputaner...»

«Das geht nicht, das habe ich schon!», fuhr Sarah dazwischen.

«Aber ich hatte es schon aufgeschrieben, als du es sagtest», verteidigte sich Rea.

«Pech, dann müssen wir es beide leider streichen und ich habe nur fünf Punkte.»

Sarah korrigierte ihr Resultat widerwillig von sechs auf fünf Punkte.

Rea fuhr fort: «Lettland, Lärche, Leopard, Lörrach, Loire.»
Sie brachte es ebenfalls auf fünf Punkte.

Die Reihe war an Walo: «Ich habe: Lysingur...»

«Sicher nicht!», unterbrach ihn Sarah. «Lysingur ist keine

Pferderasse, er ist ein Isländer.»

Sie mussten lachen.

Walo gab sich geschlagen und fuhr fort: «Weiter habe ich Litauen, nichts, Löwe, Ludwigshafen, Lorze.»

Er brachte es auf vier Punkte.

«Jetzt sage ich das Alphabet auf und Rea muss stopp sagen.»

Sarah murmelte das Alphabet.

«Stopp!», unterbrach Rea sie.

«O», gab Sarah den neuen Buchstaben bekannt.

Alle dachten angestrengt nach und versuchten, als Erste die Liste voll zu haben, um die anderen unterbrechen zu können.

«Stopp!», rief diesmal Walo als Erster.

«Ich bin noch nicht fertig», meinte Sarah überrascht und schrieb weiter.

«Stopp!», wiederholte Walo. «Ich bin fertig, aufhören!»

Sarah begann wieder, ihre Stichworte aufzuzählen: «Ostfriese, nichts, Orangenbaum, Ochse, Ostermundigen, nichts.»

Das ergab vier Punkte.

Rea war diesmal auch nicht so erfolgreich: «Nichts, Obervolta, nichts, Osterhase...»

«Das geht nicht, der Osterhase ist kein Tier», griff Sarah ein.

«Was ist er dann?», verteidigte sich Rea.

Walo unterstützte sie: «Ja, Osterhase, das ist ein Tier. Das gilt.»

Rea fuhr fort: «Oberarth, Oder».

Sie brachte es also auch auf vier Punkte.

Schliesslich brachte Walo seine Stichworte: «Ja, ich habe: Osteuropäer ...»

«Das ist keine Pferderasse, die gibt es nicht!», lehnte Rea ganz entschieden ab.

«Du willst immer betrügen!», warf Sarah Walo vor.

«Ich will gar nicht betrügen», wehrte sich nun Walo. «Woher soll ich diese Pferderassen kennen? Wenn es Ostfriesen gibt, könnte es ja auch Osteuropäer geben. Weiter habe ich: Österreich...»

«Das fängt nicht mit O an!», unterbrach ihn diesmal Sarah.

«Wie fängt es denn an?», fragte Walo zurück.

«Mit Ö! Bist du eigentlich nie in die Schule gegangen?», lachte Sarah, und auch Österreich musste Walo streichen.

«Ja, und dann habe ich als Baum: Ohtannenbaum...»

Rea und Sarah mussten laut lachen: «Sicher nicht!»

Aber Walo gab sich nicht so schnell geschlagen: «Wie heisst denn der Baum in diesem Weihnachtslied? Da singt man doch: Ohtannenbaum!»

«Aber der Baum heisst sicher nicht so!»

Walo musste selber auch lachen und strich seinen Ohtannenbaum aus der Liste. Die weiteren Stichworte waren unzweideutig: Oberdorf, nichts, Oberrhein. Er brachte es also auf ganze zwei Punkte. Sie spielten noch lange und die Einfälle wurden immer fantastischer, schon bald ging es nur noch darum, wer die witzigsten Einfälle hatte und diese auch noch gut verkaufen konnte. Schon lange hatte Sarah nicht mehr so unbeschwert gelacht wie während dieses Ohtannenbaumspiels. Plötzlich stand sie auf. Sie holte den Kassettenrecorder und überraschte die beiden.

Sie lachte: «Ich habe alles aufgenommen. Wollt ihr es hören?»

Aber natürlich wollten sie es hören. Der Anfang war nicht gerade spannend und Sarah spulte vorwärts. Dann hörten sie sich nochmals den Teil mit dem Buchstaben O an und alle drei konnten lachen über die witzigen Einfälle, die sie an diesem Abend hatten. Von nun an sassen sie oft am Küchentisch und spielten miteinander Ohtannenbaum. Die langen Winterabende vergingen dann meistens viel zu schnell.

In der Entzugsstation

«Papi macht den Entzug!», verkündete Sarah nach dem Telefongespräch. «Diesmal aber richtig.»

Sie wirkte erleichtert und hoffnungsvoll. Ihr Vater schien ernst zu machen. Er hatte nach längerem Warten einen Platz in der Entzugsstation erhalten und war jetzt bereit, diesen auch anzutreten. Sarah freute sich. Es war ihr innigster Wunsch, den sie mit sich trug: Die Eltern sollten wieder gesund werden. Alles andere würde sich damit von selbst ergeben: Ihr Papi könnte wieder arbeiten, sie hätten wieder Geld für eine Wohnung. Sie könnte wieder zu ihren Eltern ziehen und bei ihnen wohnen. Nora und Nico natürlich auch. Es würde wieder so schön, wie es früher war. Für Sarah war die Entscheidung ihres Vaters ein wunderbarer Hoffnungsfunken, der in ihr viel Licht ausbreitete und sie erstarken liess. Sie hatte wieder etwas, wofür es sich lohnte zu leben, worauf sie warten und hoffen konnte.

Walo fuhr sie mit dem Auto in die Entzugsstation. Sie gingen zuerst Nora und Nico bei den Grosseltern abholen und fuhren gemeinsam nach Luzern zur Klinik. Punkt zwölf Uhr läuteten sie an der Türe. Sie sahen durch das Fenster, wie die Frau schon die innere Türe und dann die Haustüre aufschloss und öffnete. Sie begrüsste die drei Kinder und Walo herzlich.

Dann teilte sie sachlich, an Walo gewandt, mit: «Um fünf Uhr können Sie die Kinder wieder hier abholen.»

Walo übergab ihr noch die Plastiktüte mit einem Kuchen der Grosseltern. Die Pflegerin untersuchte die Tüte gründlich, fand aber nichts Verdächtiges. Sie führte die Kinder ins Haus und schloss hinter sich die beiden Türen wieder ab.

Papi war inzwischen bereits vier Wochen da, und es war für ihn der erste Kontakt mit Leuten ausserhalb der Entzugsstation. Die Kinder waren überhaupt die Einzigen, die ihn hier besuchen durften.

«Hoi, Sarah!», begrüsste sie ihr Vater und gab ihr einen

Kuss auf die Wange.

«Hoi!», antwortete Sarah ein wenig verlegen.

Die Klinikatmosphäre, die weissen Wände, die vergitterten Fenster, die geschlossenen Türen, all das kam ihr unheimlich vor. Ihr Papi war hier eingesperrt und hinter Gittern wie ein Schwerverbrecher. Sie selber waren hier wie Vögel im Käfig eingeschlossen und waren den Menschen mit den Schlüsseln völlig ausgeliefert. Warum sperrte man ihren Papi ein? Warum war die ganze Zeit ein Pfleger in ihrer Nähe? Ihr Papi hatte doch nichts verbrochen, er wollte doch nur den Entzug machen und dafür brauchte es doch diese Gitter und diese verschlossenen Türen nicht! Warum mussten diese Leute ihren Papi überwachen, als ob er jeden Moment abhauen würde? Er war doch freiwillig da und wollte gesund werden! Sarah verstand das alles nicht und hatte Mitleid mit ihrem Papi. Sie war deshalb froh, dass Nora und Nico damit kaum Mühe hatten und sich einfach darüber freuten, dass sie bei Papi sein durften. Sie gönnte ihren Geschwistern diese Freude und so spielte ihr Papi die ganze Zeit vor allem mit Nora und Nico. Er ging mit ihnen in den Pingpongraum, er hatte auch Zeichnungspapier und Farbstifte besorgt und die beiden machten für ihn eine Zeichnung. Sarah sass daneben, aber ein eigentliches Gespräch mit ihrem Vater wollte nicht entstehen. Die Situation und die Umgebung waren für Sarah so steril und gefühllos, dass sie keine Lust verspürte, mit Papi zu reden. Sie lenkte sich ab und half ihren Geschwistern bei der Zeichnung. Eigentlich war sie recht froh, als die Besuchszeit vorüber war und Walo sie pünktlich abholte. Sie wurden wieder von einer Pflegerin durch die beiden verschlossenen Türen zu Walo begleitet. Ihr Papi konnte nicht einmal bis zur Türe mitkommen.

«Ein Gruss von Papi», sagte Sarah noch zu Walo, danach schwieg sie während der ganzen Rückfahrt.

Nora und Nico erzählten jedoch ausführlich, was sie mit ihrem Papi alles unternommen hatten.

Ihr Vater stand die Zeit in der Entzugsstation durch. Er musste nun nur noch einige Wochen warten, bis der Therapieplatz im Wohnheim frei wurde, der ihm versprochen war. Sarah freute sich darüber und sie hoffte sehr, dass er es schaffen würde. So vieles war davon abhängig.

Zwei Wochen später klingelte das Telefon.

«Ich nehme ab!», rief Sarah und lief zum Telefon.

Es war ihr Mami, die angerufen hatte. Das Telefon dauerte nicht sehr lange und Walo und Rea merkten sofort, irgendetwas war nicht gut.

«Was ist, Sarah?», fragte Rea nach, bevor Sarah im Zimmer verschwinden konnte.

«Papi hat eine Überdosis genommen und liegt jetzt im Spital», informierte sie in einem fast sachlichen Ton.

Sie musste ins Zimmer. Erst hier konnte sie ihren Gefühlen freien Lauf lassen, sie warf sich auf das Bett und weinte. Die Hoffnung war dahin, alles wieder im Eimer und dabei hätte es so schön werden können. 'Warum müssen es gerade meine Eltern sein, die Drogen nehmen?' Die Frage lag bleischwer auf ihr und sie fand keine Antwort. Sie war dem Verzweifeln nahe. 'Es hat alles keinen Sinn, wenn Papi wieder abstürzt, dann will ich auch nicht mehr leben! Es ist alles so frustrierend! Warum muss das alles gerade ich erleben?' Dieses WARUM liess sie nicht mehr los und sie fühlte sich in diesem Moment ebenso eingegittert und in den Käfig gesperrt, wie es Papi in der Klinik gewesen war. Dieses WARUM stand wie verschlossene Türen, wie eiserne Gitterstäbe um sie herum und liess sie nicht hinaus. Alles, alle ihre Gedanken, ihr ganzes Leben scheiterte an dieser Frage: Warum gerade meine Eltern? Warum gerade ich? Dieses WARUM hielt sie gefangen, liess sie nicht mehr frei und verunmöglichte ihr, ein normales Leben zu führen.

Ihr Vater kehrte nach seinem Absturz in die Entzugsstation zurück, das Ganze begann wieder von vorne. Kontaktsperre, nur die eigenen Kinder konnten ihn während genau definierten Zeiten besuchen. Sarah konnte auch bei den weiteren Besuchen die Abneigung vor dieser Entzugsstation nicht überwinden. Sie konnte es wirklich nicht begreifen, warum sie auf dem Spaziergang im Klinikhof von einem Betreuer begleitet wurden. Sie kam sich auch etwas ausgestellt vor, mit ihrem Papi so durch den Park zu gehen. In fast allen Blicken der Leute sah sie die Gedanken: 'Ah, die armen Kinder, haben einen drogenabhängigen Vater!' Das konnte sie nicht ertragen und sie versuchte deshalb, die Leute gar nicht anzuschauen und nicht zu beachten.

Diesmal konnte Papi direkt von der Entzugsstation in ein Therapieheim fahren. Die Gefahr, dass er in der Warteschleife wieder abstürzte, war also weg. Es ging lange, bis sie wieder etwas von ihrem Vater hörte. Noch länger als in der Entzugsstation hatte ihr Papi hier im Heim eine Kontaktsperre. Diesmal war es Sarah, die ihn als erste besuchen durfte, und zwar allein. Rea fuhr sie mit dem Auto zum Therapieheim. Da konnte sie nun nicht einfach bei ihrem Papi sein, nein, es gab wieder so ein verhasstes Gespräch, bei dem über sie geredet wurde. Sarah spürte wieder diese unbändige Wut in sich. Sie musste sich zusammennehmen, um nicht abzuhauen.

Als ihr Papi sagte: «Du, Sarah, für mich ist es ganz wichtig, jetzt mit dir zu sprechen», beruhigte sie sich wieder etwas und setzte sich in einen der Sessel.

Ihr Papi war anders geworden. Sie konnte nicht sagen, was anders war. Aber er war nicht mehr gleich wie früher. Sarah versuchte krampfhaft herauszufinden, was anders geworden war, aber sie fand die Antwort nicht.

«Du, Sarah», begann der Betreuer vom Heim, «wir möchten mit dir ein paar Sachen besprechen, weil es für deinen Vater jetzt wichtig ist, ein paar Dinge zu regeln.»

Was gab es da zu besprechen, was sie nicht schon längst wusste? Was gab es da noch zu regeln, was nicht geregelt war? Sarah konnte sich nicht vorstellen, was jetzt kommen sollte.

Der Betreuer aus dem Heim begann also von den wichtigen Sachen zu sprechen: «Wir denken, dass wir dir offen sagen müssen, wie es mit deinem Papi aussieht und was das für dich und dein Leben heisst. Dein Papi ist jetzt seit einigen Monaten bei uns. Es geht ihm gut. Er macht Fortschritte. Er muss aber sicher noch lange dableiben, und wenn der Aufenthalt hier fertig ist, ist er noch nicht gesund. Das geht noch mehrere Jahre. Du weisst auch, dass dein Papi und dein Mami nicht mehr zusammen sind. Dein Mami hat einen Freund. Dein Papi will nicht mehr zu deinem Mami zurückkehren. Dein Mami nimmt ja immer noch Drogen und wir wissen nicht, ob und wann sie einen Entzug machen wird. Dein Papi plant jetzt sein Leben ohne dein Mami. Er muss sich jetzt ein neues Leben aufbauen. Für dich heisst das, du musst dich darauf einstellen, dass du nie mehr zu Mami und Papi ziehen und bei ihnen wohnen kannst.»

«Stimmt das?», unterbrach nun Sarah, die aufgewühlt, zornig und dem Weinen nahe war.

Sie schaute ihren Vater erwartungsvoll an, der bis dahin schweigend daneben gesessen war.

«Ja, Sarah, es stimmt. Ich weiss, dass ich dir sehr weh tue, aber es stimmt. Ich will dir nicht länger etwas vortäuschen, das dann doch nicht so sein wird.»

Ihr Papi antwortete klar und eindeutig. Das war es! Jetzt wusste Sarah, was anders geworden war an ihrem Vater, warum er ihr so fremd erschien. Er sagte etwas und meinte auch, was er sagte. Er sagte etwas ganz klar und deutlich und es gab nichts daran zu zweifeln. Er war klar und eindeutig, auch wenn es überhaupt nichts Angenehmes war, das er ihr mitzuteilen hatte. Das hatte sie an ihm noch nie erlebt. Früher vermied ihr Vater solche Situationen immer oder versuchte, schadlos daraus herauszukommen. Vor allem konnte ihr Vater niemandem weh tun. Jetzt sagte er so geradeheraus: «Ich weiss, dass ich dir weh tue.» Jetzt tat er es also sogar ganz bewusst.

Sarah konnte auf die Mitteilungen des Betreuers nicht antworten. Das war zu viel für sie. Sie war mit ihrem Papi beschäftigt. War das noch ihr Papi, wie sie ihn kannte, wie sie ihn erlebt hatte, wie sie ihn liebte? Oder war das nicht mehr ihr Papi, war es eine fremde Person? Sie konnte nicht weiterdenken. Die Frage war zu schwierig. Papi wollte sein Leben planen, Mami lebte ihr Leben, und was war mit ihr? Verdammt noch mal, alle schauten für sich! Wer schaute für sie? Sie brauchte ihre Eltern! Ohne ihre Eltern konnte sie nicht leben, ohne ihre Eltern wollte sie nicht leben. Merkte das denn niemand?

«Wir wissen», fuhr der Betreuer nun fort, «dass es für dich ganz schwierig ist, ohne deine Eltern zu leben. Aber du musst dich damit abfinden, dass du jetzt für längere Zeit in der Pflegefamilie bleiben wirst. Wir haben gehört, es gefalle dir dort ganz gut. Es ist wichtig, dass du dich jetzt dort zu Hause fühlen kannst, denn es gibt kein anderes Zuhause für dich.»

Verdammt, die konnten ganz schön brutal sein mit ihren Worten. Als ob es Sarah nicht schon lange gewusst hätte. Warum mussten die es jetzt noch in aller Deutlichkeit sagen und ihr weh tun?

Niedertarif

Walo deckte den Tisch. Es war bereits acht Uhr abends. Auf dem Herd stand das Nachtessen bereit. «Sarah, essen!»

Er öffnete die Tür zu ihrem Zimmer, denn Sarah hatte die Musik wieder einmal so laut aufgedreht, dass Walo überzeugt war, sie hätte ihn nicht rufen gehört.

«Sarah, essen!», wiederholte Walo seine Einladung.

«Was ist?», fragte Sarah zurück. «Und übrigens: Das nächste Mal kommst du nicht einfach in mein Zimmer, du kannst anklopfen, das ist mein Zimmer!», belehrte sie ihn.

«Essen!», schrie nun Walo ziemlich laut ins Zimmer, ging

zur Stereoanlage und stellte diese ab.

«Warum stellst du die Musik ab?», fragte ihn Sarah in einem gehässigen Ton.

«Weil wir jetzt essen und weil ich diesen Lärm während des Essens nicht will!», antwortete Walo in einem ebenso unangenehmen Ton.

«Das ist kein Lärm und dir muss es ja sowieso nicht gefallen, du Grufti!», gab Sarah zur Antwort.

Sie kam aus dem Zimmer und setzte sich lustlos an den Tisch. Sie hatte keinen Hunger.

«So, Sarah, iss jetzt etwas, sonst verdrückst du nachher wieder ein halbes Paket Biskuits!», forderte Rea sie auf.

«Ich habe keinen Hunger!», weigerte sich Sarah. «Warum muss Walo immer in mein Zimmer kommen, ohne anzuklopfen? Das ist mein Zimmer und darin hat er nichts verloren!»

«Solange du die Musik in dieser ohrenbetäubenden Lautstärke abspielst, komme ich in dein Zimmer, wann ich will», wehrte sich Walo. «Ich will nämlich nicht dauernd herumschreien.»

«Das war gar nicht so laut! Ich höre die Musik so laut, wie ich will, das geht dich gar nichts an!», verteidigte sich Sarah.

«Und ob es mich etwas angeht! Ich muss mir diesen schlecht organisierten Lärm mit anhören und wenn ich dir etwas sagen will, dann muss ich übermässig schreien. Dazu habe ich keine Lust.»

«Von jetzt an gehst du nicht mehr einfach in mein Zimmer! Verstanden?»

Sarah war geladen. Sie schöpfte sich nun doch etwas von den Spaghetti und ass.

«Du, Sarah, nach dem Nachtessen musst du noch dein Fahrrad verräumen und die Meerschweinchen füttern. Die armen Tiere haben es sowieso nicht sehr gut bei dir», griff Rea ein anderes Thema auf.

Sarah begann zu kochen: «Was ist mit meinen Meerschweinchen? Hast du sie schon wieder gefüttert? Das mache ich, da habt ihr nicht dreinzufunken! Das sind meine Tiere.»

«Ja, aber dann schau bitte etwas besser zu ihnen, heute hatten sie wieder kein Wasser. Die Tiere können sich nicht wehren.»

Rea war in diesem Punkt sehr empfindlich.

«Ich habe ihnen gestern Abend Wasser gegeben. Die verdursten nicht an einem Tag!», verteidigte sich Sarah.

Das Essen ging dann schweigend und in gedrückter Stimmung zu Ende.

«Darf ich Mami anrufen?», fragte Sarah.

Sie hatte keine Lust, mit Rea und Walo weiter zu streiten. Das brachte nichts, sie besprach die Sachen lieber mit Mami, die konnte sie viel besser verstehen. Mit Rea und Walo war das viel schwieriger, die hatten zum Teil so komische Vorstellungen. In solchen Situationen tat es ihr gut, sich mit Mami auszusprechen, mit ihrer Mutter war sie sich jeweils ganz schnell einig, sie kannten sich gegenseitig ja viel besser.

«Nicht vor neun Uhr», antwortete Rea. «Dann beginnt der Niedertarif.»

«Ja, ich weiss, ich rufe zu oft und zu lange an!»

Sarah war nun definitiv schlecht gelaunt.

Rea versuchte, sie wieder zu beruhigen: «Sarah, du kannst dein Mami gerne anrufen, aber unsere Telefonrechnungen sind fast doppelt so hoch, seit du bei uns wohnst. Darum kannst du wenigstens warten, bis es neun Uhr ist.»

«Ich werde uns wohl ein Telefon mit einem Gebührenzähler kaufen, damit wir da etwas Klarheit haben, wer für wie viel telefoniert», schlug Walo nun die praktische Lösung vor.

Er fuhr dann allerdings noch weiter: «Es fällt mir in letzter Zeit auf, dass du oft, wenn du mit uns Streit hast, sofort Mami anrufen willst. Du darfst natürlich deinem Mami telefonieren, aber ich habe manchmal den Eindruck, dass du damit uns ausweichen willst. Das finde ich nicht so gut. Du musst deine Angelegenheiten jetzt halt mit uns regeln.»

Sarah reichte es wieder einmal. Jetzt wollten sie ihr auch

noch das Telefonieren mit Mami ausreden. Wenn sie mit Mami telefonieren wollte, ging das überhaupt niemanden etwas an. Mami konnte sie nun einmal besser verstehen als Rea und Walo. Mami war die beste. Sarah verschwand in ihrem Zimmer.

Punkt neun Uhr erschien sie wieder: «Darf ich jetzt Mami anrufen?»

«Ja, und sage ihr einen Gruss!», erwiderte Rea.

Sarah wählte die Nummer.

«Hoi, ist Mami zu Hause?»

Am anderen Ende hatte Willi abgenommen und mit dem sprach sie nicht mehr, als absolut notwendig war. Das war nämlich ein unmöglicher Typ. Was Mami mit dem anfangen konnte, war ihr völlig unerklärlich. Nicht einmal für ein Tschüss reichte es.

«Hoi, Mami! Wie geht's?»

«Gut, ich bin etwas müde, und wie geht es dir?»

«Ich war gestern mit Yvonne im Hallenbad, weisst du dort, wo wir früher auch immer hingegangen sind, wir hatten es sehr lustig.»

Sie tauschten noch ein paar Erinnerungen aus, wie sie früher jeweils gemeinsam in dieses Hallenbad gegangen waren und wie sie es miteinander auch sehr lustig gehabt hatten. In Sarah stiegen viele Bilder aus jener Zeit auf.

Unvermittelt fragte sie: «Wann machst du den Entzug?»

«Ich bin dran, Sarah, aber du weisst ja, das ist nicht so einfach. Es geht mir momentan nicht sehr gut, aber diesmal schaffe ich es sicher.»

«Super, Mami, das wäre so schön, dann könnten wir wieder zusammen wohnen.»

«Ich werde es diesmal bestimmt schaffen, ich besuche jetzt auch regelmässig einen Therapeuten, der mir hilft.»

Sarah schöpfte Hoffnung. Vor ihr spielte sich ihr Wunschtraum ab: Mami würde ebenfalls gesund wie Papi, sie könnte wieder bei ihnen wohnen, sie und ihre Geschwister Nico und

Nora und sie hätten es wieder so schön wie früher.

«Ich denke fest an dich, Mami, und du musst es schaffen, ich will, dass du es schaffst, weisst du, dann wird es wieder so schön wie früher.»

«Danke, Sarah, dass du an mich denkst. Weisst du was, wir könnten für nächsten Samstagnachmittag etwas abmachen. Kommst du mit mir nach Luzern zum Einkaufen? Du kannst dir dann ein T-Shirt auswählen.»

«Super!», jubelte Sarah. «Weisst du, so ein ganz schwarzes muss es sein und ganz weit.» Sie schwärmten noch lange von den neuesten Modetrends.

«So, Sarah, ich muss noch schnell weg, ich habe noch mit jemandem abgemacht. Also, Tschüss, Sarah.»

«Tschüss, Mami», Sarah legte den Hörer auf und war zufrieden.

«Mami macht den Entzug!», schwärmte sie vor Rea.

Brutal holte Rea sie wieder auf den Boden: «Sarah, das ist jetzt sicher zum vierten Mal in einem Monat, dass dein Mami den Entzug versucht. Ich möchte es ihr von Herzen gönnen, dass sie es schafft, aber ich kann es momentan einfach nicht mehr glauben.»

«Aber diesmal meint sie es ernst!» So schnell liess sich Sarah ihre Hoffnung nicht zerstören.

«Wir werden ja sehen!»

Sarah konnte es kaum erwarten, bis es am folgenden Tag wieder neun Uhr abends war.

«Ist Mami zu Hause?»

«Hoi, Mami, wie geht's?»

«Schon etwas besser als gestern, ich werde es schaffen, Sarah, diesmal pack ich es.»

«Das ist super, Mami. Weisst du, wenn es dir gut geht, geht es mir auch viel besser. Wenn es dir schlecht geht, dann habe ich auch auf nichts Lust. Das ist super, dass du jetzt den Entzug machst.»

«Du, Sarah, du gehst doch am Sonntag zu Papi auf Be-

such, könntest du ihm nicht einen Brief mitbringen. Es geht da um einen Gerichtsfall, und die haben Papi geschrieben.»
«Muss Papi denn vor Gericht?»
«Nein, weisst du, es geht um diese alte Dealergeschichte. Anscheinend ist da noch nicht alles fertig und die wollen von Papi noch etwas. Das ist doch immer der gleiche Mist.»
Sarah wusste es. Ihre Eltern hatten noch und noch bei den verschiedensten Ämtern und Stellen erscheinen müssen und es ging immer um diese verdammten Drogen und um das Geld. Die sollen doch ihre Eltern endlich in Ruhe lassen, diese blöden Behörden.
«Ich kann Papi den Brief bringen. Wir haben ja für morgen abgemacht, da kannst du ihn mir geben.»
«Sarah, da ist eben noch ein Problem, mir ist für morgen etwas dazwischengekommen, mir passt es morgen leider nicht.»
«Aber, du hast es mir doch versprochen!»
«Ja, ich weiss, aber es geht jetzt nicht anders, aber wir können es am anderen Samstag nachholen, dann geht es sicher, Ehrenwort.»
«Aber sicher», Sarah war etwas enttäuscht, «Tschüss, Mami.»
Es kam ihr erst am Samstagmittag wieder in den Sinn, dass sie mit ihrer Mutter ja gar nicht abgemacht hatte, wie sie zu diesem Brief kam, den sie am Sonntag ihrem Vater mitbringen sollte.
«Darf ich Mami anrufen, ich muss sie unbedingt etwas fragen?»
«Ja, aber nur kurz, wir essen in fünf Minuten», erlaubte es ihr Walo in einem Ton, der unmissverständlich ausdrückte, dass er nicht begeistert war von all diesen Telefongesprächen.
«Ist Mami da?»
«Ja, aber sie schläft noch.»
«Kannst du sie bitte holen, ich muss sie etwas fragen.»
Es verging viel Zeit, bis Mami endlich am Telefon war.

«Hoi, Mami, du musst mir noch den Brief für Papi bringen!»

Sarahs Gesicht wurde traurig: «Hast du Drogen genommen?»

Sie fragte ihr Mami jeweils ohne Umschweife, wenn sie das Gefühl hatte, dass sie Drogen genommen hatte.

«Weisst du, Sarah, nur ganz wenig. Von jetzt an bin ich sauber, aber ich habe es nicht mehr ausgehalten.» Mami klang müde. «Ich werde es schon schaffen, du wirst sehen.»

Sarah legte den Hörer auf, lief in ihr Zimmer und weinte. Wieder fielen alle Hoffnungen und Träume in sich zusammen wie ein Kartenhaus, und zurück blieb eine grosse, unendlich grosse und tiefe Leere, in der es kein Licht gab, die sich wie ein grosses Loch um sie herum ansammelte und Sarah spürte, wie sie in dieses schwarze Loch fiel, zuerst langsam, dann immer schneller und schneller, und das Loch hatte kein Ende, und sie fiel und fiel und wünschte sich, dass sie endlich am Boden aufschlüge und erwachte, aber das Loch war endlos und unheimlich schwarz und tief. In diese unheimliche Tiefe fiel sie, konnte sich nicht dagegen wehren, konnte sich nirgends festhalten, konnte sich an nichts klammern. Sie fiel haltlos hinunter. Sie wusste selber nicht, wie lange sie auf ihrem Bett gelegen hatte, als Rea sie rief.

«Sarah, komm zu mir», lud Rea sie ein und erwartete sie am Küchentisch.

Sarah war froh um diese Einladung.

«Ist dein Mami wieder abgestürzt?», fragte Rea direkt.

«Ja!» Das war alles, was Sarah herausbrachte und sie weinte wieder drauflos.

Rea liess sie weinen.

«Warum müssen gerade meine Eltern Drogen nehmen? Warum muss gerade ich das alles erleben? Die anderen haben es so schön und ich muss all diesen Mist erleben. Das tut so weh. Warum gerade ich?»

Da war es einmal mehr, dieses WARUM, das ihr die Türen

zu einem glücklichen Leben, so wie es ihre Schulkolleginnen hatten, verschloss.

«Ich weiss auch nicht warum», versuchte Rea sie zu trösten. «Es weiss wohl überhaupt niemand, warum du das erleben musst. Du kannst auf alle Fälle nichts dafür, es liegt nicht an dir. Es ist für dich noch schwieriger, wenn dir dein Mami Sachen verspricht und sie dann wieder nicht einhält. Das ist jedes Mal eine neue Enttäuschung für dich.»

«Aber warum schafft es dann Mami nicht, wenn sie immer verspricht, dass sie es schafft?», fragte Sarah verzweifelt.

«Ich denke, das ist auch ein Teil der Sucht, dass man nicht mehr so klar unterscheiden kann, was man wirklich schafft und was einen überfordert. Man hat das Gefühl, man schaffe den Ausstieg und verspricht die tollsten Sachen, wenn es dann aber so weit ist, ist die Sucht doch wieder stärker und alle Versprechen schmelzen wie Schnee an der Sonne. Du darfst dir einfach nicht zu schnell zu grosse Hoffnungen machen. Wenn du dir grosse Hoffnungen machst und es wird nichts daraus, ist die Enttäuschung um so grösser. Wenn du dir nicht allzu grosse Hoffnungen machst und dein Mami sollte es trotzdem schaffen, dann ist die Freude darüber noch viel schöner. Baue dir nicht zu schnell zu grosse Luftschlösser auf. Du hast mit deinen Eltern genug oft erfahren, dass es nicht einfach ist, von den Drogen loszukommen.»

«Aber warum verspricht sie es denn immer?», fragte Sarah enttäuscht.

Sie wurde die Frage nicht los.

In diesem Moment setzte sich auch Walo zu ihnen an den Tisch.

«Geht es deinem Mami nicht gut?», fragte er sie.

«Nein, sie hat wieder Drogen genommen», fand Sarah nun wieder zu einem etwas sachlicheren Ton zurück. «Dabei hat sie mir doch versprochen, dass sie es diesmal sicher schaffen werde.»

«Das geht jetzt schon ziemlich lange so, dass sie dir verspricht, den Entzug zu machen und es dann wieder nicht schafft», fügte Walo hinzu. «Ich denke, dies ist für dich ganz schwierig, dauernd an diese Versprechen zu glauben und dann enttäuscht zu werden.»

«Aber wenn sie wirklich wollte, würde sie es schaffen, ich kenne Mami gut genug, wenn sie etwas wirklich will, schafft sie das auch. Sie ist nämlich viel stärker als Papi.»

Sarah begann selber, am Willen ihrer Mutter zu zweifeln.

Rea war gleicher Meinung: «Dein Papi hat das anscheinend auch gemerkt und hat eingesehen, dass er es alleine nicht schaffen kann. Ich finde es gut, wie er bereit war, sich helfen zu lassen und jetzt in diesem Therapieheim ist.»

Sarah war mit ihren Gedanken noch ganz bei ihrer Mutter: «Aber dort kann ihn ja Mami nicht einmal besuchen, das ist für sie sicher auch nicht einfach.»

Walo wollte die Entschuldigung für ihre Mutter nicht gelten lassen: «Für deinen Papi ist diese Distanz aber notwendig. Ich glaube, dass dein Papi diese Kontaktsperre unbedingt braucht, um gesund werden zu können. Er muss von allen Bekannten weg sein, von allen Drogenkreisen Distanz haben, damit er nicht in Versuchung gerät, beim kleinsten Problem wieder dorthin zu gehen und sich irgendwelche Drogen zu beschaffen. Diese Distanz macht es für deinen Papi möglich, sich jetzt ganz mit sich selber zu beschäftigen und herauszufinden, was er eigentlich will.»

«Das ist aber sehr hart für ihn», stellte Sarah fest.

«Ja, aber wohl notwendig, um überhaupt von den Drogen richtig wegzukommen. Du hast selber gesagt, dass sich dein Papi verändert hat und vieles jetzt anders anschaut», bestand Walo auf seiner Aussage.

«Vielleicht wäre das für dein Mami auch eine Möglichkeit», nahm Rea den Gedanken von Walo auf und kam wieder auf ihr Mami zu sprechen. «Wenn sie immer wieder abstürzt, kommt dies wohl auch daher, weil sie einfach zu wenig Abstand vom alten Umfeld hat, weil die Vergangenheit sie immer wieder zu schnell einholt und weil sie dann zu wenig stark ist, um der Sucht zu widerstehen. Sie bräuchte wohl auch eine gute Therapie und eine klare Distanz und Kontaktsperre.»

Sarah fand wieder einen kleinen Hoffnungsschimmer, an den sie sich klammern konnte: «Mami hat mir letzthin erzählt, sie gehe vielleicht nach Italien auf einen Bauernhof. Das wäre sicher gut für sie.»

«Das fände ich auch gut, nur glaube ich es erst, wenn sie gegangen ist. Sie wollte schon nach Holland auf einen Bauernhof, jetzt nach Italien. Weisst du, Sarah, dein Mami sollte dir eigentlich nicht immer nur die Sachen versprechen und dich nachher wieder enttäuschen. Dein Mami sollte mal eine Therapieform wirklich angehen und sich da reinbeissen. Jetzt spricht sie immer nur davon und zieht sich dann im letzten Moment aus irgendwelchen Gründen wieder zurück.»

Walo zerstörte ihr diesen Hoffnungsfunken wieder einmal ziemlich brutal.

Rea wechselte das Thema und machte Sarah nun einen völlig unerwarteten Vorschlag: «Dein Mami kommt also heute Nachmittag nicht zu dir. Ich gehe am Nachmittag ausreiten, wenn du Lust hast, kannst du mitkommen.»

«Was, darf ich mitkommen zum Ausreiten?»

Sarah konnte es fast nicht glauben. Sie konnte nicht all zu oft mitgehen und Rea bestand darauf, dass sie es jeweils zwei oder drei Tage im Voraus fest abmachten. Das war für Sarah jeweils ziemlich schwierig, sich zwei Tage im Voraus festzulegen, ob sie mitgehen wollte. Natürlich wollte sie eigentlich immer mitgehen, aber da waren ja auch noch ihre Schulkolleginnen, die sie manchmal einluden. Diese wollte sie auch nicht enttäuschen. Denn sie wusste, dass es Rea gar nicht ertragen konnte, wenn sie dann ganz kurzfristig das Reitangebot wieder ausschlug, wenn eine ihrer Kolleginnen mit einer Supereinladung aufwartete. Sarah war deshalb völlig überrascht, dass ihr Rea nun so spontan und unmittelbar einen

Ausritt anbot.

Rea bestätigte die Einladung: «Ja, du kannst mitkommen, denn es tut dir sicher gut, jetzt ein wenig auf Lysingur zu sitzen und die Natur zu geniessen. Zieh dich aber warm an, es ist noch recht kalt draussen.»

Rea wusste nur zu gut, dass sie auf diesem Ausritt mit Sarah weit besser über die Ereignisse rund um ihr Mami sprechen konnte als hier am Mittagstisch. Auch Walo wusste das, er hatte nichts einzuwenden und betrachtete es auch nicht als ein Ausweichen vor dem Thema, denn Rea konnte ihm jeweils nach den Ausritten erzählen, worüber sie so gesprochen hatten, auch wenn sie dann viele Details nicht weitergab, weil Sarah sie manchmal darum bat, die Sachen für sich zu behalten.

Eine halbe Stunde später ritten sie los. Sarah fühlte sich jeweils sehr schnell viel besser. Auf dem Rücken von Lysingur fühlte sie sich sofort wohl. Die Verkrampfungen in ihrem Kopf lösten sich schnell. Sie ritten im Schritt gemütlich bis zum Wald und waren jetzt also wieder am Eingang zu diesem einmaligen Reitparadies, in dem sie nie zweimal die gleichen Wege reiten mussten und immer wieder neue Teile des Waldes entdecken konnten. Es war ein kalter Januartag. Rea und Sarah waren in dicke Mäntel gehüllt und ritten lange schweigend durch den Winterwald. Sarah beobachtete, wie Lysingur atmete. Die warme Luft strömte wie Rauch aus seinen Nüstern und ab und zu schnaubte er. Er war gut gelaunt und trug sie willig. Sarah genoss es. Sie spürte selber die kalte Luft in ihrem Gesicht, aber sie war warm angezogen. Ihr fiel jetzt auch auf, dass Lysingur einen wahnsinnig starken Winterpelz bekommen hatte. Seine Haare waren im Herbst stark gewachsen und jetzt sah er aus wie ein Eisbär. Sarah fuhr mit ihrer Hand unter die dichten Haare und spürte, wie Lysingur unter seinem dicken Pelz schön warm hatte.

«Das ist schön, einfach so durch den Wald zu reiten», begann sie plötzlich zu sprechen. «Da kann man über alles nachdenken oder auch gar nichts denken und es einfach geniessen.»

Rea sass auf Airline und genoss es ebenfalls: «Ja, mir gefällt es auch und ich geniesse es, für zwei Stunden von allem weg zu sein. Da bekommt vieles wieder einen anderen Stellenwert.»

«Ich weiss nicht, wie ich ohne Lysingur das alles aushalten könnte. Er ist so gut, er fragt mich nichts, er trägt mich einfach!»

«... und manchmal ist er auch ein Schlitzohr, passe gut auf, dass er mit dir nicht plötzlich in die Büsche abhaut», ermahnte Rea sie.

«Nein, nein, Lysingur, das machst du doch sicher nicht mit mir!», sagte Sarah nun freundlich zu Lysingur und strich ihm durch die Mähne.

Sarah fühlte sich sicher aufgehoben und geborgen auf dem Rücken von Lysingur, der auch keine Anzeichen zeigte, irgendwelche Frechheiten zu begehen.

«Weisst du, das mit Mami habe ich schon so oft erlebt. Sie hat schon so oft versprochen, den Entzug zu machen, aber geschafft hat sie es noch nie. Ich möchte ihr so gerne helfen.»

Rea wurde hellhörig: «Ich denke nicht, dass du ihr helfen kannst. Ich glaube, sie kann sich nur selber helfen oder Hilfe von einer guten Fachstelle annehmen. Aber deine Aufgabe ist das nicht.»

In Sarah stiegen die Bilder von früher wieder auf, wie sie versucht hatte, ihren Eltern zu helfen.

Sie begann nun einfach zu erzählen: «Mami und Papi haben den Entzug schon ein paarmal gemacht, und ich konnte ihnen jeweils schon etwas helfen. Ich habe jeweils für sie gekocht, ihnen Tee gemacht und auch zu Nora und Nico geschaut, damit Mami und Papi den Stress mit den Kindern nicht auch noch hatten. Aber es war jedes Mal überhaupt nicht lustig. Weisst du, dann waren sie ganz gestresst und genervt und mochten überhaupt nichts ertragen. Ich habe dann mit

Nico und Nora im Nebenzimmer gespielt und sie möglichst abgelenkt. Aber ich musste jeweils in die Schule gehen, und das war immer der grösste Stress. Ich musste Nora und Nico vertrösten, die nicht allein sein wollten, ich habe ihnen dann viele Spielsachen hingelegt und gesagt, ich käme bald wieder. Aber schlimmer war eigentlich meine Angst um Mami und Papi. Warum bin ich bloss zur Schule gegangen? Das war so blöd, weisst du, als ich nach der Schule nach Hause kam, waren sie beide weg und Nora und Nico waren allein. Sie fragten mich, wo Mami und Papi seien. Ich vertröstete sie, dass sie bald wieder kämen, aber ich wusste natürlich, dass das nicht stimmte. Wenn ich nicht zur Schule gegangen wäre, hätten sie vielleicht durchgehalten, jetzt war alles wieder im Eimer, sie waren weg, und ich wusste haargenau, wohin sie gegangen waren. Ich musste dann für Nora und Nico das Mittagessen kochen und am Nachmittag wieder in die Schule. Ich konnte in der Schule überhaupt nicht aufpassen. Denn, was machten Nora und Nico zu Hause? Wann würden meine Eltern wieder nach Hause kommen? Die Schule war mir überhaupt nicht mehr wichtig. Ich sass nur noch da, mein Körper war im Schulzimmer, aber meine Gedanken waren in Zürich, wo jetzt meine Eltern sicher waren, und zu Hause bei den Geschwistern, hin und her gerissen zwischen Eltern und Geschwistern. Ich machte mir Vorwürfe, dass ich nicht zu Hause geblieben war. Nach der Schule ging ich sofort wieder nach Hause. Nora und Nico spielten miteinander. Zum Glück sind sie Zwillinge, sie können wenigstens miteinander spielen. Wieder fragten sie mich: 'Wann kommen Mami und Papi nach Hause?' Ich sagte dann nur: 'Sie kommen bald nach Hause, sie mussten schnell weggehen. Was wollt ihr zum Nachtessen?' Ich kochte ihnen Spaghetti, die haben sie nämlich sehr gerne. Und dann spielte ich noch lange mit ihnen. Schliesslich brachte ich sie ins Bett und erzählte ihnen eine lange schöne Geschichte aus einem Buch, damit sie gut schlafen konnten. Nochmals musste ich sie trösten, Mami und

Papi würden schon bald wieder heimkommen. Ich versprach ihnen, dass Mami und Papi dann noch schnell in ihr Zimmer kämen, um gute Nacht zu sagen. Ich wusste, dass sie vielleicht erst ganz spät zurückkämen, aber was hätte ich ihnen sagen sollen? Nun war ich also allein in der Wohnung, Nora und Nico schliefen, Mami und Papi waren weg. In solchen Momenten wusste ich nicht mehr, was ich tun sollte. Ich wusste einfach nichts mehr, ich war wie leergepumpt, ausgelaufen. Ich war wie nicht mehr da, manchmal hatte ich das komische Gefühl, als ob es mich gar nicht gäbe. Ich ging dann auch irgendwann ins Bett und musste lange weinen. Mami und Papi kamen in dieser Nacht ganz spät nach Hause, ich hörte sie nicht. Erst am anderen Morgen, als mich Nora und Nico weckten: 'Wir haben Hunger!', bemerkte ich Mami und Papi, sie schliefen.»

Rea hatte die ganze Zeit zugehört. Sie unterbrach Sarah nicht.

«Ich bin froh, dass du mir das alles erzählen kannst. Das war für dich sicher eine ganz schwierige Zeit. Es ist sehr gut, wenn du darüber sprechen kannst, denn dann kommt es heraus aus dir.»

«Ich weiss auch nicht, aber die Sachen kommen mir immer wieder in den Sinn. Ich mache mir Vorwürfe, dass ich zur Schule gegangen bin, anstatt meinen Eltern zu helfen. Vielleicht hätten sie es ja geschafft, wenn ich daheim geblieben wäre.»

«Das weiss ich nicht, das kann man im Nachhinein immer sagen. Aber du musst dir keine Vorwürfe machen, du hast sicher mehr für deine Eltern gemacht, als du musstest.»

«Manchmal habe ich ihnen auch die Drogen weggeworfen. Wenn ich eine Spritze fand, die nicht leer war, habe ich den Rest ins WC gespritzt, damit sie es nicht mehr nehmen konnten. Ich wollte nicht, dass sie Drogen nahmen.»

«Das verstehe ich gut, du hast ja darunter sicher auch viel gelitten. Das war überhaupt nicht lustig für dich.»

«Was hättest denn du getan in dieser Situation, ich wollte doch meinen Eltern helfen?», fragte sie zurück.

Rea versuchte nochmals, sie von ihren Schuldgefühlen zu befreien: «Ich weiss nicht, was ich getan hätte, wahrscheinlich auch alles, damit meine Eltern gesund geworden wären. Aber du warst ja damals erst zehn Jahre alt, da warst du ja selber noch ein Kind. Darum war es sicher nicht deine Schuld, wenn es deine Eltern jeweils nicht schafften. Da konntest du nichts dafür.»

«Jetzt kann ich Mami noch weniger helfen, ich bin ja bei euch!»

«Du musst deinem Mami auch nicht helfen, das ist nicht deine Aufgabe, Sarah, du kannst ihr auch gar nicht helfen. Sie muss selber von den Drogen wegkommen wollen und sich von Fachleuten helfen lassen. Das kannst du nicht, das kann auch ich nicht.»

Sarah verteidigte ihr Mami nun so gut sie konnte: «Aber sie will doch von den Drogen wegkommen, sie versucht ja immer wieder den Entzug.»

«Es genügt wahrscheinlich nicht, wenn sie sagt, sie wolle davon wegkommen, sie muss dann auch in den sauren Apfel beissen und wirklich eine gute Therapie beginnen, so wie dein Papi.»

«Du glaubst also, dass sie gar nicht so richtig will?»

«Manchmal habe ich den Eindruck, dass sie noch nicht so weit ist und wirklich entschlossen ist auszusteigen. Ich erlebe sie oft so.»

«Das frage ich mich auch immer wieder, wenn sie abstürzt: Warum schafft sie es nicht? Weisst du, Mami hat viel den stärkeren Willen als Papi.»

«Vielleicht bereitet es ihr deshalb Mühe, Hilfe von aussen anzunehmen und in eine Therapie zu gehen.»

«Das wäre toll, wenn sie endlich gesund würde. Ich hoffe jedes Mal ganz fest, dass sie es schafft und bin dann wieder enttäuscht, wenn sie abstürzt. Dann habe ich auch keine Lust mehr zu leben.»

«Ich finde es auch nicht gut von deinem Mami, dass sie dir dauernd verspricht, den Entzug jetzt definitiv zu machen. Sie macht dir damit jedes Mal viele Hoffnungen, die sie dann wieder brutal zerstört. Ich glaube es schon gar nicht mehr, dass sie es alleine schafft, auch wenn ich es ihr von Herzen gönnen möchte.»

«Aber warum geht sie denn nicht in eine Therapie? So würde sie es ja viel eher schaffen und wäre nachher gesund.»

«Ich weiss es nicht, aber frage sie einmal selber. Ich vermute, dass sie einfach noch nicht bereit ist, sich in eine Therapie einzufügen.»

«Manchmal glaube ich ihr auch nicht mehr so recht, wenn sie mir erzählt, sie wolle den Entzug machen, aber dann freue ich mich doch wieder darüber und will ihr helfen.»

«Sarah, ich glaube, jetzt musst du vor allem einmal auch an dich denken. Du bist doch hin und her gerissen von den dauernden Entzügen und Abstürzen deiner Mutter. Du kannst ihr dabei nicht helfen. Du musst jetzt vielmehr dir selber Sorge tragen, dass es dir gut geht. Wenn du immer nur an dein Mami denkst und ständig zwischen Hoffnung und Enttäuschung hin und her schwankst, kannst du selber ja gar nicht leben. Du bist ständig mit deinem Mami beschäftigt und verpasst dein eigenes Leben. Du musst versuchen, etwas für dich zu unternehmen, was dir Freude bereitet. Du musst dich mit Kolleginnen treffen und deine Zeit mit ihnen verbringen, oder du kannst dich auch mit den Tieren, mit den Pferden etwas mehr beschäftigen. Aber denke mehr an dich.»

«Das ist aber nicht so einfach.»

«Das weiss ich, aber dein Mami baut dir ständig eine Scheinwelt auf und verspricht dir Sachen, die sie nicht einhalten kann. Dann bist du wieder enttäuscht. Halte dich lieber an das, was da ist, was du klar vor dir hast und verlass dich weniger auf Versprechen und Scheinwelten.»

«Darf ich auch mehr mit Lysingur reiten?», fragte sie.

Es wurde ihr in diesem Moment bewusst, wie gut sie mit Rea auf diesen Ausritten jeweils reden konnte. Auf dem Rücken von Lysingur war alles anders, war sie viel freier.

«Ich denke ja, inzwischen reitest du ja schon sehr gut und du kannst ihn jetzt allein im Sandviereck reiten», erlaubte es ihr Rea.

«Schön, weisst du, ich gehe so gerne zu ihm. Ihm muss ich nichts sagen, da muss ich auch kein Theater spielen. Er ist der Einzige, der aufs Maul hocken kann! Er ist so gut.»

Sie klopfte mit ihren Händen auf Lysingurs Hals und lobte ihn. Sie ritten noch eine Weile schweigend weiter und kamen wieder zum Waldrand, von wo die steile Strasse abwärts zurück nach Hause führte. Sie stiegen ab und führten die Pferde das steile Strassenstück hinunter. Zu Hause sattelten sie die Pferde ab. Sarah bürstete Lysingur noch ganz tüchtig durch, sie merkte erst jetzt, wie stark Lysingur ins Schwitzen gekommen war. Unter dem Sattel war sein dickes Fell richtig durchnässt von Schweiss. Sie bürstete ihn gut durch, damit er etwas trocknete und sich ja nicht erkältete. Den Rest des Nachmittags verbrachte Sarah mit ihren Meerschweinchen. Sie nahm sie aus dem Käfig und liess sie im Zimmer frei laufen. Sarah reinigte den Käfig sehr sorgfältig, sie wusch ihn sogar am Brunnen vor dem Haus tüchtig aus. Dann füllte sie neue Hobelspäne in die Schale, darauf verteilte sie reichlich Stroh und stellte das kleine Häuschen wieder darauf. Sie holte in der Küche ein paar Blätter Salat und zwei Karotten und legte sie in den Futternapf. Sie liess die Meerschweinchen noch ein Weile frei, bevor sie sie in das neu errichtete Heim im Käfig zurücklegte. Sie war gerne bei ihren Meerschweinchen, diesen konnte sie manchmal lange zuschauen oder eines auf die Arme nehmen und streicheln. Sie waren sehr anhänglich und wenn Sarah mit einem Löwenzahn zu ihnen kam, machten sie auch brav das Männchen und frassen ihr aus der Hand.

Am gleichen Abend nach dem Nachtessen kam Mami auf Besuch. Sie brachte ihr den Brief, den sie am andern Tag Papi mitbringen musste. Sarah freute sich, dass Mami wieder mal auf Besuch war, das war immer so schön und sie verstanden sich sehr gut. Walo und Rea luden sie und ihren Freund zu einem Kaffee ein und sassen mit ihnen am Küchentisch. Mami schien ziemlich ausgeschlafen zu sein, sie machte einen aufgestellten Eindruck.

Sarah setzte sich zu ihnen an den Tisch und begann zu erzählen: «Mami, heute waren wir ganz lange mit den Pferden unterwegs. Es ist schön, in diesem grossen Wald auszureiten. Ich kann das richtig geniessen.»

Ihre Mutter war ebenfalls eine grosse Pferdeliebhaberin. Sie war früher selber sehr viel geritten und kannte die Gegend ziemlich gut.

«Ich weiss, es ist eine sehr schöne Gegend zum Reiten, manchmal möchte ich selber auch wieder durch die Wälder reiten und einfach die Natur geniessen und den Pferderücken spüren.»

Rea griff den Gedanken auf und ging ziemlich direkt auf die Sache los: «Es tut Sarah auch gut, beim Reiten kann sie jeweils ungezwungen erzählen, was sie beschäftigt. Das ist ja ziemlich viel.»

«Ich finde es gut, wenn sie erzählen kann, so kann Sarah vieles verarbeiten», bestätigte Sarahs Mutter. «Ich bin froh, wenn sie damit rausrückt, denn zu verbergen gibt es da ja nichts.»

Walo wusste zwar nicht, was sie nachmittags beim Reiten miteinander gesprochen hatten, er griff aber dennoch ins Gespräch ein und sagte zu Sarah: «Momentan ist es wirklich etwas schwierig für dich. Dein Papi ist weg, du lebst noch nicht so lange bei uns und musst mit uns zurechtkommen, und die Situation deines Mamis beschäftigt dich auch stark.»

Sarah antwortete nicht.

Walo fragte nun ihr Mami: «Wie geht es dir eigentlich?»

«Nicht so gut, ich habe einfach zu nichts Lust. Arbeit finde ich sowieso keine, sobald jemand erfährt, was mit mir los ist, will er nichts mehr mit mir zu tun haben.»

«Das kann ich mir vorstellen, der Arbeitsmarkt ist angespannt und da hast du in deiner Situation wohl kaum eine Chance. Das ist eine Tatsache, die sich nicht so schnell ändern wird.»

«Dann denken sowieso alle Leute, die hängt ja nur herum, die will gar nichts machen. Dass ich aber regelmässig eine Therapie besuche, wissen die gar nicht.»

«Was machst du denn in dieser Therapie? Bringt das dir etwas?»

«Die bringt mir jedenfalls mehr als ein Aufenthalt in einem Therapieheim. Wenn ich mir die Situation von Ruedi vorstelle, bekomme ich Vögel. Die behandeln einen wie ein Kind. Nicht einmal ich darf Kontakt mit ihm haben. Was soll das? Ich würde das nie aushalten. Was passiert denn, wenn er da wieder rauskommt? So lernt er sicher nicht, Abstand zu gewinnen.»

Walo war damit allerdings nicht ganz einverstanden: «Ich glaube schon, dass die Kontaktsperre etwas bringt. So ist er gezwungen, sich mit sich selber zu beschäftigen und kann nicht in irgendwelche Ablenkungen flüchten. Aber es setzt natürlich voraus, dass jemand diese Auseinandersetzung will.»

«Ich kann mir das nicht vorstellen, in meiner Therapie muss ich mich ebenso hart mit mir selber auseinandersetzen. Da passiert schon einiges.»

«Denkst du, dass du weiterkommst?»

«Das weiss ich nicht, da liegt so viel Mist herum, dass ich nicht weiss, was ich soll. Manchmal bin ich so weit, dass ich denke, ich setze all dem ein Ende. Was hat mir denn diese Gesellschaft zu bieten? Es gibt nichts mehr, was ich in meinem Leben nicht schon erlebt hätte. Da ist nichts Neues, das ich noch erleben möchte. Ich habe alles erlebt, ich habe geheiratet, ich habe eine Familie gehabt, ich habe mich zu Tode gerackert, ich habe den ganzen Suchtsumpf durchlebt. Was soll ich noch? Es gibt nichts, kein Ziel, auf das ich hinarbeiten könnte, das Leben in dieser Gesellschaft hat doch überhaupt keinen Sinn.»

«Das tönt nicht gerade optimistisch!», meinte Walo, um sie noch etwas herauszufordern.

Sarahs Mami lachte: «Nein, manchmal bin ich wirklich in einem tiefen Loch und weiss nicht, wie es weitergehen soll. Da nützen dann all die gutgemeinten Ratschläge überhaupt nichts. Ich hocke den ganzen Tag auf dem Sofa und döse vor mich hin. Das wiederum ertragen die Leute nicht, und sie sagen dann bloss, ich solle endlich etwas gegen meine Faulheit tun. Die haben ja keine Ahnung, was es heisst, gerade nichts dagegen tun zu können. Dann hat wirklich nichts mehr einen Sinn. Je länger ich über diese für mich völlig unmögliche Gesellschaft nachdenke und sehe, wie die Menschen darin nur funktionieren, aber nicht eigentlich leben, desto weniger Lust habe ich, dieses Zirkusspiel mitzuspielen. Dann ist die Resignation total.»

«Was machst du mit dieser Resignation? Ich habe den Eindruck, du lebst ganz gut damit, du wirkst relativ locker.»

«Vielleicht muss man sie ja auch überspielen, um zu überleben, auch wenn man keinen Sinn mehr erkennt», meinte Sarahs Mami.

Walo schwieg ein paar Augenblicke und meinte dann ruhig: «Ich kann den Sinn des Lebens eigentlich auch nicht erkennen und klar ausdrücken. Ich merke aber, wie ich jeden Tag lebe und mich mit irgendetwas beschäftige. Manchmal habe ich dann auch tatsächlich das Gefühl, dass ich etwas Sinnvolles mache. Ich bin halt so ein pragmatischer Optimist, der nicht immer nach dem Sinn fragt, sondern etwas tut, das sinnvoll werden kann oder auch nicht. Sehr oft wird es tatsächlich sinnvoll.»

Walo tönte ganz schön philosophisch, und was ein pragmatischer Optimist sein sollte, das verstand Sarah nun wirklich nicht. Sie hörte aber gespannt zu, was die beiden da miteinander besprachen.

«Ja, was sollte ich denn tun, was sinnvoll ist? Ist denn irgendetwas, was in dieser Gesellschaft passiert, sinnvoll? Das ist doch alles ein grosser Zirkus.»

«Und was ist deine Rolle in diesem Zirkus?»

«Es gibt keine Rolle mehr für mich. Ich werde in diesem Theater nicht gebraucht. Ich habe da keine sinnvolle Aufgabe mehr. Wofür sollte ich mich denn einsetzen? Wer braucht mich denn? Der Zirkus funktioniert ganz gut ohne mich und ich bin sowieso nur ein Hindernis im Ablauf der Vorführung.»

Sarah hörte zu. Sie war ganz anderer Meinung. Ihr Mami wurde sehr wohl gebraucht. Nämlich von ihr. Wenn sie kein Mami mehr hätte, dann hätte sie auch keine Lust mehr zu leben. Sie brauchte ihr Mami. Aber sie sagte nichts, sie wollte ihr Mami nicht verletzen. Aber sie war froh, dass auch Walo diesen Gedanken aufgriff.

Er sagte nämlich: «Ich denke wohl, dass es da noch eine wichtige Rolle für dich gibt: Du hast drei Kinder, die eine Mutter brauchen, die dich brauchen. Könnte das nicht ein Ansatzpunkt sein?»

Monika reagierte energisch: «Sie haben mir ja ziemlich alles weggenommen, was sie mir wegnehmen konnten, aber meine Kinder bleiben meine Kinder, die können sie mir nicht wegnehmen, auch wenn sie nicht mehr bei mir wohnen. Ruedi will sich ja von mir trennen, das haben sie ihm in dieser Therapie auch eingeredet. Dann ist es sowieso fast ausgeschlossen, dass die Kinder zu mir zurückkommen. Aber wegnehmen können sie mir die Kinder nicht, das nicht.»

Sarah hörte sehr aufmerksam zu, wie Mami diese Frage von Walo beantwortete, und sie merkte, dass Mami einmal mehr unklar auswich statt zu antworten und von anderem zu erzählen begann. Das war ihr seit dem Gespräch im Therapieheim ein paar Mal aufgefallen. Ihr Vater war damals so klar und eindeutig, als er ihr seinen Standpunkt erklärt hatte. Sie merkte seither viel besser, wenn ihr Mami einer Sache ausweichen wollte.

Rea kam nun mit einem ganz anderen Gedanken dazu: «Wir haben Sarah für das Ausdrucksmalen angemeldet. Ich selber habe das auch besucht, zwar nicht am gleichen Ort. Es tat mir so gut, einfach so drauflos zu malen und zu schauen, was entsteht. Ich dachte, das könnte für Sarah auch gut sein, wenn sie ohne Kontrolle einfach malen kann, was dann halt so kommt.»

«Das finde ich super, freust du dich, Sarah?», fragte ihr Mami.

«Ich gehe jetzt einmal schauen, ich weiss nicht so genau, was das ist», meinte sie noch recht vorsichtig.

Irgendwie roch es bei ihr nach Therapie und das konnte sie nicht ausstehen.

Rea beruhigte sie: «Du kannst jetzt mal zwei Probestunden besuchen. Danach kannst du entscheiden, ob du dich für ein halbes Jahr anmelden willst oder nicht. Ich bin überzeugt, dass es dir gefallen wird.»

Vor dem Kiosk

«Sarah, du kennst unsere Abmachungen», hielt ihr Rea schon unter der Haustür entgegen.

Sarah hatte sich bereits auf diesen Empfang eingestellt. Sie kam wieder einmal erst um halb sieben von der Schule zurück.

«Hast du wenigstens eine gute Ausrede?», fragte Walo nach.

«Habe ich», erwiderte sie schnippisch, «aber dir sage ich das sicher nicht!»

Auf ihrem Gesicht war ein Strahlen, das unzweideutig war.

«Und, wie heisst er?», wollte Walo nun wissen.

«Ich habe ja gesagt, dass ich dir das nicht sage!»

«Also liege ich richtig mit meiner Vermutung? Heisst er

Hugo?», spottete Walo weiter.

«Heisst er nicht! Es geht dich gar nichts an, wie er heisst!», sagte Sarah und verschwand in ihrem Zimmer.

Walo gab sich vorerst zufrieden, denn er wusste, dass Sarah es noch am gleichen Abend nicht mehr für sich behalten können und sicher noch erzählen würde. Er hiess Röbi und war in der gleichen Klasse wie sie. Sie war schon lange aufmerksam geworden auf ihn, aber es war gar nicht so einfach, ihm das auch zu sagen. Sie war denn auch überglücklich, als ihr Röbi zuvorkam. Heute Morgen in der Schule kam ein gefalteter Zettel zu ihr, wie es auch sonst oft geschah, unter den Pulten hindurch, möglichst unbemerkt vom Lehrer. Der Ehrenkodex der Klasse verlangte es, dass solche Zettel ungelesen an die Adressatin weitergegeben wurden.

«Heute Nachmittag, nach der Schule, beim Kiosk, Röbi» stand auf dem Zettel. Er hatte auch noch ein Herz auf den Zettel gezeichnet. Sarah nahm schnell einen Zettel und kritzelte nur zwei Buchstaben darauf: OK. Sie zeichnete auch ein Herz dazu und der Zettel ging den ganzen Weg retour zu Röbi. Sarah konnte es kaum erwarten, bis die Schule endlich zu Ende war. Immer wieder musste sie ihren Blick quer durch das Schulzimmer zum Pult von Röbi richten. Auch er blickte oft auffällig zu ihr hinüber.

Sie trafen sich beim Kiosk. Dort trafen sich Sarah und ihre Schulkolleginnen und Schulkollegen öfters nach der Schule. Es war ihr Treffpunkt. Auch wenn man mit niemandem abgemacht hatte, so konnte man dennoch dorthin gehen und konnte fast sicher sein, dass irgendjemand dort war. Als Sarah und Mirjam beim Kiosk eintrafen, waren bereits Peter, Christian und Röbi da. Röbi und Peter sassen neben dem Kiosk auf dem Boden, an die Hauswand gelehnt. Christian sass auf seinem Töffli.

«Hoi!», rief Sarah, lehnte ihr Fahrrad an die Wand und ging zum Kiosk.

Sie kaufte sich eine Tüte Pommes Chips und eine Cola.

Damit ging sie zu den anderen zur Hauswand. Rein zufällig war neben Röbi noch Platz und sie setzte sich dort auf den Boden.

Sie öffnete die Tüte mit den Pommes Chips und streckte sie Röbi hin: «Willst du auch?»

Natürlich wollte Röbi und griff tüchtig in die Tüte.

«Willst du einen Schluck Redbull?», fragte Röbi nun zurück.

Natürlich wollte Sarah und nahm einen tüchtigen Schluck aus der Aludose. Das Getränk schmeckte ihr nicht. Es schmeckte wie kalter Kaffee mit extrem viel Zucker.

«Hast du das gerne?», fragte sie Röbi und gab ihm die Dose zurück.

«He, das ist das neueste Getränk, das trinken sie bei den Technopartys und in den Discos, ist doch super!», prahlte Röbi und nahm wieder einen Schluck.

Sarah jedoch blieb bei ihrer Meinung: «Ich mag es trotzdem nicht besonders, ich kann mir Besseres vorstellen!»

Sie streckte Röbi nochmals die Tüte mit den Pommes Chips hin und Röbi griff wieder tüchtig zu.

«Darf ich auch?», fragte Peter.

«Natürlich!», erwiderte Sarah, streckte auch ihm die Tüte hin und Peter griff ebenso tüchtig zu.

«Darf ich?», fragte nun auch Christian und nachdem er und anschliessend noch Mirjam zugelangt hatten, war die Tüte leer.

Sarah zerknitterte die Tüte und warf sie Richtung Abfalleimer, aber sie verfehlte ihn.

«Ist das alles?», meinte Röbi und lachte sie an.

Röbi wandte sich nun an Christian: «Darf ich eine Runde mit deinem Töffli drehen?»

«Sicher nicht!», meinte Christian, «du weisst ja nicht einmal, wie man den Motor startet!»

«Klar weiss ich das!», beharrte Röbi und stand auf.

«Nein, das weisst du nicht!»

Röbi begann nun bereits am Töffli von Christian zu arbeiten, dieser überliess es ihm endlich und stieg ab. Röbi konnte den Motor problemlos starten und fuhr los. Nach wenigen Augenblicken kam er zurück, fuhr mit dem Töffli auf seine Kollegen und Kolleginnen zu und bremste erst im allerletzten Augenblick, so dass ein schwarzer Streifen am Boden zurückblieb.

«Spinnst du eigentlich?», warf ihm Christian vor.

«Ist doch geil!», lachte Röbi zurück und schaute Sarah an.

Sarah war allerdings nicht beeindruckt, wie er das gewünscht hatte. Sie war mehr erschrocken. Aber sie lachte ihm entgegen. Die Reihe war nun an Peter, er drehte ebenfalls eine kurze Runde und demonstrierte seine Bremskünste vor den anderen. Schliesslich drehte auch Christian die Runde und zeigte nun die beste Vorfahrt der dreien, so dass Sarah und Mirjam ihm zuklatschten.

Peter fragte in die Runde: «Was macht ihr am Samstagnachmittag?»

«Ich weiss noch nicht, aber in diesem Kaff ist ja sowieso nichts los», ärgerte sich Christian.

Mirjam war eher skeptisch: «Ich muss zuerst zu Hause fragen, ob ich am Samstagnachmittag etwas machen kann, aber das ist schwierig. Mein Vater erlaubt mir sowieso nichts!»

«Ja, dein Vater, das ist doch ein elender Grufti, der ist ja nur neidisch.»

«Mein Vater sagt nie etwas, dafür ist meine Mutter ein Drachen. Die erlaubt mir nie etwas.»

«Was wollen wir am Samstag eigentlich machen?»

«Komm wir machen mal auf zwei Uhr vor dem Dorfladen ab, dort können wir dann entscheiden, was wir machen wollen.»

«Hast du das gelesen?», fragte Peter und deutete auf eine Schlagzeile, die beim Kiosk ausgehängt war: 13-Jähriger baute Unfall mit dem Auto des Vaters.

«Nicht schlecht, mal so ein Auto zu fahren und zu schauen, wie das geht», kommentierte Röbi.

Christian konnte da durchaus mithalten: «Ich durfte zu Hause auch schon in die Garage fahren, ganz allein.»

Sarah nahm diese Diskussion um das Autofahren gar nicht richtig wahr. Sie blickte hin und sah daneben eine Schlagzeile an der Plakatwand, die sie vielmehr aufrüttelte: ‚Jede zweite drogenabhängige Frau musste als Kind sexuelle Gewalt erleiden!' stand da in grossen Lettern geschrieben. Im kleinen Kasten, rot eingerahmt, stand: ‚Sexuelle Ausbeutung kann zu Sucht führen.'

Ihre Gedanken waren nicht mehr bei der Clique. Sie dachte an ihre Mutter, die drogenabhängig war. Ob sie wohl auch zu dieser Hälfte gehörte? Sie wusste es nicht. Warum traf es eigentlich fast nur Frauen? War sie selber auch in Gefahr, von irgendwelchen Männern ausgebeutet, vergewaltigt zu werden? Das musste ganz scheusslich sein! Der Gedanke daran liess sie erschauern. Nein! So etwas sollte ihr nicht passieren! Nie! Sie würde aufpassen müssen. Das nahm sie sich fest vor.

Sarah brachte eine neue Idee in die Runde: «Wir haben ein Hühnerhaus, dort könnten wir einen Partyraum einrichten.»

«Braucht ihr dieses Hühnerhaus nicht?», fragte Peter interessiert.

«Nein, da ist alles leer. Es hat drei Räume, da könnten wir eine tolle Disco einrichten», konnte Sarah beruhigen.

Röbi wollte der Sache noch genauer nachspüren: «Hast du deine Mutter schon gefragt?»

Das hatte Sarah bisher nicht, aber sie hatte keine Bedenken: «Nein, aber Rea hat sicher nichts dagegen.»

«Dann könnten wir dort ja ab und zu eine Party feiern», schwärmte Christian.

Röbi konnte sich die Party schon vorstellen: «Das wäre geil!»

Peter fieberte mit: «Weisst du, mit Discolicht und lauter Musik.»

«Dort stört es ja auch niemanden», meinte Sarah, «wir könnten ja am Samstag mal mit Aufräumen beginnen.»

Christian sah sich schon an der ersten eigenen Disco: «Super, und in einer Woche machen wir die erste Disco!»

«Hat es dort überhaupt Strom?», meldete Peter nun einen wesentlichen Einwand an.

Sarah konnte ihn nicht ganz beruhigen: «Weiss ich nicht, aber ich glaube schon.»

«Sonst können wir ein Verlängerungskabel vom Haus bis zum Hühnerstall ziehen», schlug Röbi vor.

Sarah hatte noch eine weitere Idee: «Wir können dort übernachten. Es hat ja mehr als einen Raum!»

«Also abgemacht, wer kommt am Samstag?», fragte Sarah nun konkret.

Peter, Christian und Röbi sagten zu.

Mirjam meinte: «Ich muss zuerst zu Hause fragen, ob ich darf. Wenn es mein Vater erlaubt, komme ich sicher.»

«Ich muss nach Hause, wir essen in einer halben Stunde, sonst gibt es wieder Krach», meinte Christian und startete sein Töffli, «also Tschüss!»

«Tschüss!»

Peter benutzte die Gelegenheit und verabschiedete sich ebenfalls. Er stieg auf sein Fahrrad und fuhr los.

«Warte noch schnell, ich komme mit!», rief Sarah und stand auf.

Röbi stand auch auf und ihre Blicke trafen sich noch einmal.

Sarah holte ihr Fahrrad, stieg auf und verabschiedete sich: «Tschüss Mirjam!»

Sie schaute nochmals zu Röbi: «Tschüss!»

※ ※ ※

Nach dem Zähneputzen ging Sarah noch ins Schlafzimmer zu Rea. Das machte sie oft. Rea ging meistens vor ihr ins Bett,

Walo grübelte meist noch irgendwo irgendetwas, und das war jeweils der Moment, wo sie sich bei Rea auf das Bett setzte und mit ihr zu zweit über Gott und die Welt redete.

«So, Sarah», begann Rea das Gespräch, «du gehörst ins Bett, es ist bereits zehn Uhr.»

Sarah wehrte sich: «Ich bin ja am Morgen immer die Erste, die aufsteht, und solange ich so gut aufstehen mag, schlafe ich genug.»

Rea konnte nichts einwenden. Es stimmte. Sarah stand am Morgen wirklich immer als Erste auf und bis Rea jeweils aus dem Bett war, war Sarah bereits auf dem Weg in die Schule.

Sarah rückte nun mit ihrem Anliegen heraus: «Du, Rea, wann hast du den ersten Freund gehabt?»

«Ich weiss nicht, ob du jetzt schon von einem Freund reden kannst», erwiderte Rea. «Ich würde das Wort Freund nicht so schnell gebrauchen.»

Sarah aber schwärmte: «Er ist so nett!»

«Wer ist er?», fragte Rea sachlich zurück.

Sarah gab ihr bereitwillig Auskunft: «Er geht mit mir zur Schule, er heisst Röbi.»

«Schön», schmunzelte Rea.

Sarah wollte es genauer wissen: «Weisst du, ich muss fast immer nur an ihn denken, ich kann an gar nichts anderes mehr denken. Wie ist das eigentlich, wenn man verliebt ist?»

Rea schaute sie an, lächelte und sagte dann: «Du magst Röbi einfach sehr gut und er mag dich auch gut. Aber, ob du schon verliebt bist, das weiss ich nicht. Das wird sich in den nächsten Tagen schon noch zeigen.»

«Ich finde die anderen auch nett, aber bei Röbi ist das anders.»

«Dann träume jetzt schön von deinem Röbi und schlaf gut.»

Sarah sprach jetzt auch das andere Anliegen an: «Du, Rea, dürfen wir im Hühnerhaus eine Disco einrichten? Es steht doch sowieso leer. Dort stören wir niemanden.»

Rea war damit wie erwartet einverstanden: «Ja, wenn ihr

das wollt. Da müsst ihr aber zuerst tüchtig aufräumen.»

Sarah orientierte sie jetzt über ihre bereits getroffene Abmachung: «Am Samstagnachmittag kommen Peter, Christian und Röbi und helfen mir aufzuräumen.»

«Gut, geh jetzt schlafen. Gute Nacht.»

«Gute Nacht.»

Am Samstagnachmittag fand die Hühnerstallputzete statt. Mirjam durfte wieder einmal nicht dabei sein. Aber Peter, Röbi und Christian waren gekommen. Sie holten sich Besen im Pferdestall und machten sich an die Arbeit. Das Hühnerhaus war der ideale Ort für eine Disco. Es hatte drei Räume, alle drei waren gleich gross, etwa fünf auf fünf Meter. Zwei Räume waren bereits leer, hier mussten sie nur noch fegen und die Sache war in Ordnung. Der dritte Raum gab mehr zu tun. Sie warfen zuerst allen Grümpel, der sich hier befand, vor die Türe. Es lagen noch viele alte, gebündelte Zeitungen, Holz und altes Heu im Raum. Walo hatte allerdings gar keine Freude daran, dass sie alles nur vor die Türe warfen. Er befahl ihnen ziemlich bestimmt, wo sie die Sachen hinzubringen hatten. Sarah hatte einmal mehr den Eindruck, dass die Erwachsenen manchmal wahnsinnig kompliziert und kleinlich sein konnten. Aber sie sagte nichts und sie taten, was Walo ihnen befohlen hatte. Nach zwei Stunden waren sie fertig. Peter fuhr noch schnell zum Dorfladen und holte zwei Flaschen Cola. Sie sassen damit vor dem Haus und plauderten miteinander.

«Findest du ihn nett?», war die erste Frage, die Sarah Rea am Abend stellte.

«Wen?», fragte Rea etwas ironisch zurück.

«Du weisst ganz genau, wen! Findest du ihn nett?», fragte Sarah nochmals.

Rea lächelte: «Ja, er macht einen ganz aufgestellten Eindruck.»

Sarah wollte nun möglichst oft mit ihm zusammen sein und möglichst viel mit ihm unternehmen.

Eine weitere Gelegenheit bot sich am folgenden Samstag: «Darf ich am nächsten Samstag zu Yvonne an die Pyjamaparty gehen und dort übernachten?», fragte Sarah.

«Was ist eine Pyjamaparty?», fragte Rea zurück.

Sarah klärte sie auf: «Wir treffen uns bei Yvonne, weisst du, die hat ein grosses Estrichzimmer allein für sich, dort sind wir am Abend beisammen und übernachten dann dort.»

Rea wollte aber noch einiges mehr wissen: «Weiss die Mutter von Yvonne davon?»

Sarah beruhigte sie: «Ja sicher, die hat nichts dagegen.»

«Wer ist alles mit dabei?»

Sarah begann zu schwärmen: «Röbi, Peter, Christian, Yvonne und ich, Mirjam darf ja sicher wieder nicht.»

«Ja gut, von mir aus kannst du bei Yvonne übernachten. Wir werden es aber noch gemeinsam mit Walo besprechen.»

Sarah war begeistert, dass Rea ihr erlaubte, an diese Pyjamaparty zu gehen. Den ganzen Abend konnte sie dann mit Röbi zusammen sein. Das würde sicher ganz toll werden.

Noch unter der Haustür überfiel sie Walo, als er abends von der Arbeit heimkam, mit der Frage: «Darf ich am Samstag bei Yvonne übernachten?»

Walo gab allerdings nicht sofort Antwort und wollte zuerst zu Hause ankommen und da sein.

«Sag, darf ich?», bestürmte ihn Sarah.

«Was willst du?», fragte Walo endlich.

«Ich darf am Samstag bei Yvonne übernachten. Rea ist einverstanden und du bist auch einverstanden, oder etwa nicht?»

Auch Walo wollte dann noch etwas mehr wissen und sagte endlich: «Ja, ich denke, dass du da schon gehen kannst. Es ist ja am Samstag.»

Sarah durfte nämlich, wenn überhaupt, nur am Samstag bei einer Kollegin übernachten, nicht aber während der Woche, wenn sie in die Schule musste.

* * *

«Röbi ist ein Blödian, ein absoluter Blödian!», Sarah war ziemlich aufgeregt. «Ich will das Wort Röbi in diesem Haus nie mehr hören. Er existiert für mich nicht mehr!»

Es war Sonntag, die Pyjamaparty bei Yvonne hatte am Vorabend stattgefunden. Sarah kam gegen Mittag von der Party nach Hause. Sie sah sehr müde aus.

«Ihr habt offensichtlich nicht sehr viel geschlafen», stellte Rea fest, als Sarah sich zu ihr an den Tisch setzte.

«Nein, wir sind erst etwa um fünf Uhr morgens eingeschlafen und Röbi ist ein Blödian. Der ist so blöd!»

«Letzte Woche hat es noch ganz anders getönt», meinte Walo zynisch. «Da war Röbi noch ein halber Gott für dich.»

«Sprich nicht mehr von ihm, ich kann diesen Namen nicht mehr ertragen!»

Rea fragte nun etwas sachlicher nach: «Warum denkst du jetzt so über Röbi? Was ist passiert?»

«Der ist ein absoluter Kindskopf, mit dem kann man kein vernünftiges Wort reden. Den ganzen Abend lang hat der nur Blödsinn gemacht, der war so richtig primitiv.»

«Du hast jetzt halt eine andere Seite von ihm auch kennen gelernt», meinte Rea, «vielleicht eine etwas weniger faszinierende!»

«Der ist doch ein Blödian, mit dem will ich nichts mehr zu tun haben. Die anderen waren viel spannender. Mit denen konnte man auch vernünftig diskutieren. Röbi hatte nur immer dumme Sprüche drauf, der ist doch ein blöder Kindskopf.»

«Ich denke, du solltest ihn jetzt nicht gerade so radikal verurteilen, vielleicht hat er auch nur einen komischen Tag erwischt.»

«Nein, der ist so, der ist immer so!», bestand Sarah auf ihrem vernichtenden Urteil. «Dann bin ich schon lieber mit Christian oder Peter zusammen. Die können nicht nur Blödsinn machen, mit denen kann man auch mal etwas Vernünftiges reden, ohne dass sie nur dumme Sprüche machen.»

Rea versuchte es nochmals: «Geh du jetzt mal ins Bett und schlafe ein paar Stunden, du bist ja todmüde und völlig gereizt. Wenn du ausgeschlafen hast, sieht es wohl schon wieder etwas anders aus.»

Sarah war da anderer Meinung, aber sie spürte selber auch, dass sie völlig erschöpft war und am besten wohl ein wenig schlafen würde. Sie ging ins Zimmer.

✳ ✳ ✳

«Findest du Christian auch nett?», Sarah kam von der Schule heim und überraschte Rea mit derselben Frage, die sie schon vor einer Woche gestellt hatte.

Rea lachte: «So, nun heisst er also Christian?»

«Findest du ihn auch nett?», wollte Sarah wissen.

«Ja, ich finde ihn in Ordnung. Ich kenne ihn aber nicht sehr gut.» Rea brachte noch einen weiteren Gedanken ins Gespräch: «Du wechselst aber deine so genannten Freunde fast so oft wie die Kleider. Pass auf, dass du nicht mit den Knaben zu spielen beginnst, sonst musst du dich nicht wundern, wenn sie auch mit dir zu spielen beginnen. Das kann sehr weh tun. Das möchtest du doch nicht.»

Sarah wurde etwas nachdenklich. Nutzte sie die Knaben aus? Spielte sie mit ihnen? Was dachten die anderen, wenn sie ihre Freunde immer wieder wechselte? Sie wollte doch niemanden ausnutzen und niemandem weh tun. Aber mit Christian verstand sie sich wirklich sehr gut, mit dem konnte sie viel besser reden als mit Röbi. Der hatte nicht so primitive Sprüche drauf und nur Blödsinn in seinem Kopf.

«Wie meinst du das?», fragte sie nach.

«Ich habe manchmal den Eindruck, dass du mit den anderen recht brutal umgehen kannst. Solange sie dir passen, sind sie in Ordnung, wenn sie aber etwas tun, das dir nicht in den Kram passt, dann sind sie sofort Blödiane, und du stellst sie einfach auf die Seite. Du selber bist ja auch nicht immer gleich gut gelaunt. Du magst es sicher auch nicht, wenn dich andere einfach als Blödian in die Ecke stellen, wenn du mal etwas Falsches gemacht hast. Es gibt dazwischen noch viele Schattierungen. Alle haben wohl ihre schlechten Seiten, ich und du auch. Damit musst du umzugehen lernen, ohne immer sofort so scharf zu verurteilen.»

Sarah hatte gar keine Lust auf die Moralpauke, die Rea da losliess. Was konnte sie denn dafür, dass sie nun Christian sehr viel besser mochte als Röbi. Mit Spiel hatte das sowieso nichts zu tun, es war ernst, sehr ernst, was sie mit Röbi erlebt hatte und was sie nun mit Christian erlebte. Rea merkte wohl, dass sie Sarah mit ihren Ermahnungen etwas verletzt hatte.

Sie fuhr nun fort: «Geniesse du jetzt mal die Zeit mit Christian, aber denk daran, auch er wird Seiten haben, die dir vielleicht nicht so ganz passen. Vielleicht stellst du dann fest, dass Röbi doch nicht nur ein Blödian ist.»

«Ist er aber!», bestand Sarah auf ihrem Urteil.

«Warten wir es ab», lächelte Rea.

Das Wort Röbi wurde in der Villa Sorgenlos zum verpönten Wort. Es diente lediglich noch als Fluchwort. Wenn jemand wieder mal gehörig nervte, so konnte Sarah ihren Ärger mit den Worten: «Du Röbi!» zum Ausdruck bringen. Selbst Walo passte sich dem neuen Wortschatz an und konnte Sarah ab und zu mit einem: «Du Röbi!» ärgern. Um so mehr war er überrascht, als er zwei Wochen später mit dem Spruch überhaupt nicht landen konnte.

«Sag das nicht mehr!», zischte Sarah zurück.

Walo musste lachen: «Aha, ist der Blödian kein Blödian mehr?»

«Sei doch du einfach ruhig!», herrschte Sarah ihn an und Walo wusste, dass Sarah in diesem Moment wohl keine dummen Sprüche mehr ertragen würde.

Er schwieg, konnte aber sein Schmunzeln nicht verbergen. Röbi war also wieder aktuell. Was war mit Christian? Der war eben auch noch aktuell, das war ihr Problem, an dem sie litt.

Da konnte vielleicht Rea weiterhelfen.

Sie fragte: «Du, Rea, wie war das eigentlich, als du verliebt warst, hast du dann niemanden anders mehr gemocht?»

«Sind jetzt also beide aktuell?», fragte Rea lächelnd zurück.

«Röbi ist schon recht, weisst du, er hat auch andere Seiten, das habe ich jetzt gemerkt!»

«Was ist mit Christian?», fragte Rea kritisch.

«Den mag ich auch sehr gut, aber doch nicht so gut wie Röbi.»

Rea nahm sie ernst: «Hast du ihm das schon gesagt?»

Sarah suchte einen Ausweg aus der peinlichen Aufgabe: «Nein, ich mag ihn ja sehr gut. Und das würde ihm sicher fest weh tun.»

«Wie würdest du reagieren, wenn Röbi neben dir auch noch eine zweite Freundin hätte?»

Rea konnte ganz schön fies zurückfragen.

«Er hat aber keine zweite Freundin!»

Sarah wollte der Frage ausweichen, weil sie merkte, dass sie in einer unangenehmen Lage war.

Aber Rea bestand auf der Frage: «Und wenn er eine hätte und er würde einfach so hin und her wechseln, gerade wie es ihm passt?»

«Das mache ich doch gar nicht!», wehrte sich Sarah.

«Da bin ich froh. Denn ich denke, dass du mit den beiden nicht spielen solltest, sonst fangen sie auch an, mit dir zu spielen, und das könnte dir dann sehr fest weh machen.»

«Aber ich kann doch beide gut mögen, oder nicht?»

«Sicher, ich finde es sogar wichtig, dass du verschiedene Jungen gut magst und nicht total auf einen eingeschossen bist. Aber du musst da schon klar sein, damit sie wissen, woran sie mit dir sind.»

Sarah sah das zwar ein, aber sie sah auch die Schwierigkeiten: «Das ist aber nicht so einfach!»

«Das weiss ich, manchmal ist das sogar sehr schwierig und

du bist hin und her gerissen.»

«Was macht man dann?»

«Ich glaube, du machst nichts falsch, wenn du die Jungen so behandelst, wie du von ihnen behandelt werden willst. Das ist eine gute Regel, die dir manchmal weiterhelfen kann: Wie würde ich es empfinden, wenn er mit mir so umgehen würde, wie ich mit ihm umgehe. Wenn du dann nur das tust, was du selber nicht als falsch empfinden würdest, dann glaube ich, kommt es gut.»

Sarah war im Moment beruhigt. Die Antwort war irgendwie überzeugend, das Rezept schien relativ einfach zu sein. Ob es dann wohl auch funktionierte?

Schönheit schmerzt

Sarah betrachtete sich im Spiegel. Der Spiegel hing etwas hoch, den hatte sicherlich Walo angeschraubt und nur an sich gedacht. Sie stand auf dem kleinen Holzschemel, damit sie etwas höher war und sich besser betrachten konnte. Sie betrachtete sich lange und ganz sorgfältig. Hatte sie eigentlich ein schönes Gesicht? Sie drehte den Kopf, betrachtete sich von der Seite, drehte den Kopf auf die andere Seite und betrachtete sich erneut. Da kam ihr in den Sinn, dass dies besser ging, wenn sie die Spiegelschranktüren öffnete und die beiden Spiegel in einem rechten Winkel zueinander waren. Wenn sie nun ihr Gesicht zwischen den beiden Spiegeln hinhielt, konnte sie sich besser von allen Seiten betrachten. Da war nun plötzlich nicht mehr nur ein Gesicht, nein, es waren ganz viele, denn jedes Gesicht spiegelte sich wider im anderen Spiegel. Unendlich viele Sarahs sah sie vor sich. War das sie? War das ihr Gesicht? Gefiel es ihr? Sie schloss die beiden Spiegeltüren und sah sich das Einzelgesicht genauer an. Da war dieser blöde Zahn, der ihr gar nicht gefiel. Im Oberkiefer hatte ein Eckzahn keinen Platz in der Reihe gefunden und war nun wie ein Frechdachs einfach ausserhalb der Reihe herausgewachsen. Walo nannte den Zahn ihren Hauer. Wenn sie wollte, konnte sie so ein richtiges Dracula-Gesicht machen. Rea hatte sie bereits beim Zahnarzt angemeldet, um die Sache mal untersuchen zu lassen. Sarah verspürte gar keine Lust, zum Zahnarzt zu gehen. Sie wusste schon jetzt, was ihr drohte: eine scheussliche, unwahrscheinlich scheussliche Spange. Eine solche würde sie nie tragen, lieber den Zahn ziehen und basta. Oder im schlimmsten Fall eine Nachtspange, die sah wenigstens fast niemand. Aber mit einer halben Eisenwarensammlung durch die Gegend zu gehen, sich von den Schulkolleginnen auslachen zu lassen, das konnte sie sich nicht vorstellen.

Sie betrachtete ihre Haare. Sie hatte dichtes, volles blondes Haar. Eben, das war es, blonde Haare hatte fast jede und zu kurz waren sie auch. Sie beneidete Rea um ihr langes, volles und dunkles Haar.

‚Ich muss sie wachsen lassen!', dachte sie und fuhr mit einer Bürste durch ihr Haar.

«Rea!», rief sie in die Küche, «darf ich mir die Haare färben?»

«Was willst du?», hörte sie Rea aus der Küche zurückrufen.

«Die Haare färben, weisst du ganz flippig!», schwärmte Sarah.

Rea hatte grundsätzlich nichts dagegen: «Ich würde sie aber nicht gerade färben, das ist für das Haar überhaupt nicht gut und kostet auch zu viel. Du kannst sie ja tönen.»

«Hast du Tönmittel da?», fragte Sarah.

Sie war entschlossen, ihre Haare sofort zu verändern. Rea schaute im Schrank nach und fand tatsächlich noch eine Haartönung. Rea erklärte ihr, was sie machen musste, wieviel von dem Mittel sie nehmen und wie sie es auf ihr Haar auftragen musste.

Abschliessend warnte sie: «Ich kann dir aber nicht genau sagen, wie dein Haar nachher aussieht, das ist nicht immer

gleich. Vielleicht siehst du nachher aus wie eine Karotte!»
Rea lachte.

Sarah fand das nicht zum Lachen, sie war verunsichert: «Sicher? Ist das möglich?»

«Nicht gerade so rot, aber wie die Tönung auf deinem Haar wirkt, das musst du halt ausprobieren, jedes Haar reagiert ein bisschen anders.»

«Kann man das wieder auswaschen, wenn es nicht schön wird?», fragte sie nach.

«Es geht dann mit der Zeit von selbst weg», beruhigte sie Rea.

Sarah zweifelte noch einen Augenblick: Sollte sie? Sollte sie nicht? Wie würde ihr Haar nachher aussehen? Wie würde ihr Gesicht nachher aussehen? Sie fasste sich ein Herz und entschied, ihre Haare zu tönen. Sie hatte Glück. Die Tönung reagierte mit ihrem Haar wie erwartet und der neue Farbton ihrer Haare hatte nichts mit einer Karotte gemeinsam.

«Schön!», machte ihr Rea ein Kompliment. «Gefällt es dir?»

Sarah war sehr zufrieden mit ihrer neuen Haarfarbe.

«Was ist denn mit dir passiert?», fragte Walo sie, als er am Abend nach Hause kam.

«Gefällt es dir etwa nicht, aber dir muss es ja gar nicht gefallen!», gab Sarah schnippisch zur Antwort.

«Doch, doch, es gefällt mir schon», meinte Walo und widmete sich dann dem Nachtessen.

Sie sassen am Küchentisch.

Sarah fragte dann unvermittelt: «Walo, hast du einen Rasierapparat?»

«Offensichtlich nicht», lachte Walo, «sonst wäre ich besser rasiert. Wofür brauchst du einen Rasierapparat?»

«Jetzt kommt der Frühling. Da kann ich nicht mit diesen blöden Haaren an den Beinen herumlaufen.»

Sie wandte sich an Rea, weil sie sich da mehr Hilfe erhoffte: «Wie nimmst du jeweils die Haare an den Beinen weg?»

«Ich habe sie schon lange nicht mehr entfernt. Aber rasieren würde ich sie sicher nicht, dann wachsen sie nur um so schneller nach. Die musst du ausreissen, wenn sie dich stören. Aber denke daran, wenn du einmal damit anfängst, dann wachsen sie nachher eher schneller.»

Sarah wollte aber nur wissen, wie sie es gemacht hatte: «Wie hast du sie ausgerissen?»

Rea erklärte ihr: «Es gibt da verschiedene Möglichkeiten. Du kannst sie mit einer Art Rasierapparat wegnehmen, der die Haare abreisst. Aber das tut weh. Du kannst sie auch mit einer Art Wachs, den du auf die Beine streichst und trocknen lässt, abreissen, aber das tut auch weh.»

Walo lachte: «Ja, Schönheit schmerzt! Ich staune ja, was ihr Frauen alles an unnützem Zeug macht, das dann sowieso kein Mann beachtet!»

«Sei doch du einfach ruhig!», unterbrach ihn Sarah und wandte sich wieder an Rea. «Hast du solche Wachslösung da?»

Es war ihr ernst, diese blöden Haare mussten jetzt weg, sie störten sie.

«Ja, aber nicht mehr heute. Es ist schon wieder spät und das braucht seine Zeit. Morgen nach der Schule kann ich dir zeigen, wie es geht.»

Als Walo am anderen Abend nach Hause kam, war Sarah damit beschäftigt, sich die lästigen Haare an den Beinen zu entfernen.

Er hörte sie fluchen: «Verdammt, das tut ja scheusslich weh!»

«Ich habe ja gesagt: Schönheit schmerzt!»

Walo hatte gar kein Mitleid mit ihr und lachte sie aus.

Für Sarah aber war es ein Problem: «Wie rasierst du dich? Tut das auch weh?»

«Ja, fürchterlich, darum rasiere ich mich so selten», lachte Walo.

«Kannst du dich nicht jetzt rasieren, dass ich zuschauen kann?»

Walo war einverstanden, es war ja sowieso überfällig, dass er sich wieder einmal rasierte. Sarah schaute ihm nun genau zu, wie er eine neue Klinge an der Halterung befestigte, wie er anschliessend sein Gesicht anfeuchtete, wie er aus einer Tube etwas Rasiercreme auf den Dachshaarpinsel drückte und diese mit dem Pinsel auf dem Gesicht verteilte. Walo fuhr nun mit der Rasierklinge ziemlich bestimmt und rassig über sein Gesicht. Er wusch die Klinge jeweils unter dem Wasserhahn, um dann wieder ebenso bestimmt eine weitere Gesichtspartie zu rasieren.

«Tut das weh?», fragte Sarah nochmals.

«Nein, aber es ist trotzdem ein lästiges Unterfangen. Ich mache es nicht gerne.»

Walo rasierte sich weiter.

«Hast du dich noch nie geschnitten?», fragte Sarah.

Sie wollte alles wissen, was beim Rasieren beachtet werden musste. In diesem Moment sah sie, wie am Kinn Blut hervorströmte.

«Du hast dich geschnitten, es blutet ja richtig!», sagte sie in einem fast verängstigten Ton.

Walo nahm die Schnittwunde allerdings nicht so ernst und rasierte sich weiter: «Du musst nur immer schön gerade fahren mit der Klinge, ja nicht seitwärts, dann schneidest du dich nicht.»

Sarah wollte es nun unbedingt selber ausprobieren an ihren Beinen: «Darf ich das mal ausprobieren, gib mir die Klinge!»

Aber Walo winkte ab: «Schön langsam, zuerst rasiere ich mich jetzt fertig und dann kannst du dir deine Beine verwunden.»

Sarah konnte kaum warten, bis Walo fertig war und es schien ihr, als ob er sich heute besonders sorgfältig rasieren würde, nur um sie etwas länger zappeln zu sehen. Als er endlich fertig war, wusch er noch umständlich und sorgfältig den Pinsel und die Klinge unter dem Wasserhahn und sagte schliesslich: «Voilà, jetzt bist du an der Reihe.»

«Kannst du mir eine neue Klinge einsetzen?», forderte Sarah ihn auf.

Walo setzte eine neue Klinge ein und gab ihr das Werkzeug.

«So, und jetzt gehst du raus!», verwies ihn Sarah. «Ich will das allein machen.»

«Gut, gut, ich geh ja schon. Am Schluss verräumst du mir aber wieder alles sauber hier im Schrank», brummte Walo und verliess das Badezimmer.

Sarah machte sich ans Werk. Sie feuchtete sich die Beine an, strich Rasiercreme auf den Pinsel und verteilte sie auf den Beinen. Dann nahm sie die Klinge und begann ihre Beinrasur. Sie war überrascht. Es schmerzte überhaupt nicht. Die Klinge entfernte die Haare sauber und sie war sehr schnell fertig. Sie wischte den Rest der Rasiercreme von den Beinen weg, trocknete sie ab und betrachtete sie genau. Sie war zufrieden. Die lästigen Haare waren weg von ihren Beinen, die jetzt wieder völlig haarlos und viel schöner waren.

Von nun an rasierte sich Sarah die Beine ab und zu. Sie benutzte jeweils das Rasierwerkzeug von Walo. Dieser war zwar nicht erfreut darüber, denn er musste dauernd zuerst seine Sachen zusammensuchen, wenn er sich selber rasieren wollte. Das wiederum war Sarah ziemlich egal.

Lysingur

«Sarah, wo bist du? Komm endlich, wir wollen gehen!» Rea hatte die Haustür geöffnet und rief ziemlich energisch.

«Ich komme!», gab Sarah zur Antwort und stürmte aus dem Zimmer.

«Kannst du bitte noch die Musik abstellen und das Licht

löschen, bevor du gehst!», befahl ihr Walo.

«Mmhh», Sarah sagte nichts, aber sie ärgerte sich offensichtlich, ging in ihr Zimmer zurück und schaltete die Stereoanlage aus.

«Licht löschen, bitte!», rief ihr Walo nochmals nach.

«Das kannst du selber löschen, ich muss jetzt gehen», rief sie zurück.

«Sarah, jetzt kommst du zurück und löschst das Licht in deinem Zimmer!», wiederholte Walo in einem unmissverständlichen Ton.

Sarah sagte nichts mehr, ging ins Zimmer und löschte das Licht. Als sie an Walo vorüberging, warf sie ihm einen verächtlichen Blick zu.

«Danke», sagte Walo trocken, «und geniesse deinen Ausritt!»

Sarah stürzte aus dem Haus und ging in den Stall zu den Pferden. Rea hatte Airline bereits gesattelt und war bereit loszureiten.

«Wo warst du wieder solange?», fragte sie leicht vorwurfsvoll. «Du weisst, dass ich nicht gerne warte, wenn wir etwas abgemacht haben.»

«Walo musste mich wieder ärgern», meinte Sarah mürrisch, «der hat doch immer irgendetwas auszusetzen.»

«Was? Habt ihr schon wieder miteinander gestritten?», fragte Rea genauer nach.

«Nein, aber ich musste die Stereoanlage ausschalten und dann auch noch das Licht löschen, als ob er das nicht auch für mich hätte machen können, er hockt ja sowieso nur am Küchentisch und liest die Zeitung.»

Rea ging nicht weiter darauf ein und forderte Sarah auf: «Also, mach jetzt vorwärts, damit wir losreiten können.»

Sarah bürstete Lysingur und holte anschliessend den Sattel. Lysingur hatte scheinbar wieder zugenommen, denn sie konnte die Sattelgurten nur mit grosser Mühe schliessen.

«Du bist wieder dick geworden», meinte sie zu Lysingur.

«Du musst abnehmen wie ich.»

Bald ritten sie los. Sie schlugen heute einen anderen Weg ein. Sie durchquerten zuerst das ganze Dorf und kamen auf der anderen Seite zu langen Feldwegen, die durch Wiesen und Äcker führten. Airline und Lysingur strotzten vor Energie und schritten zügig aus. Rea und Sarah mussten die Pferde gut an den Zügeln halten, damit sie nicht losrannten. Sarah kannte Lysingur inzwischen gut, sie war nicht überrascht ob seiner Energie und hatte das Pferd gut im Griff. Sie führten die Pferde vom Weg weg an den Waldrand und ritten diesem entlang.

«Pass auf, Sarah! Halt ihn fest!», rief Rea.

Aber es war zu spät. Sarah konnte an den Zügeln ziehen, so fest sie wollte. Lysingur war nicht zu halten. Er galoppierte davon. Sarah hörte noch, wie Rea rief: «Halt dich fest!» Aber dann wusste sie nicht mehr, was sie tun sollte. Lysingur galoppierte mit voller Kraft. Sie hielt sich mit beiden Händen an seiner Mähne fest und brauchte all ihre Aufmerksamkeit, damit sie nicht hinunterfiel. Sie kam sich vor wie ihm Film, wie ein Cowboy, der mit seinem Pferd durch die Prärie prescht. Das war Freiheit und Abenteuer, in vollem Galopp dem Wald entlang. Aber nicht sehr lange, dann beschlich sie doch ein ungutes Gefühl. Sie konnte nämlich überhaupt nicht mehr überlegen, was sie tun sollte, damit Lysingur stoppte, sie hielt sich nur noch fest. Lysingur galoppierte einige hundert Meter weit in vollem Schuss den Waldrand entlang. Hundert Meter vor sich sah Sarah, dass da ein Zaun vom Wald her in die Wiese hinausführte. Stoppte er dort? Oder galoppierte er mit ihr voll in diesen Zaun? Nahm er einen Sprung über den Zaun und galoppierte weiter? Sarah bekam Angst. Lysingur galoppierte auf den Zaun zu, es machte ihm offensichtlich viel Freude, sich mal richtig auszutoben und seine Kräfte voll zu spüren. Der Zaun kam immer näher, Sarah schloss die Augen. Sie hielt sich einfach mit beiden Händen so gut es ging an der Mähne fest, um nicht herunterzufallen. Sie spürte, wie Äste in ihr Gesicht schlugen. Was passierte, wenn Lysingur in den Zaun rannte? Wenn sie jetzt in vollem Galopp stürzte? Schreckensbilder stiegen in ihr auf. Sie sah sich bereits in hohem Bogen durch die Luft fliegen, sie spürte bereits die Härte des Aufschlages, da stoppte Lysingur. Gott sei Dank! Ein schwerer Stein fiel von ihrem Herzen. Sie blickte um sich. Lysingur hatte erst unmittelbar vor dem Zaun brüsk abgebremst und angehalten. Sarah blickte sich um und suchte Rea, aber sie konnte sie nirgends entdecken. Sie fuhr mit den Händen über das Gesicht. Zum Glück hatte sie sich nicht verletzt. Die Äste waren anscheinend nicht sehr dick gewesen. Der Schrecken sass noch tief in ihren Knochen. Sie stieg ab und hielt Lysingur fest.

«Sarah!», hörte sie die Stimme von Rea.

«Sarah!»

«Da bin ich!», rief sie zurück.

Rea war auch abgestiegen. Der Ausbruch von Lysingur hatte auch Airline ganz kribbelig gemacht und Rea wollte absolut kein Risiko eingehen. Sie wartete, bis Sarah mit schlotternden Knien bei ihr angelangt war. Als sie sah, dass ihr nichts passiert war, ausser dass ihre Knie ziemlich weich wirkten, fragte sie lachend: «Ich habe dir gesagt, er sei ein Schlitzohr, glaubst du es jetzt?»

«Ich konnte mich nur noch festhalten, ich konnte überhaupt nichts anderes mehr tun», begann Sarah zu erzählen. «Als ich es merkte, war es schon zu spät.»

«Zum Glück hast du den Helm angezogen, der hat dich wenigstens ein wenig vor den Ästen geschützt, und wenn du runtergefallen wärst ...»

«Er ist einfach davongerannt, und als ich dann den Zaun sah, da bekam ich Angst. Ich konnte nur noch die Augen schliessen und mich fest an der Mähne halten!»

Rea konnte ihr Schmunzeln nicht verbergen und befahl Sarah dann sehr bestimmt: «So, jetzt musst du aber sofort wieder aufsteigen! Das ist wichtig für dich und für Lysingur, sonst hast du in Zukunft Angst vor dem Reiten, und Lysingur darf nicht das Gefühl haben, du hättest Angst vor ihm, sonst kommt er sich als Sieger vor und wird immer wieder probieren, mit dir durchzubrennen.»

Sarah wusste nicht so recht, aber sie getraute sich nicht zu widersprechen und stieg vorsichtig auf den Rücken von Lysingur.

«Jetzt musst du gut aufpassen, denn er wird es sicher wieder probieren», ermahnte Rea sie.

Nebeneinander ritten sie nach Hause. Zweimal testete Lysingur Sarahs Aufmerksamkeit. Aber beide Male reagierte sie blitzschnell und konnte Lysingur fest am Zügel halten, bevor er seine Energie in Bewegung gesetzt hatte. Sie kamen heil nach Hause. Sarah führte Lysingur in die Boxe, sattelte ab und putzte ihn.

«So, jetzt kommt noch die Belohnung, oder gibt es heute für Lysingur keine Karotte?», fragte Rea.

Sarah konnte ihm gar nicht böse sein: «Doch, doch, es ist ja nichts Schlimmes passiert.»

Sie holte zwei Karotten und hielt sie auf ihren Händen Lysingur hin. Der frass sie mit Freude. Sarah wusste selber auch nicht genau warum, aber seit diesem wilden Galopp am Waldrand hatte sie Lysingur noch mehr in ihr Herz geschlossen. Rea und Sarah gingen miteinander in die Küche und machten sich einen heissen Orangenpunsch. Sarah war mit ihren Gedanken immer noch beim unfreiwilligen Galopp.

Sie fragte Rea: «Warum macht er das eigentlich?»

«Ich glaube, er hat einfach Freude, mal richtig drauflos zu rennen und seine Energie zu spüren. Er probiert es auch bei mir ab und zu.»

«Der hat aber eine riesige Kraft in sich.»

«Ja, wenn ein Pferd wüsste, wieviel Kraft es hat, würde es sehr wahrscheinlich nicht gehorchen.»

«Und was macht man da?»

«Du musst lernen, dich beim Pferd durchzusetzen, ohne es zu verärgern, ohne ihm die Freude auszutreiben. Aber es muss akzeptieren, dass du die Chefin bist.»

«Wie mache ich das?»

«Du musst viel Zeit mit ihm verbringen und auch Geduld haben. Das Pferd muss Freude haben, wenn du kommst und mit ihm arbeitest. Es arbeitet nämlich gerne und will etwas tun. Wenn du dich also mit ihm abgibst und interessante Sachen mit ihm machst, dann wird es dir schon gehorchen, weil es weiss, dass es lustig sein wird.»

Sarah wollte unbedingt mit Lysingur arbeiten: «Darf ich ihn von jetzt an öfters reiten? Zeigst du mir auch, wie ich ihn longieren kann?»

«Sehr gerne, denn das tut nicht nur Lysingur gut, ich spüre, wie das auch dir gut tut.»

Sarah begann zu schwärmen: «Ich bin so gerne mit ihm zusammen. Auf seinem Rücken, beim Reiten, fühle ich mich immer so wohl.»

Rea war damit einverstanden, dass Sarah Lysingur jeden Abend nach der Schule noch eine halbe Stunde lang auf dem Reitviereck ritt. Sarah freute sich auf diese Stunden mit Lysingur. Da konnte der Tag noch so schlimm gewesen sein, da konnten alle Menschen rund um sie herum noch so unmöglich gewesen sein, sich daneben benommen und nichts als Streit mit ihr gehabt haben, wenn sie bei Lysingur war, war das alles wie vergessen. Er fragte sie nie, wie es ihr gehe. Er nahm sie so, wie sie war. Sie musste sich vor ihm nicht entschuldigen, nicht rechtfertigen, nicht verstellen. Sie konnte einfach sich selber sein, wie sie es sonst nirgends sein konnte. Sie ritt ihn oft ohne Sattel. Wenn sie auf seinem Rücken sass, ohne Decke, ohne Sattel, unmittelbar auf seinem Rücken, fühlte sie sich am besten. Sie spürte jede Bewegung des Pferdes, sie musste sich noch feinfühliger als auf dem Sattel auf die Bewegungen des Pferdes einstellen. Sie genoss dieses Gefühl, mit den Bewegungen von Lysingur zu verschmelzen, so dass sie sich wirklich miteinander bewegten. In diesen Momenten fühlte sie, wie sie sich Lysingur bedingungslos anvertrauen konnte, wie sie sich selber loslassen konnte, alle Kontrollen über sich ausschalten und einfach nur den Pferderücken und seine Bewegungen geniessen konnte. Das war wunderbar. Lysingur reagierte so unmittelbar und unverfälscht auf ihre Bewegungen und Signale, dass sie einander sehr schnell sehr gut verstanden. Da war absolute Ehrlichkeit in den Bewegungen und Reaktionen. Lysingur war in seinem Verhalten einmalig wahr und tatsächlich, da war nichts von Theater oder Berechnung, da war keine Falschheit, da waren keine Hintergedanken. Da waren nur Sarah und Lysingur und die gemeinsamen Bewegungen, die sie so fein wie möglich aufeinander abstimmten und die beide in völliger Gelassenheit geniessen konnten. Sarah wusste nicht, wie sie dem sagen sollte, was sie da erfuhr. Es war etwas ganz Einmaliges. Irgendwie war sie da Sarah, ganz Sarah, und nichts anderes als Sarah. Sie kostete diese Momente aus, diese Augenblicke, in denen sie sich so gut spürte und das Gefühl hatte: ich bin ich. Aber es war ihr auch nicht wichtig, wie sie dem sagen sollte. Lysingur fragte nämlich nichts, er zeigte seine Freude und erwartete von ihr keine gescheiten Antworten. Sie genoss es, mit ihm zu schweigen und mit ihm anders als mit Worten zu sprechen. Hinter dem Stall auf dem Viereck war es auch sehr ruhig, man hörte höchstens ein paar Kuhglocken oder ein paar Schafe in der Umgebung. Sonst war da einfach das Bächlein, das vorüberplätscherte und seine Melodie sang. Sarah hatte denn auch dafür gesorgt, dass weder Walo noch Rea sie jeweils während des Reitens störten. Sie wollte für sich sein, allein mit Lysingur.

Sie irrte im Haus umher

Der Bauch von Rea wurde immer runder. Man konnte es nicht mehr übersehen. Sie war schwanger, und es würde gar nicht mehr allzu lange dauern und das kleine Menschenjunge würde ins Leben treten und alle Aufmerksamkeit auf sich lenken. Rea und Walo hatten die notwendigen Vorbereitungen getroffen. In ihrem Schlafzimmer hatten sie das grosse Bett an die Wand geschoben, damit genug Platz für die Wickelkommode vorhanden war. Die Nachbarn und Verwandten und Bekannten hatten sie schon reichlich eingedeckt mit allem, was man für ein Baby braucht. Die Kommode war jedenfalls lange vor der Geburt schon zum Bersten voll.

Sarah betrachtete den Bauch von Rea immer wieder ganz neugierig. Rea liess sie ab und zu den Kopf auf den Bauch legen. Das musste man erst einmal gesehen haben. Sarah konnte es fast nicht glauben, wie gross eine solche Kindertrommel war. Eine Wassermelone war nichts im Vergleich mit diesem Bauch. Sarah näherte sich vorsichtig mit dem Kopf und legte ihn möglichst fein auf den Bauch. Sie konnte die Bewegungen des Kindes im Bauch spüren. Das war ein tolles Gefühl. Da drin bewegte sich ein kleiner Mensch, stiess mit den Füssen gegen die Bauchwand und verschaffte sich Platz. Sarah freute sich auf die Geburt, sie bekam damit ja ein wenig ein Geschwister. Das Kind würde mit ihr aufwachsen. Sarahs Gedanken schweiften ab, gingen weit in die Vergangenheit zurück. Sie sah vor sich ihr Mami, wie sie damals schwanger war und wie Nora und Nico zur Welt kamen. Die Geburt hatte sie nicht miterlebt, aber sie erinnerte sich gut, wie Nora und Nico winzig klein waren und wie sie sie in die Arme nehmen durfte. Sie freute sich, dass Rea zu Hause gebären wollte, dass sie also dabei sein konnte.

Rea hatte es ihr auch so gesagt: «Während der Geburt kannst du machen, was du willst. Wenn du Lust hast, kannst du gerne dabei sein, wenn du lieber nicht da bist, kannst du zu Jacqueline gehen oder zu den Grosseltern. Mach einfach das, was dir dann am besten entspricht.»

Sie würde natürlich zu Hause bleiben. Sie wollte sich das nicht entgehen lassen. Manchmal beschlich Sarah jedoch auch ein komisches Gefühl. Je näher die Geburt kam, desto häufiger meldete es sich. Seit sie die Periode bekam, beschäftigte sie diese Frage immer wieder: ich kann jetzt auch Kinder bekommen, ich kann auch Mutter werden. Dieser Gedanke erfüllte sie mit Angst. Nein, sie wollte nicht erwachsen werden und Frau sein, lieber wollte sie ein Kind bleiben. So dick werden, eine solche Trommel als Bauch? Sie stellte sich vor den Spiegel und stellte sich mit einem solchen Bauch vor. Der Gedanke ekelte sie an. Nein, sie wollte nicht so aussehen. Das war überhaupt nicht schön. Und wie würde sie diesen grossen Bauch je wieder wegbringen? Sie wollte nicht Frau werden und schon gar nicht Mutter. Wie sie so vor dem Spiegel stand, begann sie sich zu betrachten. Sie hatte zugenommen. Unmöglich! Sie war dick geworden. Ihre Hüften waren etwas runder geworden. Auch ihre Brüste begannen zu wachsen. Sie betrachtete sich ganz genau und gefiel sich nicht. Nein, sie wollte keine Frau werden, sie musste etwas dagegen unternehmen.

Der Geburtstermin war bereits vorbei. Der Bauch von Rea war nun unheimlich gross geworden. Eine Riesenmelone, diese Kindertrommel. Sarah freute sich auf die Geburt. Es drehte sich zu Hause inzwischen alles um die bevorstehende Geburt. Am Dienstagabend ging es endlich los. Rea hatte die ersten unregelmässigen Wehen. Sarah war gespannt, noch nie hatte sie so etwas miterlebt. Sie wollte sich irgendwie nützlich erweisen und half fleissig mit, die Küche aufzuräumen. Rea legte sich ins Bett und wollte noch etwas schlafen. Aber dazu kam es nicht mehr. Noch bevor Sarah ins Bett gegangen war, begannen Reas Wehen heftiger zu werden. Dann gab es allerdings wieder eine längere Pause. Sarah kam sich ziemlich überflüssig vor und ging in ihr Zimmer. Sie schlief auch bald ein. Mitten in der Nacht hörte sie jedoch im Badezimmer das Wasser laufen. Der Wecker zeigte drei Uhr. Sie verliess das Zimmer nicht, hörte aber, wie Rea in die Badewanne stieg, um sich zu entspannen.

Als sie am Morgen erwachte, war bereits die Hebamme bei

Rea. Walo war auch da. War etwa das Kind schon geboren? Sie zog sich schnell an.

Aber Walo beruhigte sie: «Es ist noch nicht so weit, die Hebamme hat gesagt, es werde sicher noch bis am Nachmittag dauern, bis das Kind geboren werde. Geh du am Morgen noch in die Schule, am Nachmittag kannst du, wenn du willst, zu Hause bleiben. Sag dem Lehrer, dass deine Pflegemutter ein Kind bekommt.»

Sarah ging zur Schule. Sie konnte sich allerdings an diesem Morgen nicht sehr gut konzentrieren. Ihre Gedanken drehten sich nur um die Geburt, anderseits war sie auch froh, nicht zu Hause zu sein, denn sie hätte sowieso nicht gewusst, was sie hätte tun oder helfen können. Hier hatte sie wenigstens ein bisschen Ablenkung. Nach der Schule fuhr sie direkt nach Hause. Das Auto der Hebamme stand immer noch vor dem Haus. Sie rannte ins Haus und öffnete die Türe zum Schlafzimmer. Rea lag im Bett. Ihre Wehen kamen inzwischen in einem regelmässigen Rhythmus von zwei bis drei Minuten.

«Hoi, Sarah», begrüsste sie Walo, der neben Rea auf dem Bett sass.

«Du bist also Sarah?», begrüsste sie auch die Hebamme.

«Wann kommt das Kind?», wollte Sarah wissen.

«Es geht langsam, aber sicher vorwärts», erklärte ihr die Hebamme. «Ich denke, dass es etwa um zwei Uhr da sein wird.»

Wieder kamen die Wehen und die Hebamme stützte Rea am Rücken.

«Kannst du dir selber etwas zu essen aus dem Kühlschrank nehmen?», fragte Walo.

«Ja, das ist kein Problem, ich habe sowieso kaum Hunger», antwortete Sarah.

Sie blieb noch eine Weile im Zimmer. Als sich die nächsten Wehen einstellten, ging sie aus dem Zimmer. Sie kam sich überflüssig vor, wusste nicht, was sie in diesem Zimmer sollte, wie sie sich hier hätte nützlich machen können. Sie öffnete den Kühlschrank und sah lange hinein. Aber sie nahm nichts heraus. Sie konnte nicht essen. Sie trank ein Glas Tee. Da fiel ihr auf, dass die drei Hunde ziemlich niedergeschlagen in ihren Körben lagen. Sie hatten sie gar nicht begrüsst. Auch jetzt kamen sie nicht und bettelten, wie sie das sonst immer taten. Sarah ging zu jedem von ihnen und streichelte sie. Die Hunde liessen wirklich die Ohren hängen. Sie spürten anscheinend, dass da etwas Aussergewöhnliches im Gange war. Sie taten Sarah leid.

«Ist ja schon gut, kommt, wir gehen jetzt miteinander spazieren», tröstete Sarah die drei Hunde Ronja, Tina und Tschima.

Aber anstatt aus den Körben zu springen und wild drauflos zu bellen, wie sie das sonst jeweils taten, blieben alle drei bewegungslos in ihren Körben liegen.

«Kommt!», forderte Sarah die Hunde erneut auf.

Sie hatte die Leinen geholt. Es half nichts, sie blieben in ihren Körben. Sarah holte sie nun einzeln aus den Körben. Tschima und Tina waren jetzt bereit, sich an die Leine nehmen zu lassen. Aber Ronja blieb, wo sie war. Als Sarah sie an der Leine aus dem Korb ziehen wollte, sperrte sie mit ihren Beinen so bestimmt gegen den Korbrand, bis Sarah einsah, dass es aussichtslos war. Sie liess Ronja in ihrem Korb und ging mit Tschima und Tina spazieren. Sie ging mit den beiden Hunden bis zum Waldrand. Die Hunde zogen wie wild an der Leine und Sarah musste ziemlich zügig gehen, um ihnen folgen zu können. Als sie wieder nach Hause kam, verspürte Sarah doch Hunger. Sie nahm ein Joghurt aus dem Kühlschrank und ass es. Ungeduldig stellte sie das leere Glas weg und liess es in den Schüttstein fallen. Der Löffel war auf den Boden gefallen. Ach, dachte Sarah, holte einen Lappen und putzte die Joghurtresten vom Boden auf. Sie ging aus dem Haus in den Pferdestall. Hatten die Pferde ihr Mittagsfutter schon bekommen? Sie lief zurück, öffnete vorsichtig die Tür zum Schlafzimmer und streckte nur den Kopf hinein. Rea versuchte, sich zwischen zwei Wehen etwas zu erholen.

«Haben die Pferde das Futter schon bekommen?», fragte Sarah.

«Nein, kannst du es ihnen bitte geben, du weisst ja wie», bat Rea.

Sarah war froh um diese Bitte. Sie lief zum Pferdestall zurück. Sie machte zuerst das Futter bereit und rief anschliessend den Pferden, die auf der Weide herumstanden. Aber Airline und Lysingur reagierten auf ihr Rufen nicht. Sie holte ein Futterbecken und ging damit zu den Pferden. Dieser Trick half immer. Sobald die beiden Pferde das Futterbecken erblickten, wussten sie, dass es Futter gab und kamen zum Stall. Sarah leerte das Futter in die Kessel in den Boxen und wartete, bis die Pferde in den Boxen waren, dann schloss sie die Ketten. Sie schaute zu, wie Airline und Lysingur frassen. Als sie das Futter verschlungen hatten, gab sie beiden auch das Heu in die Boxen. Sie ging zu Lysingur, sass mit dem Rücken zur Wand auf den Boden und schaute zu, wie er frass. Sie staunte einmal mehr, wie feinfühlig ein Pferdemaul war. Die Lippen sind sehr beweglich. An den Lippen sind feine Tasthaare, mit denen die Pferde alles bestens beurteilen können. Lysingur beschnupperte mit seinen Lippen das Heu und frass sehr wählerisch. Sarah schaute ihm interessiert zu, bis er alles aufgefressen hatte. Dann öffnete sie die Ketten und die beiden Pferde verliessen ihre Boxen. Vor dem Stall stand der Kessel mit Wasser und Airline trank lange und viel. Sarah lief zum Wasserhahn und drehte auf. Durch einen Schlauch lief das Wasser direkt in den Kessel. Sie füllte den Kessel randvoll und auch Lysingur trank ausgiebig. Sarah holte die Schaufel und nahm den Mist in den Boxen zusammen. Sie warf ihn in die Schubkarre und leerte ihn auf den Miststock. Sie liess sich Zeit und wischte noch den Stall mit dem Reisbesen. Sie tat es sehr sorgfältig. Jetzt war hier allerdings nichts mehr zu tun und sie ging zurück ins Haus. Zuerst ging sie in ihr Zimmer.

Was sollte sie tun? Sie räumte ihre Kleider auf. Diese lagen wieder einmal völlig chaotisch über den ganzen Zimmerboden verstreut. Auch damit wurde sie fertig. Und jetzt? Sie legte sich auf ihr Bett und blätterte in einer Jugendillustrierten. Sie war allerdings nicht sehr konzentriert bei der Lektüre. Sie schaute eigentlich nur die Bilder an und sah viele schlanke, hübsche, gut angezogene Mädchen. 'Die sehen toll aus', dachte sie. 'Viel besser als ich. Die sind so schlank, kein Fett, keine Polster an den Hüften. Verdammt noch mal, ich muss etwas dagegen tun!' Jetzt wurde sie ja langsam eine Frau. Was bedeutete das eigentlich? Es konnte ja nicht allein die Periode sein. Sie lass den Fotoroman. Wenn es doch nur so einfach wäre. Sie jedenfalls war nicht in dieser glücklichen Situation, dass ihr alle Jungen zulächelten. Wollte sie das eigentlich? Mit einem Jungen gehen? Was bedeutete das? Sie dachte an Rea, die kaum zehn Meter von ihr entfernt jetzt ein Kind zur Welt brachte. Wollte sie einmal Kinder haben?

«Du, Sarah», wurde sie aus ihren Gedanken gerissen.

«Kannst du bitte einen Kaffee machen? Die Hebamme und ich hätten gerne einen!», fragte Walo, der ziemlich mitgenommen aussah.

«Ist das Kind schon da?», fragte Sarah.

«Nein, aber es sollte nicht mehr allzu lange dauern. Rea hat jetzt die Presswehen», antwortete Walo.

«Ja, ich mache den Kaffee und bringe ihn dann!», sagte Sarah und ging in die Küche.

Walo war bereits wieder im Schlafzimmer verschwunden. Sie kochte Wasser und goss den Kaffee an. Sie machte zwei Tassen, Kaffeerahm und Zucker bereit. Damit ging sie ins Schlafzimmer. Sie kam zur Türe herein, da stellte sich eine neue Presswehe ein. Rea lag mit schmerzverzerrtem Gesicht auf dem Bett, Walo und die Hebamme hielten sie an den Armen und Beinen. Das dauerte eine ganze Weile. Sarah kam es allerdings wie eine Ewigkeit vor. Kaum hatte die Wehe etwas nachgelassen und Rea konnte sich erholen, stellte sie den Kaffee hin und verliess das Zimmer so schnell wie möglich, ohne ein Wort zu sagen. Es sass tief in ihren Knochen. So war das also bei einer Geburt. Vor ihren Augen sah sie Bilder aus einer Folterkammer. Sie lief aus dem Haus auf die Weide. Sie setzte sich an das Bächlein, das neben der Weide dahinplätscherte. Wieder sah sie das schmerzverzerrte Gesicht von Rea vor sich. Nein! Sie wollte nie Kinder haben. Das war zu viel, das war zu anstrengend. So viel Energie hatte sie niemals. War es wohl für ihre Mutter auch so gewesen, als sie, Sarah, geboren wurde? Hatte ihre Mutter auch so gelitten? Sie musste sie beim nächsten Treffen fragen. Sarah blieb lange am Bächlein sitzen. Sie wollte diese Geburtsbilder nicht noch einmal sehen und schaute Lysingur zu, wie er auf der Weide das kurze Gras abbiss. Sie bekam langsam kalt, der Boden war feucht und die Sonne hatte Anfang März noch nicht so warme Strahlen. Sie stand auf, streckte ihre steifen Glieder und rannte zum Stall. Sie ging nicht mehr in die Wohnung. Sie blieb bei den Pferdeboxen, ging bald in die Sattelkammer, um die Halftern umzuhängen, bald zurück in die Boxen, um das Stroh aufzulockern, bald hinter den Stall auf das Viereck, um die Holzspäne mit ihren Füssen vor sich her zu treten, bald wieder zurück in die Boxen. Sie irrte umher und wusste nicht, was sie tun sollte.

«Sarah!», hörte sie Walo rufen.

«Ja!», antwortete sie zerstreut.

«Komm! Du hast einen Bruder bekommen!», rief Walo.

Sie stürmte drauflos, an Walo vorbei ins Haus und ins Schlafzimmer.

«Schau, das ist Samuel!», sagte Rea und zeigte auf den kleinen Jungen, der auf ihrer Brust lag.

Sarah sah nur ein winziges Köpfchen. Rea hob nun die Decke an, mit der Samuel zugedeckt war, um warm zu bleiben. Samuel hatte die Augen weit aufgesperrt und war hellwach. Ganz vorsichtig näherte sich Sarah und betrachtete ihn. Er war klein, unwahrscheinlich klein und er war süss. Sarah fuhr ihm zärtlich mit der Hand über die Wange.

«Komm, du kannst dich neben mich auf das Bett setzen!», forderte Rea sie auf.

Sarah zog schnell die Schuhe aus und setzte sich neben Rea auf das Bett.

«Willst du ihn in die Arme nehmen?», fragte Rea.

Und ob sie wollte! Sie hielt ihre Arme hin und Rea legte Samuel samt der Decke hinein. Er war so klein, alles war so winzig an ihm. Die Finger waren kaum dicker als ein Streichholz. Sarah rührte sich nicht, sie konnte nur noch das kleine Kind bestaunen. Samuel schaute in ihren Armen zum ersten Mal in seine Welt. Nach ein paar Minuten begann er zu schreien. Rea nahm ihn aus Sarahs Armen und legte ihn wieder auf ihre Brust. Sarah war begeistert. Sie strahlte und konnte ihren Blick nicht mehr von Samuel lösen.

«Gefällt er dir?», fragte Walo.

«Er ist so süss!», freute sich Sarah.

«Sie haben das ganz gut gemacht!», sagte die Hebamme zu Rea. «Soll ich zuerst Samuel ankleiden, oder soll ich zuerst nähen?»

«Samuel kann noch eine Weile bei Walo auf der Brust sein, bis Sie genäht haben», meinte Rea und legte Samuel auf die Brust von Walo.

Sarah schaute ihn an. Langsam fielen seine Augen zu und er schlief ein. Als die Hebamme mit dem Nähzeug erschien, verliess Sarah das Zimmer wieder, das wollte sie nicht mit ansehen. Sie ging in ihr Zimmer und legte sich auf das Bett. Aber sofort stand sie wieder auf. Sie musste telefonieren. Sie rief Mami an und erzählte ihr begeistert, dass Samuel geboren war. Sie ging zu den Hunden und erzählte auch ihnen von Samuels Geburt. Sie lief zu den Pferden und erzählte es Lysingur. Sie freute sich.

In den kommenden Tagen drehte sich in der Villa Sorgenlos alles um Samuel. Walo blieb für zwei Wochen zu Hause und erledigte die Hausarbeiten. Täglich kam Barbara, eine

Kollegin von Rea, vorbei, um für ein paar Stunden mitzuhelfen. Samuel überstand seine Gelbsucht der ersten Tage relativ schnell. Er war der absolute Mittelpunkt des Lebens in der Villa Sorgenlos. Sarah kümmerte sich oft um ihn, sie wickelte ihn, sie trug ihn auf ihren Armen und wiegte ihn in den Schlaf. Rea war müde, einfach unendlich müde. Die Geburt hatte viel Energie gekostet und Samuel gönnte ihr kaum Ruhe und Schlaf. Dennoch blieb für sie ja neben Samuel einiges an Arbeit hängen: der Haushalt musste besorgt werden, all die Tiere mussten weiterhin versorgt werden. Walo wurde in diesen zwei Wochen ebenfalls immer müder. Er schlief noch weniger als sonst. Nachdem er wieder zur Arbeit ging, blieb oft viel an Haushaltsarbeit liegen und er musste sie nach dem Nachtessen erledigen. Sarah half zwar oft mit, sie fütterte die Hasen, Hühner und Chinchillas. Morgens fütterte sie, bevor sie zur Schule fuhr, die Pferde. So sah sie jeweils Lysingur schon früh am Morgen. Aber sie stellte schon bald fest, dass sich einiges veränderte. So hatten Walo und Rea kaum mehr Zeit für sie. Sie spielten nur noch selten das Ohtannenbaumspiel. Dafür fehlte die Zeit, und wenn sie einmal Zeit gehabt hätten, so schrie sicher wieder Samuel und der Abend war gelaufen. Die Gespräche mit Rea wurden schwieriger, sie war immer sehr müde und Sarah merkte, dass sie auf vieles auch gereizter reagierte als früher. Rea regte sich manchmal über Sachen auf, über die sie sich früher nicht aufgeregt hatte: Ein herumliegender Schulsack, die Schuhe mitten in der Küche und andere Kleinigkeiten reichten oft zu einem kleinen Streit. Walo erging es nicht viel besser. Er erledigte abends oft noch viele Sachen. Seine Sprüche waren noch kürzer, noch trockener und vielfach auch verletzender geworden. Wenn sie es dann nicht mehr aushielt und in gleicher Art antwortete, versuchte sich Walo jeweils zu erklären: Es sei halt wieder so eine massive Umstellung in ihrem Leben, Samuel brauche jetzt viel Zeit und so weiter. Aber das half Sarah auch nicht weiter. Sie litt oft unter der Gereiztheit in der Villa Sorgenlos, sie zog sich dann meist in ihr Zimmer zurück oder verbrachte die Zeit lieber mit ihren Schulkolleginnen.

Ich bekomme Vögel

In der Villa Sorgenlos lebten viele verschiedene Tiere, die Sarah inzwischen alle gut kannte und auch beim Namen rufen konnte. Sarah beschäftigte sich oft mit den verschiedenen Tieren. Da war vor allem Lysingur, der unbestritten ihr Lieblingstier war. Mit ihm verbrachte sie die meiste Zeit. Im Zimmer hatte sie ihren Käfig mit den beiden Meerschweinchen Nina und Molly.

Ab und zu forderte Walo sie am Abend auf: «Sarah, hol deine Säue!»

Voller Stolz brachte sie die beiden struppigen Nager in die Küche, legte sie auf den Küchentisch und führte ihre Dressurkünste vor. Wenn sie den beiden etwas zu fressen hinhielt, machten sie schön brav Männchen und knabberten ihr aus der Hand. Es waren wirklich zwei wunderschöne Meerschweinchen. Sie hatten langes hellbraunes Haar, das von den verschiedenen Wirbeln im Fell wild durcheinander gelegt wurde. Sie waren neugierig, sie liefen auf dem Tisch bald schon aus der sicheren Hand heraus und erforschten, ob es da etwas Fressbares auf dem Tisch hatte. Sarah beobachtete sie vorsichtig und liess sie nicht zu nahe an den Tischrand heran. Wenn sie die beiden auf die Arme nahm und an ihren Hals anlehnte, dann begannen die beiden Meerschweinchen mit ihr zu sprechen.

Walo selber schlug dann vor: «Es wäre doch schön, wenn sie etwas mehr Platz hätten und nicht immer in diesem kleinen Käfig sein müssten. Du könntest doch im Stall eine alte Schweineboxe räumen und putzen und ihnen dort ein neues Zuhause einrichten.»

Sarah war begeistert von der Idee. Schon am nächsten Tag

räumte sie die Boxe aus und richtete den beiden Tieren ein kleines Paradies ein. Sie bedeckte den Boden mit viel Stroh, die Häuschen aus dem Käfig wurden gezügelt. Sie bastelte mit Brettern und Holzscheiten verschiedene Brücken und Tunnels und stellte sie in der Boxe auf. Molly und Nina konnten nun richtig herumrennen und sie genossen es. Sarah war richtig erstaunt, wie viel Energie und Bewegungsdrang die Tiere an den Tag legten. Sie sassen nicht mehr so apathisch in ihrem Käfig, sondern rannten umher, und wenn sie in die Nähe kam, begrüssten sie sie mit einem wahren Pfeifkonzert. Es gefiel ihnen am neuen Ort. Das brachte Sarah auf eine Idee.

Sie lief zu Rea und fragte hoffnungsvoll: «Rea, darf ich junge Meerschweinchen haben?»

«Ja, wenn du nachher gut zu ihnen schaust», stellte Rea eine klare Bedingung.

«Habe ich irgendwann nicht gut geschaut?», fragte Sarah zurück. «Weisst du, Mirjam hat ein schönes Männchen und ich könnte doch Molly decken.»

«Was machst du dann mit den Jungen?», fragte Rea nach.

«Die kann ich verschenken, aber eines möchte ich behalten.»

«Du kannst mal probieren, ob es geht», lenkte Rea ein. «Unsere Nachbarin hat auch ein buschiges Meerschweinchen. Du kannst sie mal fragen.»

Sarah kam allerdings schon am anderen Tag mit Krümel nach Hause. So hiess das Meerschweinchenmännchen von Mirjam.

«Du darfst aber nicht einfach alle drei zusammenlassen, das geht nicht», ermahnte sie Rea. «Wahrscheinlich vertragen sie sich nicht. Ich will nicht, dass dann beide Junge kriegen.»

Sarah war da ziemlich unerfahren und bat um Hilfe: «Wie soll ich es denn machen?»

«Du musst Molly aus der Boxe nehmen und mit Krümel anfreunden. Du kannst sie zuerst Käfig an Käfig nebeneinander haben, da können sie sich gegenseitig beschnuppern, aber nicht aufeinander losgehen. Wenn du dann das Gefühl hast, sie vertragen sich, kannst du sie zusammentun, du musst sie dabei aber gut beobachten, und wenn sie aufeinander losgehen wieder voneinander trennen.»

Sarah holte Molly, legte sie in ihren Käfig im Zimmer und stellte Krümel in seinen Käfig daneben. Die Befürchtungen waren umsonst. Die beiden verstanden sich schnell prächtig. Sarah wagte bald, Krümel in den Käfig zu Molly zu legen. Die beiden beschnupperten sich gegenseitig, rannten etwas hintereinander her, verstanden sich aber, ohne miteinander zu kämpfen. Krümel durfte somit einige Tage bei Molly wohnen und er erfüllte seinen Auftrag.

Sarah musste sich allerdings noch lange gedulden. Meerschweinchen sind zwei Monate lang trächtig. Molly lebte inzwischen wieder bei Nina in der Boxe und war frisch und munter wie zuvor. Sarah beobachtete sie viel, nahm sie oft auf ihre Arme und betastete sie, ob der Bauch etwas runder geworden war. Aber erst nach einem Monat hatte sie das sichere Gefühl, dass Molly dicker wurde, trächtig war und bald Junge kriegen würde. Sarah konnte es kaum erwarten. Walo und Rea gingen ebenfalls auffällig oft zu den Meerschweinchen, denn sie freuten sich mit Sarah auf die Jungen. Krümel hatte allerdings nicht mitgeteilt, wann er seinen Auftrag erfüllt hatte, und so war es nicht genau auszumachen, wann die Jungen geboren würden. Molly wurde immer dicker und war jetzt kugelrund. Hoffentlich würde es gut gehen. Sarah sass jetzt täglich lange bei Molly und Nina in der Boxe und beobachtete sie. Molly war nach wie vor munter, frass viel und rannte auch noch umher. Sarah wäre gerne bei der Geburt dabei gewesen.

* * *

«Sarah! Komm mal! Ich muss dir etwas zeigen!», störte Walo sie beim Reiten.

«Was ist?», rief sie mürrisch zurück.

«Ich muss dir etwas zeigen.» Walo rückte nicht heraus, was er meinte.

«Ich komme gleich.»

Sarah ritt noch ruhig ihre Runden zu Ende, führte Lysingur in die Boxe und putzte ihn.

«Was ist?», fragte sie nochmals.

Walo hatte im Stall gewartet und schmunzelte vor sich hin.

«Komm!», sagte er nur.

Als er zur Tür ging, die zu den Meerschweinchen führte, rief sie fröhlich: «Hat Molly Junge bekommen?»

«Komm und schau einmal!»

Sarah stürzte an Walo vorbei zur Boxe der Meerschweinchen: «Wo sind sie?»

«Ganz hinten, unter der Kiste, vorhin hat eines hervorgeguckt.»

Sarah blickte zur Kiste. Sie konnte nichts sehen. Aber sie merkte, dass unter dieser Kiste etwas Besonderes geschah. Auch Nina war unter der Kiste. Plötzlich lief eines der Jungen aus einem Spalt hervor, lief vor der Kiste zur Wand und verschwand dort wieder unter die Kiste.

«Hast du das gesehen, die sind wunderschön!», rief Sarah begeistert. «Können die schon herumlaufen?»

Walo erklärte ihr: «Ja, Meerschweinchen sind Nestflüchter, heute Abend werden sie schon Heu fressen.»

«Wie viele sind es?»

«Ich weiss nicht, ich habe zwei gesehen, aber vielleicht hat es noch mehr. Aber lasse sie jetzt in Ruhe, du kannst am Abend in die Boxe gehen und genau zählen.»

Sarah stand noch lange vor der Boxe und schaute auf die Kiste. Ab und zu konnte sie etwas hören oder eines der Jungen kam kurz zum Vorschein. Sie waren erstaunlich gross und sahen schon aus wie richtige Meerschweinchen, einfach etwas kleiner. Walo hatte Recht. Nach zwei Stunden verliessen die drei jungen Meerschweinchen die Kiste bereits und erkundeten die ganze Boxe. Als Sarah ihnen frisches Heu und

Körner hinlegte, staunte sie nicht schlecht. Tatsächlich begannen die Jungen auch, am Heu zu knabbern. Woopy, Speedy und Punky, so taufte sie die drei Tiere, waren kerngesund und genossen es, in der Boxe herumzutollen und auf alles zu klettern.

※ ※ ※

Die Grosseltern kamen auf Besuch. Sarah mochte sie nicht besonders gut, sie war überzeugt, dass sie sich zu häufig in die Probleme ihrer Eltern einmischten. Was wollten sie wohl schon wieder von ihr? Sie wollten allerdings überhaupt nichts von ihr. Sie brachten einen Vogel mit. In einem Käfig hüpfte ein quirliger, blauer Wellensittich umher. Sarah hatte sich schon lange einen Vogel gewünscht, aber Walo hatte ihr den Wunsch dauernd ausgeschlagen und konnte jeweils noch hinzufügen: «Du hast ja schon einen!»

Einmal antwortete sie dann ebenso listig: «Ja, aber der ist nicht gerne allein, darum brauche ich einen zweiten.»

Nun, da sie einen geschenkt bekam, konnte er ja nichts mehr dagegen einwenden. Walo suchte dann sogar im Estrich einen etwas grösseren Käfig, damit der Vogel sich auch besser bewegen konnte. Sarah liess ihren Wellensittich fast täglich im Zimmer fliegen.

Rea war um das Wohl des Vogels besorgt und forderte sie auf: «Wenn du schon einen Vogel hast, dann darfst du den nicht als Einzeltier halten, du musst dir einen zweiten besorgen, damit sie miteinander sprechen können.»

Gesagt, getan, schon zwei Tage später fuhr Walo mit Sarah zu der Frau, bei der die Grosseltern auch den ersten Vogel gekauft hatten, und Sarah durfte sich einen zweiten aussuchen. Den beiden Vögeln war es nun sichtlich wohler in ihrem Käfig und sie waren echt lebendig. Sarah freute sich darüber und liess die beiden oft miteinander im Zimmer fliegen. Das hatte eigentlich nur einen Haken. Die beiden Wellensittiche genossen ihre Ausflüge ausgiebig und sie liessen ihren Kot auch im Zimmer hemmungslos fallen, wann und wo sie wollten. Darüber freute sich Sarah weniger. Sie musste jeweils mühsam den Kot vom Boden aufwischen. Das ging ja noch, aber von der Bettdecke und von ihren Kleidern liess sich der Dreck nur schwer entfernen. Kleider lagen ja meist so viele in ihrem Zimmer herum, dass die Vögel nicht einmal besonders zielen mussten, um eines ihrer Kleidungsstücke zu treffen. Rund um ihren Käfig sorgten die beiden munteren Tiere auch wacker für Unordnung. Wenn sie sich badeten, und sie badeten gerne, flogen die Sandkörner und Körnerschalen wirbelnd durch die Luft und aus dem Käfig hinaus auf den Zimmerboden. Auf dem Zimmerboden lagen aber auch ihre Kleider. Diese waren bald voll von Futterresten und Sandkörnern. Das konnte Sarah nicht ertragen. Immer seltener liess sie die Vögel fliegen und immer öfter regte sie sich über die Unordnung auf, die die Vögel um den Käfig herum anrichteten.

Das wiederum konnte Rea nicht ertragen: «Du wolltest Vögel, also besorge sie gefälligst richtig, oder wir geben sie zurück.»

Sarah schwenkte sofort auf den Vorschlag von Rea ein: «Meinst du wirklich, wir könnten sie zurückgeben? Ich glaube, das wäre für mich besser, denn ich hasse diesen Dreck in meinem Zimmer.»

So fanden die Vögel nach wenigen Wochen den Weg zurück zu ihrer Herkunftsvolière.

Walo kommentierte lakonisch: «Wir haben ja immer noch genug Vögel in diesem Hause.»

Das Vogelproblem war also gelöst. Sarah konnte sich wieder vermehrt ihren Meerschweinchen widmen. Jetzt, da langsam der Frühling begann, wollte sie die Tiere unbedingt ins Freie auf die Wiese bringen.

Sie wartete einen günstigen Moment ab und fragte Walo: «Es wäre doch schön, wenn die Meerschweinchen draussen auf der Wiese leben könnten.»

Walo merkte sofort, worum es ging und stieg darauf ein: «Ja, das habe ich auch schon gedacht. Ich denke, wir könnten unten bei den Hasen und Hühnern deinen Meerschweinchen eine Sommerresidenz einrichten.»

«Hilfst du mir?», fragte Sarah.

«Ja, das gibt eigentlich nicht viel zu tun, du musst ihnen nur ein Häuschen zum Schlafen machen, der Platz ist ja schon eingezäunt, wir hatten die jungen Hühner dort.»

Walo hatte Zeit und half ihr beim Einrichten. Sarah säuberte die Wiese noch von allem herumliegenden Dreck und Grümpel und richtete ihren Tieren die Wiese ein. Sie legte Holzscheite und grosse Steine hin, baute Brücken und Tunnels und kontrollierte, ob nirgends ein Loch im Maschendraht war, durch das die Tiere hätten schlüpfen können. Walo suchte eine alte Kiste und stellte diese an der Stallwand auf. Er bedeckte sie gut mit einem Stück Plastik, damit die Tiere trocken hatten.

«Jetzt musst du da nur noch Stroh ausbreiten und die Villa Meerschwein ist fertig», stellte er zufrieden fest.

Noch am gleichen Nachmittag zügelte Sarah ihre Tiere. Es waren inzwischen noch mehr geworden. Von ihrer Kollegin Melanie hatte sie ein weiteres Meerschweinchen und ein Zwergkaninchen geschenkt bekommen, die jetzt auch bei ihren eigenen fünf Meerschweinchen lebten. Die neugierigen Meerschweinchen erkundeten jede Ecke ihres neuen Zuhauses und fühlten sich wohl. Sarah sass lange bei ihnen und beobachtete sie. Sie war zufrieden, jetzt hatten sie es wirklich schön.

Das Tierleben in der Villa Sorgenlos war abwechslungsreich. Kaum hatte Sarah die Meerschweinchen in die Sommerresidenz gezügelt, folgte eine weitere Überraschung.

«Du, Sarah, komm einmal!», begann Walo.

Aber Sarah unterbrach ihn: «Hat Zimba Junge bekommen? Wo sind sie?»

«Im kleinen Zimmer im Schrank.»

Sarah ging ins Zimmer, das momentan noch leer stand und öffnete vorsichtig die Schranktür, die nicht ganz zugestossen war. Dort lag in einer Bananenschachtel die Katze Zimba und an ihrem Bauch sah Sarah einfach ein Knäuel junger Katzen.

«Wie viele sind es?», fragte sie.

Walo war selber neugierig und begann sie zu zählen. Das war gar nicht so einfach, dieses Knäuel an Katzenjungen zu entwirren. Es waren sechs Kätzlein.

«Schau mal, eines sieht aus wie der Micky!», bemerkte Sarah.

Micky war der freche Kater und der Bruder von Zimba.

«Ja, vielleicht ist er der Vater, jetzt haben wir also noch einen Minimicky», lachte Walo.

«Du, Sarah, komm mal!», forderte Walo sie schon wenige Tage später wieder auf.

Was war denn jetzt schon wieder? Walo führte sie in den Stall, dorthin wo früher ihre Meerschweinchen gewesen waren. In der Boxe neben den Meerschweinchen lag in einer Ecke ein Kiste und in dieser Kiste lagen zwei Hühner.

«Sei mal ganz ruhig und hör genau hin!»

Sarah hörte nun das leise Piepsen eines Küken, das unter den Federn der Mutter an der Wärme war.

«Bis jetzt sind es drei, aber vielleicht kommen noch mehr Küken aus den Eiern.»

«Darf ich sie anschauen?»

«Ja, du musst einfach aufpassen, denn die Mutter verteidigt ihre Jungen gut. Vielleicht gehst du besser morgen während des Tages, dann hüpfen sie sicher umher.»

Als Sarah am anderen Mittag von der Schule nach Hause kam, ging sie sofort zu den Küken. Diese waren winzig klein. Die Hühner waren ja Zwerghühner, die Küken waren also Zwergküken. Aber sie hüpften schon wacker hinter ihrer Mutter her und pickten im Stroh nach fressbaren Sachen.

✳ ✳ ✳

«Hast du die Meerschweinchen gestern gefüttert?», fragte Rea beim Mittagessen nach.

«Ja, sicher!»

«Warum hatten sie denn heute Morgen schon wieder kein Wasser? Und Körner haben sie auch keine mehr», hakte Rea nach.

«Hast du ihnen zu fressen gegeben?», fragte Sarah zurück.

«Ja, ich habe ihnen Wasser und ein wenig Gras gegeben.»

«Das mache ich, das sind meine Meerschweinchen, und da habt ihr gar nichts dreinzupfuschen!», schimpfte Sarah verärgert.

«Du, Sarah, wenn du Tiere hast, musst du sie regelmässig füttern und nicht einfach, wenn du gerade Lust hast. Die Tiere kommen zuerst. Und solange du das nicht kannst, werde ich das auch kontrollieren und den Tieren zu fressen geben. Die können nämlich nichts dafür, wenn du so unzuverlässig bist.»

Rea hatte da ganz klare Vorstellungen von Tierpflege und forderte diese auch bestimmt ein.

«Das stimmt gar nicht, und ich will nicht, dass sie zu dick werden.»

«Es geht nicht darum, dass sie dick werden müssen, es geht darum, dass du sie regelmässig füttern musst, damit sich die Tiere an einen Rhythmus gewöhnen können.»

Es war nicht das letzte Mal, dass sie mit Rea oder Walo darüber stritt, ob die Meerschweinchen regelmässig gefüttert wurden. Sarah wusste es ja selber gut genug, sie hatte es jeweils nicht vergessen, aber es gab wirklich auch noch anderes als ihre Meerschweinchen. Wenn sie mit ihren Schulkolleginnen und Schulkollegen zusammen war, wenn sie nach der Schule noch in die Jugi ging, oder über das Wochenende, wenn sie irgendwo zu einer Party eingeladen war, dann kam es schon vor, dass die Meerschweinchen sich ab und zu etwas gedulden mussten. Manchmal hatte sie selber ein schlechtes Gewissen dabei. Es war für sie aber gar nicht so einfach, alle ihre Interessen miteinander zu vereinbaren, so dass nichts zu kurz kam. Die Meerschweinchen waren da noch am geduldigsten. Rea und Walo waren in diesem Punkt jedoch sehr strikt, sie liessen es nicht zu, dass sie ihre Tiere vernachlässigte.

Rea drohte Sarah unmissverständlich: «Wenn du nicht besser zu den Meerschweinchen schaust, dann sind sie eines Tages nicht mehr da. Ich werde sie an einen Ort geben, an dem sie es besser haben als bei dir.»

Das gab Sarah jeweils einen gehörigen Ruck, und für ein paar Tage nahm sie sich regelmässiger Zeit für die Tiere und konnte sie geniessen. Sie merkte, dass es ihr gut tat, bei ihren Meerschweinchen zu sein.

Das Zeitungsinserat

«Hoi, Willi, ist Mami zu Hause?» Zumindest den Vornamen brachte Sarah über ihre Lippen, wenn sie ihr Mami anrief und der Freund das Telefon abnahm. Zu mehr reichte es noch nicht. Mami war zu Hause.

«Darf ich im Herbst mit Mami nach Griechenland in die Ferien?», fragte Sarah nach dem Telefongespräch.

«Was meinst du?», fragte Rea zurück.

«Mami nimmt mich mit in die Ferien nach Griechenland. Weisst du, es gibt da ganz billige Flüge.»

Sarah schwärmte bereits von Stränden und Baden.

Rea winkte vorerst einmal ab: «Ja, ganz so einfach ist das nicht, das müssen wir mit deinem Mami genauer besprechen.»

«Warum?»

«Und wie stellst du dir das vor, wenn dein Mami in den Ferien Drogen nimmt?»

«Mami nimmt keine Drogen mehr, sie geht jetzt in die Therapie und hat den Entzug gemacht», beteuerte Sarah noch einmal.

«Sarah, du weisst selber, dass das nicht stimmt!»

Sarah verschwand. Sie ging in ihr Zimmer. Warum musste

Rea ihr immer alles sofort wieder zerstören. Wenn sie mit Mami in die Ferien wollte, dann war das ihre Sache. Sie hatte oft genug erlebt, wie ihre Eltern Drogen genommen hatten, da gab es für sie keine Überraschungen mehr. Was sollte schon passieren, was sie nicht schon erlebt hätte. Es stiegen ihr wieder viele Bilder von vergangenen Erlebnissen auf. Wie oft hatte sie versucht, ihre Eltern durch den Entzug zu bringen. Sie hatte ihnen gekocht, Tee ans Bett gebracht, mit Nora und Nico gespielt und sie ins Bett gebracht, sie war einkaufen gegangen, hatte die Wohnung einigermassen in Ordnung gehalten und das alles während der Schulzeit. Dann waren die Eltern jeweils plötzlich einfach wieder weg, wenn sie von der Schule zurückkam. Sarah musste weinen. Warum musste gerade sie das alles durchmachen? Warum waren es gerade ihre Eltern, die Drogen nahmen? Warum nur war sie an diesem Nachmittag in die Schule gegangen? Sie hätten es sicher geschafft, wenn sie zu Hause geblieben wäre.

«Sarah!», rief Rea sie an ihr Bett.

Rea tat dies oft, um vor dem Schlafen nochmals mit ihr zu sprechen. Es war immer ein guter Moment, im Pyjama, schon auf das Schlafen ausgerichtet, während ein paar Minuten über den vergangenen Tag zu plaudern. Oft gelang es da, über Sachen zu reden, die sonst sehr schwierig auszusprechen waren.

«Weisst du», begann Rea, «jetzt ist erst Mai, ob du in den Herbstferien mit Mami wegfahren kannst, das ist ja noch weit weg und wird davon abhängen, wie es deinem Mami dann geht. Ich bin gar nicht so sicher, dass sie im Herbst immer noch will.»

«Aber sie hat es mir versprochen!», beteuerte Sarah.

«Dein Mami verspricht dir ein bisschen viel. Wie oft hat sie dir schon etwas versprochen und ihr Versprechen dann nicht gehalten.»

«Aber jetzt nimmt sie ja keine Drogen mehr, jetzt geht es ihr bald wieder besser.»

«Das glaube ich einfach nicht, und du, Sarah, glaubst es eigentlich auch nicht mehr. Du hoffst es einfach ganz fest. Aber wenn du ehrlich mit dir selber bist, so weisst du auch, dass deine Hoffnung wahrscheinlich wieder enttäuscht wird.»

Sarah sagte nichts. Sie war hin und her gerissen zwischen ihren Hoffnungen, dass Mami ehrlich war und keine Drogen mehr nahm und ihren Enttäuschungen, die ihr schon oft das Gegenteil bewiesen hatten. Nach einer längeren Pause, die ihr Rea ohne Ungeduld zugestand, griff Sarah einen anderen Faden auf.

Nachdenklich meinte sie: «Weisst du, hätte ich doch damals dieses Zeitungsinserat nicht gesehen. Dann wäre das alles nicht so weit gekommen.»

Rea begriff den Zusammenhang nicht sofort und fragte nach: «Welches Zeitungsinserat?»

Sarah begann zu erzählen: «Als wir die Wohnung in Sarnen verlassen mussten, habe ich dieses Inserat der Wohnung in Kerns gesehen. Und in dieser Wohnung ist alles zusammengebrochen.»

«Und was wäre dann anders geworden?», fragte Rea nach.

Für Sarah war dies ganz klar: «Dann hätten wir nicht dorthin gezügelt und meine Eltern wären nicht aus dieser Wohnung geworfen worden. Wir könnten noch zusammenleben. Warum musste ich bloss dieses Inserat entdecken?»

Rea schüttelte den Kopf und widersprach: «Nein, Sarah, ich bin überzeugt, dass es auch sonst so weit gekommen wäre. Da musst du dir gar keine Vorwürfe machen. Du bist nicht schuld an der Sucht deiner Eltern. Du bist auch nicht schuld, dass sie aus dieser Wohnung geworfen wurden. Da kannst du gar nichts dafür.»

Sarah konnte sich wieder etwas beruhigen: «Aber warum schafft Mami den Entzug nicht. Das muss doch schrecklich sein, den Entzug immer wieder zu beginnen mit all den Schmerzen und dann abzubrechen und wieder von Vorne zu beginnen? Warum hält sie nicht einfach einmal richtig durch und dann wäre es vorbei?»

«Ich weiss nicht, ob sie das wirklich will. Ich habe den Eindruck, sie ist noch nicht so weit. Das braucht wirklich sehr viel Kraft und ist unangenehm und schmerzhaft. Wahrscheinlich ist für dein Mami die Versuchung nach den Drogen noch zu gross.»

«Aber, sie sagt doch immer, dass sie es schon schaffen werde.»

«Das gehört auch zur Sucht, dass man sagt, man könne schon aufhören, wenn man wolle. Man verharmlost die Sucht und ist dann zu wenig entschieden, ihr zu widerstehen.»

«Weisst du, ich habe ihnen ein paar Mal dabei geholfen. Das ist überhaupt nicht lustig, so ein Entzug. Ich verstehe einfach nicht, dass Mami das immer wieder abbricht. Jetzt kann ich ihr auch nicht helfen, wenn ich da bin.»

«Es ist auch nicht deine Aufgabe, Sarah. Du kannst die Verantwortung für dein Mami nicht übernehmen. Dein Mami muss die Verantwortung für sich schon selber übernehmen, sie muss selber wirklich aussteigen wollen und sich gute fachliche Hilfe organisieren.»

«Das macht sie doch, sie besucht die Therapie in Luzern.»

«Das genügt offenbar nicht, um ganz auszusteigen, bisher hat sie es auf alle Fälle nicht geschafft.»

Sarah wurde nachdenklich. Es gab da wirklich nur viele Fragezeichen, aber keine Antworten auf die vielen Fragen. Es war zu kompliziert.

«Wann kommen jetzt Nora und Nico zu uns?», fragte sie.

Sie erhoffte sich wenigstens darauf eine Antwort, die verlässlich war.

«Abgemacht ist, dass sie während der Sommerferien zu uns kommen. Da Samuel ja kerngesund ist, steht dem eigentlich nichts mehr im Wege. Wir müssen nur noch die Pflegekindbewilligung bekommen und den Pflegevertrag abschliessen. Aber das klappt schon.»

«Darf ich dann für Nora und Nico die Kleider besorgen?»

Rea zögerte einen Augenblick mit der Antwort und fragte dann zurück: «Warum möchtest du ihnen die Kleider besorgen?»

«Ich will, dass sie schön angezogen sind. Vor allem wenn sie in den Kindergarten gehen. Darf ich ihnen dann jeweils die Kleider bereitmachen und auch waschen?»

Rea war nicht begeistert von der Idee: «Sarah, es ist eigentlich nicht deine Aufgabe, zu Nora und Nico zu schauen, dafür sind wir da. Du musst dich nicht verantwortlich für sie fühlen. Denke du jetzt einmal nur an dich und schau, dass es dir gut geht.» Sie fügte noch lächelnd hinzu: «Du musst jetzt auch selber einmal Kind sein können, viel Blödsinn anstellen und uns nerven. Du musst jetzt noch nicht für Nora und Nico Verantwortung übernehmen.»

«Aber ich würde es gerne machen, und für euch wäre es doch auch eine Entlastung.»

«Ja, wir werden sehen. Wenn du wirklich Freude daran hast, kannst du es schon machen, aber wenn es dir zu viel wird, oder wenn du keine Lust mehr hast, die Kleider für Nico und Nora zu besorgen, dann musst du es uns sagen, denn es ist wirklich nicht deine Aufgabe.»

«Ich freue mich, dass sie kommen. Dann kann ich auch etwas mit ihnen unternehmen, mit ihnen Fahrrad fahren oder draussen spielen. Die sind so herzlich.»

«Ich freue mich auch, dass sie kommen, dann seid ihr wenigstens wieder zusammen.»

«Du, Rea, meinst du, dass ich die Sekundarschule schaffen könnte?», fragte nun Sarah etwas ganz anderes.

«Sicher, wenn du dich anstrengst, dann schaffst du das problemlos. Aber du hast momentan viel anderes im Kopf, das dich stark beschäftigt. Warum fragst du?»

«Ich möchte Sozialarbeiterin werden, dann könnte ich meinen Eltern helfen.»

Walo hatte bisher nur zugehört, wie er das meistens bei diesen Gesprächen zwischen Rea und Sarah tat.

Jetzt aber schoss sein Kopf unter der Bettdecke hervor: «Was willst du werden?»

«Sozialarbeiterin.»

Walo musste laut lachen, wurde aber wieder sehr ernst und meinte bestimmt: «Du kannst deinen Eltern nicht helfen! Du musst deinen Eltern nicht helfen! Und du solltest nicht Sozialarbeiterin werden, nur um deinen Eltern zu helfen. Da musst du kein schlechtes Gewissen haben, du hast keine Verantwortung für deine Eltern. Die müssen sich selber helfen. Du musst einen Beruf lernen, der dir gefällt und Spass macht, alles andere führt ins Chaos.»

Er brummte dann noch etwas von Helfersyndrom und zog seinen Kopf wieder unter die Decke.

«Geh jetzt schlafen, es ist schon spät», schloss Rea das Gespräch ab. «Morgen ist auch wieder ein Tag, da können wir weiterreden.»

«Gute Nacht.»

Schon am nächsten Abend brachte Walo einen dicken Katalog mit nach Hause.

«Du, Sarah, ich habe dir einen Berufskatalog mitgebracht. Darin sind viele Berufe vorgestellt und es ist jeweils auch angegeben, welche Schulbildung vorausgesetzt ist. Schau das mal an, vielleicht findest du etwas, das dir gefällt. Ich kann dir dann zu diesem Beruf noch mehr Unterlagen besorgen.»

Sarah packte den Katalog und verschwand im Zimmer. In den folgenden Tagen blätterte sie ab und zu durch die Seiten, blieb da und dort hängen und las dieses und jenes der Berufsporträts. Es gab viele Berufe, die ihr gefielen. Am liebsten würde sie etwas mit Tieren machen, Pferdepflegerin, Tierarztgehilfin oder so etwas, dann wieder blieb sie bei der Physiotherapeutin hängen, schliesslich bei der Kindergärtnerin. Darüber konnte Rea ihr nun sehr kompetent Auskunft geben, denn sie hatte früher selber als Kindergärtnerin gearbeitet. Rea konnte sich Sarah gut als Kindergärtnerin vorstellen und unterstützte sie in dieser Wahl.

«Aber geht das mit einem Realschulabschluss?», fragte Sarah.

Rea konnte sie nicht beruhigen: «Nein, da brauchst du sicher einen Sekundarschulabschluss, damit du ins Kindergartenseminar gehen kannst.»

«Meinst du, dass ich das schaffe?», fragte Sarah neugierig.

«Das hängt stark von dir ab, ob du für die Schule arbeitest oder nicht. Es fehlt dir überhaupt nicht im Kopf, du hast nur sehr viel anderes, das dich stark beschäftigt und auch belastet.»

Sarah erzählte nun begeistert: «Gestern hatte ich in der Französischprobe eine 5,5.»

«Du weisst selber, dass du es in der Schule problemlos schaffst, wenn du dich auf den Unterricht konzentrieren kannst. Ich hoffe schon, dass sich die Situation für dich etwas beruhigt, damit du wieder besser für die Schule arbeiten kannst.»

«Ich möchte aber Kindergärtnerin werden.»

«Wenn du das wirklich willst», meinte Rea, «dann wird es auch einen Weg geben. Vielleicht musst du ein Schuljahr wiederholen, aber das lohnt sich allemal, wenn du damit deinen Wunschberuf lernen kannst.»

«In den ersten Schuljahren war ich in der Schule ganz gut.»

Sarah holte ihr Schulzeugnis hervor und zeigte die Noten aus den ersten Schuljahren. Sie waren wirklich sehr gut. Erst in der vierten Klasse verschlechterten sie sich massiv und waren noch knapp genügend. Rea war nicht überrascht, sie hatte das Zeugnis schon früher gesehen und konnte sich Sarahs Leistungseinbruch fraglos erklären. Sarah sah diese Seite noch lange nachdenklich an.

«Das war genau in der Zeit, als wir nach Sarnen zügelten, dort hat Mami so richtig angefangen mit den Drogen», erklärte Sarah selber die Verschlechterung ihrer Schulnoten.

Rea sah sich die Noten nochmals an: «Wie hat dein Mami

darauf reagiert, als du mit diesem Zeugnis nach Hause gekommen bist?»

«Sie hat nicht viel gesagt, sie hat mich einfach in die Arme genommen und meinte: 'Das wäre auch anders!'»

Rea wollte sie schulisch nicht unter Druck setzen, aber die Sache auch nicht verharmlosen: «Ich denke, es kann auch wieder anders werden. Aber das braucht Zeit, das kommt nicht von heute auf morgen. Momentan kannst du dich einfach sehr schlecht konzentrieren, und wenn dir etwas nicht beim ersten Mal gelingt, so wirfst du sofort das Handtuch, du hast nicht sehr viel Geduld. Das musst du wieder lernen, dann werden deine Noten sicher besser.»

«Meinst du, dass ich dann den Sprung in die Sekundarschule schaffe?»

«Das kann ich dir nicht versprechen, das hängt wirklich von dir ab. Aber an Intelligenz fehlt es dir sicher nicht, es sind ganz andere Ursachen, die deine Leistungen in der Schule derart schmälern.»

Gruftis und Kompostis

Sie sassen am Küchentisch, Samstagmittag. Rea hatte einmal mehr etwas Feines gekocht und freute sich darüber. Ihre Kochkünste waren wirklich einmalig und es war ein Vergnügen, sich von ihr am Tisch verwöhnen zu lassen. Sarah liebte ihre Art zu kochen, auch wenn sie immer höllisch aufpassen musste, dass sie nicht zu viel ass. Sie schöpfte sich von den Kartoffeln und vom Gemüse und wollte die Schüssel zurückstellen. Da schoss sie mit dem Arm an ihr Glas und leerte ihren Holderblütensirup auf den Tisch. Das kleine Bächlein lief sofort an den Tischrand, darüber hinaus und auf die Hosen von Walo. Walo schoss mit seinem Stuhl zurück, damit der klebrige Saft an seinen Hosen vorbei auf den Boden tropfte. Er holte einen Lappen und putzte die Flüssigkeit vom Boden

auf und trocknete auch den Tisch.
«Du Gstabi!», war sein ganzer Kommentar.
«Selber Gstabi!», gab Sarah sofort zurück.
«Die Antwort ist aber nicht gerade originell», meinte Walo lachend. «Du könntest dir schon etwas bessere Wörter einfallen lassen, du Papagei!»
«Sei nicht so altklug, du Grufti!»
«Lieber alt und klug als kindisch und dumm, du Teeny!»
«Du Porträt einer Giftflasche!»
«Du Schüttsteinrakete!»
«Du Schreckschraube!»
«Du Krampfadernemma!»

Bei diesem Wort konnte Sarah ihr Lachen nicht mehr unterdrücken, sie war derart überrascht, dass sie fast vom Stuhl gefallen wäre. Sie musste sich krümmen vor Lachen: Krampfadernemma. Das war gut, sie konnte auch nicht mehr kontern. Walo hatte diese Runde der rituellen Beschimpfung eindeutig für sich entschieden. Es kam ab und zu vor, dass aus einer harmlosen, aber ernst gemeinten Aussage und Reaktion das heitere Spiel der gegenseitigen Beschimpfung entstand. Das Spiel diente sowohl Sarah wie auch Walo und Rea als beliebtes und willkommenes Ventil. Hatten sie erst einmal die Kurve auf die leicht ironische Ebene geschafft, dann konnten alle so richtig loslegen und sich gegenseitig alles, was störte und angestaut war, völlig hemmungslos an den Kopf werfen. Je treffender und origineller die Schimpfworte waren, desto besser lief das Spiel. Beendet war das Spiel dann, wenn alle vor Lachen kaum mehr sprechen konnten. Sieger waren sie immer alle. Verlierer gab es in diesem Spiel keine.

Vor allem im Umgang mit Walo suchte Sarah oft dieses Spiel, um eine Auseinandersetzung zu führen. Mit Rea konnte sie viel einfacher sprechen. Sie konnte am Abend auf den Bettrand sitzen und einfach drauflosreden. Noch besser gelangen die Gespräche, wenn sie miteinander auf einem Ausritt waren. Rea konnte gut zuhören und wusste meistens auch so zu antworten, dass es ihr gut tat. Mit ihr konnte sie fast über alles sprechen, das war ziemlich einfach. Rea war selber auch sehr offen und erzählte ihr viel von sich, und wenn sie etwas störte, so sagte sie es immer sofort. Bei ihr wusste Sarah, woran sie war. Mit Walo war das ganz anders. Sarah kannte ihn nicht sehr gut. Er arbeitete in Zürich und war auch abends viel weg an irgendwelchen Sitzungen. Er war auch beim Reiten nie dabei und Sarah erlebte eigentlich fast nichts gemeinsam mit ihm. Walo erzählte auch selten etwas von sich und von dem, was er an der Arbeit erlebte. Selbst Rea musste ihm die Würmer regelrecht aus der Nase ziehen. Walo war für Sarah weit weg und war auch jetzt nach drei viertel Jahren für sie noch eine fremde Person. Wenn er mal etwas sagte, dann war es meist ein kurzer trockener Kommentar oder eben eine kurze Bemerkung wie «Gstabi».

Das erste Erlebnis mit Walo hatte sie im letzten Sommer, noch bevor sie in der Villa Sorgenlos lebte. Sie war mit Jacqueline bei Rea in der Reitstunde und anschliessend sassen sie noch bei den Pferden und sahen ihnen beim Fressen zu. Walo war auch zu Hause und lag hinter dem Stall auf einem Liegestuhl und las irgendetwas. Da forderte Rea sie auf, Walo aus dem Liegestuhl zu kippen. Das liessen sich Sarah und Jacqueline nicht zweimal sagen. Mit der Aufforderung von Rea hatten sie einen sauberen Grund für diesen Streich. Sie schlichen von hinten an den Liegestuhl und kippten ihn. Walo reagierte blitzschnell, fiel aber dennoch auf den Boden und die beiden Mädchen auf ihn. Da schoss von der anderen Seite Ronja herbei und biss Jacqueline in den Hintern. Sarah und Jacqueline schreckten zurück. Damit hatten sie nicht gerechnet. Sie hatten Ronja gesehen, die drei Meter neben Walo im Gras lag und die Sonne genoss. Aber dass sie auch Walo derart verteidigen würde, das überraschte sie völlig. Es dauerte Monate, bis Ronja es wieder zuliess, dass Sarah sie streichelte. Sarah hatte einen ungemeinen Respekt vor dem Hund. Die erste Begegnung mit Walo war also so ziemlich in die Hosen gegangen. Walo lachte nur.

Walo liess sie eigentlich auch meistens in Ruhe. Wenn es etwas auszuhandeln gab, dann wandte sich Sarah an Rea, da wusste sie, woran sie war. Rea war auch strenger als Walo, wenn sie etwas erlaubte, dann hatte Walo meistens nichts dagegen einzuwenden. Wenn Rea etwas nicht erlaubte, dann musste sie Walo sowieso nicht mehr fragen, denn die beiden sprachen sich immer ab und vertraten ihre Meinung gemeinsam. Sie hatte deshalb auch mehr Respekt vor Rea, die viel schneller sagte, was ihr nicht passte, die sich im Gespräch auch viel besser auf sie einstellen konnte und schneller verstand, was sie beschäftigte. Walo war da immer sehr misstrauisch und fragte sehr kritisch zurück. Manchmal hatte sie den Eindruck, er glaube ihr sowieso nichts und nehme sie nicht so recht ernst. Sie wusste nicht, ob sich Walo überhaupt für sie interessierte. Er hielt sich immer stark auf Distanz und machte ihr auch höchst selten ein Kompliment. Er machte sich eher lustig über ihre Anstrengungen abzunehmen. Das konnte sie nicht ertragen und sie sagte dann jeweils nur: «Sei doch du einfach ruhig!» Er hielt sich meist auch daran. Wenn er noch etwas sagte, dann war er trocken wie Staub, selbst seine Witze waren meist derart trocken und zynisch, dass sie erstens lange nicht merkte, dass es ein Witz war und zweitens dann nicht mehr lachen musste. Nein, über die Sprache fand sie keinen Zugang zu ihm, über die Sprache blieb er ihr fremd. Mit ihm reden, mit ihm ein Problem besprechen, dass konnte sie sich nicht vorstellen. Wenn es Auseinandersetzungen gab in der Villa Sorgenlos, dann schlug Walo jeweils einen fürchterlich sachlichen Ton an und legte die Sache emotionslos auf den Tisch und zerpflückte das Problem sehr misstrauisch. Wie gesagt, er glaubte ihr selten, was sie als Problem zur Sprache brachte. Selbst wenn er jeweils Recht hatte mit seinen Zweifeln, so wirkte er auf sie nur noch altkluger und fremder.

※ ※ ※

Sarah regte sich wieder einmal auf. Dieser verdammte Discplayer war kaputt, bevor sie ihn richtig ausprobiert hatte. Sie hatte ihn von ihrem Vater bekommen. Aber er lief einfach nicht. Wütend setzte sie sich damit an den Küchentisch und fluchte vor sich her.

«Walo, gib mir zwei neue Batterien!»
«Wieso? Bist du sicher, dass es an den Batterien liegt?»
«Ich bin doch nicht blöd. Gib mir neue Batterien!»
«Ich habe aber keine, aber zeig mal her! Ich schau, ob die Batterien richtig eingesetzt sind.»
«Hältst du mich eigentlich für blöd? Ich weiss doch, wie man Batterien einsetzt.»
«Bin ich nicht so sicher, zeig mal her!»
Walo öffnete den Deckel und nahm die Batterien heraus. Er schaute lange in den Batterienbehälter und setzte die Batterien wieder ein. Er testete nun den Discplayer und gab ihn Sarah zurück.

«Voilà! Wenn die Batterien richtig drin sind, läuft er tipptopp!»
Sarah nahm den Discplayer und verschwand in ihrem Zimmer. Ähnliche Situationen hatte sie schon mehrere erlebt. Es war ihr jeweils peinlich, und Walo fühlte sich natürlich bestätigt in seinem Misstrauen.

Für handwerkliche Sachen war er zu brauchen. Er hatte ihr den Schrank zusammengesetzt, er verschob ihr jeweils die Möbel im Zimmer, oder wenn ihr Velo kaputt war, konnte es Walo meist wieder flicken. Er versuchte jeweils auch, ihr die Sachen zu erklären, aber sie hatte in den wenigsten Fällen wirklich Lust, seine Erklärungen auch aufzunehmen. War die Sache repariert, war sie zufrieden, mehr wollte sie nicht.

Walo machte sich auch ab und zu lustig über ihre Turnübungen. Er staunte zwar beeindruckt über ihre Körperverrenkungen, konnte aber ihren Fitnessübungen nicht viel mehr als ein Lächeln abringen. Ein- oder zweimal gelang es ihr allerdings, ihn zum Mitturnen zu überreden und er hockte sich auch auf den Küchenboden und versuchte ihre Bewegungen nachzuahmen. Dabei fiel er nun wirklich weit ab. Er hatte zwar einen schlanken Körper, aber beweglich war er überhaupt nicht. Er konnte die meisten Sachen, die sie vorzeigte, nur ansatzweise ausführen.

Wie er da vor ihr am Boden sass und mühsam versuchte, ihre Bewegungen zu wiederholen, lachte sie ihn an und fragte: «Kommst du dir eigentlich nicht blöd vor?»

Walo lachte auch: «Ich staune ja, wie beweglich du bist und zugleich bin ich erstaunt, wie unbeweglich ich geworden bin.»

Sie mussten lachen, Walo hatte dabei die Gelegenheit, mit dem Turnen aufzuhören und Sarah konnte beruhigt weitermachen. Ab und zu machte Walo auch im Freien bei ihren Fitnessübungen mit. So massen sie sich auch mal im Schnelllauf. Walo gab ihr sogar 20 Meter Vorsprung und Sarah war sich des Sieges sicher. Aber sie staunte nicht schlecht. Schnell war er also, er holte sie problemlos ein und liess sie auch sofort hinter sich. Er war am Ziel zwar ausser Atem, aber Sarah war langsamer.

«Warte nur, bis an Weihnachten bin ich schneller!», meinte sie zu ihm.

Walo stieg darauf ein: «Komm, wir wetten etwas! Wenn du an Weihnachten schneller bist als ich, bekommst du 50 Franken, wenn ich schneller bin als du, bekomme ich fünf Franken. Einverstanden?»

«Also gut!»

Sie schlossen die Wette ab.

Walo fügte dann noch hinzu: «Weisst du, das motiviert auch mich, ab und zu etwas für die Beweglichkeit zu tun.»

Ab und zu massen sie sich auch im Boxen und Kämpfen. Sarah wusste zwar, dass sie keine Chance hatte, aber bei Walo konnte sie voll zuschlagen, mit aller Kraft zerren, er ertrug das problemlos und leistete nur beschränkt Widerstand. Er konnte durchaus auch gezielt einen Boxschlag platzieren, aber er tat es nie mit voller Kraft. Wenn er genug hatte, so hielt er sie jeweils einfach um die Handgelenke fest und sie konnte sich wehren, wie sie wollte, er hielt fest wie ein Fels. Er schien stark zu sein. In solchen kämpferischen Momenten konnte er jeweils auch lachen und scherzen und war nicht mehr derart trocken und sachlich, wie er es sonst war. Sarah hatte das Gefühl, ihm in solchen Momenten etwas näher zu kommen.

Spieglein, Spieglein an der Wand

Sarah stand vor dem Spiegel. In einer Woche öffnete die Badi. Herrgott nochmals! So konnte sie nicht in die Badi gehen. Im letzten Sommer war das alles noch kein Problem. Aber jetzt! Seit sie die Periode bekam, nahm sie überall zu. Ihre Hüften wurden runder, ihre Brüste waren gewachsen. Im Gesicht war sie auch runder geworden. Überall diese elenden Rundungen. Sie gefielen ihr nicht. Ihr Körper veränderte sich schnell, wurde ganz anders, ganz ungewohnt. Was konnte sie dagegen tun? Konnte sie überhaupt etwas dagegen tun? Sie wollte auf keinen Fall dick werden, sie wollte keine Frau werden. Sarah betrachtete sich lange. Ihr Körper machte ihr Angst. Sie spürte diese Angst, eine Frau zu werden und auszusehen wie eine Frau. Sie stellte sich die Frauen aus der Nachbarschaft vor. Nein! Sie wollte nicht aussehen wie Rea, sie wollte nicht aussehen wie Frau Müller nebenan. Warum sahen denn diese Frauen so rund aus, warum hatten sie so breite Hüften und so grosse Brüste? Das musste schlimm sein, so auszusehen. Sarah ging zurück in ihr Zimmer. Da lagen verschiedene Mädchenzeitschriften und Bravo-Hefte auf dem Boden. Die Frauen in diesen Illustrierten sahen anders aus. Die waren alle schlank! Sarah beneidete sie. Sie war noch nicht einmal dreizehn und ihre Beine waren jetzt schon dicker als die Beine dieser Models, ihre Brüste waren jetzt schon grösser als jene auf den Bildern. Wohin würde das noch führen, wenn es mit ihrem Körper so weiterging? Sie betrachtete die Bilder ausführlich. Sie blieb bei den Kleidern hängen. Die neue Mode gefiel ihr: Plastik. Ob sie wohl auch Plastikkleider kaufen durfte?

«Rea, darf ich mir Plastikkleider kaufen?», rief sie in die Küche.

«Was willst du?», rief Rea zurück.

Sarah kam mit den Illustrierten in die Küche.

«Schau mal, das ist doch supergeil, diese Kleider!», schwärmte sie und zeigte Rea die Bilder.

Rea schaute sich die Seite an und fragte ziemlich skeptisch: «Gefällt dir das?»

«Das ist jetzt Mode!», klärte Sarah sie auf.

«Und sehr ungesund. Dieses Plastikzeug ist für die Haut so ziemlich das Schlimmste, das es gibt!» Rea war davon nicht begeistert.

Walo warf auch einen Blick auf die Bilder und meinte dann zynisch: «Da kannst du dir ja einfach einen Kehrichtsack anziehen und du bist topmodern!»

«Sei doch du einfach ruhig, du hast ja keine Ahnung», gab Sarah ärgerlich zurück.

«Habe ich tatsächlich nicht», gab Walo zu. «Aber ich weiss zumindest, dass mir das Zeug nicht gefällt.»

Sarah wandte sich wieder an Rea: «Die Frauen auf diesen Bildern sind so schlank, und ich habe jetzt schon so dicke Beine.»

Rea kannte das Thema und hatte langsam genug davon: «Du musst mal mit dem Bruder von Verena reden. Er ist Grafiker, und der kann dir zeigen, wie das Aussehen dieser Frauen auf den Bildern korrigiert wird.»

«Was meinst du damit?», fragte Sarah.

Rea war froh, dass sie mit diesem Grafiker aus der Nachbarschaft eine stichhaltige Antwort hatte: «Diese Frauen sind in Wirklichkeit nicht so, wie sie hier abgebildet sind. Der

Grafiker macht die Beine auf den Bildern schlanker, er übermalt sie.»
«Stimmt das?», fragte Sarah skeptisch.
«Ja, du musst eben mal mit dem Bruder von Verena reden, er kann dir das am Computer zeigen.»
Sarah holte sich einen Kleiderkatalog und betrachtete die Frauen.
«Sind diese auch korrigiert?», fragte sie.
«Ich denke schon», bestätigte Rea.
«Weisst du, dass diese Models mehrheitlich an Untergewicht leiden und eigentlich krank sind?», fragte Walo.
«Warum krank? Woher weisst du das?»
«Das kannst du in allen Zeitungen nachlesen. Ärzte sagen ganz klar, dass diese Frauen ungesund leben, dass sie eigentlich krank sind, weil sie untergewichtig sind. Das Frauenbild, dass da von den Plakaten lacht, ist ein krankes Bild und erst noch ein Scheinbild, weil ja die Frauen gar nicht so sind, wie sie auf diesen Bildern aussehen, sondern so schlank gemacht werden.»

Das mochte zwar alles stimmen, aber Walo konnte Sarah damit nicht beruhigen. Sie blieb deshalb gleichwohl zu dick.

Sie kam zurück auf ihre Frage: «Darf ich mir solche Plastikkleider kaufen?»

«Du kannst dir ja einmal ein Stück von einer Kollegin ausleihen und testen, ob du die Sachen überhaupt erträgst», meinte Rea. «Denn es ist sehr wohl möglich, dass deine Haut darauf reagieren wird.»

«Was soll ich morgen für die Schule anziehen? Ich habe fast keine Kleider mehr!», stellte Sarah nun fest.

Walo musste schallend lachen: «Du und keine Kleider! Der ganze Zimmerboden ist überstreut mit Kleidern. Der ganze Schrank ist vollgestopft mit Kleidern und auf dem Estrich liegen auch noch ein paar Säcke voll.»

Sarah konnte dieses Argument schon gar nicht mehr hören. Sie reagierte in einem gehässigen Ton: «Du hast ja keine

Ahnung. Meinst du, ich ziehe Kleider an, die mir nicht gefallen?»

«Wie oft ändert das eigentlich, alle zwei Wochen oder alle drei Wochen?», fragte Walo zurück.

Sarah hatte keine Lust auf diese Auseinandersetzung und wandte sich wieder an Rea: «Gefällt dir dieses T-Shirt?»

«Ja, es steht dir sehr gut!», meinte Rea und machte ihr ein aufrichtiges Kompliment.

«Welche Hosen würdest du dazu anziehen?»

«Das kommt nicht so drauf an.»

Sarah verschwand und erschien zwei Minuten später mit einem neuen T-Shirt und anderen Hosen: «Gefällt dir das?»

Rea antwortete aber nicht auf die Frage, sondern fragte lachend: «Machst du wieder Modeschau?»

«Gefällt dir das?», bestand Sarah auf ihrer Frage.

«Weisst du, es kommt ja nicht allein auf die Verpackung an. Der Inhalt ist wichtiger», schmunzelte Walo.

«Ja, und wenn der Inhalt so unmöglich ist, wie meine Beine, dann muss wenigstens die Verpackung stimmen!», konterte Sarah schlagfertig.

Sie verschwand erneut in ihrem Zimmer und wechselte die Kleider nochmals. Jetzt gefiel sie sich. So konnte sie morgen in die Schule gehen. Sie erschien wieder in der Küche.

Rea machte ihr ein Kompliment: «So siehst du gut aus. Das gefällt mir.»

«Warum sind meine Beine so dick? Was kann ich dagegen tun?», fragte sie nun sehr direkt.

Walo war mit einer sehr sachlichen Antwort parat: «Es gibt verschiedene Arten von Beinen. Die einen sind so wie Reas Beine, die sind von den Knien an abwärts nur noch wie Zündhölzer. Eine andere Art von Beinen hast du, die sind bis zu den Füssen etwas fester. Da kannst du gar nichts dagegen machen ausser, sie so zu akzeptieren, wie sie sind.»

Sarah war nicht so überzeugt von dieser Erklärung.

Aber Walo forderte sie auf: «Also vergleiche mal die

Beine von verschiedenen Frauen, dann siehst du es selber.»

«Deswegen sind meine Beine dennoch hässlich und dick. Ich bin sowieso zu dick. So kann ich nie in die Badi gehen», ärgerte sich Sarah.

«Du und dick, spinnst du?», ärgerte sich jetzt auch Rea. «Hör doch auf mit diesem Geschwätz! Du hast eine gute Figur und dick bist du auf keinen Fall.»

«Aber schau mal Yvonne an, schau mal Verena an, die sind viel dünner als ich, ich möchte auch so aussehen wie die.»

«Vergleiche dich doch nicht immer mit den anderen! Du gefällst mir auf alle Fälle besser als die spindeldürren Bohnenstangen.»

Das interessierte Sarah allerdings wenig.

Sie fragte nochmals: «Wie kann ich abnehmen?»

«So, jetzt schauen wir mal, wie gross du bist. Komm, stell dich da an die Wand!»

Walo holte einen Meter und mass ihre Körpergrösse: 1 Meter 57 Zentimeter. «Jetzt hole die Waage!», befahl er.

Sie zeigte 51 Kilogramm an.

«Also, und jetzt rechnen wir: 157 minus hundert ist gleich 57. Davon 10 Prozent abziehen: 57 minus fünf macht 52. Du bist 51 Kilogramm. Du hast also das Idealgewicht. Wenn du abnimmst, hast du schon bald Untergewicht und bist krank.»

Walo war selber erleichtert, dass das errechnete Idealgewicht so nahe bei Sarahs tatsächlichem Gewicht lag. Die Berechnung mochte ja stimmen. Aber zwei Kilo hatte sie dennoch jedenfalls zu viel. Es schien ihr, als ob sie noch viel mehr als zwei Kilo Übergewicht hatte.

«Morgen mache ich einen Früchtetag! Jetzt nehme ich ab!», verkündete Sarah ihren Entschluss. «Walo, wie viele Kalorien haben Äpfel?»

«Weniger, als du beim Essen verbrauchst», reagierte Walo nicht begeistert.

«Wenn ich nach dem Essen eine halbe Stunde jogge, ist dann das Essen wieder weg?», wollte sie nun wissen.

Walo lachte: «Sicher verbraucht Joggen Kalorien und hält dich fit. Aber beim Joggen bilden sich auch Muskeln, und das heisst, deine Beine werden natürlich nicht dünner, höchstens fitter.»

«Zu dumm!», meinte Sarah.

Dennoch bewegte sie sich nun regelmässig nach dem Essen. Sie zog sich Shorts an und rannte über die Rossweide bis zum Waldrand und wieder zurück, manchmal auch zweimal, sie machte in der Küche Turnübungen und hüpfte wie ein Frosch in der Küche umher. Die Kalorien mussten weg, die Kilos mussten verschwinden.

Der Sommer war bedrohend nahe, die Badi würde schon bald öffnen. Sarah graute vor diesem Termin. Was konnte sie tun? Sie konnte sich ja nicht dauernd abmelden und Ausreden auftischen, warum sie nicht in die Badi kam. Das würden ihr die Schulkolleginnen nicht abnehmen. Sie musste wenigstens braun sein. Jetzt war sie furchtbar weiss, ja es blendete fast. Da half nur Sonne. Und diese schien schon ziemlich warm und manchmal schon heiss. Sarah stürzte sich, so oft es ging, in das Badkleid und legte sich hinter dem Haus an die Sonne. Es war ihr dabei furchtbar langweilig, aber es war niemand bereit, sich mit ihr an der Sonne braten zu lassen. Aber es wirkte wenigstens, ihre Beine und Arme nahmen Farbe an. Das war zumindest die sehnsüchtig erwartete Belohnung dafür, dass sie sich an der heissen Sonne schwitzend abplagte. Sarah war gebräunter als ihre Kolleginnen, als die Badi öffnete. Sie konnte sich allerdings nicht darüber freuen. Immer wieder musste sie sich im Spiegel betrachten und immer wieder musste sie feststellen: Ich bin zu dick! Sie musste das ändern. Was half besser, als nichts mehr zu essen und sich viel zu bewegen?

«Ich habe keinen Hunger!», antwortete Sarah, als Walo sie zum Nachtessen rief.

Rea reagierte verärgert: «Ja, und nachher isst du wieder die halbe Schachtel Biskuits auf! Das ist überhaupt nicht gesund, wie du dich ernährst. Du würdest besser regelmässig, aber nicht zu viel essen, anstatt eine Mahlzeit zu verweigern und dann anschliessend die Biskuitsbüchse zu plündern.»

«Ich habe keinen Hunger!», bestand Sarah auf ihrem Entschluss.

Sie setzte sich an den Küchentisch und schaute mürrisch zu, wie Walo und Rea das Nachtessen genossen. Sie nahm sich zusammen, sie hielt durch und ass nichts, obwohl sie Lust verspürte und gerne zugegriffen hätte. 'Nein, Sarah, nicht schon wieder versagen!', dachte sie sich. Nach dem Essen war sie zufrieden. Sie hatte gesiegt, für dieses eine Mal war es ihr gelungen, die Niederlage abzuwenden, der Versuchung zu widerstehen. Wie lange würde es gut gehen? Sie wurde oft von der Angst geplagt, plötzlich zu versagen, über den Kühlschrank herzufallen und grenzenlos zu essen. Der Abend dauerte noch einige Stunden. Sie musste durchhalten, sie musste sich irgendwie ablenken, diese Versuchung der Kühlschranktür verdrängen. Sie ging zu ihren Meerschweinchen, holte ihnen frisches Gras auf der Wiese. Sie pflückte vorsichtig Löwenzahnblätter, und zwar nur die jungen und saftigen. Sie brachte die Blätter ihren Meerschweinchen und schaute ihnen zu, wie sie frassen. Diese stürzten sich auf die frischen Blätter und frassen hemmungslos drauflos. Ob sie wohl auch Gewichtsprobleme hatten? Sarah betrachtete sie genau und glaubte festzustellen, dass Molly etwas dicker geworden war. Aber sie hatten es dennoch einfacher. Sie standen nicht so unter dem Druck der Kolleginnen und in die Badi mussten sie auch nicht. Sarah gab den Meerschweinchen noch von den Körnern und holte frisches Wasser. Anschliessend ging sie zu Lysingur in den Stall. Er stand in seiner Boxe und frass am Boden die letzten Reste des Heus auf, das er am Abend bekommen hatte. Er hatte auch Gewichtsprobleme, das wusste Sarah. Man merkte es jeweils, wenn die Sattelgurten fast nicht mehr zu schliessen waren. Das war jeweils der Moment, da ihm Rea weniger Futter gab und mit ihm viel arbeitete. Ihn selber allerdings kümmerte das Übergewicht sicher nicht. Sarah stand lange bei ihm, strich ihm durch die Mähne und sprach mit ihm. Sie ging zurück ins Haus. Walo und Rea sassen noch am Küchentisch und tranken Kaffee.

«Hat es noch Äpfel?», fragte Sarah.

«Ja, hier in der Schale», antwortete Rea und deutete auf die Fruchtschale, die neben ihr auf der Eckbank stand.

Sarah genoss den Apfel. Dann verschwand sie in ihrem Zimmer, stellte die Musik an und machte ihre Hausaufgaben. Der nächste Tag war also Früchtetag. Am Morgen ass Sarah überhaupt nichts. Das war sie sich gewohnt, sehr oft ging sie ohne Morgenessen in die Schule. Sie verspürte am Morgen wenig Appetit und war froh, dass sie nicht schon unter Hunger litt. Die Schule überstand sie problemlos, auch wenn der Magen ab und zu etwas knurrte. Ein grosser Schluck Wasser in der Pause half ihr, die Zeit bis zum Mittag zu überbrücken. Problematisch wurde es erfahrungsgemäss am Mittag. Sarah musste sich zusammennehmen. Obwohl Rea von ihrem Entschluss, einen Fruchttag einzulegen, wusste, kochte sie jeweils auch für sie ein normales Mittagessen. Und Rea kochte gut. Würde sie es schaffen, das Mittagessen bleiben zu lassen und mit einem Apfel auszukommen? Oder würde sie einmal mehr versagen? Sarah hatte keine Eile, am Mittag nach Hause zu gehen. Sie kam so knapp wie noch irgendwie erklärbar war. Das Essen war bereits auf dem Tisch.

«Ich habe heute Fruchttag!», erklärte Sarah bestimmt, nahm sich einen Apfel und setzte sich zu Rea an den Tisch.

Das Essen sah fein aus. Rea hatte, wie oft in diesen heissen Sommertagen, einen herrlichen gemischten Salat zubereitet.

«Etwas Salat kannst du aber schon essen, der macht jetzt wirklich nicht dick und ist gesund für dich!», forderte Rea sie auf.

'Sie hat eigentlich recht', dachte Sarah. Salat war wirklich gefahrlos. Sie schöpfte sich etwas davon und ass. Der Salat schmeckte fein und Sarah schöpfte nach. Obwohl sie nur

Salat gegessen hatte, war Sarah nach dem Mittagessen nicht zufrieden mit sich. Sie hatte sich vorgenommen, einen Fruchttag einzuhalten, jetzt hatte sie schon am Mittag ihren Entschluss wieder über den Haufen geworfen. So würde sie es wohl nie schaffen abzunehmen. Sie lief über die ganze Weide bis zum Waldrand und zurück und dann gleich nochmals, sie musste diese Kalorien, auch wenn es nur wenige waren, wieder loswerden. Je schneller, desto besser. Sie fuhr anschliessend mit dem Fahrrad zur Schule. Sie hatte schon längst entschieden, jetzt bei jedem Wetter und auch im Winter mit dem Fahrrad zur Schule zu fahren. Das verbrauchte Kalorien, das half ihr beim Abnehmen. Sie musste nur endlich ein neues Fahrrad bekommen, mit diesem Kinderfahrrad konnte sie sich kaum mehr zeigen bei ihren Kolleginnen. Auf das neue Schuljahr hatten ihr Rea und Walo ein neues Fahrrad in Aussicht gestellt. Sie musste bald mal in verschiedene Geschäfte gehen und sich ein tolles Fahrrad auswählen. Vorerst war es ihr jedoch wichtiger, ihre Kalorien loszuwerden, wenn auch mit einem blöden Kinderfahrrad, das war Nebensache.

'Heute Abend schaffe ich es. Heute Abend esse ich nur einen Apfel', dachte sich Sarah auf dem Weg zur Schule. 'Ich muss es schaffen, ich darf nicht schon wieder versagen. Ich muss lernen, mich zu beherrschen und meinen Körper im Griff zu haben. Wenigstens meinen Körper kriege ich in den Griff.'

Sarah freute sich nicht auf das Nachtessen. An so heissen Tagen gab es oft nur ein leichtes, kaltes Nachtessen. So war es auch heute: Salate, Brot, Wurstsalat standen auf dem Tisch. Sarah hatte Hunger.

«Ich habe keinen Hunger!», sagte sie bestimmt, als sie sich an den Tisch setzte.

Das war das Schlimmste! Rea und Walo bestanden darauf, dass sie sich auch dann, wenn sie keinen Hunger hatte, zu ihnen an den Tisch setzte. Konsequent deckten sie auch für sie. Es war immer alles schön bereit. Sarah nahm einen Apfel aus der Schale und ass ihn. Sie hatte einen Bärenhunger. Sollte sie etwas nehmen? Sollte sie nicht? Der Fruchttag war ja schon am Mittag im Eimer. Sie konnte ihn ja morgen durchhalten. Nein, nicht schon wieder schwach werden. 'Halt dich im Griff!', dachte sie sich. Sie schöpfte sich Salat und genoss ihn in vollen Zügen, sie schöpfte sich Wurstsalat und genoss ihn, sie ass Brot dazu und es schmeckte wunderbar. Sie ass mit seltenem Appetit und ass viel.

«Darf ich schnell auf das WC?», fragte sie und verliess den Tisch.

Sie stürmte ins Badezimmer und stand vor die WC-Schüssel. Sie fühlte sich schlecht. Sie fühlte sich als elende Versagerin. Schon wieder hatte sie die Kontrolle über sich verloren, schon wieder hatte sie kläglich versagt. War sie denn wirklich ein solcher Waschlappen, der nicht einmal der kleinsten Versuchung widerstehen konnte? War sie denn wirklich ein solcher Schwächling, der nie einhalten konnte, was er sich vorgenommen hatte? Sie fühlte sich elend. Sollte sie erbrechen? So könnte sie wenigstens die Kalorien loswerden. Sollte sie erbrechen? So könnte sie wenigstens einen Teil ihrer Schwäche wieder gutmachen. Sie könnte ihren Körper, diesen schwachen Versager, zwingen, seine Beute wieder herzugeben. Mit Erbrechen könnte sie es ihm heimzahlen und so doch noch die Herrschaft über ihre Lüste und über ihr Versagen gewinnen. Sie versuchte zu erbrechen, aber es gelang ihr nicht. Mit schlechtem Gewissen verliess sie das Badezimmer und setzte sich wieder an den Küchentisch.

«Hast du erbrochen?», fragte Rea sie ganz direkt.

«Nein. Warum?», fragte sie möglichst unauffällig zurück.

In ihr jedoch rumorte es. Was kam jetzt? Wurde sie jetzt als elende Versagerin entlarvt? Wurde ihr jetzt einmal mehr vorgeworfen, dass sie sich nicht im Griff halten konnte?

«Es fällt mir auf, dass du in letzter Zeit regelmässig nach dem Essen sofort ins Badezimmer verschwindest», fuhr Rea fort.

«Und, darf ich das nicht?», fragte Sarah zurück.

«Sicher darfst du das, aber ich mache mir etwas Sorgen über deine Essensgewohnheiten. Du bist dauernd am Hungern und hältst es dann doch nicht durch. Daraufhin machst du wieder halbe Fressorgien. Das macht dich krank.»

«Wieso soll ich deshalb krank werden? Das ist sowieso meine Sache», meinte Sarah.

«Ist es nicht ganz!» Walo hatte ihr Essverhalten auch schon seit einiger Zeit beobachtet. «Du hast ein gestörtes Essverhalten und ich habe mir schon überlegt, ob das Anzeichen von Magersucht sind.»

«Ich bin nicht magersüchtig!», schrie Sarah wütend, stand auf und verschwand in ihr Zimmer.

Für einige Tage war das Thema vom Tisch. Sarah ass zwar weiterhin sehr wenig und manchmal rührte sie auch eine Mahlzeit nicht an.

Rea griff das Thema dann wieder auf: «Dein Mami hat doch auch an Magersucht gelitten. Hat sie dir schon mal davon erzählt?»

«Ich bin nicht magersüchtig!», wehrte sich Sarah erneut ganz heftig.

«Ich habe nicht gesagt, du seist magersüchtig, ich habe nur gefragt, ob dein Mami mit dir schon darüber gesprochen hat», bestand Rea auf ihrer Frage.

«Ja, sie hat mir auch schon davon erzählt, und darum weiss ich ganz genau, dass ich nicht magersüchtig bin. Ich bin nicht krank, ich bin nur zu dick und fertig!»

Sarah verschwand wieder in ihr Zimmer. Sie hasste diese Gespräche. Warum unterstellten ihr Rea und Walo dauernd Sachen, die überhaupt nicht stimmten?

Beim nächsten Besuch von Sarahs Mutter sprach Walo die Sache sehr direkt an: «Du, Monika, wir haben uns schon überlegt, ob es für Sarah gut wäre, eine Therapie zu besuchen, um mit all den Belastungen, die sie mit sich trägt, etwas besser zurechtzukommen!»

«Ich brauche keine Therapie, ich bin nicht krank!», rief Sarah, stand auf und verschwand aus dem Haus.

Monika ihrerseits reagierte positiv auf den Vorschlag von Walo: «Ich würde das unbedingt unterstützen, denn es ist wirklich happig, was sie alles erleben muss. Aber ich glaube, dass man das nicht gegen ihren Willen durchsetzen kann.»

«Das denke ich auch, aber ich möchte mich mal erkundigen, welche Therapieformen überhaupt möglich sind. Anschliessend können wir Sarah etwas vorschlagen. Vielleicht kann sie dann zu einer Form ja sagen, die ihr entspricht», erklärte Walo.

Rea war ebenfalls überzeugt, dass es für Sarah nur von Vorteil sein könnte: «Sie hat ja eine Weile lang das Ausdrucksmalen in Stans besucht, und ich glaube, es hat ihr gutgetan. Wenn wir etwas finden, das ihr entspricht, dann kann sie da ihre Belastungen ausdrücken und vielleicht loswerden.»

Walo ergänzte: «Es ist mir sehr wichtig, dass Sarah damit einverstanden ist, darum habe ich es auch angesprochen, solange sie da war. Ich will absolut nichts gegen sie oder ohne ihr Wissen einfädeln. Dass sie grosse Widerstände gegen eine Therapie hat, verstehe ich gut. Das macht so den Anschein von Kranksein, von nicht in Ordnung sein.»

Monika griff den Gedanken vom eigenen Einverständnis auf: «Ich weiss das selber sehr gut, vor allem auch, wenn es um Problemkreise wie Magersucht geht. Da ist gar nichts möglich, solange du selber nicht willst, solange du dir selber das Problem nicht eingestehst.»

Walo hatte schon eine bestimmte Vorstellung: «Ich denke, irgendeine Ausdruckstherapie ist wohl besser für Sarah als eine Gesprächstherapie. Sie muss die Sachen erst mal unkontrolliert hinauslassen können, bevor sie auch in Gesprächen verarbeitet werden können. Weiter finde ich es sehr wichtig, dass sie mit Therapeutinnen zusammenarbeitet und nicht mit Männern.»

Sarah kam zurück in die Wohnung und verschwand in ihrem Zimmer. Nein, sie brauchte keine Therapie. Das Einzige, was sie brauchte, waren ihre Eltern. Sie war froh, als ihr Mami nach einer Weile in ihr Zimmer kam und sich zu ihr auf das Bett setzte.

Wieder beisammen

Die Geschwister kommen

Seit einer Woche hatte Sarah Sommerferien. Sie war froh, dass sie jetzt wieder mehr Zeit hatte für die Tiere, vor allem für Lysingur. Sie nahm sich vor, ihn oft zu reiten. Sie wollte unbedingt noch besser reiten lernen.

Rea hatte es ihr erlaubt: «Du darfst Lysingur so oft reiten, wie du willst, du kannst es ja inzwischen schon so gut.»

Noch mehr freute sich Sarah auf ihre Geschwister Nora und Nico, die in einer Woche zügeln und dann endlich auch bei ihr wohnen würden. Das bedeutete für Sarah aber auch, dass sie ihr grosses Zimmer räumen und von nun an mit dem viel kleineren Zimmer vorlieb nehmen musste. Sie konnte sich nicht vorstellen, wie sie jemals in diesem kleinen Zimmer hausen sollte, denn sie hatte schon jetzt im grossen ständig zu wenig Platz. Wie würde das erst im kleinen sein? Sie sträubte sich deshalb, den eigenen Umzug wirklich in Angriff zu nehmen. Walo hatte ihr neues Zimmer gründlich geputzt und den Boden eingewachst.

»Am Freitagabend musst du gezügelt haben, damit wir am Wochenende genügend Zeit haben, das Zimmer zu reinigen und für Nora und Nico einzurichten. Sie kommen ja nächste Woche!», setzte Walo ihr klare Termine.

Sarah wusste nicht, wo sie beginnen sollte. Sie wusste nicht, wie sie sich im neuen Zimmer einrichten sollte, es war einfach zu klein. Jetzt hatte sie zwei Matratzen nebeneinander am Boden, ein Riesenbett, das ihr viel wert war. Im neuen Zimmer wusste sie nicht, wo sie eine einzige Matratze platzieren sollte. Sie unternahm vorerst gar nichts. Je näher der Freitag rückte, desto unwilliger wurde sie. Sie verstand gut, dass Nora und Nico das grössere Zimmer bekamen, damit sie auch genug Platz zum Spielen hatten. Aber sie fühlte sich elend. Sie musste einmal mehr Rücksicht nehmen, den Platz räumen, damit andere ihre Bedürfnisse leben konnten. Was war denn mit ihren eigenen Wünschen? Galten die auch etwas?

«Könnten wir nicht den Estrich ausbauen, dann könnte ich dort wohnen?», fragte sie.

Walo machte ihr keine grosse Hoffnungen: »Doch, doch, das ist schon vorgesehen, aber momentan haben wir weder Zeit noch Geld dafür, da musst du dich schon noch zwei, drei Jahre gedulden.»

Er machte sie zugleich auf den Termin aufmerksam: «Sarah, es ist Freitag, heute Abend um sechs Uhr hast du gezügelt, ich will keine Feuerwehrübungen machen.»

«Ich kann die Möbel gar nicht alleine zügeln, die sind viel zu schwer», versuchte sie sich zu entschuldigen.

Aber Walo liess es nicht gelten: «Ich habe dir gesagt, dass ich dir dabei helfe, aber die Schränke ausräumen musst du, und es gibt da noch viele Sachen, die du ganz gut alleine zügeln kannst.»

Sarah machte sich lustlos an die Arbeit. Sie begann, ihren Schrank auszuräumen und die Kleider ins neue Zimmer zu tragen. Bald schon blieb sie in ihrer Arbeit stecken, betrachtete die Kleiderhaufen und hatte einmal mehr den Eindruck, dass sie zwar viele Kleider hatte, aber kaum solche, die ihr gefielen. Sie wühlte in ihren Kleiderhaufen und beschloss, einen Grossteil der Kleider gar nicht mehr zu zügeln, sondern in Plastiksäcke zu verpacken und auf den Estrich zu stellen. Sie hatte allerdings die Energie dazu nicht. Sie warf die Kleider, die sie weggeben wollte, achtlos in eine Ecke. Sie kam mit Zügeln nicht voran, sie wusste nicht, wo beginnen, sie wusste vor allem nicht, wo sie all die Sachen im neuen, viel kleineren Zimmer verstauen sollte. Sie sass da und war ziemlich wütend auf sich selber, auf dieses Zimmer und auf Walo, der sie mit klaren Zeitangaben drängte. Der Freitag verstrich, ohne dass es Sarah schaffte, das Zimmer zu räumen. Walo ärgerte sich darüber und gab ihr eine Fristerstreckung bis Samstagmittag. Am Samstagmittag war sie endlich soweit, sie hatte ihre Möbelstücke soweit entleert, dass Walo ihr helfen konnte, sie zu zügeln. Zuerst schleppten sie den grossen Schrank ins neue Zimmer. Sarah stellte ihn schräg in die Ecke. Anschliessend trugen sie das übriggebliebene Bettgestell aus dem Zimmer.

«Wir tragen es sogleich in den alten Stall zu den anderen Bettgestellen!», forderte Walo sie auf.

«Ich mag das aber fast nicht tragen», wandte Sarah ein. «Ich habe Rückenschmerzen.»

Das konnte Walo nicht ertragen. Er war schon vorher verärgert gewesen und jetzt kommentierte er knapp und unmissverständlich: «Sei du jetzt einfach ruhig!»

Sarah verstand seinen Ton und sah ein, dass jeder Widerspruch sinnlos war und es jetzt das Einfachste war, gar nichts zu sagen. Soweit kannte sie Walo, dass sie abschätzen konnte, wann seine Geduld und sein Verständnis an eine absolute Grenze gestossen waren. In solchen Momenten reizte man ihn besser nicht noch mehr. Sie biss also in den sauren Apfel und trug mit ihm das Bettgestell in den Stall.

Walo trug ihr dann die kleineren Sachen auch noch ins neue Zimmer, auch jene Sachen, die sie gar nicht mehr im Zimmer wollte. Es ging ihm nur noch darum, das grosse Zimmer leer zu kriegen, damit er es putzen konnte. Sarah ärgerte sich darüber, wie er forsch die Sachen in ihr Zimmer stellte und dann begann, den Boden und die Wände zu reinigen.

Sie sass nun also in ihrem neuen kleinen Zimmer mitten in einem unüberschaubaren Chaos von Möbeln, Kleidern, Schuhen, Illustrierten, Postern, Bettwäsche, Schulsachen, Büchern, Bestandteilen der Stereoanlage und vielen kleinen Geschenkgegenständen. Es war aussichtslos. Sie hatte keine Chance, all diese Dinge in dieser Besenkammer irgendwie zu verstauen. Sie verzweifelte inmitten ihres Berges.

Rea versuchte, sie etwas zu besänftigen: «Jetzt holst du auf dem Estrich einige Bananenschachteln. Und alles, was du im Moment nicht brauchst, füllst du in diese Schachteln und stellst sie auf den Estrich. Dann ist schon mal die Hälfte weg.»

«Walo, kannst du mir Schachteln holen?», rief sie ins andere Zimmer, wo Walo am Wischen des Bodens war.

«Die leeren Schachteln kannst du selber holen, ich trage dir dann die vollen auf den Estrich», gab er zur Antwort.

Langsam schaffte Sarah einen Überblick. Die Idee mit den Schachteln war gut. Es gab viele Sachen, die sie momentan nicht mehr brauchte. Sie füllte einige Schachteln und stellte sie in die Küche. Sie füllte ihre Kleider in den Schrank, verräumte die Schulsachen im Pult, stellte die Stereoanlage auf eine Holzkiste und staunte selber, wie schnell sie ihr Chaos abgetragen hatte. Sie zog das Bett frisch an und stellte auch die kleinen Geschenkgegenstände auf den Fenstersimsen und auf dem Pult auf. Am Abend sah das Zimmer schon recht wohnlich aus. Nur die Storen an den Fenstern fehlten noch.

«Walo, kannst du mir die Storen montieren, die ich mitgebracht habe?», fragte Sarah.

«Kann ich, aber erst morgen, du kannst sie schon mal bereitlegen und schauen, ob alles dabei ist.»

Er montierte am anderen Morgen an beiden Fenstern die Storen, die dem Zimmer sofort einen zusätzlichen persönlichen Charakter gaben.

✳ ✳ ✳

Nora und Nico zogen ein. Mit dem Pferdeanhänger zügelte Walo ihr Doppelbett und ein Pult. Viel mehr Möbel besassen sie nicht, aber um so mehr Kisten mit Spielzeug. Das Bett stellte Walo in eine Ecke, Nora und Nico wollten natürlich nicht nebeneinander, sondern übereinander schlafen. Damit blieb ihnen im Zimmer auch mehr Spielfläche frei. Sie entschieden selber, wo welche Möbel hingestellt wurden. Walo hatte noch einen alten Kleiderschrank aus dem alten Stall geholt und einige zusätzliche Regale eingebaut. Der Schrank reichte allerdings nicht, um alle Kleider zu verstauen. Erst ein zweiter Schrank, den die Grosseltern brachten, erlaubte es, die Kleider einigermassen geordnet abzulegen. Freuen wollte sich eigentlich niemand so richtig über den Umzug. Die Grosseltern waren traurig. Für sie hiess es, ein Stück weit Abschied nehmen von ihren Grosskindern, die über ein Jahr lang bei ihnen gewohnt hatten. Für Nora und Nico hiess es ebenso Abschied nehmen. Sie waren sehr gerne bei ihren Grosseltern gewesen. Diese hatten sehr viel Zeit für sie und hatten viel mit ihnen unternommen. Sie wussten, dass es jetzt anders würde. Sarah freute sich zwar, dass ihre Geschwister jetzt bei ihr wohnten, diese Freude war aber klar gedämpft durch ihren Umzug in das kleine Zimmer. Rea und Walo freuten sich, sahen aber auch deutlich die zusätzliche Arbeit und Belastung auf sich zukommen. Es war für sie ein hartes Stück, ihr Leben innert eines Jahres von null auf vier Kinder umzustellen. Das ging nicht reibungslos an ihnen vorbei. Es bedeutete für sie einerseits ein gehöriges Mass an Mehrarbeit, schwieriger für sie war jedoch die starke Umstellung des Lebensrhythmus zu einem Tagesablauf, der klar von den Kindern her vorgegeben wurde. Sie mussten viel von ihrer früheren Unabhängigkeit und Freiheit aufgeben und waren durch die vier Kinder in enge Abläufe gezwängt. In diesen Tagesabläufen war der erst fünf Monate alte Samuel ein völlig unberechenbares Kind, das diese Struktur in jedem Moment völlig durcheinander bringen konnte. Das Leben in der Villa Sorgenlos war in ein sehr labiles Gleichgewicht geraten, schon bevor Nora und Nico da waren. Es würde jetzt nur noch anfälliger werden.

Nora und Nico lebten sich allerdings sehr schnell ein. Sie kannten sich schon gut aus, denn sie hatten ja schon mehrere Wochenenden hier verbracht. Sie packten zuerst die Säcke mit ihren Spielwaren aus und es dauerte keine halbe Stunde, da war der ganze Zimmerboden bedeckt mit Legosteinen, Spielautos und kleinen Plüschtieren.

Walo holte aus dem alten Stall zwei Zainen und stellte sie

in ihr Zimmer: «Das sind die Körbe für die Kleider. Wenn ihr euch am Abend auszieht, legt ihr die Kleider in diesen Korb, dann findet ihr sie am Morgen wieder ohne zu suchen.»

Er hatte nämlich an den früheren Wochenendbesuchen erlebt, wie die beiden jeweils ihre Kleider suchen mussten und dann regelmässig um Hilfe baten. Er hatte keine Lust, ihnen jeden Tag die Kleider zusammenzusuchen.

Er klärte auch Sarah auf: «Diese Körbe sind für die Kleider von Nora und Nico, wir stellen auch noch einen dritten Korb hin für die schmutzige Wäsche, damit die Sachen getrennt sind.»

«Das mache ich, du hast da gar nichts dreinzureden!», wehrte sich Sarah.

Sie hatte darauf bestanden, dass sie verantwortlich für die Kleider von Nora und Nico sein konnte. Sie wollte ihnen die Wäsche besorgen und ihnen jeweils auch neue Kleider bereitmachen. Walo und Rea hatten versucht, ihr das auszureden, aber sie liess sich nicht davon abbringen.

Nora und Nico bewegten sich schon nach wenigen Tagen mit grosser Sicherheit in der Villa Sorgenlos und sorgten für Abwechslung. Nora hatte anfänglich noch Angst vor den Hunden. Wenn sie diese jeweils stürmisch begrüssten, wich sie ein paar Schritte zurück. Rea half ihr dabei, das Vertrauen zu ihnen zu gewinnen und bald war Nora hell begeistert von ihnen. Sie konnte die Hunde stundenlang streicheln und sie durften umgekehrt bald auch ihr Gesicht ablecken.

Rea hatte ein kleines Bassin gekauft und hinter dem Haus aufgestellt. Nora und Nico liefen den ganzen Tag in den Badkleidern umher und genossen die heissen Julitage und das Baden.

Bei den Grosseltern hatten Nora und Nico relativ regelmässige Tagesabläufe erlebt. Sarah wusste darüber bestens Bescheid und klärte Rea und Walo darüber auf: Am Mittwochabend und am Samstagabend durften die beiden in die Badewanne, täglich gab es ein Dessert, vor dem Zubettgehen konnten sie eine Gutenachtgeschichte hören und dann mit einigen Ablenkungsmanövern versuchen, das Schlafen noch etwas herauszuzögern.

Rea führte eine neue Abmachung ein: «Nach dem Mittagessen macht ihr eine Weile Mittagsruhe!»

«Was?», fragte Sarah zurück. «Bei den Grosseltern mussten sie nach dem Mittagessen nicht mehr schlafen gehen.»

«Aber bei uns machen sie Mittagsruhe», bestand Rea darauf. «Sie müssen ja nicht unbedingt schlafen, sie können auch ein Büchlein anschauen. Aber sie sind ruhig in ihrem Zimmer.»

«Wie lange müssen sie das machen?», wollte Sarah weiter wissen.

«Solange es für sie gut ist», meinte Rea.

Rea und Walo setzten die Mittagsruhe ab dem ersten Tag durch. Nora und Nico waren darob nicht erfreut. Sie versuchten mit allen Tricks, diese Mittagsruhe zu umgehen: «Ich habe Durst!» «Ich muss auf das WC!» «Ich muss dir etwas zeigen!» Sie waren einfallsreich, die anderen von ihren Absichten abzubringen. Wenn sie dann endlich im Zimmer waren, hatten sie anfänglich keine Lust, auch ruhig zu sein. Rea setzte sich durch. Sie holte Nico aus dem Zimmer und schickte ihn in das Zimmer von Sarah. Das war das Schlimmste für die beiden, wenn man sie trennte. Dann mussten immer beide weinen. Walo versuchte es ein anderes Mal etwas milder. Er liess sie auslosen, wer ins andere Zimmer gehen musste. Die beiden stellten sich trotz allem relativ schnell auf diese neue Gegebenheit ein. Als sie wieder einmal recht laut waren, kam Walo ins Zimmer. Nico empfing ihn schmunzelnd und fragte, noch bevor Walo überhaupt etwas gesagt hatte: «Darf ich den Tiger mitnehmen ins andere Zimmer?»

Walo musste laut lachen. Nach wenigen Tagen war die Mittagsruhe eingespielt. Nora und Nico gingen nach dem Mittagessen von sich aus ins Zimmer, schlossen die Tür und für eine Stunde waren sie ruhig. Vor allem Nico schlief meistens ein und oft schlief er bis drei oder halb vier Uhr.

Nora und Nico malten und zeichneten oft. Schon bald malte Nico ein grosses Fahrverbot. Mit der Zeichnung kam er zu Walo und fragte: «Kannst du mir darauf schreiben: Bitte anklopfen!»

Walo erfüllte ihm den Wunsch. Den Zettel klebte Nico sofort an die Zimmertüre.

Die Grosseltern kamen oft auf Besuch. Sie brachten jeweils ein paar Sachen mit, die noch bei ihnen liegen geblieben waren. So sammelten sich im Zimmer immer mehr Kleider und Spielsachen an. Nico verfügte über einen riesigen Park von Autos, Lastwagen, Baumaschinen und Landwirtschaftsfahrzeugen.

«In Hergiswil, bei den anderen Grosseltern, habe ich ein ganzes Baugeschäft», erzählte er, als er die vielen Fahrzeuge aufstellte.

Nora und Nico freuten sich riesig auf die Besuche der Grosseltern. Noch mehr freuten sie sich, wenn ihr Mami auf Besuch kam. Das Abschiednehmen fiel ihnen denn auch jedes Mal sehr schwer. Sie konnten nicht verstehen, warum sie nicht bei ihrem Mami wohnen konnten, sie konnten nicht verstehen, warum sie nicht mehr bei den Grosseltern wohnen konnten. Sowohl ihr Mami wie die Grosseltern blieben ihnen jedoch die Antwort schuldig.

✳ ✳ ✳

«Walo, weisst du, was ich geträumt habe?», fragte Nico, als Walo morgens ins Zimmer kam.

«Nein», antwortete Walo fragend.

«Ich träumte, dass Mami und Papi geheiratet und dass wir alle zusammen in Luzern gewohnt haben», erzählte Nico.

«So», meinte Walo nachdenklich und ging nicht weiter darauf ein.

Nico fuhr dann fort: «Kannst du mir ein paar neue Pyjamahosen geben, ich habe nass.»

«Ja, sicher, es ist gut, dass du es uns sagst, dann können wir das Bett frisch anziehen», fügte Walo noch hinzu.

Er holte ein paar trockene Hosen aus dem Schrank und gab sie Nico. Anschliessend legte er ihn zu Nora ins Bett und zog das Bett ab. Sehr oft war das Bett von Nico am Morgen nass, meistens aber dann, wenn am Vorabend die Grosseltern oder ihr Mami auf Besuch gekommen waren. Rea und Walo reagierten so darauf, dass sie Nora und Nico jeweils an den Abenden nach einem Besuch so um die elf Uhr nochmals auf das WC brachten. Wenn Sarah daran dachte, machte sie es. Das half meistens.

❋ ❋ ❋

Sarah hatte die Arbeit mit der Wäsche von Nora und Nico leicht unterschätzt. Sie legte selber Wert darauf, dass Nora und Nico immer sauber angezogen waren. Dass dadurch die Wäscheberge schneller anwuchsen und gigantische Höhen erreichten, merkte sie lange nicht. Zusammen mit der Bettwäsche ergab es aber viel. Da sie auch ihre eigenen Kleider selber waschen wollte, hatte sie alle Hände voll zu tun, die Wäscheberge einigermassen im Griff zu halten. Sie sträubte sich aber strikte dagegen, sich helfen zu lassen. Das war ihr Job, den hatte sie gewollt, da hatte ihr niemand dreinzufunken, auch Walo nicht. Er überraschte sie einmal in der Waschküche mit einem eigenen Berg Wäsche. Sarah war gerade daran, die weisse Wäsche von Nora und Nico in die Maschine einzufüllen. Walo bemerkte, dass die Maschine nicht einmal zu einem Viertel gefüllt war.

«Du solltest die Maschine jeweils ganz füllen und nicht halb leer laufen lassen», forderte er Sarah auf.

«Das geht dich gar nichts an, ich mache die Wäsche so, wie ich will», verteidigte sie sich.

Walo aber war damit keineswegs einverstanden: «Und ob es mich etwas angeht: erstens ist es nicht sehr gut für die Umwelt, wenn du so viel Waschpulver verbrauchst und so viel Wasser verschmutzt, und zweitens bezahlst du die Stromrechnung ja nicht selber.»

Sarah ärgerte sich, sie leerte die Waschmaschine, warf ihre Wäsche daneben auf den Boden und verschwand. Walo füllte die Maschine mit seiner Wäsche und startete das Programm. Als er am anderen Morgen um sechs Uhr die Wäsche holen und vor der Arbeit noch aufhängen wollte, war Sarah bereits in der Waschküche. Sie hatte die Maschinentrommel geleert, Walos gewaschene Wäsche in den Korb gelegt, ihre schmutzige Wäsche wieder eingefüllt und das Programm gestartet.

Walo lachte, packte die Wäsche und meinte nur: «Du bist eine rechte Frühaufsteherin.»

Sarah sagte nichts, sie hatte so früh am Morgen noch gar keine Lust, mit ihm zu streiten.

※ ※ ※

Nora war ein ruhiges Mädchen. Die schwierige Situation, in der sie aufwuchs, beschäftigte sie mehr als Nico. Sie behielt ihre Probleme jedoch eher für sich und sprach wenig darüber. Nico war offener, wenn ihn etwas beschäftigte, dann erzählte er es frisch von der Leber weg und konnte seine Sorgen schnell wieder vergessen. Nora trug vieles lange mit sich herum und erst, wenn etwas sie zu stark belastete, begann sie davon zu sprechen, dann aber eher in der Frageform. So auch, als ihr Mami ihnen versprochen hatte, sie am Nachmittag zu besuchen. Als sie dann nicht kam, am Abend anrief und versprach, am anderen Tag zu kommen, schwieg Nora dazu. Ihr Mami kam allerdings auch an diesem zweiten Tag nicht und Nora hatte sich vergeblich gefreut.

Als sie am Abend ins Bett ging, fragte Nora Walo nach der Gutenachtgeschichte: «Warum verspricht uns Mami, dass sie morgen kommt, und jetzt ist doch morgen, und sie kommt dann nicht?»

Walo bestätigte sie in ihrer Frage: «Ich weiss nicht, warum sie nicht gekommen ist, ich verstehe gut, dass du jetzt enttäuscht bist, aber frage sie das nächste Mal selber, warum sie nicht gekommen ist.»

«Warum können wir eigentlich nicht bei Mami wohnen?», stellte Nora die alles entscheidende Frage.

«Dein Mami und dein Papi sind krank», antwortete Walo und war selber nur halb zufrieden mit seiner Antwort.

«Aber sie sieht ja gar nicht krank aus und kann uns immer besuchen. Und sie hustet ja gar nicht.»

Nora war mit dieser Antwort nicht mehr zufrieden. Sie hatte sie anscheinend schon zu oft gehört.

«Dein Mami ist süchtig!», sagte nun Walo offen und fügte dann hinzu: «Ich glaube, dein Mami muss dir selber sagen, warum ihr nicht bei ihr wohnen könnt.»

Er war überrascht, dass Nora mit dieser Antwort zufrieden war und nicht mehr wissen wollte. Noch am gleichen Abend besprachen Rea und Walo miteinander, wie sie mit diesen Fragen von Nora und Nico umgehen wollten. Es war beiden wichtig, dass die Eltern selber ihren Kindern klar mitteilten, warum sie nicht bei ihnen wohnen konnten.

Sarah war damit zuerst nicht einverstanden: «Aber sie wollen doch Nora und Nico nicht weh tun, die verstehen das gar noch nicht.»

Walo bestand aber darauf: «Was heisst hier weh tun? Was heisst hier nicht verstehen? Die Kinder haben das Recht, von ihren Eltern selber zu hören, warum die Situation so ist, wie sie ist. Es beschäftigt sie, sie leiden darunter, es tut ihnen jetzt schon weh. Deine Eltern müssen in diesen sauren Apfel beissen. Das ist für Nora und Nico die einzige Möglichkeit, damit einigermassen zurechtzukommen.»

Rea unterstützte ihn: «Es ist nicht unsere Aufgabe, hier den Schwarzen Peter zu spielen. Wir werden deine Eltern und auch die Grosseltern darauf ansprechen. Es ist ja auch für dich wichtig, dies von deinen Eltern selber nochmals zu hören, auch wenn du es im Kopf schon lange weisst.»

«Aber verstehen sie es denn?», fragte Sarah nochmals nach.

«Sie verstehen so viel, wie sie können, das reicht. Das andere nehmen sie noch nicht wahr. Aber sie haben das Recht, Klarheit zu haben, auch wenn sie schmerzt. Es bringt absolut nichts, ihnen eine heile Scheinwelt vorzuspielen, die es nicht gibt.»

Sarah erinnerte sich an das Gespräch mit ihrem Papi im Therapieheim. Sie erinnerte sich, wie er ihr ganz klar mitgeteilt hatte, was Sache ist. Und sie spürte auch wieder den Schmerz, den sie damals empfunden hatte, obwohl sie es ja, wie Rea es ausgedrückt hatte, im Kopf schon lange gewusst hatte. Sollten nun Nora und Nico auch diese Klarheit bekommen, wie würden sie damit umgehen? Wollte sie selber diese Klarheit von ihrem Mami? Was würde das für ihre Beziehung zu Mami bedeuten, wenn sie plötzlich auch so klar und für sie fremd würde wie Papi? Sie hatte wieder einen Berg Fragen vor sich und keine Antworten. Warum war das alles so kompliziert? Warum musste ausgerechnet sie das alles erleben? WARUM?

Schon am nächsten Morgen kam Nora mit der gleichen Frage zu Rea: «Warum können wir nicht bei Mami wohnen?»

Rea war offen: «Weisst du, dein Mami ist krank, sie nimmt Drogen. - Weisst du, was Drogen sind.»

«Nein», gab Nora zur Antwort, allerdings in einem Ton, der überhaupt kein Interesse ausdrückte, es wissen zu wollen.

Sie fragte sofort weiter: «Müssen wir von hier wieder wegzügeln?»

Rea beruhigte sie: «Nein, Nora, jetzt lebt ihr da, von hier müsst ihr nicht mehr weg, hier könnt ihr bleiben, solange ihr wollt.»

Sie fragte Nora weiter: «Wo würdest du am liebsten wohnen?»

«Bei Mami!», schoss es aus Nora.

«Und wenn das nicht geht?»

«Bei den Grosseltern in Büren.»

«Und hier gefällt es dir auch?»

«Ja, hier können wir mit Sarah zusammen sein und haben viele Tiere.»

Für Nora war die Sache im Moment erledigt. Sie stellte keine weiteren Fragen und gab sich mit den Antworten zufrieden. Für Rea stand noch klarer fest, dass diese klärenden Gespräche mit den Eltern und den Grosseltern dringend anstanden.

✳ ✳ ✳

Sarah lebte sich im neuen Zimmer schnell ein. Sie war allerdings gezwungen, besser auf ihre Ordnung zu achten, denn mit diesem beschränkten Platz war das Chaos noch schneller allgegenwärtig als früher im grossen Zimmer. Sie stellte sich darauf ein, räumte öfters auf und liess die Unordnung gar nicht erst um sich greifen. Mit den Storen, mit den vielen Postern, mit den leeren Cola- und Redbulldosen bekam das Zimmer einen sehr persönlichen Charakter. Das war ihr wichtig. Es war das Wenige an Privatsphäre, das sie in diesem Haus besass. Sie beharrte auch strikt darauf, dass die anderen diese Privatsphäre respektierten. Es durfte niemand, auch Nora und Nico nicht, einfach ungefragt in ihr Zimmer gehen. In den ersten Wochen stellte sie ihre Möbel noch ein paar Mal um, bis sie das Gefühl hatte, das Beste aus dem Zimmer gemacht zu haben. Das Wichtigste in ihrem Zimmer war zweifelsohne die Stereoanlage. Diese lief immer, wenn sie da war und oft auch noch, wenn sie nicht da war. Sarah vergass ab und zu, ihre Musik abzuschalten, wenn sie aus dem Zimmer ging. Das störte sie eigentlich nicht, das störte aber Walo und Rea und sie nahmen sich das Recht, in ihr Zimmer zu gehen und die Musik auszuschalten, wenn sie nicht mehr da war. Das Zimmer hatte aber einen ganz anderen Nachteil, der Sarah noch viel zu schaffen machte. Sarah fühlte sich in ihrem neuen Zimmer nie richtig wohl. Sie wusste auch nicht recht warum, aber sie konnte in ihrem Zimmer nicht schlafen. Es war nicht die Grösse des Zimmers, es war nicht die mangelhafte Heizung, es war nicht der Lärm, es war - ja, was war es eigentlich? Manchmal hatte sie das Gefühl, auf der Laube seien Geräusche. Diese Geräusche hatte sie schon in ihrem grossen Zimmer gehört, dort hatte es sie allerdings nicht gestört. Aber jetzt war es anders. Sie konnte in diesem Zimmer nicht schlafen.

«Rea, darf ich in der Stube schlafen?», fragte sie besorgt.

«Warum willst du in der Stube schlafen, du hast doch dein Zimmer?»

«Ja, aber dort kann ich nicht schlafen.»

«Warum nicht?»

«Das weiss ich ja eben auch nicht!», meinte Sarah verzweifelt.

«Hast du denn im anderen Zimmer besser geschlafen?»

«Ja, dort hatte ich nie Probleme. Aber im neuen Zimmer geht es einfach nicht.»

«Also gut, schlaf du mal eine Nacht auf dem Sofa in der Stube. Aber am Morgen räumst du dann die Sachen wieder weg!»

Aus der einen Nacht wurden Monate. Es war schon fast ein Ritual. Wenn Sarah ins Bett ging, begann das grosse Zügeln. Sie holte aus ihrem Zimmer den Schlafsack, warf die Kissen vom Sofa, entfernte den Überzug und legte ein sauberes Badetuch auf das Sofa. Das Sofa war nämlich eigentlich schon vergeben. Tschima, die schwarze Hündin, lag normalerweise darauf und verbrachte ihre Nächte dort. Das machte Sarah denn auch am meisten Mühe. Sie nahm ja dem Hund den Liegeplatz weg. Tschima gewöhnte sich schnell daran und verliess das Sofa jeweils freiwillig, sobald Sarah mit ihrem Schlafsack erschien. Sarah schlief auf dem Sofa gut. Auch wenn Rea oder Walo noch in der Stube waren und arbeiteten oder etwas lasen, konnte Sarah problemlos ihren Schlafsack ausrollen und schon nach wenigen Minuten einschlafen. Sarah war sogar froh, wenn noch jemand in der Stube war.

Wenn Walo seine Sachen packte und die Stube verlassen wollte, damit sie schlafen konnte, bat sie ihn oft: «Walo, bleibst du in der Stube?»

Walo war jeweils beruhigt und blieb. Sarah war froh, nicht allein zu sein.

Ab und zu war das Übernachten auf dem Sofa Gesprächsthema. Denn niemand war mit dieser Lösung so richtig glücklich. Sarah hätte lieber in ihrem Zimmer geschlafen, das tägliche Zügeln war auch aufwändig. Rea äusserte je länger je mehr, dass sie auch irgendwo noch einen Raum für sich wolle, der nicht Tag und Nacht von den Kindern belegt war. Weshalb Sarah in ihrem Zimmer nicht schlafen konnte, fanden sie aber nie so richtig heraus.

War es Angst? Angst wovor? Das Zimmer war im Parterre, vor dem Zimmer war die Laube. Sarah erzählte auch manchmal von Geräuschen auf der Laube. Aber das konnte auch nicht der Grund sein. Denn das Zimmer, in dem sie vorher war, lag ebenfalls im Parterre gegen die Laube und die Geräusche waren die gleichen. Sie wusste gut, dass diese Geräusche von den Katzen, Hühnern oder Chinchillas kamen, die vor ihrem Zimmer hausten. Warum hatte sie dann im anderen Zimmer nie Schlafschwierigkeiten gehabt?

War es das Alleinsein? Auffallend war, dass Sarah immer dann, wenn eine Kollegin bei ihr übernachtete, völlig problemlos in ihrem Zimmer schlafen konnte. Sarah war immer auch beruhigt durch die Anwesenheit von Rea oder Walo in der Stube. Dagegen sprach wiederum die Erfahrung im anderen Zimmer. Dort hatte sie immer allein und ohne Probleme geschlafen. Rea und Walo nahmen Sarah mit ihren Schlafschwierigkeiten ernst. Sie waren ja davon ebenso betroffen. Sarah war oft müde und entsprechend empfindlich. Die Stube war abends stets übersät mit den Sofakissen, die Sarah jeweils achtlos auf den Boden warf.

Sarah selber wusste nicht mehr weiter: «Weisst du, es muss doch wunderbar schön sein, wenn man sich am Abend so richtig auf das Bett freuen kann. Dann ist das Zubettgehen etwas Schönes und Angenehmes.»

Das Problem schien unlösbar. Walo liess schliesslich vor den Fenstern Läden anbringen, die Sarah nachts schliessen konnte. Sie versuchte wieder neu, in ihrem Zimmer zu schlafen. Es schien mit diesen Läden tatsächlich zu klappen. Sarah liess zwar regelmässig das Licht brennen und die Türe offen. Es war nun Walos Job, jeweils das Licht zu löschen.

Wann sind die Ferien vorbei?

Die Sommerferien waren elend lang, das Ende in weiter Ferne. Ganze fünf Wochen lang dauerten sie und Sarah wusste nicht, was sie mit sich anfangen sollte.

Das Wetter war super, ein schöner Sonnentag folgte dem anderen, alles strömte in die Badi, um sich abzukühlen und die Sonne zu geniessen. Und Sarah? Was war mit ihr los? Sie konnte sich darüber überhaupt nicht freuen. Sie langweilte sich zu Hause, lag hinter dem Haus an der Sonne und litt vor sich hin. Sie war ja zu dick für die Badi, sie konnte sich dort nicht zeigen.

Sie versuchte zwar ein paar Mal mit ihren Kolleginnen und Kollegen etwas abzumachen. Aber sie war damit erfolglos. Ihre besten Freundinnen waren entweder irgendwo in den Ferien oder verbrachten die Tage eben rücksichtslos in der Badi. Ihre Abmachungen blieben alle erfolglos. Bei dieser Hitze hatte sie selber darüber hinaus wenig Unternehmungslust, sie mochte auch nicht mit Nora und Nico irgendwelche

Fahrradtouren oder andere Ausflüge unternehmen. Sie hatte keine Energie. Die Tage strichen endlos dahin.

Für Nora und Nico hatte Rea ein Plastikbecken gekauft und die beiden waren nun mehr im Wasser als sonst irgendwo. Sie liefen fast den ganzen Tag in den Badkleidern oder auch ohne umher und genossen die Sonne und das Spielen im Wasser. Sarah mochte es ihnen gönnen, sie versuchte manchmal, mit ihnen im Wasser zu spielen, aber richtig freuen konnte sie sich darüber nicht. Es war so nicht auszuhalten, dieses zu Hause Hocken, wenn die anderen in den Ferien oder in der Badi waren. Sie wusste nicht, was sie dagegen tun konnte. Rea ermunterte sie öfters: «So, heute gehst du in die Badi oder gehst mit Nora und Nico auf eine kleine Fahrradtour.»

«Ich mag nicht, ich habe keine Lust», gab sie jeweils unwillig zur Antwort.

«Und ich habe keine Lust, dich in dieser miesen Stimmung hier zu ertragen!», nervte sich Rea an ihrer Überdrüssigkeit.

Sarah fand jedoch die Energie nicht, sich selber aus dem Loch zu holen. Sie vertrödelte die Tage, sie verpasste die Mahlzeiten, sie verlor jeden Rhythmus. Es gab keine festen Zeiten, keine festen Punkte mehr, an die sie sich hätte klammern können. Jeder Tag wurde zu einer unbestimmten, unabsehbar grossen Anstrengung, denn sie konnte sich nicht aufraffen, irgendetwas von sich aus zu tun.

«Kommst du mit mir ausreiten?», fragte Rea.

«Ja, sehr gerne!»

Einzig für das Reiten blieb die Begeisterung.

«Wir gehen aber am Morgen ganz früh», fügte Rea hinzu. «Wenn es so heiss ist, müssen wir um sieben Uhr zurück sein, dann kommen die Bremsen.»

«Kein Problem», meinte Sarah.

Es war auch kein Problem. Sarah war eine Frühaufsteherin und sie schaffte es auch in den Ferien bestens, schon morgens um halb sechs aus dem Bett zu kommen. Der Ausritt war wunderschön. Morgens war es noch völlig ruhig, kaum ein

Auto, die aufgehende Sonne verwandelte die Landschaft in wunderbare Farben. Rea und Sarah ritten lange schweigend nebeneinander her.

«Beim Reiten ist mir immer so wohl», begann Sarah schliesslich ein Gespräch.

Rea bestätigte sie: «Ja, ich fühle mich auch immer sehr wohl und kann mich bestens erholen und entspannen.»

Sarah fuhr fort: «Weisst du, da kann ich so ziemlich alles vergessen, was mich beschäftigt. Dann bin ich einfach mit Lysingur zusammen und spüre seinen Rücken.»

«Im Moment beschäftigt dich wieder einmal ziemlich viel», griff Rea ihren Gesprächsfaden auf.

«Warum meinst du das?», fragte Sarah nach.

Rea sprach die Sache nun sehr direkt an: «Ja, du bist ja nicht zum Aushalten, du irrst den ganzen Tag im Haus umher, gehst kurz ins Dorf, nach fünf Minuten bist du wieder zurück, weil niemand dort ist, dann liegst du allein an der Sonne statt in der Badi, du bist fast immer schlecht gelaunt und das merken auch Nora und Nico.»

«Ja, was soll ich denn machen? Es ist alles so unmöglich daneben, alle sind in den Ferien und in der Badi ist sowieso nichts los. Und ich hänge hier zu Hause herum. Das ist doch stinklangweilig. Ich freue mich, wenn die Schule wieder beginnt.»

Sarah war froh, dass sie ihre Unlust an den Ferien loswerden konnte.

Rea meinte dazu: «Du kannst aber nicht immer warten, bis die anderen da sind und mit dir etwas unternehmen. Du musst auch lernen, mit dir selber etwas anzufangen.»

«Das ist aber nicht so einfach, ich habe einfach keine Lust, und was sollte ich denn schon alleine machen?»

Sarah fühlte sich in einer ganz schwierigen Situation und sie fühlte sich überfordert, allein etwas dagegen zu tun.

«Das stimmt doch nicht», widersprach ihr Rea, «du hast doch so viele Möglichkeiten, etwas zu tun, du musst dich nur einmal aufraffen.»

«Und das wäre?», fragte Sarah skeptisch zurück.

«Ja, du könntest zum Beispiel einmal deine Mutter besuchen und mit ihr etwas unternehmen. Du könntest einmal deinen Meerschweinchen wieder sauber machen. Du könntest mit Nora und Nico etwas Lustiges unternehmen, du könntest auch einmal das Mittagessen kochen. Momentan machst du sowieso fast nichts mehr im Haushalt.»

«Ich mache aber immerhin die Kleider von Nora und Nico», verteidigte sich Sarah.

Das liess Rea allerdings nicht gelten: «Und wie du sie machst, mich ärgern die Wäscheberge in ihrem Zimmer immer wieder. Wenn du das nicht zuverlässiger machst, dann machen wir es.»

«Nein, das will ich machen!», bestand Sarah auf dieser Aufgabe.

Rea griff wieder die ersten Gedanken auf: «Ich glaube, es würde dir helfen, wenn du dir jeden Tag ganz konkret etwas vornehmen und dich entscheiden würdest: heute will ich das und das machen. Nicht zu viel, aber für jeden Morgen und für jeden Nachmittag etwas. Dann hättest du am Abend auch das befriedigende Gefühl, den Tag nicht nur vertrödelt, sondern mit ihm etwas angefangen zu haben.»

Sarah fühlte sich ein Stück weit verstanden: «Die Tage vergehen so langsam, ich weiss gar nicht, was ich tun soll und dann ist es mir den ganzen Tag langweilig.»

«Also», forderte sie Rea auf, «fangen wir heute damit an: Was willst du heute ganz konkret erledigen?»

«Heute könnte ich die Wäsche von Nora und Nico machen und ich könnte mit ihnen auf eine Fahrradtour gehen und ich könnte...»

«Halt, halt, nimm dir nicht alles auf einmal vor, sonst bist du am Abend nur wieder unzufrieden, weil du nicht alles getan hast. Bleibe bei einer Sache! Mach du heute mal die Wäsche von Nora und Nico, und wenn du das gemacht hast, so geniesse die restliche Zeit.»

Als sie vom Ausritt nach Hause kamen, war es erst halb acht Uhr. Sarah hatte Hunger bekommen und ass mit Appetit. Nach dem Morgenessen begann sie, die Kleider von Nora und Nico zu waschen. Rea hatte Recht gehabt, es hatte sich wirklich ein ganzer Berg angesammelt und zusammen mit ihren eigenen Kleidern war es sogar ein grosser Berg. Sarah sortierte die Wäsche, füllte die Maschine ein. Sie war den ganzen Morgen beschäftigt mit Waschen und Wäsche hängen. Vor dem Mittagessen konnte sie noch die letzte Maschine einfüllen und das Waschprogramm starten. Sie war zufrieden mit sich, sie war zufrieden mit dem Morgen und mit ihrer Arbeit. Sie konnte auch den Nachmittag besser geniessen als bisher, sie hatte das Gefühl, den freien Nachmittag verdient zu haben und jetzt ohne schlechtes Gewissen an der Sonne liegen zu können. Sie raffte sich dann auch auf, mit Nora und Nico im Bassin zu planschen und mit ihnen zu spielen.

Rea versuchte nun, Sarahs Tagesabläufen wieder etwas mehr Struktur zu geben und ihre Tage besser einzuteilen. Sarah war zwar selten begeistert, wenn ihr Rea wieder eine Aufgabe übertrug, aber sie war im Nachhinein jeweils zufrieden, dass sie etwas getan hatte. Sie musste ab und zu die Wohnung putzen oder das Mittagessen bereitmachen, den Pferden misten oder sonst etwas tun.

«Morgen mache ich einen Tiertag!», verkündete Sarah beim Nachtessen. «Ich miste den Meerschweinchen, ich putze die Pferde, ich miste den Stall.»

Rea und Walo waren einverstanden, sie bekam keine andere Aufgabe. Sarah konnte ihren Vorsatz dann auch einlösen und erledigte alle Arbeiten, die sie sich vorgenommen hatte.

«Du kannst stolz auf dich sein», lobte sie Rea am Abend. «Du hast heute vieles erledigt.»

«Ich bin auch zufrieden und es geht mir besser, wenn ich etwas gemacht habe, statt nur herumzuliegen.»

Sarah merkte selber, dass es ihr gut tat, ihren Tag zu planen und dann den Plan auch einzuhalten. Sie fühlte sich besser und kam sich auch nicht mehr so überflüssig und überdrüssig vor.

※ ※ ※

«Was ist mit diesen schlappen Gurken im Kühlschrank?», fragte Walo beim Nachtessen. «Kann ich die noch essen?»

Rea lachte: «Da musst du Sarah fragen, sie hat damit heute eine Gesichtsmaske gemacht.»

«Sarah!», rief Walo in ihr Zimmer.

«Was ist?», kam die Antwort aus dem Badezimmer.

«Was ist mit diesen Gurken?», fragte Walo.

«Mit welchen Gurken?»

Sarah kam aus dem Badezimmer und Walo musste laut lachen. Sie hatte ihr Gesicht mit einer Quarkmasse eingestrichen und nur noch die Augen waren unter der weissen Masse frei. Walo zeigte ihr die Schale mit den Gurken.

Sarah klärte ihn auf: «Wenn du willst, kannst du die schon essen, ich würde aber nicht, damit habe ich mir eine Gesichtsmaske gemacht.»

Wieder lachte Walo und meinte dann schmunzelnd: «Da warte ich lieber noch, bis du diese Quarkmasse abnimmst, dann kann ich beides mischen und mir ein Tsatsiki machen.»

«Was ist das?», fragte Sarah verständnislos.

«Das ist eine griechische Spezialität aus Gurken und Quark», lachte Walo.

Sarah verstand den Witz nicht ganz und verschwand wieder im Badezimmer. Walo bereitete sich dann ein anderes Abendessen zu.

Am gleichen Abend kam ihr Mami auf Besuch: «Du, Sarah, willst du mit mir ans Openair in Gampels kommen?»

Sarah war begeistert: «Sicher, wenn ich darf. Kommt Willi auch mit?»

«Ja, wir fahren mit seinem Bus. Dann kannst du im Bus

oder im Zelt übernachten, so wie du willst.»

Sarahs Freude war ein bisschen getrübt. Mit Mami allein an ein Openair, das wäre der Hammer gewesen, aber diesen Willi brauchte sie wirklich nicht mitzunehmen.

Ihr Mami spürte das Unbehagen und versuchte, sie zu beruhigen: «Weisst du, du kannst dich dort so frei bewegen, wie du willst. Du musst ja nicht die ganze Zeit bei uns bleiben.»

Das beruhigte Sarah ein wenig. Walo und Rea waren damit schnell einverstanden und so konnte es in diesen Ferien doch noch zu einem Höhepunkt kommen, wenn auch erst ganz am Schluss. Sarah hatte jetzt zumindest etwas, worauf sie sich während der nächsten zwei Wochen freuen konnte.

Ein besonderer Abend war aber bereits zwei Tage später angesagt. Es war der 1. August. Schon am Vortag erkundigte sich Sarah nach Kerzen und Raketen und anderem Feuerzeug.

Rea schränkte jedoch sofort ein: «Bei uns gibt es keine Raketen und nur ganz wenig Feuerzeug, denn die Tiere haben Angst, wenn es dauernd knallt. Es genügt an dem, was die anderen verknallen.»

«Aber für Nora und Nico müssen wir schon etwas einkaufen», bestand Sarah auf ihrem Vorhaben.

Rea war darüber nicht begeistert, räumte aber beruhigend ein: «Sicher, wir kaufen ein paar bengalische Streichhölzer und einen Zuckerstock. Wir essen im Freien und beleuchten den Tisch mit vielen Kerzen.»

Walo musste noch am selben Abend die Kiste mit den Kerzen auf dem Estrich holen. Am Abend des 1. Augusts stellte er mit Nora und Nico die vielen Kerzen hinter dem Haus auf und der Esstisch war von vielen Kerzen umrandet. Rea stellte noch vier Fackeln auf. Nora und Nico suchten ihre Lampions hervor und hängten sie an verschiedenen Orten auf.

Endlich wurde es dunkel, das Nachtessen war fertig zubereitet, das Fest konnte steigen. Es sollte kein Fest werden! Walo zündete mit Nora und Nico all die Kerzen und Lampions an, Rea trug das Nachtessen auf. Wirklich freuen über all die Lichter und die knallenden Raketen in der Umgebung konnten sich nur Nora und Nico.

Walo war irgendwie schlecht gelaunt, er sagte nur: «Ich weiss nicht, was ich heute feiern sollte.»

Rea wurde dann ebenfalls unwillig und sagte nur: «Deswegen musst du den Kindern die Freude ja nicht verderben.»

Sarah sass nachdenklich am Tisch. Irgendetwas hinderte sie daran, sich zu freuen. Da stand ein Hindernis im Wege. Sie half zwar ihren Geschwistern, die bengalischen Streichhölzer abzubrennen, aber richtig freuen konnte sie sich nicht. Die 1.-Augustfeier in der Villa Sorgenlos wollte also einfach nicht in Stimmung kommen.

«Früher war das jeweils viel schöner», brach Sarah nun das Schweigen.

«Was war schöner?», fragte Rea zurück.

«Am 1. August waren jeweils viele Freunde bei uns, wir haben auch im Freien gegessen und da war immer eine so gute Stimmung. Das war ganz anders als jetzt.»

«Ja, das kann ich verstehen, dass es dir jetzt natürlich nicht so gefällt, wie wenn Mami und Papi und alle ihre Freunde dabei wären. Aber ich kann das nicht ändern», antwortete ihr Rea nüchtern.

«Dann war also letztes Jahr zum letzten Mal richtig 1. August?», fragte Sarah etwas traurig.

«Ich denke ja», meinte Walo. «Es wird für dich nie mehr so werden, wie es früher war. Und am 1. August ist bei mir sowieso nicht so viel zu erwarten.»

Sarah sagte nichts mehr. Es genügte wieder einmal. Sie spürte, wie erneut eine weitere Welt in ihr zusammenbrach, wie wieder schmerzhafte Erinnerungen in ihr auflebten, Erinnerungen an Erlebnisse mit ihren Eltern und Geschwistern, wie sie nie mehr wiederkommen würden.

Die 1.-Augustfeier war dann um zehn Uhr bereits beendet und Sarah verschwand in ihrem Zimmer. Dieser Ferienhöhepunkt war also ganz schön in die Hosen gegangen. Noch stand aber das Openair bevor und Sarah legte nun alle ihre Hoffnungen in dieses Wochenende im Wallis.

Zwei Tage vor dem Konzert teilte ihr Mami dann mit, dass sie nicht an dieses Openair gingen, es sei etwas dazwischengekommen. Sarah wurde wütend, sagte aber ihrer Mutter nichts. Warum war ihre Mutter so? Schon oft hatte sie erfahren, dass ihr Mami etwas versprochen und dann nicht eingehalten hatte. Kam da wirklich immer etwas dazwischen? Und was kam dazwischen? Waren das wirklich äussere Umstände? Oder war es vielleicht doch die Drogensucht ihrer Mutter, die sie jeweils im letzten Moment wieder absagen liess? Sarah wusste es nicht. Sie wäre froh gewesen, wenn es wirklich äussere Umstände gewesen wären, aber es waren ihr einfach zu viele. Aber sie weigerte sich auch anzunehmen, dass ihr Mami wegen ihrer Sucht so unzuverlässig war. Das wollte sie nicht annehmen, das durfte nicht so sein. Dagegen sträubte sie sich mit allen nur erdenklichen Mitteln, auch wenn die Zweifel daran nicht aus dem Weg zu räumen waren. Es waren diese Zweifel, diese Widersprüche in der Beziehung zu ihrem Mami, die Sarah hin und her rissen. Wie war sie eigentlich? War sie immer ehrlich mit ihr? Was war mit der Behauptung von Walo, dass zur Sucht auch das Lügen gehöre? Hatte er Recht? War ihr Mami da eine Ausnahme? Sarah war in sich zerstritten. Sie brachte ihren Bauch, ihre Gefühle nicht mit ihren Gedanken, mit ihren konkreten Erfahrungen überein. Wem sollte sie mehr vertrauen: ihren Gefühlen, ihrem Bauch oder ihren konkreten Erfahrungen und ihrem Kopf? Der Kampf war unentschieden. Wie lange würde er noch dauern?

So blieb Sarah denn nichts anderes übrig, ausser als einzigen Höhepunkt ihrer Ferien deren Ende zu erwarten und sich auf den ersten Schultag zu freuen. Es war eine Erlösung für sie, als sie endlich wieder zur Schule durfte und wieder mit ihren Kolleginnen und Kollegen zusammen war und der Wochenablauf sich in einigermassen klaren Strukturen abspielte.

Es sind zu viele

Sarah überlegte sich lange, wie sie darum herumkommen könnte. Aber was immer sie an Ausreden vorbrachte, Rea und Walo akzeptierten es nicht. Sie bestanden darauf, dass sie am Sonntag mitkommen musste.

«Irgendeinmal ist es das erste Mal. Und je früher du es hinter dir hast, desto besser fühlst du dich nachher», versuchte Rea sie zu beruhigen.

Aber Sarah hatte keine Lust auf diesen Besuch bei der Mutter von Rea.

Walo hatte auch nur einen trockenen Spruch ohne Mitleid für sie übrig: «Sie wird dich schon nicht auffressen. Mich jedenfalls hat sie leben lassen. Und sie hat selber genug zu essen. Abgesehen davon, dass du ihr auch nicht besonders schmecken würdest.»

«Sei doch du einfach ruhig!», drückte Sarah ihren unmissverständlichen Ärger über seine Äusserung aus.

Aber sie musste sich schliesslich fügen. Es nützte auch nichts, dass sie sich an jenem Sonntagmorgen als halb krank bezeichnete.

«Aber die muss mich dann gar nichts fragen!», gab Sarah auf der Fahrt zur Grossmutter nochmals eindeutig zu verstehen. «Ich will ihr überhaupt nichts erzählen.»

«Du musst ihr auch nichts erzählen, wenn du nicht willst», beruhigte Rea sie.

Der Besuch verlief dann ganz entgegen ihren Befürchtungen ziemlich angenehm. Die Mutter von Rea begrüsste Sarah sehr herzlich und offen. Sarah durfte ihr auch sofort du sagen. Fragen stellte sie ihr auch keine unangenehmen, sondern sie fragte bloss, ob es ihr bei Rea gefalle. Die beiden Nichten von Rea, Laura und Anina, waren an diesem Sonntag auch da. Anina war gleich alt wie Sarah. So fiel es ihr leicht, sich von den Erwachsenen abzusetzen und die Zeit mit Anina zu verbringen.

✳ ✳ ✳

Nur wenig später stand ein weiterer Besuch an. Diesmal war die Mutter von Walo an der Reihe. Wieder beharrten Rea und Walo darauf, dass sie mitkomme. Walo selber hatte dafür gesorgt, dass dieser Besuch nicht allzu lange dauerte. Sarah war froh darum. Aber wider Erwarten wurde sie bei diesem Besuch noch weniger zum Thema des Gesprächs. Walos Mutter begrüsste sie herzlich und begann schnell von anderen Sachen zu erzählen. Ihr waren die Schafe und Hühner wichtiger. Sie erzählte Walo die aktuellen Geschichten aus der Tierhaltung und anschliessend aus der Verwandtschaft. Sarah schlich sich schon bald davon und ging zu den Tieren, die hier zahlreich vorhanden waren.

Die Verwandtentour ging aber unerbittlich weiter. Sarah hatte manchmal den Verdacht, dass Rea und Walo extra oft Leute zu sich einluden oder irgendwo auf Besuch gingen. Denn kaum eine Woche verging, ohne dass irgendjemand auftauchte oder irgendjemand besucht wurde. Zu Hause konnte sie sich jeweils einfach aus der Schlinge ziehen, sie verkroch sich ziemlich bald in ihr Zimmer, und je nachdem, ob ihr die Leute dann einen guten Eindruck machten oder nicht, erschien sie oder blieb an ihrem sicheren Rückzugsort. Aber wenn sie irgendwo auf Besuch gingen, war das nicht so einfach. Da blieb sie ausgestellt. So kam sie sich auch vor, als bei der Schwester von Walo eine weitere Etappe dieser endlosen Verwandtentour abgehalten wurde. Sarah versuchte zwar wieder, sich irgendwie vor diesem Besuch zu drücken, aber erfolglos. Sie wäre auch dieses Mal am liebsten in den Erdboden verschwunden, als sie vor der fremden Haustür standen und die Glocke betätigt wurde. Sie hasste diese Momente. Sie kam sich jeweils wie der letzte Dreck vor. Sie war also das arme Mädchen, das von seinen Eltern weg musste, weil diese Drogen nahmen! Sie war also jetzt ein Anschauungsobjekt für alle jene Leute, die zwar dauernd über die Drogen sprachen, aber noch nie weder drogensüchtige Menschen selber noch direkt Betroffene gesehen hatten. Und jetzt stand sie als solcher Mensch da und würde angegafft. Warum musste sie da überhaupt mitkommen? Konnten sie diese Leute nicht auch ohne sie besuchen? Rea und Walo bestanden ganz unverständlicherweise fast immer darauf, dass sie mit dabei war. Sie meinten dann jeweils nur, dass es keinen Weg daran vorbei gäbe, dass dies jetzt zu ihrem Leben gehöre. Das half ihr aber in dieser peinlichen Situation überhaupt nicht weiter. Walo und Rea hatten ja keine Ahnung, wie sie sich in diesen Momenten jeweils fühlte. Die konnten gut reden und sagen, das sei nicht so schlimm. Für sie war es schlimm genug. Dies auch jetzt wieder, als sie vor dem Haus von Maria standen.

Der Empfang war herzlich.

«Du bist also Sarah, schön, dass du mitgekommen bist, auch wenn es für dich wahrscheinlich nicht so lustig ist», begrüsste Maria Sarah.

Sarah war erstaunt, dass Maria sie so direkt auf ihre Gefühle ansprach. Sie antwortete nur kurz: «Grüezi.»

Maria erwartete aber auch keine längere Antwort: «Kommt herein!»

Das war dann auch schon alles, was über sie gesprochen wurde. Sarah hatte schon bald ein gutes Gefühl, und Gabi, die Tochter von Maria, war gleich alt wie sie. Bald verzogen sie sich in ihr Zimmer. Auf der Rückfahrt sagte Sarah dann nur: «Das ist immer so blöd, ich weiss nie, ob ich diesen Leuten du oder Sie sagen muss.»

«Denen kannst du schon du sagen», beruhigte Walo Sarah. «Die sind nicht so kompliziert, und sie sagen dir ja auch du.»

Die beiden Grossmütter und die Schwester von Walo hatte Sarah also schadlos und ohne grossen Ärger kennen gelernt. Aber die Sache war natürlich noch nicht abgeschlossen. Als nächstes stand ein Geburtstagsfest auf dem Programm, bei dem die ganze Verwandtschaft von Walo anwesend war. Er hatte acht Geschwister, das war also schon fast ein Grossanlass. Sie würde da sicher im Zentrum stehen. Sie stellte sich die Situation vor: wie der Affe im Zoo, umgeben von neugierigen Gaffern, die zum ersten Mal in ihrem Leben einen Affen sahen, würde sie mitten in diesen Leuten sitzen, die alle neugierig auf die drei Kinder mit drogenabhängigen Eltern schauen und sie bestaunen und genau mustern würden. Sie hatte absolut keinen Bock auf diese Zoovorstellung. Sie kannte ja fast niemanden von diesen Leuten, ausser der Mutter von Walo und seine Schwester Maria und deren Familie. Mit diesen Leuten hatte sie nichts zu tun, mit diesen Leuten wollte sie nichts zu tun haben.

Sie fuhren also an diese Geburtstagsfeier. Wieder beschlich sie dieses komische Gefühl. Es war ihr jeweils zum Kotzen. Heute würde es ein Spiessrutenlaufen sein, durch all diese Verwandten hindurch als ausgestellte Pflegekinder. Sarah blickte um sich, sie suchte bekannte Gesichter. Zum Glück entdeckte sie schon bald Gabi und ging sofort zu ihr, die anderen Verwandten von Walo konnten ihr gestohlen bleiben. Sie verzog sich für den ganzen Nachmittag mit Gabi auf deren Zimmer und kam erst wieder zum Vorschein, als Walo rief, Sarah solle sich zur Abfahrt bereitmachen. Das war ja nochmals glimpflich abgelaufen.

«So, und habt ihr jetzt alles erzählt, was es zu erzählen gibt?», fragte sie fast vorwurfsvoll, als sie nach Hause fuhren.

«Wir haben nicht nur von dir gesprochen, aber auch», gab Walo zur Antwort. «Es gibt ja da auch nichts zu verheimlichen.»

Das war schon das ganze Gespräch, das auf der Heimfahrt stattfand.

* * *

Auf die Hochzeitsfeier von Andrea und Patrick freute sich Sarah einerseits ein wenig, sie kannte die beiden vom vergangenen Silvester her. Andrea und Patrick hatten bei Rea und

Walo Silvester gefeiert. Patrick hatte Sarah später seine Stereoanlage geschenkt, die er nicht mehr brauchte, die aber für Sarah die Erfüllung eines grossen Wunsches bedeutete. Anderseits aber war es ein Tag mehr, an dem sie ausgestellt war. Diesmal hatte sie sogar ein gutes Argument: Sie war wirklich die Einzige in ihrem Alter an dieser Hochzeit. Die nächstjüngeren waren unter zehn, die nächstälteren über 25. Da hatte sie nun wirklich nichts verloren. Da mussten sogar Rea und Walo ihr Recht geben. Nichtsdestotrotz musste sie mitgehen. Demonstrativ packte sie den Discplayer ein und setzte den Kopfhörer schon für die fünf Minuten Autofahrt zum Bahnhof auf. Sobald sie im Zug sassen, zog sie sich sofort wieder in ihre Welt der Musik zurück und sprach auf der ganzen Reise kaum ein Wort.

Rea ärgerte sich über ihr Verhalten und sagte unzweifelhaft klar: «An diesem Fest sehe ich dich nie mit diesem Ding rumlaufen. Du kannst sonst noch genug Musik hören!»

Sarah widersprach nicht, sie wusste, dass es keinen Sinn hatte, sie packte den Discplayer in ihren Rucksack. Das Fest war eine stinklangweilige Angelegenheit. Sarah konnte nichts damit anfangen. Sie verzog sich bald nach dem obligatorischen Händeschütteln in den Schlafsaal, legte sich auf die Matratze und hörte Musik. Nora und Nico kamen zwar ein paar Mal zu ihr und fragten sie, ob sie nicht mit ihnen spielen käme. Aber sie hatte keine Lust. Sie mochte sich nicht aufraffen. Walo und Rea liessen sie in Ruhe und sie war froh darum. Sie war wirklich allein auf weiter Flur und niemand war da in ihrem Alter. Und sie hatte absolut keine Lust, sich mit Kleinkindern oder mit Gruftis abzugeben. Ein normaler Mensch in ihrem Alter war keiner vorhanden.

Der Abend zog sich endlos dahin. Sie übernachteten sogar in diesem Pfadiheim, sie musste also auch die Nacht hier verbringen. Sarah wusste weder mit sich selber noch mit den Leuten um sich etwas anzufangen. Sie verschwand schon bald und konnte lange nicht einschlafen. Sie hörte auch noch, wie Walo ziemlich spät nochmals ins Zimmer kam und zuerst Nora und dann Nico holte und sie auf das WC trug. Die beiden hatten es gut, sie erwachten nicht einmal richtig auf diesem Gang zur Toilette, und kaum hatte sie Walo wieder hingelegt, schliefen sie ruhig weiter. Und sie? Sie lag da halbwach in ihrem Schlafsack, wütend über sich selber, wütend über die verpassten Gelegenheiten, die sie zu Hause gehabt hätte, wütend über dieses Fest, mit dem sie nichts anfangen konnte. Endlich fand sie einen unruhigen Schlaf. Am anderen Morgen hatte sie absolut keinen Appetit und mochte kaum etwas zum Frühstück essen. Walo sah ebenfalls etwas müde aus der Wäsche, er hatte wohl auch zu wenig Schlaf gehabt. Er musste auf alle Fälle dann schon beim Morgenessen einen seiner dummen Sprüche fallen lassen, so dass für Sarah der Tag endgültig im Eimer war, noch bevor er richtig begonnen hatte. Sie war froh, als sie endlich wieder zu Hause waren und sie sich in ihrem Zimmer verkriechen konnte. Die Erwachsenen hatten manchmal wirklich komische Vorstellungen, was ein Fest sei und wo und wie sich Jugendliche wohl fühlen sollten.

Das neue Fahrrad

Sarah brauchte ihr Fahrrad viel. Täglich fuhr sie damit zur Schule. Ab und zu fuhr sie mit dem Fahrrad auch zu ihren Grosseltern oder zu ihrem Mami ins Nachbardorf. Es war ein gutes Fahrrad, das ihr Papi vor einigen Jahren gekauft hatte. Aber jetzt war es zu klein. Sie war in der Zwischenzeit ein gehöriges Stück gewachsen, das Fahrrad jedoch war gleich gross geblieben. Sie hatte den Sattel schon lange auf die Maximalhöhe eingestellt, aber das konnte den kleinen Rahmen auch nicht wegzaubern. Irgendwie sah es komisch aus, wenn sie auf diesem Kinderfahrrad sass, und Sarah fühlte sich so je länger je unwohler auf diesem Fahrrad. In ihrer Klasse war sie die Einzige, die ein so kleines Fahrrad hatte und das störte sie. Sie wollte nicht, dass sie die anderen wegen des Fahrrads auslachten.

«Ich brauche ein neues Fahrrad!», forderte sie wiederholt und energisch, seit der Frühling Einzug gehalten hatte und sie wieder regelmässiger mit dem Fahrrad zur Schule ging.

Rea und Walo waren damit einverstanden: «Ja, das stimmt. Du kannst dich schon mal etwas umsehen und dir überlegen, welche Art Fahrrad du gerne haben möchtest.»

Sarah musste da nicht lange überlegen: «Ich weiss schon, welches ich will. Ich möchte ein Fahrrad, wie es Yvonne hat. So eines mit Stossdämpfern und ohne Gepäckträger.»

Walo schmunzelte und sagte dann nur: «Ja, du musst dir zuerst überlegen, wofür du eigentlich das Fahrrad brauchst und dann kannst du entscheiden, ob du solchen Luxus wie Stossdämpfer brauchst. Schau du zuerst mal verschiedene Fahrräder an.»

Rea liess sich auch nicht drängen: «Wir kaufen dir ein neues Fahrrad für das neue Schuljahr, so kannst du jetzt in aller Ruhe aussuchen, was dir gefällt.»

Sarah nahm die Aufforderung an. In den kommenden Tagen hielt sie die Augen bewusster offen. Sie betrachtete die Fahrräder ihrer Schulkolleginnen und Schulkollegen aufmerksamer als vorher. Bald war sie sich klar: Stossdämpfer musste sie unbedingt haben, die sahen so super aus. Schutzbleche wollte sie auf keinen Fall am Fahrrad haben, das sah blöd aus. Es gab ja die Schutzbleche zum Aufstecken, die sie bei Bedarf montieren konnte. Aber ohne Schutzbleche sahen die Fahrräder viel besser aus. Das Gleiche galt für das Licht, ja keine fest montierte Lampe, das war altmodisch. Die guten Fahrräder hatten eine Lampe, die man nachts einfach aufstecken konnte. Sarah sah sich auch die Fahrräder in den Schaufenstern an und entdeckte darunter viele, für die sie sich begeistern konnte. Manchmal waren auch die Preise angeschrieben. Wie viel durfte sie wohl für ein Fahrrad ausgeben? Walo und

Rea nahmen die Suche nach einem neuen Fahrrad ebenfalls auf. Rea besorgte sich in einem Fachgeschäft ein paar Prospekte und auch Walo sah sich die Werbung in diesen Wochen sorgfältiger an.

«Ich habe mein Fahrrad gefunden!», schwärmte Sarah eines Tages.

«Und, was für eines ist es?», fragte Walo interessiert.

«Es sieht supergeil aus, hat einen tollen Rahmen, keine Schutzbleche, keine blöden Lampen und 21 Gänge.» Sarah war total begeistert von ihrer Entdeckung.

«Wo hast du es gesehen?»

«Im Schaufenster in Stans!»

«Aber es kostet ein bisschen viel», kam Sarah nun auf den heiklen Punkt zu sprechen.

«Wie viel kostet denn der Spass?», fragte Walo.

«Ein bisschen viel. Aber es ist ein Superfahrrad. Es kostet 4'500 Franken», eröffnete Sarah.

Walo lachte laut heraus: «Vergiss es!»

«Wie viel darf ich denn für das Fahrrad ausgeben?», wollte nun Sarah wissen.

Sie bestand gar nicht auf dem Superfahrrad für 4'500 Franken, denn dies schien auch ihr ein unmöglich hoher Betrag zu sein.

Walo liess sich allerdings nicht auf einen Betrag festnageln: «Ich habe eine Kollegin, die weiss da sehr gut Bescheid. Ich werde sie mal fragen, wie viel ein gutes Fahrrad kostet.»

Sarah war davon nicht besonders begeistert: «Aber es muss nicht nur ein gutes Fahrrad sein, es muss mir gefallen, das ist viel wichtiger.»

«Ja, sicher», beruhigte sie Walo, «aber ich bin nicht bereit, für Schönheit so viel zu bezahlen. Ich will auch, dass du ein gutes Fahrrad kaufst, das dir gefällt. Aber gute Fahrräder gibt es auch für weniger Geld.»

Sarah befürchtete nun eine knauserige Sparübung und wehrte sich dagegen: «Du musst es ja nicht selber bezahlen, das bezahlt ja die Gemeinde!»

«Du meinst wohl, die Gemeinde bezahle dir jeden Phantasiepreis. Du weisst, dass wir dafür zuerst eine Kostengutsprache brauchen. Die Gemeinde hat dir jetzt schon das Generalabonnement für die öffentlichen Verkehrsmittel bezahlt, da wird sie nicht mehr so grosszügig mit dem Fahrrad sein.»

«Ja, wieviel darf es denn kosten?», fragte Sarah und wollte eine konkrete Zahl wissen.

«Ich frage eben zuerst mal diese Kollegin, die da draus kommt, dann kann ich es dir sagen.» Walo verweigerte die konkrete Zahl.

Zwei Wochen später kam diese Kollegin dann tatsächlich auf Besuch und Walo sprach das Thema an. Am Abend fragte Sarah natürlich sofort nach den Ergebnissen dieser Diskussion.

Walo war nun bereit, Auskunft zu geben: «Also, alles, was über 1'000 Franken ist, kannst du schon mal ganz vergessen. Es gibt anscheinend schon für weit unter 1'000 Franken sehr gute Fahrräder.»

«Ja, aber keine, die mir gefallen», warf Sarah mürrisch ein.

Walo liess sich allerdings nicht auf diese Diskussion ein: «Da bin ich nicht so überzeugt, und du musst dich da halt arrangieren. Du musst auf diesen und jenen Luxus verzichten, den du sowieso nicht brauchen kannst. Du kennst jetzt die absolut oberste Grenze.»

Sarah versuchte, da noch etwas Spielraum auszuhandeln: «Und wenn ich jetzt ein Fahrrad finde, das mir sehr gut gefällt, aber 1'050 Franken kostet. Was ist dann?»

«Dann werden wir darüber diskutieren. Aber vielleicht kannst du ja auch ein Fahrrad suchen, das nur 700 Franken kostet und dir sehr gut gefällt.»

Die Spielregeln waren also bekannt. Die Suche konnte beginnen. Woche um Woche verstrich, Sarah wurde nicht fündig. In den Sommerferien hatte sie eh keine Lust, auf Fahrradsuche zu gehen. Walo und Rea liessen ihr Zeit, sprachen von sich aus nicht mehr von diesem Fahrrad. So verging der Sommer, das neue Schuljahr begann und Sarah hatte immer noch kein neues Fahrrad. Erst als die Schule begonnen hatte, wurde für Sarah das Fahrrad wieder zum dringenden Anliegen. Sie musste ein neues Fahrrad haben, und zwar sofort. Sie erinnerte sich daran, dass ihre Grossmutter ihr versprochen hatte, einen Teil der Kosten zu übernehmen. Sie rief ihr an und die Grossmutter versprach ihr 300 Franken für das neue Fahrrad. Die Grossmutter erzählte ihr auch, dass die anderen Grosseltern ebenfalls einen Beitrag bezahlen würden. Sarah rief auch sie an.

«Ja, wir haben gedacht, dass wir dir 150 Franken für das Fahrrad bezahlen würden», bestätigten auch sie die finanzielle Hilfe.

«Danke vielmals», sagte Sarah erfreut und fügte dann berechnend an, «mit den 300 Franken der anderen Grosseltern habe ich ja schon 450 Franken. Das hilft mir schon viel.»

Die erwartete Reaktion blieb denn auch nicht aus: «Wir können dir in diesem Falle auch 300 Franken geben, damit du nicht das Gefühl hast, wir würden dich benachteiligen.»

Sarah war zufrieden. 600 Franken hatte sie also schon mal zusammen.

Drei Tage später rief ihre Gotte an: «Hoi Sarah, ich habe gehört, dass du ein neues Fahrrad kaufen willst. Du hast ja schon bald Geburtstag, und wenn du einverstanden bist, gebe ich dir als Geburtstagsgeschenk einen Beitrag an das neue Fahrrad.»

Natürlich war Sarah einverstanden: «Danke vielmals, jetzt kann ich mir sicher ein schönes Fahrrad kaufen, wenn du mir auch etwas daran bezahlst.»

Wenige Tage später kam per Post eine Barüberweisung der Gotte an Sarah in der Höhe von 300 Franken. Inzwischen hatte sie im Nachbardorf auch ein Fahrrad entdeckt, das ihren Vorstellungen einigermassen entsprach. Das Problem war noch, dass dieses Fahrrad 1'200 Franken kostete, wo doch die Grenze bei 1'000 Franken lag. Sarah setzte ihre Finanzkraft geschickt ein: «Dieses Fahrrad will ich, ich habe schon 900 Franken beisammen und ich selber habe auch noch 150 Franken gespart. Es fehlen also nur noch 150 Franken.»

Sarah war überrascht, wie schnell sich Walo geschlagen gab. Aber es fehlten ihm wirklich die schlagkräftigen Argumente, es war ja lediglich noch eine Differenz von 150 Franken, die er der Gemeinde schmackhaft machen musste.

«Einverstanden, du kannst dir dieses Fahrrad kaufen», gab er sein Einverständnis.

Dazu kam etwas, das Walo nicht wusste. Rea kannte diesen Fahrradhändler persönlich.

Rea fügte darum selbstbewusst hinzu: «Ich werde mal anrufen, vielleicht liegen da noch ein paar Prozente drin.»

Rea war mit ihrem Vorhaben erfolgreich. Der Fahrradhändler war bereit, das Fahrrad für 1'100 Franken zu liefern. Damit musste die Gemeinde gar nichts mehr bezahlen, denn die fehlenden 50 Franken legte Walo dazu. Nur eine Woche später wurde das neue Fahrrad angeliefert. Der Händler hatte angerufen, dass er das Fahrrad unmittelbar nach dem Mittagessen, auf 13 Uhr, bringen würde. Sarah konnte das Mittagessen nicht geniessen. Hastig schob sie einige Brocken in den Mund und tigerte nervös in der Wohnung umher. Endlich um fünf vor ein Uhr meldete sich der Fahrradhändler an der Haustür. Sarah schoss auf und aus dem Haus. Der Fahrradhändler konnte das Fahrrad kaum ausladen, da sass sie schon drauf und türmte los in die Schule. Schutzbleche und Lampen interessierten sie nicht, darum konnten sich Rea und Walo kümmern, sie musste jetzt in die Schule und den anderen ihr neues Fahrrad vorführen.

Sie hatte gut ausgewählt, die Schulkolleginnen und Schulkollegen bestaunten ihr neues Fahrrad und zeigten Respekt. Die Farbe war brandaktuell, die Form des Rahmens, die fehlenden Schutzbleche und Lampen, all das war hitverdächtig und wurde von den anderen nicht ganz neidlos bewundert. Sarah freute sich. Das Fahrrad gefiel ihr. Sie liess ihre besten Schulkolleginnen und Schulkollegen auch bald eine Runde mit ihrem Fahrrad drehen und nahm die Komplimente mit Befriedigung entgegen. Es dauerte jedoch nicht allzu lange, da hatte sie bereits den ersten Ärger mit ihrem Fahrrad. Der erste Kratzer am Rahmen kam schneller als erwartet, und Sarah wusste nicht einmal genau, wie er entstanden war. Das ärgerte sie besonders. Wenn sie das Fahrrad schon ab und zu kurz auslieh, so erwartete sie zumindest, dass die anderen dann auch Sorge dazu tragen würden. Aber dennoch entdeckte sie diesen Kratzer. Wenig später war auch ihre Gangschaltung defekt, ohne dass sie wusste, wie der Schaden entstanden war.

Nichts ist so erlabend, wie ein Elternabend

Sie wollte eigentlich den blöden Zettel gar nicht nach Hause bringen. Sie wusste, dass Rea und Walo, wenn es irgendwie möglich wäre, an diesen Elternabend gehen würden. Das war ja dann wieder so eine Gelegenheit, um mit den Lehrern über sie zu verhandeln. Was konnte sie tun? Wie konnte sie verhindern, dass Rea oder Walo, oder noch schlimmer, beide an diesen Elternabend gingen? Sie behielt den Zettel vorerst bei sich. Sie musste es ihnen dennoch irgendwann sagen, aber je kurzfristiger, desto grösser die Chance, dass zumindest Walo irgendwo an einer Sitzung hocken musste und keine Zeit hatte. So brachte sie den Zettel denn erst zum allerletzten noch einigermassen glaubwürdigen Termin nach Hause. Aber sie hatte Pech. Beide hatten sie an diesem Abend nichts los und liessen sich durch nichts davon abhalten. Sie gingen an diesen Elternabend zum bevorstehenden Klassenlager.

Sie musste zu Hause auf Samuel Acht geben. Rea hatte

ihn, noch kurz bevor sie abfuhren, gestillt und jetzt schlief er friedlich. Wenn er schlief, konnte sie wenigstens mal ungestört und so lange sie wollte mit ihrer Mutter telefonieren. Das schien den Abend ein wenig zu retten. Aber es sollte nicht sein. Rea und Walo waren wirklich erst fünf Minuten weg, da fuhr jemand zum Haus heran. Die Hunde bellten wie verrückt, wie immer, wenn Rea nicht zu Hause war. Und - Samuel erwachte und begann zu schreien. Das Telefon konnte sie nun schlichtweg vergessen. Sie holte Samuel aus dem Bett und nahm ihn in die Arme. Er schaute sie mit weit offenen und hellwachen Augen an - und lachte. Er dachte nicht daran, schnell wieder einzuschlafen. Sarah trug ihn durch die Wohnung und schaukelte ihn. Das half anfangs noch recht gut, aber nach wenigen Minuten schon begann Samuel wieder zu schreien. Sarah versuchte, ihn nochmals zu beruhigen und zu besänftigen. Es half nichts. Sie musste sich etwas einfallen lassen, denn es dauerte sicher noch länger als eine Stunde, bis Rea und Walo nach Hause kamen. Füttern konnte sie ihm nichts, er ass ja noch nicht. In der Wohnung herumtragen half auch nichts. Es blieb als einzige Möglichkeit der Kinderwagen und eine Spazierfahrt im Freien. Mein Gott, sie musste also Samuel warm anziehen und mit ihm ins Freie gehen. Sie hatte ihn schnell angezogen, auch wenn er schrie, darin war sie geübt. Sie zog selber schnell eine Jacke an und ging ins Freie. Scheisse, sie hatte gar nicht daran gedacht, dass es regnete. Hatte Samuel einen Regenschutz? Wo konnte sie den wohl finden? Sie begann gar nicht erst zu suchen, sie holte eine zweite Jacke aus ihrem Schrank, damit konnte sie Samuel zudecken. Sie setzte also den schreienden Samuel in den Kinderwagen, deckte ihn mit der Jacke zu und fuhr los. Sie wusste, dass Samuel schneller ruhig wurde, wenn er im Wagen geschüttelt wurde. Deshalb fuhr sie am Rand der Strasse, mit der einen Hälfte des Wagens bereits neben der Strasse. Das Rezept war gut, es ging nicht lange und Samuel wurde ruhig. Sarah atmete auf. Jetzt musste sie nur noch etwas Geduld haben, dann würde er einschlafen und sie könnte mit ihm ins Haus zurückgehen und ihn ins Bett legen. Aber so einfach war es nicht. Samuel schien zwar schon bald wieder eingeschlafen zu sein. Aber Sarah brauchte mit dem Wagen nur zu stoppen, schon öffnete er seine Augen, schaute sie an und begann wieder zu schreien. Also weiter fahren. Sie wusste selber nicht mehr, wie oft sie überzeugt war, dass er schlief und wie oft, kaum war sie vor der Haustür, er wieder erwachte und schrie. Es war zum Verzweifeln. Sie drehte Runde um Runde im Dorf und dies während einer ganzen Stunde. Dann endlich war es so weit. Samuel schlief nun so fest, dass er zwar noch kurz die Augen öffnete, als sie ihn aus dem Wagen nahm, aber auf ihren Armen sofort wieder einschlief. Sie konnte ihn ins Bett legen. Sie atmete auf.

Fünf Minuten später kamen Walo und Rea nach Hause. Sarah war etwas überrascht, dass sie bereits wieder da waren. War der Elternabend schon zu Ende? Rea erkundigte sich nach Samuel und lachte laut heraus, als Sarah ihr von der langen Spazierfahrt im Regen erzählte.

«Und, wie war der Elternabend?», fragte Sarah.

Das hätte sie aber besser nicht getan.

«Super, der beste Elternabend, den ich je erlebt habe», bekam sie von Walo zur Antwort.

«Stimmt das, Rea?», fragte Sarah, denn sie glaubte Walo nicht so recht.

«Ja sicher!», sagte Rea.

Aber Sarah erkannte den zynischen Unterton in ihrer Stimme, so dass für sie alles klar war.

«Gehst du gerne zu Herrn Meier in die Schule?», fragte sie nun Walo.

«Ich gehe gar nicht zu ihm in die Schule. Er ist in der Sekundarschule, letztes Jahr hatte ich bei ihm Turnen», gab sie kurz zur Antwort.

«Wenn der so unterrichtet, wie er einen Elternabend gestaltet, na dann prost!», meinte Walo weiter.

«Wieso, war es nicht gut, Rea?», fragte Sarah, weil sie sich von ihr eher eine Antwort erwartete.

Walo schien ziemlich wütend zu sein, und dann war kaum noch eine sachliche Auskunft von ihm zu bekommen.

«Es haben viele Eltern sehr interessiert zugehört», wich Rea der Frage aus. «Für mich hätte er es etwas kürzer machen dürfen.»

«Erstens kann ich lesen, zweitens muss man mir nicht fünfmal sagen, wann der Bus fährt und drittens habe ich gar keine Lust, Zimmerpläne eines Lagerhauses vorgesetzt zu bekommen. Er hätte uns lieber gesagt, warum ihr eigentlich ins Lager fährt und was ihr dort macht, anstatt mir zu erklären, warum man fünf Paar Unterhosen für eine Woche Lager braucht.» Walo war wütend, kein Zweifel.

«Ich musste Walo zwischendurch wieder wecken, damit es nicht so aufgefallen ist, dass er schläft», brachte Rea das Gespräch auf eine andere Ebene.

«Den rufe ich morgen an, ich will ihm ein Echo geben», meinte Walo.

«Nein! Das machst du nicht!», fuhr Sarah dazwischen. «Sonst komme nur ich wieder dran im Lager. Die haben ja sowieso alle etwas gegen mich.»

«Bei dem gehst du ja gar nicht zur Schule», gab Walo als Einwand zu bedenken.

Aber Sarah war damit keineswegs einverstanden: «Meinst du, die erzählen einander nichts? Mein Lehrer hat sowieso etwas gegen mich, er beschimpft mich, wenn ich auch gar nicht selber gesprochen habe. Wenn meine Nachbarin mir etwas erzählt, heisst es sofort: 'Sarah, sei still!' Ich hasse diesen Typen!»

«Hast du ihm das schon einmal gesagt, dass du dich ungerecht behandelt fühlst?», fragte Rea.

Sarah war wütend: «Mit dem rede ich nicht mehr, der ist so ungerecht mit mir!»

«Seit wann ist das schon so?», interessierte sich Walo jetzt auch für diese Sache.

«Seit Beginn!», gab sie kurz zur Antwort.

Rea versuchte, etwas zu beruhigen: «Aber letztes Jahr war es doch besser!»

Sarah stimmte dem zu: «Ja, aber dieses Jahr hat er es auf mich abgesehen.»

«Und du weisst überhaupt nicht warum?», erkundigte sich Walo.

«Ich kann ja auch nicht den ganzen Tag mäuschenstill in meiner Bank sitzen. Wenn Mirjam mir etwas erzählt, darf ich doch zuhören, und wenn alle anderen lachen, darf ich doch auch lachen!», verteidigte sich Sarah.

«Du musst es ihm sagen, dass du das Gefühl hast, er sei ungerecht mit dir. Vielleicht fällt ihm das gar nicht auf. Wenn du nichts sagst, kann es lange gehen, bis sich das ändert», forderte Rea noch einmal auf.

«Die Schule ist sowieso ein grosser Mist. Ich will nicht mehr dorthin gehen.» In Sarahs Gesicht drangen Tränen.

«Sollen wir mal mit deinem Lehrer darüber sprechen?», fragte Rea. «Denn wenn das nicht anders wird, wird dieses Schuljahr für dich ganz schwierig.»

«Nein, das macht ihr nicht!», wehrte sich Sarah fast verzweifelt. «Mit dem werde ich selber fertig.»

Sie stand auf, verliess den Tisch und ging in ihr Zimmer. Jetzt half einmal mehr nur die CD von Simon and Garfunkel: Sounds of silence.

Ich habe kein Zuhause

Sarah warf ihre Blicke in die Runde. Nur ganz kurz blieben sie bei ihrer Mutter, dann bei Rea und bei Walo hängen. Die Augen blickten verzweifelt. Sarah zweifelte jedoch nur ganz kurz, bevor sie wortlos den Stuhl zurückschob und aufstand. Es war genug! Sie musste gehen, sie hielt es nicht mehr aus in diesem stickigen Zimmer. Sie hielt es nicht mehr aus bei diesen Leuten. Sie verliess das Zimmer, knallte die Türe zu und rannte nach draussen. Weg von hier, nur weg von hier! Ohne zu überlegen, rannte sie drauflos, die Strasse entlang, aus dem Dorf hinaus. Sie konnte das nicht mehr aushalten. Sie hatte es angedroht, sie wollte nie zu diesem verdammten Gespräch mitkommen. Sie rannte. Sie wusste nicht, wohin sie sollte. - Nach Hause, dort war jetzt wenigstens niemand! Die sassen ja alle bei diesem Gespräch. Sie wollte allein sein. Sie atmete heftiger, der Weg ging bergan, aber sie lief weiter. Die Füsse begannen zu schmerzen, die blöden Schuhe waren nicht zum Rennen geeignet. Ihre Gedanken liefen wild durcheinander. Es waren wütende Gedanken, es waren verzweifelte Gedanken. 'Es hat alles keinen Sinn mehr. Die sollen über mich reden und über mich entscheiden. Das ist mir doch egal. Mein Leben ist doch nur eine grosse Enttäuschung, alles kaputt. Warum muss das gerade mir passieren? Warum glaubt man mir eigentlich nichts? Warum hält Mami nicht Wort? Warum gerade ich?'

Sie atmete heftig, Tränen drangen ihr ins Gesicht. So rannte sie weiter, die Steigung ermüdete sie jedoch so stark, dass sie bald eine kurze Verschnaufpause einschalten musste. Die Strasse stieg wirklich steil an. Aber sie musste weiter. Sie musste zu Hause sein, bevor die anderen kamen, dann nichts wie weg. Sie fühlte sich bedroht. Die Strasse führte durch einen Wald, zum Teil war es wie in einem Tunnel, und jetzt am Abend, begann es bereits leicht dunkel zu werden in diesem langen, nicht enden wollenden Wald. Auf der anderen Seite des Hügels ging es ebenso steil wieder bergab. Sie rannte. Die Füsse schmerzten jetzt auf der abfallenden Strasse noch mehr. Bei jedem Schritt schlugen die Füsse hart am Boden auf, drückten die Zehen noch stärker an den Rand der Schuhe, aber sie rannte weiter, aus dem Wald heraus, nach Hause.

Sie kam nach drei viertel Stunden zu Hause an. Niemand

war da. Den Rucksack warf sie achtlos vor die Haustür und holte ihr Fahrrad. Sie fuhr ins Nachbardorf, warum, wusste sie nicht, sie hatte es nicht bewusst entschieden, aber sie musste weg. Vielleicht fuhr sie diesen Weg ins Nachbardorf, weil es ihr täglicher Schulweg war. Sie fuhr schnell. Sie hielt diese Menschen und diesen Ort nicht mehr aus. Schon nach zehn Minuten war sie im Nachbardorf angelangt, sie fuhr, ohne zu überlegen, auf den Platz, wo sie sich sonst immer mit ihren Schulkolleginnen und Schulkollegen traf. Aber es war niemand da. Sie wartete. Jetzt kam sie endlich etwas zur Ruhe und merkte, wie heftig ihr Atem war. Sie wartete. Aber wie immer in solchen Momenten, keine ihrer Kolleginnen tauchte auf. Langsam begann sie ihre Gedanken zu ordnen. Was war geschehen? Nochmals sah sie das Besprechungszimmer vor sich, nochmals knallte die Türe zu, nochmals ging sie in Gedanken den ganzen Fluchtweg durch, aus dem Dorf, durch den langen Wald den Hügel hinauf und hinunter. Es war alles so schnell geschehen, erst jetzt merkte sie, dass seit ihrer Flucht bereits eine Stunde vergangen war. Sie konnte wieder denken, sie konnte wieder überlegen. Und jetzt? Wohin sollte sie? Die Frage war unangenehm. Je länger sie darüber nachdachte, desto banger wurde ihr. Die Frage war unverschämt! Die Frage war ungerecht! Denn es gab keine Antwort darauf. Es wurde ihr mit einer grausamen Heftigkeit bewusst, dass sie kein Zuhause hatte, keinen Ort, der ihr sicheren Halt gab, keinen Menschen, dem sie sich in dieser unerträglichen Stimmung einfach überlassen konnte. Da war niemand. Da war nichts. Sie war allein. Es wurde ihr schmerzhaft bewusst, wie allein sie war.

Sie wartete noch einige Minuten, beinahe verbissen, ob da nicht doch noch eine Kollegin auftauchen würde. Aber sie blieb allein. Sie stieg wieder auf ihr neues Fahrrad und fuhr zurück, dorthin wo sie wohnte. Inzwischen waren Walo und Rea und auch ihre Geschwister zurückgekehrt. Das Gespräch schien also beendet. Sie trat wortlos in die Wohnung und ging in ihr Zimmer, schaltete die Stereoanlage ein, legte die CD von Simon und Garfunkel auf. Dann legte sie sich auf das Bett und weinte. Hemmungslos weinte sie ihren ganzen Schmerz ins Kissen. Sie war froh, dass man sie alleine liess.

Nur langsam beruhigte sie sich und konnte sich wieder fassen. Sie blieb noch eine Weile liegen und verliess dann das Zimmer. Sie setzte sich an den Esstisch zu Rea und Walo.

«Und, worüber habt ihr noch gesprochen?», fragte sie in einem recht sachlichen Ton.

Nur kurz erzählte Walo, was sie noch miteinander besprochen hatten.

«Hat mein Papi gesagt, dass er sich scheiden lassen will?», stellte sie die entscheidende Frage.

«Ja, das hat er am Schluss noch gesagt», bestätigte Walo.

Sie hatte es geahnt. Jetzt hatte er es also auch ausdrücklich gesagt.

«Dann bricht jetzt also die ganze Welt zusammen!», stellte sie verzweifelt fest.

Es schien, als wäre es für sie mehr eine Bestätigung als eine Überraschung.

«Ja! Ich denke, dass sich deine Eltern scheiden lassen», sagte Walo und schwieg.

«Ich glaube, du hast es schon lange gewusst», unterbrach Rea das Schweigen. «Dein Papi hat es heute noch von sich aus gesagt. Ich verstehe, dass du es nicht wahrhaben willst und dass es dir jetzt sehr weh tut.»

«Jetzt bin ich also auch das noch!», fügte Sarah hinzu und blickte mit leeren Augen in die Küche.

«Was bist du auch noch?», fragte Walo zurück, der ihre Aussage nicht verstanden hatte.

«Das Kind geschiedener Eltern! Als ob all das andere nicht schon genug wäre!»

Rea und Walo antworteten nicht. Sarah brauchte auch keine Antwort. Sie war vielmehr froh, dass an diesem Abend nicht mehr darüber gesprochen wurde. Sie war auch erleichtert, dass ihr Davonlaufen nicht mehr angesprochen wurde. Sarah schlief schlecht in dieser Nacht.

※ ※ ※

Walo war nicht sehr guter Laune, als er nach Hause kam. In letzter Zeit sah er oft sehr müde aus und war noch wortkarger als er es ohnehin schon war. In solchen Momenten fiel auch die Begrüssung der Hunde kurz aus, die sofort merkten, was los war und sich bald wieder in ihre Körbe verzogen.

«Hoi, Sarah», brachte er knapp über die Lippen, stellte seine Mappe in die Stube und war offensichtlich froh, endlich zu Hause zu sein, es war ja schon ein Viertel vor zehn Uhr. Sarah sass noch am Küchentisch und war wütend. Vor sich hatte sie ein Blatt mit Rechenaufgaben. Sie hasste Mathematik, sie hasste in diesem Moment auch ihren Lehrer, der ihr diese verdammten Aufgaben gegeben hatte. Welche Bedeutung hatte es denn für ihr Leben, wenn sie mühsam Multiplikationen mit Divisionen kombinieren musste? Was brachte ihr diese verhasste Mathematik?

«Unser Lehrer ist ein Arsch! Stets hackt er auf mir herum, stets schimpft er mit mir, auch wenn Mirjam redet und ich nur zuhöre! Ich gehe nicht mehr zu diesem Blödmann in die Schule!»

Walo reagierte kaum auf die ausfallenden Bemerkungen über den Lehrer und fragte: «Kann ich dir beim Lösen helfen?»

Er wusste zu gut, dass Mathematikaufgaben Sarah immer in rasende Wut versetzten. Nicht etwa, weil sie es nicht verstanden hatte. Sie hatte einfach kein Interesse daran, ihre Zeit mit solch unnützen Dingen zu verbringen.

«Lass mich!», fauchte sie zurück.

Walo schaute ihr über die Schultern und musste eine Zeit lang auf dem Aufgabenblatt verweilen, bis er die Aufgabenstellungen verstanden hatte.

«Das scheint gar nicht so einfach zu sein», versuchte er, das Gespräch wieder in Gang zu bringen.

«Verhasste Aufgaben!», war alles, was Sarah entgegnete.

Er liess sie machen. Plötzlich stand Sarah auf, liess alles liegen und ging in ihr Zimmer. Sie stellte ihre Stereoanlage derart laut an, dass Rea aus dem Nebenzimmer energisch eingriff: «Bitte, stell die Musik leiser, Samuel schläft, und ich habe absolut keine Lust, ihn wieder eine Stunde lang zu hüten!»

Sarah hörte sie nicht, sie war inzwischen im Badezimmer verschwunden. So ging denn Walo in ihr Zimmer und stellte die Musik leiser. Er wollte nicht, dass sich Rea doppelt aufregen würde: Über Sarah, die mit der lauten Musik Samuel geweckt hätte und über Samuel, der jeweils für mindestens eine Stunde wieder hellwach war, wenn er erwachte. Sarah ging in ihr Zimmer zurück. In der Küche hörten Rea und Walo, wie sie weinte. Wortlos zog Walo die Matheaufgaben über den Tisch, suchte sich einen Bleistift und löste die verbliebenen Aufgaben. Er schrieb sie mit Bleistift ins Aufgabenheft, nicht allein aus Mitleid mit Sarah, sein Interesse für Mathematik war ungebrochen und die doch kniffligen Aufgabenstellungen reizten ihn.

«Sarah! Was ist? Komm zu uns!», rief Rea ihr ins Zimmer.

Das nützte oft. Sarah kam kurz darauf aus ihrem Schlag, setzte sich an den Küchentisch und weinte drauflos.

«Was ist mit dir?», fragte Rea sie in einladendem Ton.

Da brach alles, was sich angestaut hatte, mit voller Wucht aus ihr heraus und verschaffte sich Luft: «Es ist so hoffnungslos. Es ist überhaupt nicht lustig, wenn man den ganzen Tag in der Schule hocken und immer lächeln muss, wenn es doch für mich überhaupt nichts zum Lachen gibt und ich am liebsten weinen würde. Ich kann nirgends so sein, wie ich will, ich bin nirgends daheim. Ich kann mich überhaupt an nichts mehr freuen, du kannst mir zwei Pferde schenken, ich könnte mich nicht freuen, das ist so schwierig, in mir ist nichts, nichts, das sich freuen kann. Das ist so hoffnungslos. Mami wird nicht von den Drogen wegkommen. Ob ich zu Papi will, weiss ich nicht. Er ist mir so fremd geworden. Es gibt keine Zukunft für mich, das ist alles so schwierig und sinnlos.»

Es kam wieder einmal alles miteinander. Das Gespräch vom letzten Montag auf dem Sozialamt sass noch tief in ihren Knochen: Wie sie hatte davonlaufen und nach Hause rennen müssen, weil sie es einfach nicht mehr ausgehalten hatte, wie da über sie verhandelt wurde.

«Weisst du, Sarah, momentan bist du bei uns. Wir wissen, dass wir deine Eltern nicht ersetzen können, das wollen wir auch nicht. Aber wir können dir ein wenig ein Daheim anbieten. Ob dein Papi den Entzug und die Wiedereingliederung schafft und ob dein Mami gesund wird, wissen wir nicht. Wir hoffen es und wünschen es für dich auch. Aber denk daran, im besten Fall geht das sicher drei bis vier Jahre, bis dein Papi wieder so gesund ist, dass er dich vielleicht aufnehmen kann. Dann bist du schon aus der Schule, schon in der Lehre. Wer weiss, wo du dann wohnen willst», erklärte Rea in einem sachlichen Ton.

«Ich will dann sicher bei meinem Papi oder bei meinem Mami wohnen», Sarah stockte, «aber dann können Nora und Nico nicht bei uns wohnen, dann sind wir ja wieder getrennt. Es ist alles so schwierig. Ich fühle mich so ohnmächtig.»

«Ob dein Mami schon bald den Ausstieg aus den Drogen schafft, bezweifle ich momentan wieder stark», fügte Walo an. «Du hast ja selber gesagt, dass sie bei diesem Gespräch verladen war.»

«Aber Mami hat mir hoch und heilig gesagt, dass sie es nicht war!»

«Sarah, du hast uns selber gesagt, solche Schweissausbrüche kämen nicht von selbst, du hast auch selber beobachtet, wie unkonzentriert sie war», beharrte Rea.

«Wenn man süchtig ist, kann man oft nicht mehr ehrlich sein. Mami wollte dich nicht enttäuschen und dir nicht weh tun, darum hat sie dir nicht die Wahrheit gesagt. Weisst du, es gehört bei der Sucht dazu, dass man nicht mehr ehrlich ist, dass man eine Scheinwelt aufbaut. Denk auch in der Schule daran. Wenn du immer nur lächelst, obwohl es dir zum Weinen ist, zeigst du deinen Schulkolleginnen nicht, wie du wirklich bist, sondern du zeigst ihnen nur eine Schein-Sarah.»

Das war jetzt wieder mal genug. Walo konnte ganz schön fies sein.

«Ich kann doch nicht den ganzen Tag in der Schule hocken und heulen!», wehrte sich Sarah heftig. «Sonst denken ja alle, die spinnt.»

«Das meine ich auch nicht, aber du darfst deinen Schulkolleginnen auch mal sagen: Heute geht es mir schlecht, lasst mich in Ruhe. Die, die dich wirklich mögen, die verstehen das, und die, die es nicht verstehen wollen, die haben auch kein Interesse an dir, die wollen nur die lächelnde Schein-Sarah.»

«Es gibt in meiner Klasse sowieso nur blöde Kolleginnen und Kollegen, da versteht mich niemand.»

«Was ist mit Barbara?», hakte Rea ein.

«Nein, die nicht!»

«Was ist mit Röbi?»

«Nein, der auch nicht.»

«Was ist mit Andrea?», fragte Rea nun schon mit einem leisen Lachen.

«Die auch nicht», gab Sarah zur Antwort und konnte ihrerseits das Lächeln auch nicht mehr verbergen.

«Und was ist mit Mirjam?»

Der Abend war gerettet! Es gab also doch noch Menschen, die sie mochten und wenn sie genauer hinsah, konnte sie feststellen: Es waren ja gar nicht so wenige. Sarah nahm das Aufgabenblatt und das Heft zu sich, mit ihrem Füllfederhalter überschrieb sie die Bleistifteintragungen. Walo machte ihr dann auch noch die Zwischenschritte ins Heft und sie konnte diese anschliessend nur noch mit Tinte überschreiben.

«Danke, Walo», sagte sie kurz und verschwand mit ihren Sachen im Zimmer, «und Gute Nacht.»

Ich knallte die Türe zu

Die Geburtstagsfeier war näher gerückt. Sarah freute sich auf ihren 13. Geburtstag. Sie war damit wieder ein Jahr älter und dadurch durfte sie sicher auch wieder etwas mehr Freiheiten von Walo und Rea erwarten. Denn sie kamen ihr manchmal schon sehr knauserig und engstirnig vor, wenn es um ihre Abendfreiheiten ging. Sie erinnerte sich noch gut an das Gespräch wegen der Technoparty. Sie war mit Yvonne an der Schuldisco gewesen und hatte sich aufgeregt. Das war ja inzwischen der reinste Kindergarten! Da waren Schülerinnen und Schüler aus der fünften und zum Teil schon aus der vierten Primarklasse mit dabei. Mit diesen Kindern wollte sie nicht zusammen in der Disco sein. Aber die anderen Discos, die ab und zu im Dorf veranstaltet wurden, hatten eine Altersbeschränkung, da liess man die Jugendlichen erst ab 16 herein. Sie fühlte sich verschaukelt. Zu den Jugendlichen, bei denen sie sich wohl gefühlt hätte, wurde sie noch nicht gelassen, sie war ja erst zwölf, mit dem Kindergarten der Zehn- und Elfjährigen konnte sie nichts anfangen, sie war ja bereits zwölf. Und bis sie 16 war, dauerte es ja noch unendlich lang. Sie müsste sich also noch unmöglich lange mit dem Kindergarten abfinden.

«Rea, darf ich einmal nach Zürich an eine Technoparty, ich habe ja ein Generalabonnement und kann gratis hinfahren?», stellte Sarah die Frage bei einem Nachtessen.

«Was willst du?», fragte Rea etwas überrascht.

«Ich habe genug von diesen Kindergartendiscos der Schule, wo noch ein paar alte Mamis Aufsicht halten, das ist zum Kotzen. Ich möchte einmal an eine Technoparty, dort ist viel mehr los.»

«Nein, sicher nicht!», antwortete Rea.

«Warum nicht?»

«Weil Technopartys nicht für zwölfjährige Mädchen gemacht sind!»

«Hast du Angst, dass mir etwas passiert? Ich kann schon auf mich aufpassen, ich bin ja kein kleines Kind mehr!»

«Da bin ich nicht so sicher. Wie stellst du dir das vor?»

«Ich weiss, wie ich mit dem Zug nach Zürich fahren kann. Ich kann mich auch orientieren, wo diese Technoparty ist. Dann gehe ich hin und komme wieder zurück. Was ist daran so ungewöhnlich?»

Walo meinte trocken: «Meinst du eigentlich, die würden dich dort rein lassen, wenn schon hier die etwas besseren Discos erst ab 16 sind?»

«Irgendwie käme ich da schon rein!»

«Du fluchst ja dauernd über den Kindergarten in der Schuldisco. Meinst du, die wollen an den Technopartys auch den Kindergarten der Zwölfjährigen?»

«Du hast ja keine Ahnung davon!»

«Habe ich tatsächlich nicht, aber ich weiss, dass diese Partys nicht für zwölfjährige Kinder sind. Vergiss es! Und du kannst es gleich für länger vergessen. Bevor du 16 bist, musst du mit dieser Frage gar nicht mehr kommen. Wir erlauben es dir nämlich nicht.»

«Das ist so gemein! Immer habt ihr die besseren Argumente als ich, da ist es ja von vornherein vergebens, wenn ich etwas will. Wenn ihr nicht wollt, könnt ihr es einfach verbieten!» Sarah wirkte verzweifelt.

Walo sagte lange nichts. Dann meinte er nur: «Jetzt hast du aber ein sackstarkes Argument gebracht, das mich nachdenklich stimmt. Wenn wir dir etwas nicht erlauben, so hoffen wir jeweils schon, dass wir dir auch sagen können, warum wir es dir nicht erlauben.»

✳ ✳ ✳

Sarahs Geburtstag rückte näher. Sie wurde 13. Rea und Walo hatten für diesen Abend ihre Eltern zum Nachtessen eingeladen. Darauf freute sich Sarah, sie konnte ihren Vater wieder einmal sehen. Dennoch waren die Tage vor dem Geburtstag für Sarah schwierig zu ertragen. Diese Geburtstagsfeier liess viele Erinnerungen aufsteigen. Sie holte ihre Schachtel mit den Fotos hervor und betrachtete sie. Sie fand darunter auch Fotos von früheren Familienfesten, von Weihnachtsessen und Geburtstagsfeiern. Sie konnte sich gut an diese Feiern erinnern. Sie wusste noch genau, was es jeweils zu essen gab, sie konnte sich genau erinnern, welche Musik im Hintergrund abgespielt wurde, die jeweilige Atmosphäre stieg ihr mit einer ungeheuren Deutlichkeit in den Bauch. Nein, so würde es niemals mehr werden. Niemals mehr würde sie ein richtiges Familienfest erleben mit der richtigen Musik, mit der richtigen Stimmung, mit dem richtigen Drumherum. Es würde nie mehr so werden. Sarah wurde traurig. Ihre Familie war keine Familie mehr. Warum eigentlich nicht? Warum war gerade ihre Familie jetzt keine Familie mehr, wo sie doch unbedingt dieses Gefühl der Geborgenheit gebraucht hätte? Warum musste sie das alles durchmachen? Sarah konnte sich nicht richtig auf den Geburtstag freuen. Aber der Kalender war unbarmherzig. Er zeigte ihr Datum an. Sarah war froh, dass sie zur Schule konnte, damit war sie wenigstens während des Tages ein Stück weit abgelenkt. Am Abend erschienen ihr Mami und ihr Papi, und die Familie war wieder komplett zusammen. Aber eben nicht als Familie bei sich zu Hause, sondern nur als Gäste hier in einem fremden Haus, die schon bald wieder in verschiedene Richtungen auseinander gingen.

«Hoi, Sarah!», begrüsste ihr Vater sie herzlich.

Sie hatte ihn schon lange nicht mehr gesehen. Seit er in diesem Therapieheim lebte, hatte sie nur wenig Kontakt mit ihm, der Umgang mit ihm war auch schwieriger geworden.

«Hoi!», erwiderte sie kurz.

Die Mutter war bereits da und das Nachtessen war fertig. Rea hatte ein Fondue bereitgemacht.

«Hat es da Wein drin?», fragte Sarahs Papi.

«Oh, zu dumm, daran habe ich gar nicht gedacht!», meinte Rea. «Du kannst natürlich etwas anderes haben.»

«Es ist vielleicht besser, wenn ich etwas anderes esse, das ist sicherer», beruhigte Ruedi sie. «Aber mach dir nicht zu viel Mühe, ein Stück Brot mit Käse reicht.»

Das war denn auch problemlos vorhanden. Die Familie war seit langem zum ersten Mal wieder an einem Tisch zu einem gemeinsamen Essen beisammen. Nora und Nico genossen es vorbehaltlos. Sie liebten Fondue und assen mit grossem Appetit. Sie genossen es noch mehr, zwischen ihren Eltern zu sitzen und ihre Aufmerksamkeit für sich zu haben. Sarah sass daneben und fühlte sich schlecht. Es war ihr zu bewusst, dass die Idylle trügerisch war. Kaum war das Essen fertig, verschwand sie in ihrem Zimmer, sie konnte diese künstlich feierliche Atmosphäre nicht ertragen. Zu viele alte Erinnerungen, zu viele Sehnsüchte wurden in ihr wach, wenn sie da die ganze Familie vereint am Tisch sah, die ganz Familie, die ja alles andere als vereint war. Ihr wurde vielmehr diese Trennung schmerzhaft bewusst, gerade jetzt, wo alle beisammen waren. Sie waren ja eben nicht mehr beisammen, sie waren getrennt, und der heutige Abend konnte darüber nicht hinwegtäuschen. Er konnte diese Trennung nicht ungeschehen machen, er machte sie vielmehr klar sichtbar, gerade jetzt, wenn sie alle vereint waren. Sie sass traurig in ihrem Zimmer.

Nach dem Essen überraschte Rea mit einem feinen Geburtstagskuchen, natürlich mit den 13 brennenden Kerzen. Da Sarah in ihrem Zimmer war, konnte Rea den Kuchen problemlos auf den Tisch stellen und die Kerzen anzünden. Sarahs Mutter klopfte an die Zimmertür, aber es brauchte einige Überredungsarbeit, um Sarah wieder aus dem Zimmer zu locken. Schliesslich kam sie und freute sich am Kuchen. Es gelang ihr, die 13 Kerzen in einem Zug auszublasen. Die Mutter und der Vater überreichten ihr jetzt ihre Geburtstagsgeschenke. Sarah öffnete sie mit gemischten Gefühlen. Da packte auch Walo sein angekündigtes Geschenk hervor. Er hatte ihr auf den Geburtstag den ersten Teil dieses Buches versprochen. Sarah nahm das Manuskript aus dem Kartoncouvert und begann zu blättern. Was hatte er wohl über sie geschrieben? Sie verschwand mit dem Text in ihrem Zimmer und begann zu lesen. Sie blätterte die Seiten durch und sah sich die verschiedenen Titel an. Aber richtig lesen mochte sie jetzt doch nicht. Sie verliess das Zimmer wieder und ging zu den anderen in die Stube. Der Rest des Abends war schneller als erwartet vorbei. Ihr Papi und Mami mussten schon bald wieder aufbrechen. In der Villa Sorgenlos wurde es schnell ruhig. Nora und Nico fielen todmüde ins Bett. Sie schliefen schnell ein. Walo räumte noch den Geschirrberg weg und sagte fast nichts mehr. Er war müde. Rea hatte sich bereits ins Schlafzimmer zurückgezogen, denn Samuel war erwacht und wollte gestillt werden. Sarah räumte ihre Geschenke weg und schaute sie sich nochmals an. Sie blieb wieder am Geschenk von Walo hängen und las ein paar Abschnitte. Aber sie konnte sich nicht konzentrieren und legte die Blätter wieder hin. Sie ging zu Rea ins Schlafzimmer und setzte sich auf den Bettrand.

«So, jetzt bist du also eine junge Frau!», begrüsste Rea sie. «Wie hat es dir gefallen, heute Abend?»

«Ich weiss nicht recht.» Sarah kratzte sich in den Haaren. «Weisst du, früher war das ganz anders.»

«In solchen Situationen kommen mir auch immer wieder die Erinnerungen an frühere Jahre hoch», bestätigte Rea. «Für dich ist das wahrscheinlich jedes Mal schwierig.»

Sarah fuhr nachdenklich fort: «Hier ist es auch schön, aber irgendwie ist es doch ganz anders. Das kommt mir dann bei solchen Anlässen immer wieder in den Sinn.»

«Ich verstehe das gut, aber ich kann das auch nicht

ändern», meinte Rea. «Es wird ziemlich sicher auch nie mehr so werden, wie es einmal war.»

«Das ist aber schwierig anzunehmen.»

«Aber denke daran, du wirst jetzt langsam erwachsen, und da erscheinen einem Kindererinnerungen immer in einem ganz herrlichen Licht. Als Kind erlebt man vieles viel intensiver und unbeschwerter denn als Erwachsener. Das hast du auch heute Abend gesehen. Nora und Nico konnten einfach den Augenblick geniessen, für sie war es ein schöner Abend mit ihren Eltern. Sie hinterfragen die Sachen noch nicht so stark, sie geniessen es einfach.»

«Aber ich kann das einfach nicht mehr so richtig geniessen. Ich muss mich immer fragen, warum wir denn keine Familie mehr sein können. Das wäre doch so schön! Das ist mir auch heute wieder alles in den Sinn gekommen.»

«Ja, das wird dir sicher noch manchmal durch den Kopf gehen. Es ist gut, wenn es dir durch den Kopf geht, du musst daran arbeiten. Aber gönne dir dennoch ab und zu einen unbeschwerten Augenblick. Lass dir nicht alles mit deinen Erinnerungen verderben, miss es nicht immer daran, sonst hast du gar keine Möglichkeit, etwas Neues gut zu erfahren.»

Sarah sagte nicht mehr viel. Sie spürte jedoch, wie ihr diese Bettrandgespräche immer wieder gut taten, wie sie, auch wenn die Fragen und Zweifel keineswegs beseitigt waren, nachher wieder etwas ruhiger war.

Am anderen Morgen erzählte sie in der Schule ihren Kolleginnen und auch Peter von ihrem Buch, das sie geschenkt bekommen hatte. Sie hatte am Abend noch lange darin gelesen und ein paar Mal gelächelt und sich ein paar Mal auch aufgeregt.

Am Abend erzählte sie Walo davon: «Weisst du, das mit Lysingur ist ja schon wichtig, aber gerade so psychopathisch ist es also nicht.»

Walo musste lachen: «Ich habe halt manchmal eine ungebremste Fantasie.»

Let's party

Sarah stürzte ins Haus, warf ihren Schulrucksack achtlos vor die Zimmertüre: «Rea, darf ich am Samstag eine Heustockparty veranstalten?»

Rea antwortete ruhig: «Hoi, Sarah, komm zuerst einmal richtig hierher, bevor du fragst. Was willst du?»

«Mit meinen Kolleginnen und Kollegen eine Heustockparty machen», wiederholte Sarah.

Rea war einverstanden: «Ja, ich glaube schon, dass das geht, wir müssen dann einfach noch ein paar Sachen genauer klären.»

Sarah war zufrieden. Sie wusste, dass die Regelung der kleineren Sachen zwar nicht immer nur ganz einfach war, aber irgendwie schaffte sie das jeweils schon, ihre Wünsche durchzusetzen. Sie war glücklich, dass sie diese Heustockparty durchführen durfte.

«Wer ist denn alles dabei bei dieser Party?», fragte Rea nach.

Sarah konnte Auskunft geben: «Christian, Peter, Barbara und vielleicht noch zwei drei andere Kollegen und Kolleginnen, die wissen aber noch nicht, ob sie kommen dürfen oder nicht.»

Sie hatten es erst heute Morgen in der Schule besprochen und viele mussten solche Abmachungen jeweils auch zuerst zu Hause mit den Eltern absprechen. Es gab da durchaus unberechenbare Eltern, bei denen nicht genau abzuschätzen war, ob sie so etwas erlaubten oder nicht.

Sarah begann nun zu erzählen, was sie alles vorhatte: «Wir nehmen die Stereoanlage auf den Heustock und übernachten im Heu. Da können wir gut Disco machen, ohne jemanden zu stören.»

Rea war damit einverstanden: «Du kannst ja den Leuten sagen, dass sie die Schlafsäcke mitbringen, dann musst du nicht zu viele Decken auftreiben.»

Sie fuhr dann fort: «Ich möchte aber selber noch schlafen können, du weisst, dass ich in letzter Zeit nicht gerade zu viel geschlafen habe und wir haben auch noch Nachbarn, die nicht ganz lärmunempfindlich sind, um es mal so zu sagen.»

Rea lachte dabei leicht, und Sarah wusste, welche Nachbarn sie meinte.

«Ja, die soll sich mal nicht so aufregen, die kann sich ja Watte in die Ohren stopfen, wenn sie sich gestört fühlt», meinte Sarah nur.

«Also, wenn ich selber nicht schlafen kann, dann ist es zu laut», legte Rea den Lärmpegel fest.

Mit dieser Regelung konnte Sarah gut leben, sie wusste vom gesunden Schlaf Reas.

«Und wie ist es mit Trinken und Rauchen?», fragte Rea weiter.

«Wie meinst du das?» Sarah spielte die Unwissende.

Rea war nun sehr bestimmt: «Auf dem Heustock wird nicht geraucht! Da ist absolutes Rauchverbot! Da gibt es nichts, das ist viel zu gefährlich. Verstanden?»

Sarah nickte, es gab ja niemanden in dieser Gruppe, der wirklich regelmässig rauchte. Dieses Problem konnte sie regeln und den anderen sicher auch erklären.

«Alkohol wird hier auch keiner konsumiert.»

Sarah konnte auch diese Regel gut akzeptieren. Erstens trank sie selber keinen Alkohol, sie hatte alkoholische Getränke einfach nicht gerne und zweitens konnte sie besoffene Typen sowieso nicht ausstehen.

Voller Ideen fuhr sie am Nachmittag in die Schule und besprach sich mit ihren Kolleginnen und Kollegen. Ihre Befürchtungen über die unberechenbaren Eltern wurden leider bestätigt. Einige ihrer Kolleginnen und Kollegen durften nicht dabei sein. Warum nicht, das wussten die meisten allerdings auch nicht so genau und sie ärgerten sich über die Eltern, die so etwas einfach verbieten konnten und dafür nicht einmal immer gute Argumente bringen mussten. Einfach weil sie Eltern waren, konnten sie ihren Kindern etwas untersagen. Daran liess sich leider wenig ändern.

Am Samstagmittag fuhren dann ihre Kolleginnen und Kollegen vor. Vor dem Haus war alles verstellt mit Motorfahrrädern und Fahrrädern. Sarah war nervös und unruhig. Sie zeigte den anderen den Heustock und begann damit, die Stereoanlage zu zügeln. Christian und Peter halfen ihr dabei. Auf dem Heustock merkten sie dann, dass diese Anlage ja ohne Strom gar nicht lief.

«Walo, Walo!», rief Sarah laut.

Irgendwo aus einer Ecke des Stalles antwortete Walo: «Was ist?»

«Bringe mir ein Verlängerungskabel!»

Walo erschien, Sarah war inzwischen vom Heustock heruntergekommen.

«Ich brauche ein Verlängerungskabel für die Stereoanlage», wiederholte sie.

Walo öffnete ein paar Schubladen und Schränke, die im Stall herumstanden und wusste offensichtlich auch nicht auf Anhieb, wo er ein solches Kabel finden konnte. Endlich kam er und gab Sarah ein Kabel. Sie steckte es an der nächstbesten Steckdose ein, und tatsächlich, es war genug lang. Wenig später schon wurde der Stall von Musik erfüllt. Sie mussten unbedingt vor vier Uhr noch einkaufen gehen und fuhren mit den Töfflis und Fahrrädern zum nahen VOLG-Laden. Pommes Chips, Cola, verschiedene Süssigkeiten. Sie deckten sich gut ein, steckten alles in die Plastiktüten und fuhren zurück. Sie richteten den Heustock für die Nacht ein. Sie stapelten die Heu- und Strohballen auf einer Seite aufeinander, so dass daneben genügend freier Raum entstand. Sarah holte aus ihrem Zimmer den Schlafsack, die Bettdecke und zwei Leintücher. Das reichte aber bei weitem nicht. Sie holte noch ein paar Bettanzüge bei Nora und Nico und auch die beiden Schlafsäcke von Walo und Rea. Einige ihrer Kolleginnen und Kollegen hatten selber den Schlafsack mitgenommen, die anderen waren aber ohne irgendwelche Decken gekommen. Aber mit den Decken und Schlafsäcken von Sarah sollte es dennoch reichen. Sie richteten sich auf dem Heustock gemütlich ein. Sarah war zufrieden, dass sie ihren Kolleginnen und Kollegen diese einmalige Partyatmosphäre bieten konnte. Sie war besorgt, ob sie wirklich alles auftreiben konnte, was ihre Partygäste wünschten. Sie tigerte aufgeregt durch die Wohnung, suchte da etwas, holte dort etwas und regte sich auf, wenn sie etwas nicht fand. So um sechs Uhr fuhren die Kolleginnen und Kollegen nach Hause, sie waren für das Abendessen noch zu Hause und kamen dann auf acht Uhr wieder zurück.

«Dürfen wir dann am Morgen hier frühstücken?», fragte Sarah beim Nachtessen.

«Ja, das dürft ihr schon, aber es hat nicht mehr so viel Brot», antwortete Rea.

Sarah schaute in den Brotkasten, darin lag ein ganzes Kilo Brot.

«Da hat es aber noch ein ganzes Kilo», stellte sie zufrieden fest.

Rea enttäuschte sie jedoch: «Ja, und das ist für uns. Das muss für morgen reichen und auch noch für Montag. Dieses Brot lässt du schön in Ruhe. Aber du kannst dir ja ein Brot backen. Es hat genügend Mehl und Hefe im Haus. Ein selbstgebackenes Brot ist erst noch besser.»

Sarah wusste nicht, was sie wollte. Sie brauchte Brot, zum Backen hatte sie keine Zeit, sie würde damit an der Party für einige Zeit fehlen.

«Ich backe dann morgen Nachmittag für Montag ein frisches Brot», schlug sie vor.

«Nein! Wenn du am Morgen Brot willst, so bäckst du es gefälligst heute Abend, und sonst lässt du es sein.» Rea war bestimmt in ihrer Aussage.

Sarah merkte, dass nichts zu machen war. Sie verschwand und ging wieder zu ihren Kolleginnen und Kollegen auf den

Heustock. Sie hatten eigentlich kein Programm für diesen Abend, aber das brauchten sie auch gar nicht. Sie hörten gemeinsam Musik und sprachen über alles, was möglich war. Sarah war zufrieden. Ihre Kolleginnen und Kollegen fühlten sich wohl, die Stimmung war gut. Die Pommes Chips, die Getränke, die gute Musik waren Programm genug, die Atmosphäre des Heustocks reichte, so dass die Stunden verflogen. Als Sarah später nochmals in die Küche kam, um ein Messer zu holen, sah sie, dass auf dem Küchentisch zwei frisch gebackene Brote lagen. Walo sass am Küchentisch und las die Zeitung.

«Die sind für dich, für das Morgenessen», bemerkte er, ohne von der Zeitung aufzuschauen.

Sarah war überrascht, sie konnte im Moment gar nicht reagieren. Das hatte sie nicht erwartet.

«Danke!», sagte sie bloss und verschwand wieder.

Sie hatten es gut auf dem Heustock. Sie plauderten miteinander und hatten es lustig.

«Wollen wir ins Freie gehen?», fragte Peter.

Die Abwechslung war willkommen. Sie verliessen den Stall und gingen auf die Pferdeweide. Sarah genoss es, mit den anderen mitten in der Nacht durch die Dunkelheit zu gehen und diese besondere Atmosphäre aufzusaugen. Sie gingen zum Hühnerhaus. Dort klaubte René ein Paket Zigaretten aus seinen Taschen und verteilte sie. Auch Sarah nahm sich eine Zigarette aus der Schachtel. Fast rituell zündeten sie die Zigaretten an und rauchten. Sarah hatte auch schon geraucht und es als scheusslich empfunden. Es erging ihr jetzt nicht besser. Der Zigarettenrauch schmeckte fürchterlich, er brannte in ihrem Mund. Sie blies ihn wieder aus, ohne ihn in die Lunge gezogen zu haben. Was konnten Raucherinnen oder Raucher daran gut finden? Es ekelte sie an. Sie sagte aber nichts. Sie hielt die Zigarette in ihren Händen und schaute den anderen zu. René schien das Rauchen zu geniessen. Er zog den Rauch in vollen Zügen ein und blies ihn dann durch die

Nase wieder aus. Aber die anderen machten ein eher verlegenes Gesicht beim Rauchen, sie schienen es auch nicht zu geniessen. Aber sie rauchten, als ob sie es genössen.

«Das ist doch ekelhaft!», sagte Sarah plötzlich und warf die Zigarette weg. «Ich mag das nicht!»

Die anderen sagten nichts. René zog genüsslich an seiner Zigarette, er schien es wirklich zu geniessen. Die anderen hielten ihre Zigarette in den Händen und wussten nicht so genau, was sie tun sollten.

«Ich gehe wieder auf den Heustock», schlug Sarah vor.

Barbara war sofort einverstanden: «Ich komme mit dir zurück.»

Sie warf die Zigarette ebenfalls weg und sie gingen miteinander zurück auf den Heustock.

«Ich rauche noch fertig!», rief ihnen René nach.

Die anderen Jungen blieben ebenfalls bei René zurück. Aber schon nach wenigen Augenblicken kamen sie auch zurück. Sie sassen jetzt wieder oben auf dem Heustock und hörten Musik. Sarah verteilte eine Tüte Pommes Chips und die Colaflasche machte die Runde. René holte eine Plastiktüte und grabschte lange darin herum. Endlich zog er eine Flasche Bier heraus und öffnete sie. Er nahm einen tüchtigen Schluck aus der Flasche und reichte sie in die Runde. Die Bierflasche ging nun von Mund zu Mund und alle nahmen einen tüchtigen Schluck daraus, auch Sarah. Bier war etwas Scheussliches. Sie konnte nicht verstehen, dass es Leute gab, die gerne Bier tranken. Es schmeckte furchtbar bitter und sie musste sich zusammenreissen, das Gesöff nicht sofort wieder auszuspeien. Sie liess sich nichts anmerken und reichte die Flasche weiter. Als die Flasche wieder bei René war, war sie bereits fast leer, und René trank den Rest in einem Zug aus.

«Wollt ihr noch mehr?», fragte er.

«Nein danke, mir schmeckt das Zeug nicht!», antwortete Sarah. «Rea hat uns sowieso verboten, hier Alkohol zu trinken.»

René liess es bleiben und holte keine weitere Flasche hervor, denn es machte sich auch niemand dafür stark, noch mehr Bier zu bekommen.

«Kommt, wir gehen auf einen Spaziergang!», schlug Peter vor.

Damit waren alle einverstanden. Sie stiegen wieder vom Heustock hinunter und gingen ins Freie. Sie zogen los Richtung Wald. Es war dunkel, nur einzelne Sterne leuchteten am Himmel. Auf dem Weg zum Wald kamen sie an einem Maisfeld vorbei. Sie rissen sich einige Maiskolben ab, schälten sie und bissen hinein. Die Körner waren reif, sie schmeckten süss. Sie waren aber auch ein wenig mehlig und trocken im Mund. Es war ein Futtermaisfeld. Mit den Maiskolben in den Händen gingen sie weiter Richtung Wald. Sarah genoss es, mit ihren Kolleginnen und Kollegen in der Dunkelheit unterwegs zu sein. Allein war sie nicht gerne im Dunkeln unterwegs. Wenn sie nachts durch das Dorf musste, schaffte sie das noch einigermassen, da gab es ja immer wieder Strassenlampen, die den Weg etwas beleuchteten, da begegnete ihr auch ab und zu jemand. Aber diesen Weg, den sie jetzt gingen, so direkt auf den Wald zu, wo die Strasse einfach im Wald verschwand, ohne Strassenlampen, ohne das Licht aus den Häusern, diesen Weg wäre sie wohl alleine nachts nicht gegangen. Jetzt, zusammen mit ihren Kolleginnen und Kollegen, fühlte sie sich jedoch wohl und genoss die Dunkelheit und die Sterne.

«Siehst du die Sterne?», fragte Sarah nachdenklich. «Wie weit sind die entfernt?»

«Die sind fast unendlich weit entfernt, dorthin kann man nicht gehen», antwortete Barbara. «Aber ich habe mir schon oft überlegt, ob dort vielleicht auch Menschen leben.»

«Vielleicht leben dort nicht Menschen, aber irgendwelche anderen Lebewesen, die ganz anders sind als wir.»

«Das wäre spannend, wenn wir plötzlich von solchen Lebewesen besucht würden. Vielleicht wären die viel gescheiter als wir und wüssten alles.»

«Stell dir vor, die sähen ganz anders aus als wir, keine Beine, keine Arme, nur ein Kopf oder sonst irgendwas.»

«Glaubst du eigentlich, dass es UFOs gibt?», fragte Sarah.

«Ich weiss nicht recht, es gibt viele Leute, die behaupten, sie hätten schon solche gesehen», antwortete Peter. «Aber so sicher ist das nicht, vielleicht behaupten sie das auch nur. Aber es wäre schon geil, wenn da plötzlich jemand landen würde.»

«Vielleicht wäre es auch gar nicht lustig», meinte Sarah. «Es könnte ja auch sein, dass diese Lebewesen böse sind und uns vernichten wollten.»

«Das wäre aber ein hoffnungsloser Krieg, die wären sicher viel besser ausgerüstet als wir. Da hätten wir keine Chance.»

Sie waren inzwischen am Waldrand angelangt. Der Weg führte zuerst noch einige hundert Meter am Waldrand entlang, bevor er in den Wald führte, wo es noch etwas dunkler war. Sarah spürte in sich leicht dieses komische Gefühl, das sie, wäre sie allein gewesen, sofort umkehren und nach Hause hätte rennen lassen. Jetzt allerdings fühlte sie sich sicherer mit den anderen zusammen.

«Glaubst du, dass wir bei uns auch wieder einmal Krieg haben werden?», fragte Sarah.

Barbara wusste nicht recht: «Es kann schon sein, so sicher ist das nicht.» Sie dachte an die vielen Schreckensbilder, die sie in der Tagesschau vom Krieg im ehemaligen Jugoslawien gesehen hatte. Jugoslawien war ja gar nicht so weit entfernt von der Schweiz.

«Es gibt auch Leute, die einen dritten Weltkrieg vorausgesagt haben», meinte Peter. «Wenn der wirklich kommt, dann werfen sie sicher ein paar Atombomben ab, und dann ist sowieso alles aus.»

«Das wäre dann wie ein Weltuntergang. Würde da wohl jemand überleben?», fragte Sarah.

«Ich glaube nicht, und wenn jemand überlebte, so wäre es

für diese Menschen überhaupt nicht mehr lustig zu leben, denn alles wäre radioaktiv verseucht.»

Sie waren an der Stelle angekommen, wo der Weg in den Wald einbiegt. Wie ein dunkler Tunnel verschwand der Weg im Wald, die Äste der Bäume schlossen sich oberhalb des Weges wieder zu einer ununterbrochenen Decke. Es war stockfinster. Sie konnten auch die Sterne nicht mehr sehen. Sie konnten knapp den schwarzen Strassenbelag erkennen, so dass sie nicht vom Weg abkamen.

«Das möchte ich auf alle Fälle nicht erleben!», meinte Sarah. «Wenn schon Krieg, dann wäre ich am liebsten sofort tot. Ich möchte nicht noch lange leiden und in einer zerstörten und verseuchten Welt leben.»

«Wenn du dann tot bist, was hast du davon?», frage Peter.

«Ja, das weiss ich auch nicht. Aber lieber tot, als so leben», antwortete Sarah.

«Was ist eigentlich, wenn man tot ist?»

Sarah wusste auf die Frage keine Antwort.

«Vielleicht werde ich dann wieder geboren! Vielleicht habe ich ja auch schon einmal gelebt!» Sarah wirkte nachdenklich.

«Möchtest du noch einmal geboren werden, wenn du gestorben bist?», frage Barbara.

«Ich weiss es nicht. Vielleicht hätte ich es dann besser. Aber vielleicht wäre ich ja dann in einem ganz anderen Land und ganz arm, oder behindert, oder krank.»

«Wäre man dann eigentlich wieder die gleiche Person? Oder jemand ganz anderer?»

«Vielleicht lebt man nur einmal, und nach dem Tod ist alles fertig», meinte Peter.

«Ich glaube aber schon, dass es nach dem Tod irgendwie weitergeht, ich weiss aber nicht wie. Es gibt doch auch Leute, die schon fast richtig tot waren und dann wieder zum Leben zurückkamen.»

«Glaubst du diese Geschichten?»

«Ich weiss nicht recht, aber irgendwie erzählen sie ja alle etwas Ähnliches, ohne dass sie voneinander wissen.»
«Was erzählen sie denn?»
«Sie gehen dann jeweils durch so etwas wie einen langen dunkeln Tunnel und auf der anderen Seite wird es ganz hell und angenehm, wie in einem herrlichen Garten. Dabei ist an ihnen nochmals das ganze Leben schnell wie in einem Film vorbeigezogen.»
«Möchtest du so etwas erleben?»
Sarah wusste es nicht. Sie wollte leben. Sie wollte noch so viel erleben, das Leben geniessen und noch viele verschiedene Sachen kennen lernen. Sterben? Jetzt? Eine leise Angst beschlich sie. Der Wald erschien ihr noch dunkler, als er ohnehin schon war. Nein, sie wollte nicht sterben! Zugleich verschaffte sich der Gedanke an den Tod schonungslos viel Platz. Es war möglich, dass sie bald starb, es war möglich, dass sie in dieser Nacht starb, es war möglich, dass es irgendeine Katastrophe oder einen Krieg gab, es war möglich, ja, es war möglich, dass sie starb. Das Leben war keine sichere Sache. Sie wollte umkehren. Die Gedanken an den Tod erfüllten sie mit Angst und ein beklemmendes Gefühl beschlich sie. Plötzlich fiel sie mit ihren Gedanken weit in die Tiefe. Der Boden rutschte unter ihren Füssen weg, sie war wie nicht mehr da und wusste nicht mehr, wer sie war. Lebte sie überhaupt? Wer war Sarah? Wer war sie? War sie überhaupt jemand oder war es nur ein grosser langer Traum? Worin bestand denn das Leben? Wer oder was lebte in ihr? War sie, so wie sie sich fühlte und sah, die wirkliche Sarah? Oder gab es dahinter noch eine andere, wirklichere Sarah? Ihr wurde irgendwie schwindlig, sie hatte das Gefühl, als ob es sie gar nicht gäbe, alles war schwarz um sie herum und auch in sich fühlte sie eine Leere und eine Ungewissheit, die sie erzittern liessen. Alles war weg, da war nur dieser dunkle, undurchsichtige Wald und sie mit ihrem dunklen, undurchsichtigen Lebensfaden, der ihr dünner als je zuvor schien. Alles schien

wie ausgeschaltet. Sie wusste nicht, wie lange diese Leere in ihr gedauert hatte: den Bruchteil einer Sekunde? Eine halbe Minute? Aber sie war froh, als sie wieder klarer denken konnte, als sie den Boden unter den Füssen spürte und die anderen auch sprechen hörte.

«Wollen wir umkehren, ich habe langsam kalt?», fragte sie die anderen.

Sie machten sich also auf den Heimweg. Sarah war froh, dass sie aus dem Wald kamen und die Sterne wieder sehen konnten. Das brachte einen kleinen Lichtschimmer in ihr Inneres, sie konnte sich an etwas Hellem orientieren, daran festhalten. Sie verfolgte die Gespräche ihrer Kolleginnen und Kollegen nicht mehr genau, die weiterhin von Weltuntergangsvorhersagen und Wahrsagerei sprachen. Sarah konnte diese Gedanken nicht mehr mitverfolgen. Sie hielt sie nicht aus, es beängstigte sie. Sie war noch benommen von ihren eigenen Erlebnissen dieser grossen Leere und der so gewaltsamen Unsicherheit über ihr Leben. Sie war froh, dass sie endlich zum Haus zurückkamen. Als sie am Haus vorbei zum Stall gingen, kam ihr Kurt in den Sinn, der hier in der oberen Wohnung lebte. Sarah konnte ihn nun sehr viel besser verstehen. Kurt litt unter einer grossen Lebensangst, er fühlte sich von anderen Menschen bedroht und verfolgt und verliess manchmal für Tage oder Wochen seine Wohnung nicht. Sarah fühlte momentan etwas Ähnliches. Das erfüllte sie nochmals mit einer ungeheuren Angst. Nein, sie wollte nicht so krank werden wie Kurt. Sie wollte leben, das Leben geniessen und nicht in dauernder Angst leben. So leben wie Kurt, dann lieber nicht leben.

Sie waren auf dem Heustock angekommen. Die anderen waren in ausgelassener Stimmung, die Musik erfüllte den Stall mit starkem Technorhythmus. Sarah brauchte allerdings eine ganze Weile, bis sie mit ihren Gedanken und Gefühlen zurück auf den Heustock und zu ihren Kolleginnen und Kollegen fand. Das Erlebnis im Wald beschäftigte sie. Nur langsam traten diese Gedanken in den Hintergrund und Sarah fühlte sich wohler.

Ich brauche keine Therapie

Sarah sass am nächsten Mittag lustlos am Küchentisch. Sie hatte einmal mehr überhaupt keinen Appetit. Lustlos sass sie da und erduldete die Mahlzeit. Sie hatte keinen Hunger, sie wollte nichts essen. Rea und Walo hatten daran keine Freude.

Rea forderte sie auf: «So, iss jetzt etwas, sonst ist nachher wieder die Guetzlibüchse leer!»

«Ich habe keinen Hunger!», gab Sarah missmutig zurück.

Walo fügte dann zynisch hinzu: «Du darfst wohl keinen Hunger haben.»

Das verdarb ihr die gute Laune vollends. Mürrisch sass sie da, denn sie wusste, dass sie auch dann, wenn sie nichts ass, zumindest am Tisch sitzen musste, bis die anderen fertig gegessen hatten.

«Du Sarah», begann Walo nun in einem sachlicheren Ton, «wir denken, dass es gut wäre, wenn du mal dein Chaos in dir etwas auspacken würdest.»

«Ich habe kein Chaos in mir, und da gibt es nichts auszupacken», wehrte sich Sarah, die natürlich wusste, was jetzt kommen würde.

«Wir denken aber, dass es für dich gut wäre, wenn du mit jemandem über deine Situation sprechen könntest», fuhr Walo weiter. «Darum würden wir es begrüssen, wenn du etwas mit dir machen würdest.»

«Und, was soll ich mit mir machen?», fragte sie misstrauisch zurück.

«Weisst du, es ist etwas viel für dich, was du in den letzten Jahren erlebt hast. Da hat sich eine ganze Menge Mist angesammelt, den du mit dir herumträgst. Das kann belastend werden. Wir können dir dabei nicht die Hilfe anbieten, die du brauchst, das muss eine Person machen, die dafür ausgebildet ist.» Rea versuchte ihr zu erklären, worum es ging. «Jetzt, wo du auch Essstörungen zeigst, glauben wir, dass es wichtig ist.»

«Ich habe keine Essstörungen, ich bin nur zu dick und muss abnehmen.» Sarah wurde langsam wütend.

Rea wurde bestimmt: «Nein, Sarah, ich vermute, da steckt mehr dahinter. Ich möchte, dass du das mit einer Fachperson genauer anschaust. Es geht mir dabei vor allem um dich.»

Sarah fühlte es wieder in sich: Sie wurde auf den Tisch gelegt, sie wurde verhandelt, beurteilt, eingeordnet, als krank bezeichnet.

Das konnte sie nicht leiden: «Ich brauche keine Therapie!»

Sie wurde traurig und fügte dann mit Tränen in den Augen hinzu: «Ich brauche nur meine Eltern.»

Für eine Weile herrschte absolute Stille. Sarah verbarg ihren Kopf zwischen den hochgezogenen Knien und weinte. Sie weinte lange, ohne dass ein Wort gesprochen wurde.

Sie fand wieder etwas Ruhe und schluchzte vor sich hin: «Das ist alles so schwierig. Ich kann mich überhaupt nicht mehr freuen. Mami sagt immer, sie höre auf, warum hört sie denn nicht auf? Warum muss gerade ich das alles erleben?»

Sarah blieb am Küchentisch sitzen. Sie zog sich nicht sofort in ihr Zimmer zurück und erwartete eine Antwort.

«Wir können dir auf diese Fragen auch keine Antworten geben, weil es wahrscheinlich gar keine Antworten gibt», versuchte Rea ihren Gedanken aufzugreifen. «Aber vielleicht kannst du lernen, mit diesen Fragen besser zu leben, mit dieser Situation einfacher zurechtzukommen.»

«Aber ich brauche keine Therapie! Bin ich denn nicht normal, einfach, weil meine Eltern Drogen nehmen?»

«Doch, doch, du bist völlig normal!» Walo versuchte, den Gedanken der Therapie erneut zu rechtfertigen: «Nicht normal wärst du vielmehr dann, wenn du in dieser Situation keine Probleme hättest. Aber schau mal: du bist jetzt 13-jährig, du hast schon ziemlich viel erlebt als Kind, du hast für Nora und Nico die Mutter ersetzt, du hast deine Eltern durch Entzüge geschleust und bist jetzt getrennt von deinen Eltern. All das geht nicht spurlos an dir vorbei. Gibt es jemanden, mit dem du darüber offen sprechen kannst? Von deinen Kolleginnen und Kollegen hat wohl niemand das Gleiche oder Ähnliches erlebt. Die können da nicht mitreden, und du willst sie sehr wahrscheinlich nicht mit diesem Mist belasten. Wir sind da auch in einer besonderen Situation. Mit uns musst du deine jugendlichen Pubertätskämpfe austragen. Darum könnte eine Therapeutin, die einfach mal zuhört, für dich eine Hilfe sein. Vor der musst du dich nicht rechtfertigen, da musst du nichts verbergen, sondern diese Person kann dir vielleicht ein paar Ratschläge geben, wie du mit deiner schwierigen Situation zwischen den Eltern und uns besser umgehen kannst.»

Sarah sagte nicht viel darauf. Walos Erklärungen waren meist so sachlich, dass sie schwierig zu widerlegen waren.

Rea fuhr dann etwas persönlicher fort: «Weisst du, Walo und ich haben uns ebenfalls bei einem Therapeuten angemeldet, wir müssen auch unseren Mist wieder mal abtragen. Durch eure Situation und eure Probleme ist es für uns nicht einfacher geworden.»

Sarah sagte auch darauf nichts. Sie wusste nicht, was sie damit anfangen sollte. Was sollte sie bei einer Therapeutin? Die würde sie nur ausfragen! Ihre Probleme gingen ja niemanden etwas an, es waren ihre Probleme. Aber sie spürte zugleich, dass diese Gedanken ihr auch nicht weiterhalfen. Es war alles so enorm schwierig. Sie spürte zu gut, dass in ihr vieles herumlag, mit dem sie nicht zurecht kam, dass sie dauernd zwischen Hoffen und Verzweifeln hin und her gerissen war.

Am gleichen Abend sass Sarah nach langem wieder einmal auf dem Bettrand von Rea.

«Wie war es gestern Abend?», fragte Rea aufmerksam.

«Ganz komisch», gab Sarah zur Antwort.

«Warum komisch?», wollte Rea wissen.

Sarah begann zu erzählen: «Weisst du, wir sind da im Dunkeln noch spazieren gegangen und haben über alles Mögliche gesprochen. Zuerst über Musik und über Mode. Aber dann haben wir über die Dunkelheit gesprochen. Und da stellten wir uns so komische Fragen nach dem Tod. Gibt es irgendetwas nach dem Tod? Was ist der Tod eigentlich? Was passiert, wenn man stirbt? Wir haben auch vom Krieg gesprochen und darüber, warum die Menschen einander im Krieg töten. Jemand hat dann gesagt, dass es schon bald bei uns einen Krieg gäbe, das sei vorausgesagt. Was wäre, wenn bei uns Krieg ist? So haben wir lange über diese Sachen geredet und plötzlich bekam ich Angst. Plötzlich erlebte ich so etwas Komisches. Ich glaubte, dass ich gar nicht mehr ich selber sei, dass ich irgendetwas sei, ich weiss aber nicht was, aber einfach wie ausserhalb von mir. Das war so ein komisches Gefühl. Und da habe ich so verschiedene Sachen gesehen. Ich weiss aber nicht mehr was. Was war das wohl?»

«Ich weiss es auch nicht», antwortete Rea interessiert.

«Das war so komisch, einfach wie nicht mehr sein, wie in einer anderen Welt sein. Da habe ich noch mehr Angst bekommen. Heute Abend ist mir das wieder passiert. Ich weiss dann jeweils nicht, ob es mir schwarz vor den Augen wird, ob ich umfalle, oder was passiert.» Sarah war ernsthaft besorgt, was das wohl sein könnte.

Walo nahm die Sache für einmal auch nicht zynisch zur Kenntnis und meinte: «Ja, mache dir darüber momentan keine Sorgen. Trage diese Erlebnisse mal mit dir herum. Vielleicht wollen sie dir etwas sagen, und es geht dir dann in einem späteren Moment plötzlich auf, was damit gemeint war. Solche Eingebungen gibt es manchmal. Da begreift man in einem ganz kurzen Augenblick sehr viel mehr als sonst in einem ganzen Jahr. Du musst sie nicht zu erklären versuchen. Du wirst sie von selbst irgendwann verstehen oder aber wieder vergessen, dann ist es auch gut. Trage sie einfach mal mit dir herum, ohne gross darüber nachzudenken. Aber wenn du das Gefühl hast, es werde dir schwarz vor den Augen, dann müsstest du wohl mal beim Arzt den Blutdruck messen lassen, vielleicht hat es auch damit zu tun, dass dein Gehirn manchmal schlecht durchblutet ist. Aber das ist nur eine Vermutung.»

«Du, Rea, ich möchte jetzt doch einmal zu so einer Person gehen, die mich gut beraten kann. Ich will nicht werden wie Kurt, der vor lauter Angst nicht mehr aus dem Haus geht.»

Sarah war unruhig, sie konnte sich nicht von diesen Gedanken lösen.

Sie blieb am Bettrand sitzen und fragte dann endlich: «Darf ich dableiben?»

«Ja, du kannst bei mir schlafen, wenn du willst», beruhigte Rea sie, und Walo hatte auf der anderen Seite auch schon begriffen, was das für ihn bedeutete.

«Du kannst hier schlafen», bestätigte er. «Ich schlafe dann in der Stube.»

Er packte seine Decke und verschwand aus dem Schlafzimmer, noch bevor Sarah darauf reagieren konnte. Rea schob Samuel, der dicht an ihrem Körper schlief, etwas auf die andere Seite und rückte ebenfalls nach. Sarah legte sich nun ganz am Rand auf das Bett neben Rea und schlief schon bald ein.

Ein paar Tage später setzte sich Walo an das Telefon und rief eine Psychiaterin an. Sarah sass aufmerksam daneben und verfolgte genau, was er da mit wem besprach. Walo besprach sich aber nur ganz kurz mit der Ärztin und machte lediglich einen gemeinsamen Termin ab, an dem Sarah, Rea und er vorbeikommen könnten.

Der Tag kam unabwendbar näher und war schliesslich da, an dem sie zu dritt zu dieser Psychiaterin fuhren. Sarah war verstimmt. Sie hatte keine Lust auf dieses Gespräch und gab das auch deutlich zu erkennen. Rea und Walo liessen sich allerdings von ihrer schlechten Stimmung nicht beeindrucken und gingen kaum darauf ein. Sie fanden das alte Haus in Stans und stiegen das runde Treppenhaus hoch. Im ersten Stock fanden sie das Wartezimmer. 'Bitte eintreten!', lud sie ein Schild ein und sie fanden sich in einem angenehm warm gestalteten Raum. Walo griff nach einer Illustrierten und stellte sich auf das Warten ein. Sarah blätterte nervös in einem Heft, konnte aber nicht lesen, sie war zu aufgeregt, sie war zu unwillig, als dass sie sich jetzt von einem Text hätte ablenken lassen können. Die Tür öffnete sich und eine ältere Frau begrüsste sie freundlich und lud sie in das Sprechzimmer ein.

«Du bist also Sarah. Schön, dass ich dich kennen lernen darf», begann die Frau mit Sarah zu sprechen.

Sarah freute sich darüber eigentlich gar nicht. Sie wusste nach wie vor nicht, warum sie eigentlich da sass und was sie da verloren hatte.

«Du lebst jetzt also bei den Pflegeeltern, wie lange eigentlich schon?»

«Seit dem letzten Oktober!»

«Wie gefällt es dir?»

«Gut.»

«Ich kann mir vorstellen, dass es eine grosse Umstellung für dich war, denn an jedem Ort läuft es wieder etwas anders, muss man sich wieder anpassen, es gelten andere Regeln. War das nicht schwer für dich?»

«Es geht.»

«In der Schule, geht es dir da gut?»

«Es geht.»

«Gibt es ein Fach, das du besonders magst?»

«Französisch.»

«Gibt es auch ein Fach, das du nicht gerne hast?»

«Rechnen.»

Das Gespräch verlief harzig, die Psychiaterin fragte Sarah dies und jenes über die Schule, über die Pflegefamilie, über ihre Geschwister. Sarah gab bereitwillig aber knapp Antwort.

Sie wusste nicht so genau, was das alles sollte. Nach drei viertel Stunden schickte die Psychiaterin Rea und Walo hinaus und meinte, an Sarah gewandt: «Ich schlage vor, dass ich jetzt so 20 Minuten mit dir alleine spreche und dann anschliessend 20 Minuten mit deinen Pflegeeltern.»

Rea und Walo verliessen das Zimmer, und Sarah sass nun allein mit dieser Frau am Tisch.

«Ich will mit dir allein reden, weil ich mir vorstellen kann, dass es Sachen gibt, die du nicht vor den Pflegeeltern sagen willst. Es gibt ja immer wieder Dinge, die man nicht allen Leuten erzählen will, die sie nichts angehen.»

Sarah hatte viele solche Dinge, die sie nicht mit allen Leuten besprechen wollte, die niemanden etwas angingen. Das leuchtete ihr ein. Aber warum sie über diese Dinge mit dieser Psychiaterin reden sollte, das schien ihr schleierhaft, denn es gingen viele Dinge auch diese Frau absolut nichts an, und sie würde ihr von gewissen Sachen sicher nichts erzählen.

«Bist du eigentlich gerne zu deinen Pflegeeltern gegangen?»

«Es geht.»

«Wie hast du sie denn kennen gelernt?»

«Beim Reiten.»

«Du reitest, das finde ich toll, ich wäre früher auch gerne geritten. Und deine Pflegeeltern haben Pferde?»

«Ja.»

«Wie viele denn?»

«Zwei.»

«Wie sehen sie denn aus?»

«Das eine ist eine Irlandstute, das andere ein Isländer.»

«Wie heissen sie?»

«Airline und Lysingur.»

«Und du kannst auf beiden reiten?»

«Meistens auf Lysingur.»

«Du bist also schon bevor du dort gewohnt hast, jeweils zum Reiten dorthin gegangen?»

«Ja.»
«Ah, da hast du ja deine Pflegeeltern schon ein wenig gekannt, als du dorthin kamst?»
«Ja.»
«Aber du wärst natürlich lieber bei deinen Eltern geblieben.»
«Ja.»
«Du weisst aber, warum das nicht möglich ist?»
«Ja.»
«Wie geht es deinen Eltern gegenwärtig?»
«Gut.»
«Was meinst du damit?»
«Papi macht schon lange eine Therapie und Mami geht es auch ganz gut.»

Das Gespräch kam nur langsam vom Fleck, die Zeit eilte davon. Die abgemachten 20 Minuten waren bald vorüber. Sie hörten die Hausklingel, das waren Walo und Rea, die zurückkamen.

«Das ist aber schnell gegangen», meinte die Psychiaterin. «Bist du einverstanden, wenn wir noch zwei Termine abmachen, an denen ich mit dir alleine sprechen kann?»

Sarah nickte leicht, aber eher, weil sie sich nicht getraute zu widersprechen und nicht, weil sie vom Nutzen dieser Gespräche überzeugt war.

«Für die Zeit, die du jetzt warten musst, wenn ich mit deinen Pflegeeltern spreche, habe ich dir da ein Blatt mit ein paar Fragen. Ich bin froh, wenn du sie in diesen 20 Minuten beantworten kannst.»

Die Psychiaterin verliess mit ihr das Sprechzimmer und holte Walo und Rea herein. Sie liessen Sarah im Wartezimmer zurück. Sie setzte sich an den Tisch und nahm den Fragebogen vor sich. Lustlos schrieb sie die Antworten in die vorgesehenen Felder. Die Zeit verging schneller als erwartet. Die Psychiaterin rief sie wieder ins Zimmer.

Sie überflog noch rasch den ausgefüllten Fragebogen und

meinte nur: «Ich werde mir die Antworten dann später noch genauer anschauen.»

An Sarah gewandt sagte sie: «Sarah, deine Pflegeeltern sind auch damit einverstanden, dass du noch zweimal alleine zu mir kommst, und dass wir dann anschliessend nochmals alle miteinander zusammenkommen, um zu entscheiden, ob wir weitere Gespräche machen wollen. Ist das gut für dich?»

«Ja.»

Die Psychiaterin holte ihre Agenda hervor, um die Termine einzutragen.

Doch Walo unterbrach sie: «Kann ich Sie morgen anrufen und die Termine telefonisch abmachen, denn seit fünf Minuten warten sie auf dem Sozialamt auf uns für die nächste Sitzung?»

«Die Zeit ist uns wieder davongerannt, natürlich können wir es so machen. Dann können Sie jetzt gehen.»

Sie verliessen das Haus.

«Ich gehe genau zweimal zu dieser Frau und nicht mehr!», kommentierte Sarah kurz und deutlich.

Nach nur 100 Metern Fussmarsch trat Sarah mit Rea und Walo in ein weiteres Haus ein, in dem bereits ihr Mami und ihr Papi, Nora und Nico und die Frau vom Sozialamt auf sie warteten. Sarah spürte auch hier keine Lust, denn bei dieser Sitzung wurde erneut über sie verhandelt und über sie beschlossen.

Mein Lieblingsplatz

Der Morgen war noch nebelverhangen und trüb. Das typische Oktoberwetter. Hoffentlich würde sich der Nebel heute auch wieder auflösen und am Nachmittag die Sonne scheinen. Sarah verbrachte einen spannungslosen Morgen in der Schule. Seit dieser verdammten Ausgangssperre war sowieso nichts mehr los. Mit niemandem konnte sie etwas abmachen.

Einen ganzen Monat lang musste sie jeden Abend zu Hause hocken. An den schulfreien Nachmittagen und am Sonntag musste sie um sechs Uhr bereits zu Hause sein. Sie begriff nicht, was diese Strafe sollte. Walo und Rea waren aussergewöhnlich hart und streng gewesen am letzten Sonntagabend, es gab nichts zu diskutieren. Es war einfach übertrieben, wie hart sie dreingefahren waren. Dabei hatte sie so abwechslungsreiche Herbstferien verbracht: Die Woche mit ihrem Mami war wirklich spannend und gut gewesen. Die zweite Woche mit Barbara war ebenso lustig und interessant gewesen. Dann kam dieser verfluchte Samstag, der ihr die Ausgangssperre einbrachte. Sie war immer noch bei Barbara und am Mittag wollte sie eigentlich wie abgemacht zurück zu Rea und Walo gehen.

Die Mutter von Barbara fragte sie beim Mittagessen: «Sarah, wann musst du wieder zu Hause sein?»

«Ich gehe heute Nachmittag zurück!», gab sie zur Antwort.

Barbara hatte noch eine spannende Idee: «Du, heute Abend ist Disco in Kerns. Wollen wir da miteinander hingehen?»

«Ja, auf alle Fälle, es sind ja noch Ferien, da muss ich Walo und Rea auch nicht fragen, ob ich gehen darf. Ich kann ja heute bei Mami übernachten. Darf ich sie schnell anrufen?»

«Hoi, Mami», begann Sarah das Telefongespräch, «darf ich heute Abend bei dir übernachten? Weisst du, in Kerns ist Disco, da wollen Barbara und ich hingehen.»

«Aber du hast mir doch gesagt, du gehst heute zurück zu Rea und Walo.»

«Ich gehe morgen von dir her zurück, ich muss ja erst am Montag zur Schule.»

«Gut, du musst aber etwa um halb zwölf Uhr zu Hause sein.»

«Okay!»

Sarah war froh, sie konnte also heute Abend noch diese

Disco geniessen, bevor sie zurück zu Rea und Walo ging. Und diese Disco zählte dann ja auch nicht zu dieser monatlichen Disco, die ihr Walo und Rea erlaubten.

Pünktlich auf acht Uhr waren sie in Kerns bei der Disco. Da war allerdings weit und breit kein Mensch zu sehen, das Lokal war dunkel und verschlossen. Hatten sie die Disco abgesagt? Warum wohl? Es erschien auch in der nächsten Viertelstunde, die sie noch abwarteten, kein Mensch, und es schien definitiv: diese Disco fand heute Abend nicht statt.

«Du, in Ennetmoos ist doch auch Disco! Komm, wir gehen dorthin.»

«Aber die lassen dich erst mit 16 rein und machen Ausweiskontrolle.»

«Komm, wir gehen mal hin, vielleicht sind ein paar Schulkollegen und Schulkolleginnen dort, dann können wir mit diesen vor der Disco bleiben. Wer weiss, vielleicht sind sie ja gar nicht so streng mit der Ausweiskontrolle.»

Sie fuhren nach Ennetmoos und trafen viele ihrer Kolleginnen und Kollegen, die da vor der Turnhalle herumstanden und miteinander sprachen. Sie wurden nicht hineingelassen, die Ausweiskontrolle fand tatsächlich statt. Es war glücklicherweise ein milder Abend, und so standen sie vor der Turnhalle auf der Strasse und beobachteten die Leute, die da kamen und gingen.

«Hoi, Sarah!»

Sarah erschrak, vor ihr stand Walo und sie sah es sofort, er war ziemlich sauer.

«Hoi, Walo!», versuchte sie möglichst lässig zu antworten.

«In zehn Minuten bist du zu Hause! Ist das gut?»

«Nein, ist es nicht!»

«Ich sage dir dann zu Hause, warum!», sagte Walo noch und ging wieder.

Sarah ahnte Schlimmes. Jetzt nur nicht zu Walo und Rea gehen. Nein, zu Mami! Christian hatte das Töffli dabei. Er zog sie nach Büren zu ihrer Mutter. Sie war noch keine zehn

Minuten da, da schellte das Telefon. Es war Rea. Sarahs Mami sprach mit ihr und sagte ihr, dass Sarah bei ihr sei.

Rea sagte dann nur: «Walo ist bereits unterwegs, er kommt sie holen!»

«Ich gehe sicher nicht dorthin, ich will dableiben!», wehrte sich Sarah.

«Wir werden sehen», versuchte ihr Mami zu beruhigen.

Wenige Augenblicke später erschien Walo auch schon und forderte Sarah auf, mit ihm nach Hause zu kommen. Sie aber verspürte gar keine Lust dazu und wollte davonlaufen.

Walo jedoch hielt sie fest an den Armgelenken und liess sie nicht mehr los: «Sarah, es hat keinen Wert davonzulaufen. Steh doch zu dem, was du gemacht hast, dann kommt es am schnellsten wieder in Ordnung.»

Sie versuchte, sich loszureissen, doch Walo hielt sie fest im Griff. Dabei stolperten sie beide ein paar Tritte die Treppe hinunter.

Ab diesem Lärm erschrak nun Sarahs Mami: «Nein, so nicht! Lass sie los! So hat das keinen Wert. Ich will nicht, dass du sie schlägst.»

Walo war ebenfalls wütend: «Gut, es ist deine Tochter. Geschlagen habe ich sie nicht. Aber sie muss lernen, zu dem zu stehen, was sie gemacht hat, sie kann nicht dauernd ausweichen!»

Er liess Sarah los, sie lief zurück in die Wohnung und schloss sich im WC ein.

Walo stellte nun klar die Forderung: «Ich verlange, dass sie heute Abend zu uns nach Hause kommt. Wie, ist mir egal, sie kann jetzt mit mir kommen, sie kann mit Christian kommen oder ihr könnt sie bringen. Aber sie muss das nun mit uns austragen und kann nicht ausweichen. In einer halben Stunde muss sie bei uns sein!»

«Ich denke, wir müssen jetzt die Mücke nicht zu einem Elefanten aufblasen, jetzt hatten wir es in diesen Ferien so gut, und es wäre doch schade, wenn sie jetzt mit diesem schlechten Erlebnis wieder in der Schule starten müsste.»

Sarahs Mami versuchte, die Sache möglichst harmlos zu erledigen.

Damit war aber Walo nicht einverstanden: «Sarah hat heute mindestens drei klare Abmachungen nicht eingehalten und sie hat vielleicht nicht direkt gelogen, aber doch die Wahrheit versteckt. Das akzeptiere ich nicht.»

«Ja, ich habe vergessen, dir anzurufen und zu sagen, dass sie bei mir übernachtet!», rechtfertigte Monika Sarahs Verhalten.

«Nein, Monika, ich mache nicht dir einen Vorwurf. Sarah hat ihre Abmachung nicht eingehalten. Es wäre an ihr gelegen, uns zu benachrichtigen. Die Disco in Ennetmoos ist keine hundert Meter von uns zu Hause, da hätte sie also problemlos rasch vorbeikommen können und die Sache wäre in Ordnung gewesen. Aber so nicht! Sie muss das jetzt selber in Ordnung bringen.»

Walo bestand unmissverständlich darauf, dass Sarah noch an diesem Abend innerhalb einer halben Stunde zu Hause sein müsste und verabschiedete sich dann kurz. Eine halbe Stunde später, es war inzwischen halb elf Uhr, klingelte bei Walo das Telefon.

Es war Monika, Sarahs Mami: «Sarah und Christian sind jetzt bei uns abgefahren, sie kommen zu euch.»

Sarahs Mami und ihr Freund hatten Sarah also davon überzeugen können, dass es wohl besser sei, zu Rea und Walo zurückzugehen. Gegen elf Uhr kamen Christian und Sarah dann bei Rea und Walo zu Hause an. Rea war inzwischen zu Bett gegangen, Walo sass in der Stube und wartete.

Er sagte nur kurz: «Hoi!» und liess sie dann allein.

Sarah setzte sich an den Küchentisch. Was würde jetzt wohl kommen? Erstaunlicherweise kam gar nichts. Zehn Minuten später ging Walo nämlich auch ins Bett. Sie sass allein am Küchentisch. Gab es jetzt nicht die erwartete Standpauke? Nein, es gab sie nicht. Rea rief sie zu sich ans Bett und die beiden sprachen noch ein paar Minuten über die Ferien. Sarah erzählte von den Reitstunden, die sie mit Mami besucht hatte.

Rea schloss das Gespräch ab: «Es war ein strenger und knorziger Tag für dich, geh jetzt schlafen. Es wird schon wieder gut.»

Sarah konnte lange nicht schlafen. Die Ereignisse beschäftigten sie noch lange, Trauer und Wut gingen durcheinander.

Die Standpauke kam am anderen Abend. Nach dem Nachtessen fand dieses Gespräch statt, auf das sie schon den ganzen Tag gewartet hatte.

«Ihr müsst es mir gar nicht mehr sagen, ich weiss, was ich gemacht habe, und ich mache es nicht mehr!», sträubte sie sich gegen eine Auseinandersetzung.

«So einfach geht das nicht!», meinte Walo. «Dein Verhalten hat auch Folgen. Du hast uns angelogen und verschiedene Abmachungen nicht eingehalten, das akzeptieren wir nicht!»

«Ich habe euch nicht angelogen!», wehrte sich Sarah. «Ich habe gemeint, wir hätten auf Sonntag abgemacht.»

«Sarah, bitte, so nicht!», fuhr Rea dazwischen. «Wir beide haben klar abgemacht, dass du am Samstag nach Hause kommst. Barbaras Mutter hast du auch gesagt, dass du am Samstag nach Hause gehst und selbst deinem Mami hast du gesagt, dass du mit mir auf Samstag abgemacht hast.»

«Dazu haben Barbara und du die Abmachung mit ihrer Mutter nicht eingehalten. Ihr habt ihr klar gesagt, ihr würdet in die Schülerdisco in Kerns gehen, dann hast du die Abmachung mit mir nicht eingehalten, in zehn Minuten zu Hause zu sein.»

Walo eröffnete ihr nun die Folgen ihres Verhaltens: «Wir akzeptieren das so nicht. Rea und ich haben besprochen, welche Folgen das haben wird. Erstens: einen Monat lang keinen Ausgang. Das heisst, ab acht Uhr abends bist du zu Hause und hast keinen Besuch. An den schulfreien Nachmittagen und am Sonntag bist du spätestens um sechs Uhr zu Hause. Und zur Erinnerung: nach der Schule musst du innerhalb einer Stunde zu Hause sein.»

Sarah stiegen die Tränen in die Augen. Sie hatte es zwar fast erwartet, aber jetzt, wo es so klar und unmissverständlich angeordnet wurde, schmerzte es sie. Einen ganzen Monat lang zu Hause hocken, keine Disco, nichts mit ihren Kollegen und Kolleginnen abmachen, nichts mit Christian abmachen. Das war hart.

«Zweitens: Da kannst du wählen. Entweder täglich eine Stunde lang die Wohnung putzen oder täglich eine Stunde lang Lysingur reiten.»

«Lysingur reiten!», entschied sich Sarah sofort.

«Ja, und wenn du das mal nicht machst, so musst du halt die Wohnung putzen!», schmunzelte Rea.

Der zweite Teil der Strafe war weit angenehmer, war eigentlich gar keine richtige Strafe, höchstens eine Verpflichtung. Damit konnte Sarah gut leben. Das machte sie ja schon bisher fast täglich.

Am gleichen Abend kamen ihr Mami und Willi noch auf Besuch. Sarah konnte sich bei Mami nochmals gehörig ausweinen und es ging ihr anschliessend wieder besser.

✳ ✳ ✳

Als Sarah an jenem Nachmittag mit diesen Gedanken von der Schule nach Hause kam, verspürte sie keine Lust, mit den anderen zusammen zu sein. Sie ging auf die Weide und setzte sich an ihr Lieblingsplätzchen. Der Nebel war tatsächlich schon am Morgen verschwunden und es war nun ein sonniger und warmer Oktobertag geworden. Sarah konnte sich ins Gras setzen, der Boden war zwar etwas kalt, aber trocken. Hier hinter dem Stall war es ruhig. Kein Autolärm, sie hörte nur die Glocken der Rinder auf der Weide des Nachbarn bimmeln. Die Tiere genossen die warmen Herbsttage auf der Weide und frassen nochmals tüchtig Gras. Sarah konnte ringsum blicken, sie sah dabei fast nur Weiden und kleine Wälder und Hecken, die die Weiden voneinander trennten. Die Bäume hatten sich bunt verfärbt und in den klaren Sonnenstrahlen erschienen sie ihr schöner und abwechslungsreicher als im Sommer. Sie sass da und schaute zu, wie die einzelnen Blätter von den Bäumen fielen, die auf der Weide standen. Sie stand auf und ging unter den Apfelbaum. Mit ihren Füssen wirbelte sie das trockene, gefallene Laub vor sich her. Sie liebte dieses Rascheln des Laubes unter ihren Füssen. Airline und Lysingur waren ganz in ihrer Nähe, aber bereits im Schatten des nahen Wäldchens. Scheinbar war es ihnen an der Sonne zu warm, denn sie hatten sich schon ein recht dickes Winterfell wachsen lassen. Sarah setzte sich beim Hühnerhaus an die Wand und sog die Sonnenstrahlen in sich auf. Sie dachte an nichts, sie sass da, schaute bald den Rindern auf der Nachbarweide zu, wie sie Schritt für Schritt vorwärts traten und frassen, bald schaute sie Airline und Lysingur zu, die im Schatten frassen, dazwischen beobachtete sie ein Blatt, das leicht vom Apfelbaum auf den Boden zwirbelte und raschelnd in die anderen Blätter fiel. Sie wollte auch ein Blatt sein, das nach einem intensiven Sommer bunt gefärbt einfach auf den Boden fallen und ausruhen konnte. Sie sass gerne da. Es störte sie niemand, es beobachtete sie niemand, es nervte sie niemand. Es beruhigte sie. Sarah lauschte dem Bächlein. Das kleine Bächlein erzählte fröhlich und unaufhörlich seine lustige Geschichte und plätscherte in einer ungeheuren Leichtigkeit vor sich hin. Immer. Sie konnte kommen, wann sie wollte und bleiben, solange sie wollte, immer war dieses Bächlein gut gelaunt und sang seine Melodie von der Flüchtigkeit des Lebens. Woher bezog dieses Bächlein seinen Humor, seine Lebensfreude? Woher nahm es seine Kraft, unaufhörlich so fröhlich vor sich her zu plätschern und an nichts anderes zu denken, als an seine frohe

Geschichte? Das Bächlein hatte es gut. Sarah dachte wieder an ihre eigene, verzwickte Situation. Diese verdammte Ausgangssperre beschäftigte sie. Sie wurde hier in diesem Hause wie der letzte Dreck behandelt. War sie denn wirklich nichts wert? Sie musste an ihr Mami denken. Wenn sie es sich so überlegte, war Mami der einzige Mensch, der zu ihr stand, der einzige Mensch, dem sie sich anvertrauen konnte. Es gab sonst niemanden. Rea äusserte sich in letzter Zeit oft sehr kritisch zu ihrem Mami. Letzthin hatte sie Mami sogar als Alkoholikerin verdächtigt. Das war der Hammer. Ihr Mami, Alkoholikerin? Nein, sicher nicht! Auch wenn sie Drogen nahm, auch wenn sie ab und zu Alkohol trank, war sie deswegen noch lange nicht Alkoholikerin. Bei Mami spürte sie wenigstens, dass sie sie gerne hatte. Niemand anders nahm sie so in die Arme wie ihr Mami, und niemand anders konnte sie selber so fest halten wie Mami. Das war sowieso so schwierig, alle anderen hatten jemanden, der sie liebte, der sie gern hatte, den sie in die Arme nehmen konnten. Und sie? Wenn sie jemanden festhalten wollte, dann hatte sie niemanden. Nein. Sie musste ein Plüschtier in die Arme nehmen, das war alles, was sie hatte. Das hatte wirklich keinen Sinn, so hatte sie keine Lust, hier zu leben. Sie wollte weg von hier, schlimmer konnte es ja nicht werden. Hier wurde sie so schlecht behandelt. Nur weg von hier. Es war ihr egal, wohin, nur nicht mehr hierbleiben. Sie dachte noch einmal an die vergangene Woche während der Herbstferien, die sie mit Mami verbracht hatte. Aus der versprochenen Griechenlandreise war zwar nichts geworden. Mami hatte dafür kein Geld. Aber die Woche, die sie bei ihr zu Hause verbrachte, war dennoch sehr abwechslungsreich gewesen. Ihr Mami und deren Freund unternahmen viel mit ihr und sie hatten es immer gut. Bei ihr, und nur bei ihr, fühlte sie sich zu Hause. Da reichte es nicht, verdammt noch mal, wenn sie ihr zweimal pro Woche telefonieren konnte und wenn sie sie einmal pro Woche für wenige Stunden sah. Nein, sie brauchte ihre Mutter mehr, öfters, immer, ganz. Warum war denn das nicht möglich? Warum hatte denn gerade sie kein Mami, wie es die anderen hatten?

Sarah schaute wieder um sich, sah Lysingur und Airline, die zuhinterst auf der Weide waren. Ihn würde sie vermissen. Lysingur, er war der Einzige an diesem Ort, den sie nicht verlassen wollte. Auf ihn zu verzichten, würde ihr schwerfallen. Sie schaute ihm lange zu und ihre Gedanken kamen zurück zu ihrem Lieblingsplatz am Bächlein. Sie war froh, dass es diesen Ort gab, wo sich ihre Gedanken völlig frei gehen lassen konnten, wo alles Platz hatte, sich Platz verschaffen konnte, wo diese verrücktesten Gedanken sich ausbreiten, aber auch wieder Abschied nehmen konnten und aus ihrem Kopf weggehen, einfach vorüberziehen konnten.

Sarah sass noch eine Weile da und spürte, dass sie langsam kalt bekam. Der Boden war jetzt im Oktober wirklich schon kalt, auch wenn er trocken war. Die Sonne hatte auch nicht mehr die gleiche Wärme wie im Sommer, der Schatten kam schon sehr nahe. Sarah stand auf und ging zurück ins Haus. Sie wechselte ihre Kleider, zog die Stallkleider an und ging in den Stall. Sie musste Lysingur zuhinterst auf der Weide holen. Sie ritt ihn auch heute Nachmittag sehr gerne, und es tat ihr gut. Sie ritt lange.

Die Grosseltern

Die Herbstferien waren kaum vorbei, der Hausarrest noch keineswegs überstanden, da stand ein weiterer Konflikt im Haus. Monika und Sarah hatten Rea erzählt, dass die Grosseltern von der Art Haushalt, wie er in der Villa Sorgenlos geführt wurde, nicht gerade begeistert waren. Mehr noch, sie regten sich ziemlich auf über gewisse Dinge und sprachen darüber auch mit allen möglichen Leuten, nur nicht mit Walo und Rea. Rea war von den Vorwürfen, die ihr als Pflegemutter gemacht wurden, persönlich stark betroffen und reagierte wütend. Die Vorwürfe betrafen ihre Haushaltsführung, den Sauberkeitsgrad der Wohnung, die Vernachlässigung der Pflegekinder und die Überbeschäftigung von Sarah. Als Walo am Abend nach Hause kam, fand er einen Zettel auf dem Küchentisch, auf dem diese Gedanken aufgeschrieben waren. Rea und Sarah sassen ziemlich aufgewühlt in der Stube. Walo musste sich die Geschichte erst erzählen lassen, bevor er ruhig sagte: «Da hilft nur ein klärendes Gespräch, und zwar schnell.» Er rief die Grosseltern sofort an und lud sie ein.

Schon zwei Tage später trafen sich die Grosseltern, Sarah und Rea und Walo zu diesem Gespräch.

Es begann etwas unerwartet aus heiterem Himmel mit der Frage: «Warum werden die Betten von Nora und Nico nicht gebettet?»

Rea antwortete seelenruhig: «Das finde ich nicht wichtig!»

Walo versuchte dann, das Gespräch in eine etwas sachlichere Bahn zu lenken: «Wir haben von Sarah und Monika gehört, dass Sie mit einigen Sachen bei uns nicht einverstanden sind. Wir sind überzeugt, dass es für die Kinder das Beste ist, wenn wir nicht gegeneinander, sondern miteinander versuchen, den Kindern die Situation erträglicher zu machen. Darum haben wir Sie eingeladen, um Meinungsverschiedenheiten sofort anzusprechen und auszutragen. Das ist besser, als wenn sie verdrängt und angestaut werden. Sonst leiden nochmals die Kinder unter einem Konflikt, den wir miteinander haben. Es geht uns also darum, die drei Kinder nicht darunter leiden zu lassen.»

Die Grosseltern bestätigten diese Sicht der Dinge vollumfänglich und waren jetzt schon um einiges weniger auf Angriff gerichtet.

Rea sprach nun als erstes die Mitarbeit von Sarah im Haushalt an: «Wir haben auch gehört, dass Sie sagten, Sarah müsse bei uns viel zu viel arbeiten.»

«Das finde ich sehr gut, wenn sie mithelfen muss!», war die verblüffende Antwort der Grossmutter, die jetzt den Vorwurf in eine Bestätigung verwandelt hatte.

«Sarah!», rief Walo Sarah zurück, die vor wenigen Augenblicken die Stube verlassen hatte. Sie erschien und Walo konfrontierte sie mit der Aussage der Grossmutter.

Sarah wurde wütend und sagte zur Grossmutter: «Du hast gesagt, ich müsse zu viel arbeiten.»

Die Grossmutter verteidigte sich: «Nein, ich habe nie so etwas gesagt. Du hast bei uns gejammert, du müsstest zu viel tun.»

«Hab ich nicht. Ich mache die Wäsche von Nora und Nico freiwillig, ich will das tun.»

Sarah war wütend. Die widersprüchlichen Aussagen liessen sich an diesem Abend nicht klären. Walo wechselte das Thema und sprach einen anderen Problemkreis an.

«Nora und Nico fragen uns oft, warum sie nicht bei den Eltern wohnen können: diese Antwort müssen ihnen die Eltern geben. Die steht jetzt an. Ich denke, dass dies beim nächsten Gespräch auf dem Sozialamt ein Thema sein muss. Nora und Nico würden am zweitliebsten bei Ihnen, den Grosseltern, wohnen. Warum das nicht geht, das müssen Sie ihnen beantworten. Wir sind die dritte Lösung. Warum sie bei uns wohnen können, das müssen und können wir ihnen beantworten. Aber bei diesen Fragen liegt das Problem, das die Kinder beschäftigt, da müssen wir ihnen gemeinsam Unterstützung geben, da ist dann ein unerledigtes Bett ein absolut unwichtiges Detail.»

Die Grosseltern fanden nicht sofort eine Antwort. Sie waren natürlich einverstanden, dass die Kinder ein Recht auf klare Antworten hatten. Sie waren aber zugleich überfordert, von sich her diese klare Antwort jetzt zu geben. Es drängte sie auch niemand, es ging Walo mehr darum, die Aufgabe mal deutlich zu deponieren.

Walo hatte sich ausführlich auf dieses Gespräch vorbereitet und griff ein neues Stichwort auf: «Wir sind sehr froh, wenn die Kinder ab und zu ein Wochenende bei Ihnen verbringen, oder wenn sie in den Ferien für eine Woche zu Ihnen kommen können. Das tut den Kindern sehr gut, sie kommen gerne zu Ihnen. Das gibt uns selber umgekehrt wieder etwas Luft.»

Er fügte dann allerdings noch ein paar Sätze an, die auch auf die Grenzen dieser Besuche hinzielten: «Wir haben versucht, vor den Kindern neutral zu bleiben und weder Sie noch die Grosseltern in Hergiswil zu bevorzugen oder zu beurteilen. Wir möchten das weiterhin so halten: Wen sie besuchen wollen, das entscheiden die Kinder. Wir sind aber überzeugt, dass das nur gut für die Kinder ist, wenn Sie die Kinder nicht gegen uns ausspielen. Darunter würden schliesslich erneut die Kinder leiden.»

Rea fand zurück zu den konkreten Vorwürfen, die in der Luft hingen: «Wenn Sie unsere Ordnung und Sauberkeit nicht gerade optimal finden, dann hängt das mit verschiedenen Sachen zusammen: wir leben in diesem alten Haus, das sehr staubig ist, wir haben viele Tiere, die im Haus leben. Dazu kommt, dass uns anderes wichtiger ist. Wir wollen in dieser Wohnung leben können, die Kinder sollen spielen und werken können. Wir sind ein offenes Haus. Viele verschiedene Menschen kommen und gehen hier ein und aus. Uns ist dabei ein anderer Ordnungsbegriff wichtig: Zuerst das Leben, dann die Ordnung.»

«Ja, es ist ja klar, dass da, wo Kinder leben, auch Unordnung entsteht!», bestätigte die Grossmutter.

Auch da löste sich der Vorwurf vordergründig in Rauch auf.

Rea blieb hartnäckig mit dem nächsten Thema: «Wir haben vier Kinder, wir müssen die Zeit gut einteilen, das heisst auch, dass die Kinder die Zeit aufteilen müssen. Wir haben jedoch nicht die Absicht, Kinder den ganzen Tag zu beschäftigen und zu betreuen. Sie wissen sehr gut, mit sich selber etwas anzufangen. Langweilig ist es ihnen selten.»

Auch in dieser Aussage wurde sie von den Grosseltern

bestätigt, der Vorwurf war ebenfalls spurlos verschwunden.

Rea sprach jetzt ein heikles Thema an: «Stimmt es, dass Sie vom Zimmer von Nora und Nico Fotos gemacht haben, um sie gegen uns zu verwenden?»

«Ah..., ja, bei der Geburtstagsparty haben wir ein paar Fotos von Nora und Nico gemacht», wichen sie der Frage aus.

«Wir haben auch gehört, dass es Gespräche mit den Behörden gegeben hat», fügte Rea hinzu.

«Nein, wir können doch die Sachen miteinander regeln», beruhigte die Grossmutter.

Walo hakte nach: «Haben irgendwelche Gespräche mit den Behörden stattgefunden?»

«Nein, nein!», besänftigte die Grossmutter nochmals.

«So, es ist schon spät, ich muss morgen wieder an die Arbeit!»

Der Grossvater unterbrach das Gespräch in dieser heiklen Phase ziemlich unvermittelt, stand auf und machte unmissverständlich deutlich, dass er jetzt gehen wollte. Die Grossmutter stand auch auf und sie verabschiedeten sich kurz.

«Ziel erreicht», meinte Walo. «Sie haben gemerkt, dass wir sie in Konfliktsituationen stellen und die Sachen ansprechen. Wir sind zwar nicht hartnäckig genug gewesen, aber mal sehen, wie es weitergeht.»

Für Sarah und Rea war die Sache allerdings noch nicht erledigt. Sie waren beide stinkwütend.

Sarah meinte nur: «Sie hat gelogen!»

Rea regte sich mehr über die schwammigen Rückzugsgefechte auf, die keine Klarheit brachten.

Ihre Wut war fast grösser als vor dem Gespräch: «Die Frau muss mir nie mehr ins Haus kommen, wenn ich da bin. Ich ertrage das nicht. Die kann die Kinder vor der Haustür abholen und wieder vor der Haustür abliefern. Aber ins Haus kommt sie mir nicht mehr!»

Für Walo war die Sache vorerst abgeschlossen und erledigt: «Wir werden ja sehen, was jetzt passiert, und wenn es uns nicht passt, so müssen wir die Probleme erneut ansprechen. Aber ich habe keine Zeit und noch weniger Lust, mich weiter darüber aufzuregen.»

Ennetmoos, 15. Februar 1996

Liebe Sarah

Die Geschichte von deinen Erlebnissen in der Villa Sorgenlos ist noch nicht zu Ende. Sie geht täglich weiter. Ich wünsche dir dabei viele spannende Erlebnisse und intensive Erfahrungen. Du wirst dabei hoffentlich Hochgefühle und sicher auch Enttäuschungen erleben. Dein noch junges Leben wird in dieser Spannung weitergehen. Ich will weiterhin versuchen, dir und deinen Geschwistern in der Villa Sorgenlos ein Zuhause mitzugestalten, in dem du dich ein bisschen wohl fühlen kannst.

Ich bin überzeugt, dass wir das Leben in den Tiefen und Höhen erst richtig spüren und ihm dabei sehr viel näher sind als im spannungslosen Alltag. Das Leben können wir weder nach hinten noch nach vorne verlängern. Wir können es nur in die Tiefe und in die Höhe führen.

Und denk daran, in die wahren Tiefen und Höhen des Lebens kann uns niemand begleiten. Wir erleben sie allein, es sind darum immer auch einsame Erlebnisse. Dabei kommt mir ein Lied von George Moustaki in den Sinn, in dem er singt: «Je ne suis jamais seul avec ma solitude». Ich bin nie allein, ich habe immer meine Einsamkeit bei mir.
Es ist sehr wahrscheinlich etwas vom Schwierigsten im Leben, jung zu sein. Dazu fällt mir ein Text ein:

*Zwischen Traum und Erwachen,
Zwischen Weinen und Lachen,
Zwischen allen Gefühlen,
Und zwischen allen Stühlen.*

*Nun, deine eigenen Wege gehen
Mich gar nichts an, mir bleibt allein,
Dir dabei nicht im Wege zu stehen,
Nur wenn du mich brauchst, da zu sein.*

*Da ist die Welt, und du kannst wählen!
Vergiss den Rest und merk dir bloss:
Du kannst allezeit auf mich zählen
Und das gilt ganz bedingungslos.
(Reinhard Mey)*

*Du bist jung, du hast noch fast das ganze Leben vor dir.
Lebe es! Du wirst dabei noch einige Kratzer abbekommen,
das gehört dazu. Wer keine Fehler macht und nicht aneckt,
der führt ein stinklangweiliges Leben. Das Interessante ist
nicht das Alltägliche und das Normale. Das Leben wird für
dich interessant, wenn du das Aussergewöhnliche wagst, so
ganz nach dem Motto: Wer spinnt, hat mehr vom Leben.
Das meine ich ziemlich ernst. Nur damit wird das normale
Leben, das, was halt jeden Tag geschieht und geschehen
muss, erträglich und kann sogar auch spannend werden.
Unsere Aufgabe dabei ist es, dich ab und zu zu warnen,
damit du nicht unter die Räder kommst, denn das Leben
kann manchmal ganz schön brutal und rücksichtslos sein.
Glaub an dich, glaube an deine Fähigkeiten! Du bist wertvoll, so wie du bist! Darum sei so, wie du bist! Alles andere ist Theater und scheinheiliges Spiel, das erstens durchschaubar und zweitens sehr anstrengend und frustrierend
ist. Bewahre deine Spontaneität und Offenheit! Wer dich
nicht akzeptieren kann, so wie du bist, ist deiner nicht wert!*

Du verlierst dabei keine Kolleginnen und Kollegen, sondern du findest die echten erst damit. Du kannst also nichts verlieren: «Freedom is just another word for nothing have to loose». Freiheit ist bloss ein anderes Wort dafür, dass du nichts zu verlieren hast.

Bewahre dir diese Freiheit! Lass dich nicht in Schubladen drücken! Lass dir von anderen nicht, auch von uns nicht, vorschreiben, wie du zu sein hast. Das ist allein deine Sache! Eine einzige Regel kann dich dabei vor Überraschungen verschonen: Gehe mit den anderen Menschen so um, wie du selber von ihnen behandelt werden willst! Das sind jetzt aber genug Ratschläge. Ich freue mich auf die neuen Geschichten mit dir, mit Nora und Nico und hoffe, dass du noch lange mein Leben mit deiner tollen Art bereichern wirst. Wenn das Zusammenleben weiterhin so spannend bleibt, gibt es vielleicht noch eine Fortsetzung dieses Buches.

Zum Schluss möchte ich dir ein Lied mitgeben, das mir sehr gut gefällt. Ich schreibe es um so lieber hier hin, weil du ja gerne Französisch hast.

Prendre un enfant par la main

Prendre un enfant par la main
Pour l'emener vers demain
Pour lui donner la confiance en son pas
Prendre un enfant pour un roi
Prendre un enfant dans ses bras
Et pour la première fois
Sécher ses larmes en étouffant de joie
Prendre un enfant dans ses bras.

Prendre un enfant par le coeur
Pour soulager ses malheurs
Tout doucement, sans parler, sans pudeur.
Prendre un enfant sur son coeur.
Prendre un enfant dans ses bras
Mais pour la première fois
Verser des larmes en étouffant sa joie
Prendre un enfant contre soi.

Prendre un enfant par la main
Et lui chanter des refrains
Pour qu'il s'endorme à la tombée du jour
Prendre un enfant par l'amour.
Prendre un enfant comme il vient
Et consoler ses chagrins
Vivre sa vie des années, puis soudain
Prendre un enfant par la main
En regardant tout au bout du chemin
Prendre un enfant pour le sien.
(Yves Duteil)

Überdosis

400 Rucksäcke

«Sarah, willst du Geld verdienen?» Die Frage musste Walo nicht zweimal stellen. Natürlich wollte Sarah Geld verdienen. Sie dachte an die Töffliprüfung, sie dachte an das Töffli. Klar, diese Gelegenheit wollte sie packen. «Womit denn? Kann ich wieder Couverts einpacken?», fragte sie zurück.

«Nein, diesmal sind es keine Couverts, aber 200 Rucksäcke», erwiderte Walo.

«Wofür willst du 200 Rucksäcke einpacken? Was willst du da reinpacken?», fragte Rea nach, die mit am Tisch sass.

Walo machte die Sache spannend: «Ich weiss ja selber auch noch nicht so genau, was in die Rucksäcke kommt, aber ich weiss, dass ich auf dem Estrich noch tonnenweise Rucksäcke habe, und ich habe diese verschenkt für ein Projekt.»

Sarah war am Geld interessiert: «Ja, ich will die Rucksäcke einpacken. Was bekomme ich dafür?»

«Einen Franken pro Rucksack, das habe ich so ausgehandelt», gab Walo zur Antwort.

Sarah freute sich: «Das gibt ja zweihundert Franken, und bis wann muss ich die Rucksäcke einpacken?»

«Ich denke, noch vor Weihnachten. Aber ich muss zuerst noch all die Gegenstände einkaufen, die da reinkommen, und zuerst müssen wir überhaupt wissen, was denn reinkommt.» Walo war nicht ganz zufrieden mit der Situation.

Aber Sarah drängte: «Weihnachten ist in drei Wochen und ich kann ja auch nicht den ganzen Tag einpacken.»

«Ich weiss das schon, ich werde die Sachen bald besorgen», beruhigte sie Walo und war mit anderem beschäftigt.

Am nächsten Tag fuhr er schon früh nach Stans, telefonierte noch an zwei, drei Orte und organisierte Prospekte vom Ballenbergmuseum und Ansichtskarten vom Matterhorn. Er grübelte stundenlang irgendwo im Stall und suchte nutzlose Dinge zusammen. Per Post kamen schon bald zwei Schachteln mit 200 Tonbandkassetten. In Stans holte er nach zwei

Tagen die bestellten Sachen: 200 kleine Kuhglöckchen, von der Eisenbahn 200 Kinderbillette. Die Stube füllte sich langsam, aber immer chaotischer mit Rucksäcken, Schachteln, Papieren, und auch gewöhnliche Schrauben waren dabei.

«Wofür braucht ihr das?», wollte Sarah nun doch wissen, als Walo ihr erklärte, wie sie die 200 Rucksäcke abzufüllen hatte.

«Das ist ein Projekt für Jugendliche. In der Arbeitsgruppe Nord-Süd der Hilfswerke haben wir zur Fastenkampagne ein Hörspiel aufgenommen, in dem sich eine junge Schweizerin in einen Ausländer verliebt. Wir wollen damit auf verschiedene Probleme hinweisen, die daraus entstehen können. Es geht um einen fairen Umgang miteinander. All diese Gegenstände sollen den Jugendlichen helfen, sich mit ihrer eigenen Identität auseinander zu setzen.»

Walo erklärte ihr das Projekt und Sarah wollte nun eine dieser Kassetten anhören. Es riss sie also nicht gleich vom Stuhl, und auch, als sie Walos Stimme erkannte, der da irgendeinen rassistischen Vater spielen musste, lachte sie bloss und meinte: «Du sagst da aber auch Sachen, die du sonst nie sagen würdest.»

Sonst wusste sie beim besten Willen nicht, was denn eine ganz gewöhnliche Schraube oder eine Karte vom Matterhorn mit ihrer Identität zu tun haben sollten. Wie das miteinander zusammenhängen sollte, begriff sie nicht. Sie hatte eine Identitätskarte, das genügte ihr, und was Identität sonst noch sein könnte, das wusste sie eigentlich überhaupt nicht. Als Walo ihr dann noch zu erklären versuchte, dass Identität eben mit der geografischen Heimat und mit den Wirtschaftsbedingungen auch etwas zu tun habe und dass es wichtig sei, dieses Umfeld zu kennen, um zu wissen, wer man sei, verstand es Sarah noch weniger.

Ihr Kopf schwirrte, das Durcheinander war perfekt: 'Wissen, wer man ist! Ich bin die Sarah Huber, die Tochter von Monika Huber und Ruedi Huber, das ist klar. Aber bin das ich? Ist das wirklich so klar? Mami und Papi sind ja nicht da, die sind weit weg und Papi ist in letzter Zeit sowieso ganz anders geworden. Solange ich nicht bei Mami wohnen kann, ist es auch nicht einfach. Wenn sie nur endlich den Ausstieg schafft, sie hat es mir schon so oft versprochen. Ich bin jetzt ja auch noch die Pflegetochter von Rea und Walo. Gehört das auch dazu? Nein, das kann nicht dazugehören, hier bin ich ja nur für eine kurze Zeit. Die haben ja mit mir eigentlich gar nichts zu tun, mit denen bin ich ja nicht verwandt. Wer bin ich denn? Ich bin die Freundin von Christian. Gehört das dazu? Bin ich das überhaupt? Er ist ja in letzter Zeit wieder so eklig und behandelt mich wie Dreck. Für ihn bin ich manchmal wie überhaupt nichts. Bin ich eigentlich für irgendjemanden etwas? Und was ist mit Mirjam? Sie ist meine beste Freundin. Ja, das ist sie. Wir haben es gut zusammen, mit ihr verstehe ich mich bestens. Das ist wenigstens etwas. Aber genügt das?'

Es war nicht viel, es war zu wenig, und Sarah fühlte sich in diesem Moment wirklich wie Dreck: Sie war Dreck, den niemand wollte. Da kam nun Walo auch noch und sagte, das Matterhorn und die Schraube gehörten auch noch dazu. Die hatten jetzt mit ihr wirklich gar nichts zu tun. Sie fühlte sich schlecht.

Walo hatte sein Interesse inzwischen schon längst wieder den Rucksäcken gewidmet. Er legte ihr die neun verschiedenen Gegenstände schön geordnet rund um den Stubentisch aus und erklärte ihr, wie sie sie nun am schnellsten einpacken konnte. 200-mal um diesen Tisch gehen, in der linken Hand den offenen Rucksack, mit der rechten Hand von jedem Gegenstand je einen in den Rucksack werfen, den Rucksack schliessen und in die bereitstehende leere Schachtel legen, mit der linken Hand einen neuen Rucksack aus der Schachtel nehmen, mit der rechten Hand den Reissverschluss öffnen, um den Tisch gehen, in der linken Hand den offenen Rucksack, mit der rechten Hand ... Das ging nicht so schnell, wie sie gehofft hatte, denn es verlangte doch einige Konzentration, und dies 200-mal. Walo war auch ziemlich klar in der Anweisung, so dass sie merkte, dass er es gar nicht schätzen würde, wenn sie da ab und zu einen Gegenstand vergessen oder doppelt einfüllen würde. Aber 200 Franken waren nicht zu verachten und bis Weihnachten waren es ja noch zehn Tage.

Kurz vor Weihnachten kam Walo nach Hause und fragte unvermittelt: «Sarah, willst du nochmals 200 Franken verdienen?»

«Aber nicht mehr mit diesen blöden Rucksäcken, die hängen mir zum Hals heraus», meinte Sarah nicht sehr begeistert. Die Lust auf diese endlosen Runden um den Stubentisch war ihr inzwischen gründlich vergangen und sie hatte ja noch nicht einmal alle 200 geschafft.

«Aber die Leute wollen diese Rucksäcke, die finden die anscheinend nicht so blöd wie du. Wir haben schon 300 Bestellungen und haben beschlossen, nochmals 200 zu machen», meinte Walo und lockte sie dann noch mit einem Versprechen. «Wenn du das machst, habe ich für dich am kommenden 16. Juni eine grosse Überraschung bereit.»

«Was für eine?», wollte Sarah natürlich wissen.

«Du darfst mit mir ins Kino kommen und wählen, welchen Film du sehen willst», meinte Walo trocken.

«Spinnst du, meinst du, ich komme mit dir ins Kino? Da kannst du schon alleine gehen, auf diese Überraschung verzichte ich gerne», ärgerte sich Sarah.

«So blöd bin ich ja wohl doch nicht, dass ich glaube, dass du mit mir ins Kino willst», beruhigte Walo. «Aber ich verrate dir die Überraschung natürlich nicht. Du kannst Mirjam sagen, sie solle sich den 16. Juni auch reservieren. Ihr werdet nicht enttäuscht sein. Aber packst du mir jetzt die 200 zusätzlichen Rucksäcke auch noch ein? Wieder gibt es einen Franken pro Rucksack.»

Sarah war momentan so pleite, wie sie immer pleite war. Das Geld lockte. Sie sagte zu. So verbrachte sie die Tage bis

Weihnachten rund um den Stubentisch und packte diese 400 Rucksäcke ein. Dabei grübelte sie ab und zu der versprochenen Überraschung nach, aber sie konnte sich einfach nicht vorstellen, was sich Walo da ausgedacht haben könnte. Walo schwieg meistens oder gab derart hirnverbrannte Hinweise, dass sie wusste, dass er sie in die falsche Richtung leiten wollte. Sarah war es eigentlich auch ganz recht, dass sie an diesen dunklen Winterabenden mit dieser Arbeit beschäftigt war. Draussen war es ja immer dunkel. Wenn sie am Morgen zur Schule fuhr: es war dunkel; wenn sie abends um fünf Uhr nach Hause kam: es war dunkel. Sie mochte diese dunklen Tage nicht besonders gerne. Zu Hause hocken, das mochte sie nicht. Aber sie musste. Sie musste ja immer schon vor dem Nachtessen ihre Tiere füttern und nach dem Nachtessen durfte sie nicht mehr auf die Strasse. Da waren diese Rucksäcke doch noch eine zwar blöde, aber doch zeitfüllende Beschäftigung, und Geld konnte sie ja ohnehin gut brauchen.

Das Telefon unterbrach sie beim Einpacken.

«Hoi, Christian», begrüsste Sarah ihren Freund und meinte freudlos: «Es geht so.»

Aber es ging nicht, so nicht. Nach wenigen Sätzen legte sie den Hörer wieder auf. Tränen stiegen ihr in die Augen. Sie blieb auf dem Kanapee sitzen und legte den Kopf auf die Knie. Walo blickte hinter dem Compi hervor und sagte nichts, lange sagte er nichts.

Dann fragte er sie unvermittelt: «Du, Sarah, ist eigentlich in deinem Leben auch etwas klar?»

«Nein!», schoss es aus ihr heraus und sie begann zu weinen.

Walo wartete, er sagte nichts, er versteckte sich nicht hinter dem Compi, er sah sie an und wartete geduldig.

Sarah blickte auf: «Die beiden wichtigsten Sachen auf alle Fälle nicht!»

Sie blickte Walo erwartungsvoll an und war gespannt auf seine Antwort.

Walo fragte weiter: «Ja, was ist denn das Wichtigste in deinem Leben?»

Sarah musste nicht überlegen: «Mami und Papi, aber da weiss ich ja nicht, wie es weitergeht!»

«Und das Zweitwichtigste?», bohrte Walo nach.

Auch jetzt kam die Antwort sofort: «Christian, aber der ist in letzter Zeit immer so blöd, der behandelt mich wie Luft, aber wenn ich einmal etwas tue, das ihm nicht passt, dann wird er wütend und ist hasserfüllt.»

«Jetzt suchen wir mal etwas, das völlig klar ist», forderte sie Walo auf, «denn irgendetwas muss es ja schon noch geben, an dem du dich halten kannst.»

Auch das konnte sie sofort sagen: «Klar ist eigentlich nur, dass Nora und Nico meine Geschwister sind und hier wohnen.»

«Vielleicht gibt es noch mehr», grübelte Walo nach.

«Dass ich morgen in die Schule muss und der Lehrer ein Dummkopf ist», konnte Sarah noch hinzufügen.

«Nicht sehr viel», meinte Walo trocken, «aber vielleicht genügt es, wenn du dich momentan an diesen beiden Sachen festhältst. Orientiere dich mehr an dem, was klar ist, auch wenn es im Moment nur sehr wenig ist. Das gibt dir wieder etwas Sicherheit. Halte dich nicht an dem fest, was nicht klar ist, denn dort bekommst du keinen Halt. Das wackelt zu stark, und dann wackelst du selber.»

«Das ist aber so unendlich schwierig», meinte Sarah, «es ist doch alles zum Kotzen.»

«Da wäre es doch gut, wenn man einen Kotzkübel hätte, in den man sich übergeben kann. Vielleicht ist es gut für dich, wenn du wieder einmal Tagebuch schreibst, damit du die Sachen loswirst. Das tut mir jeweils auch gut.»

Walo liess sie mit diesem Ratschlag in Ruhe und Sarah war froh darum. Sie sass noch eine Weile auf dem Sofa, ging dann in die Küche und holte ihre Hausaufgaben hervor: Rechnen. Walo sass an diesen langen, dunklen Abenden oft hinter seinem Laptop, den er dann jeweils an den Küchentisch nahm, und schrieb irgendetwas. Manchmal blickten seine Augen wach und klar in die Runde, von Rea zu Sarah, zurück auf den Bildschirm, dann wieder in die Runde, und dann konnte er unvermittelt irgendetwas völlig Belangloses fragen, das überhaupt nichts mit dem Gespräch zu tun hatte, oder sehr genau auf das Gespräch eingehen und eine exakte Antwort geben, oder aber ohne irgendetwas zu sagen wieder mit höchster Konzentration auf den Bildschirm glotzen. Sarah staunte manchmal über Walo. Er war dauernd irgendwo am Grübeln. Er konnte sie ansehen, dass sie manchmal fast Angst bekam. Er konnte sie ansehen und doch nicht ansehen. Es war, als ob er durch sie hindurch starrte. Er blickte manchmal wie abwesend in die Runde, und doch schien es ihr, als ob er überhaupt nicht abwesend sei, als täte er nur so. Sie wurde nicht gescheit aus ihm. Jetzt, wenn er sich da jeweils mit verschmitztem Blick mit dem Compi an den Küchentisch setzte, kam sie sowieso nicht draus. Noch weniger als bei den Rechnungsaufgaben.

«Was schreibst du da eigentlich?», fragte ihn Rea ab und zu.

Walo gab sich meist ziemlich kurz und unverbindlich: «Ich muss da noch so einen Artikel schreiben, und der sollte schon längstens fertig sein.»

Das musste er natürlich dauernd, und zu spät war er auch stets, so dass diese Antwort keine wirkliche Information war. Sarah selbst interessierte es nicht, was er da hinter dem Compi machte, ihr genügte es, wenn er da war und bereit war, ihr bei den Rechnungsaufgaben zu helfen. Das tat er gerne, weil er Mathematik liebte.

Einmal fragte sie ihn: «Warum gefällt dir eigentlich dieser langweilige Quatsch von Rechnungen, das ist doch das Oberletzte?»

«Weisst du», begann er, und Sarah wusste bereits, dass mit dieser Einleitung wieder so eine typische Walo-Antwort zu erwarten war, bei der sie nicht draus kam, weil sie nicht wusste, ob er es ernst meinte oder nicht. «Manchmal bin ich froh, wenn es für ein Problem nur eine einzige richtige Lösung gibt. Das ist beim Rechnen so. Auch wenn es schwierig ist, die Lösung zu finden, auch wenn ich lange grübeln muss, es gibt eine, die ist richtig. Das gefällt mir, weil ich mich sonst dauernd mit Sachen beschäftige, bei denen das nicht so ist, für die es keine eindeutig richtigen oder falschen Lösungen gibt.»

Sarah verstand nicht, dass man sich für diesen Blödsinn interessieren konnte. Für sie gab es beim Rechnen überhaupt nicht diese klaren Lösungen. Sie wusste oft nicht, warum ein Resultat richtig oder falsch war. Sie verwendete einfach diese gelernten aber nicht begriffenen Formeln, aber vorstellen konnte sie sich selten, was denn in der Rechnung gefragt war, und was sie da rechnen sollte. Was Walo mit dem Rest der Antwort gemeint hatte, konnte sie einmal mehr nicht genau verstehen. Sie wusste ja nicht einmal, was er denn beruflich arbeitete, womit er sich dabei beschäftigte. Sie hatte nur durch das Couverteinpacken und durch diese blöden Rucksäcke einen sehr beschränkten Einblick in seine Arbeit bekommen. Sie wusste überhaupt nicht viel von ihm und er liess sich schwer in die Karten schauen. Erst an Weihnachten bekamen diese Compigeschichten für Sarah einen neuen Sinn. Am Tag vor Weihnachten kam Walo mit einem sauber eingepackten Geschenk nach Hause und zeigte es ihr.

«Das ist also der nächste Teil deines Buches, den ich in den letzten Tagen geschrieben habe. Meistens bin ich dabei fast neben dir gesessen und du hast mir jeweils schön gesagt, wie die Geschichte weiterging, wenn ich es nicht mehr wusste.»

All die belanglosen Fragen, an die sich Sarah vage erinnern konnte, bekamen jetzt einen Sinn und sie lachte: «Darf ich es jetzt schon lesen? Es nimmt mich wunder, was du geschrieben hast.»

«Morgen ist Weihnachten, und einen Tag kannst du jetzt

schon noch warten», meinte er etwas stolz und hielt ihr das Geschenk nochmals verlockend vor die Hände.

Weihnachten war also gerettet. Sarah freute sich auf diesen dritten Teil, und es war zugleich so ziemlich das Einzige, worauf sie sich an diesen Weihnachten freute. In der Villa Sorgenlos war es ziemlich ruhig. Das Gespräch mit den Grosseltern hatte doch einiges bewirkt. Rea trug eine sichtliche Wut mit sich und gab dieser auch ab und zu Ausdruck. Sie konnte und wollte ihre Verletzung nicht verdrängen. Sie konnte sich nicht mehr vorstellen, dass die Grossmutter je wieder in die Villa Sorgenlos eintreten würde.

«Diese Frau muss gar nicht mehr in dieses Haus kommen! Die soll schön bleiben, wo sie ist!»

Walo vertrat immer noch die Meinung, die Probleme seien einigermassen geregelt und er habe sowieso keine Zeit, sich darüber länger aufzuregen.

Rea konnte das wiederum schwer ertragen: «Ja, du mit deiner dauernden Abgrenzung, mit deiner dauernden Distanziertheit. Als ob du wirklich über der Sache stehen würdest. Du frisst es ja einfach in dich hinein und züchtest dein Magengeschwür. Ich glaube dir nämlich überhaupt nicht, dass dich das alles so kalt lässt, wie du immer behauptest. Aber ihr Männer müsst ja immer die starken Typen spielen!»

Das machte dann Walo wieder wütend: «Ich bin nicht bereit, die Probleme anderer Leute zu meinen zu machen. Wenn diese Frau mit uns ein Problem hat, so lasse ich das ganz einfach dort, wo es hingehört, nämlich bei ihr. Mit dem Markieren des starken Typen hat das überhaupt nichts zu tun, im Gegenteil, ich weiss, dass ich mich vor all diesen belastenden Dingen schützen muss, um nicht daran zu Grunde zu gehen.»

«Ja, ich weiss, manchmal möchte ich das ja auch, aber ich kann das einfach nicht», erwiderte Rea ziemlich heftig.

Sarah hatte zugehört. Sie sagte nichts. Sie wusste ja selber nicht, was sie von ihrer Grossmutter halten sollte. Es war ihre

Grossmutter. Sie hatte dort eine Zeitlang gelebt, die Grossmutter hatte viel für sie und vor allem auch für Nora und Nico getan. Sie hatte sich für sie eingesetzt, sie war eingesprungen, als ihre Eltern abstürzten. Sie hatte ihnen geholfen. Das war das eine. Sie hatte sie aber an diesem Gespräch mit Walo und Rea auch angelogen, sie hatte Sachen erzählt, die sie kurz zuvor noch ganz anders erzählt hatte, sie hatte auch schon sehr schlecht über ihre Mutter gesprochen. Das war das andere. Sarah wusste nicht, was sie wirklich von der Grossmutter halten sollte. Walo und Rea wussten es scheinbar auch nicht oder waren sich nicht einig, wie sie damit umgehen sollten. Sarah bemerkte seit einiger Zeit, dass Rea und Walo oft ungleicher Meinung waren und wie sie, wenn sie überhaupt miteinander stritten, meistens über die Situation rund um sie und ihre Geschwister stritten. Oft war auch sie der Anlass zu einer Auseinandersetzung. Das beschäftigte sie. Wurde sie für die beiden zu einer Belastung? Sie spürte es seit einiger Zeit. Was bedeutete das? Hatten die beiden genug von ihr? Musste sie sich anders verhalten?

Skiferien

Sarah freute sich schon lange. Endlich rückten die Tage näher, die Skiferien begannen in wenigen Tagen. Sarah sehnte sich nach Engelberg, wo sie schon als Kind mit ihren Grosseltern mehrmals in den Ferien gewesen war. Der Ort war mit guten Erinnerungen verbunden: Schlitteln, Schneemänner bauen, Schneeballschlachten, dann die langen Abende mit ihren Grosseltern in der Stube, wenn draussen schon alles stockfinster war, die spannenden Geschichten und das reizende Abenteuer, in einem ganz fremden Bett zu übernachten. Sie musste es sich nur noch gut einrichten, dann konnten diese Skiferien zum absoluten Superabenteuer werden. Sarah fasste den Entschluss: Christian musste mitkommen. Das würde diese Ferien zur unvergesslichen Woche machen, wenn sie ihren Freund für eine ganze Woche bei sich haben könnte. Sie wartete einen günstigen Moment ab, denn bei Christian war das entscheidend, dass sie ihn nicht zur falschen Zeit etwas Wichtiges fragte.

So wartete sie und fragte Christian dann in der Pause: «Du, wir gehen in die Skiferien, meinst du, du dürftest da mitkommen?»

Christian gab sich cool: «Sicher darf ich da mitkommen, wenn ich will.»

«Und möchtest du auch mitkommen?», fragte Sarah erwartungsvoll.

Christian liess sie jedoch zappeln: «Ich muss mir das noch überlegen, denn ich habe eigentlich schon etwas anderes vor.»

Sarah drängte ihn: «Ich muss es aber schon bald wissen, denn ich muss ja auch noch Rea und Walo fragen, ob du überhaupt mitkommen darfst. Kannst du es mir am Nachmittag sagen?»

«Ja!», sagte Christian kurz und ging zu seinen Kollegen auf die andere Seite des Pausenplatzes.

Sarah frass die Wut still in sich hinein. Das schmerzte sie jeweils ungeheuer, wenn er sie einfach so stehen liess, als ob sie Luft wäre, und einfach davonlief. Sie konnte nicht verstehen, dass er so trocken sein konnte und sie völlig achtlos stehen lassen konnte, als ob es sie gar nicht gäbe, als ob er mit ihr überhaupt nichts zu tun hätte.

Sarah ging am Mittag nach Hause und platzte mit der Frage heraus: «Darf Christian mit uns in die Skiferien kommen?»

Rea gab nicht sofort Antwort. Sie war am Kochen und hatte jetzt keine Lust, sich auf diese Diskussion einzulassen.

Sie sagte nur kurz: «Das möchte ich mit dir dann noch genauer anschauen.»

Sarah aber stürmte: «Was gibt es hier genauer anzuschauen? Christian kann doch mitkommen, ihr müsst ja nicht immer gerade an das Schlimmste denken.»

Aber Rea liess sich nicht auf die Diskussion ein: «Ich möchte das nicht jetzt entscheiden, jetzt muss ich kochen. Wir können das heute Abend noch miteinander besprechen. Was meinst du damit, wir denken immer nur ans Schlimmste?»

«Ja, ihr habt ja immer nur Angst, dass wir dann miteinander schlafen. Aber das will ich gar nicht!», beteuerte Sarah. «Ich will nur, dass er mitkommen kann, dann wird es viel lustiger und dann haben wir auch einmal viel Zeit füreinander.»

«Daran habe ich überhaupt nicht gedacht», beruhigte sie Rea. «Aber ich möchte es nicht jetzt entscheiden. Ich muss darüber auch noch etwas nachdenken.»

«Was gibt es darüber nachzudenken? Du musst nur ja sagen!», forderte Sarah sie auf.

Rea war dazu nicht bereit: «Ich möchte das auch noch mit Walo anschauen. Jetzt will ich zuerst fertig kochen.»

Sarah war mit der Antwort nicht zufrieden. Sie konnte nicht verstehen, warum Rea nicht ja sagte, und wenn sie etwas jeweils noch mit Walo besprechen wollte, so wusste sie, dass es kompliziert werden könnte. Obwohl sie glaubte, dass es Walo erlauben würde.

Am Abend nach dem Nachtessen fragte sie erneut: «Darf jetzt Christian mitkommen?»

Sie musste noch allerhand Einwände und Fragen aus dem Weg räumen: Wie viele Betten hat es eigentlich in dieser Ferienwohnung? - Sie und Christian konnten ja in der Stube auf dem ausziehbaren Sofa schlafen. Das war kein Problem. Darf Christian denn überhaupt mitkommen? - Ja, er hatte ihr am Nachmittag zugesagt.

«Und denkst du, dass es dir wohl ist, eine ganze Woche mit Christian zusammen zu sein?», fragte Walo etwas skeptisch.

«Ja, sicher, das wird absolut toll!», begeisterte sich Sarah.

«Da bin ich nicht einmal so sicher», meinte Rea. «In letzter Zeit habt ihr es nämlich nicht so absolut toll miteinander gehabt. Ich habe manchmal das Gefühl, dass Christian mit dir spielt.»

Sarah wurde nervös: «Aber in den Skiferien haben wir ja dann viel Zeit und er kann mir nicht mehr einfach ausweichen. Wir können dann viel miteinander reden und miteinander Ski fahren und dann haben wir es schon toll miteinander.»

Rea schien davon nicht ganz überzeugt zu sein: «Ich bin da nicht so sicher. Der macht ja mit dir so ziemlich, was er will, und du kannst dich zu wenig durchsetzen. Ich weiss nicht, ob es dir in den Skiferien wohl sein wird, wenn er mitkommt. Vielleicht ist es dann in den Ferien auch nicht so, wie du es dir jetzt so erträumst.»

Sarah sagte nichts. Rea hatte Recht und es war so schmerzhaft und unangenehm, dass sie Recht hatte. Christian machte mit ihr wirklich, was er wollte, liess sie stehen, wann er wollte, wickelte sie wieder um den Finger, wann er wollte, sie konnte sich da nicht durchsetzen. Jedes Mal, wenn sie es versucht hatte, mit ihm darüber zu sprechen und ihn zu fragen, warum er so komisch mit ihr umging, hatte er anschliessend derart die beleidigte Leberwurst gespielt, dass sie wieder schwach geworden war. Sie hatte ihn einfach gern und liess sich von ihm viel zu viel gefallen. Sie wusste es, aber sie konnte nichts dagegen unternehmen. Sie konnte Rea nicht widersprechen und war froh, als nun Rea selber weiterfuhr, ohne auf eine Antwort zu warten.

«Ich denke, es könnte für dich ebenso lustig werden, wenn du Mirjam mitnimmst. Ihr habt es ja immer sehr lustig miteinander. Dann musst du all die Probleme, die du mit Christian hast, nicht auch noch in die Skiferien mitnehmen.»

Rea liess allerdings die Tür noch offen, denn sie sagte weiter: «Überlege es dir doch nochmals. Du musst nicht jetzt entscheiden, aber überlege dir gut: Wie ist es dir wohler? Mit wem hast du es wohl lustiger und unbeschwerter in den Skiferien, mit Christian oder mit Mirjam? Überlege dir auch, ob du wirklich eine ganze Woche lang mit Christian im gleichen Bett schlafen willst, ob du dich dadurch nicht zu fest unter Druck gesetzt fühlst. Ich bin da nämlich etwas unsicher. Du musst einfach ganz gut auf dich selber hören und das machen, was dir selber am meisten zugute kommt. Aber überlege es dir gut, was für dich selber das Beste ist, und wir können es morgen nochmals besprechen.»

Damit war die Sache für heute erledigt. Sarah war verunsichert. Sie verschwand in ihrem Zimmer, legte eine CD von Simon and Garfunkel ein, legte sich auf das Bett und dachte nach: Christian in den Skiferien, das klang einerseits wahnsinnig verlockend und vielversprechend. Sie wünschte es sich sehr, dass er mitkommen könnte. Einmal mit ihm allein zusammen sein, viel Zeit mit ihm verbringen. Da könnte er sie auch nicht einfach stehen lassen und zu seinen Kollegen gehen. Sie hätte ihn ganz allein für sich. Sie könnten miteinander blödeln, Ski fahren, Musik hören ... Anderseits hatten sie die Gedanken von Rea getroffen. Es war genau das, was sie selber auch immer wieder fühlte und worunter sie litt. Sie glaubte manchmal auch, dass Christian sie ausnützte und sie selber zu wenig gut ihre eigene Meinung durchsetzen konnte. Konnte er sie auch in den Skiferien ausnützen? Kam er nur deswegen mit, weil er sich davon etwas versprach, was sie nicht wollte? Nein, sie wollte nicht mit ihm schlafen. Sie hatten noch nicht miteinander geschlafen, und sie wollte es auch nicht, auch nicht in den Skiferien. Was aber wollte Christian? Würde er es ihr sagen, wenn sie ihn fragte? Wohl kaum, er war ja immer so kurz angebunden, wenn sie ihn etwas Persönliches fragte. Sie wusste nicht, woran sie mit ihm war. Eine ganze Woche mit ihm im gleichen Bett. Da konnte er sie schon unter Druck setzen. Könnte sie dem widerstehen? Was wäre es mit dem Vorschlag von Rea, Mirjam mitzunehmen? Mit Mirjam hatte sie es gut, sie waren wirklich dicke Freundinnen geworden, die schon viel miteinander erlebt hatten. Mit Mirjam, das würde sicher lustig, da gab es auf alle Fälle dieses Beziehungspuff nicht, da könnte sie völlig unbeschwert die Ferien geniessen. Eigentlich sprach riesig viel für Mirjam. Sarah war unentschieden. Sie musste sich die Sache noch gründlich überlegen.

Am anderen Tag verpassten sie es alle, auf die Skiferien zurückzukommen. Rea und Walo sprachen sie jedenfalls nicht darauf an, und Sarah war froh, dass sie es vergassen. Denn sie hatte nach wie vor nicht entschieden, was sie eigentlich wollte.

Am folgenden Abend kam sie nach Hause und teilte Walo und Rea mit: «Ich habe Mirjam gefragt, ob sie mitkommt. Sie darf. Ihre Eltern sind ausnahmsweise einmal einverstanden.»

Walo und Rea reagierten kaum auf ihre Mitteilung. Sarah schloss daraus, dass sie einverstanden waren, sie lief ans Telefon, rief Mirjam an und teilte ihr mit, dass es okay sei. Soweit, so gut, Sarah war froh, dass sie sich entschieden hatte, und sie spürte in sich dieses Gefühl der Erleichterung und Ruhe. Mit Mirjam konnte es nicht schief herauskommen, mit Mirjam musste es eine tolle Woche werden. Nun musste sie sich aber noch die Skiausrüstung besorgen. Bisher hatte sich Walo strikte geweigert, ihr eine Skiausrüstung zu kaufen. Sie musste jeweils die Skier von Rea benutzen. Im letzten Winter war er mit ihr auch zwei oder drei Mal auf die Pisten gegangen und hatte ihr das Skifahren beigebracht. Jetzt konnte er sich nicht mehr weigern, denn in den Skiferien brauchte Rea ihre Skier selber. Am liebsten hätte sie sich ein Snowboard gekauft, aber da war wohl nichts zu machen.

Walo sagte jeweils nur: «Das kannst du dir dann kaufen, wenn du einigermassen anständig auf den Skiern stehen kannst.»

Sarah war keineswegs begeistert, als Walo den Skieinkauf zu seiner Sache erklärte und mit ihr ins Einkaufszentrum fuhr. Sie ahnte Schlimmes. Mit Walo einkaufen war meistens ein Horrorerlebnis. Das sagte nicht nur Rea, das hatte sie auch schon selber erfahren. Er hatte einfach null Verständnis dafür, dass sie in zehn verschiedene Geschäfte gehen wollte, zehn verschiedene Sachen anprobieren und dann am Schluss vielleicht doch nichts kaufen wollte. Spätestens im dritten Geschäft wurde er unerträglich, verabschiedete sich und ging ins nächste Café, wo er wartete. Der Skieinkauf drohte also auch zur Katastrophe zu werden. Walo eilte mit ihr durch die Abteilungen zu den Wintersachen, zu den Skiregalen und griff nach dem erstbesten Paar, das er sah und hielt es ihr hin.

Er meinte: «Da, die sind doch gut, genug lang, eine gute Bindung und eine tolle Farbe.»

Sarah schaute sich die Skier an. Sie gefielen ihr. Aber sie wollte noch weitere Regale durchsuchen, ob da nicht doch noch etwas Attraktiveres vorhanden war. Walo wartete mit seinem Paar Skiern geduldig, er stellte sie aber nicht mehr zurück. Sarah wühlte in den Regalen, fand aber nichts Besseres. Eigentlich war sie ja mit dem ersten Paar ganz zufrieden. Sie sagte es Walo, und er kaufte die Skier. Skischuhe musste Sarah auch noch einkaufen. Also ab ins Schuhgeschäft, Walo war bereits wieder zehn Meter vor ihr und steuerte ins nächste Geschäft zu den Skischuhen. Hier liess er sie zum Glück mehrere Paare anprobieren und Sarah wählte sich ein graues Paar aus. Sie war jetzt gut ausgerüstet und war mit dem Einkauf ganz zufrieden.

Walo lud die Sachen am Freitag vor der Abreise ins Auto. Skiferien mit sechs Personen, das füllte das Auto gehörig. Sarah verstaute ihre Sachen sorgfältig in der Sporttasche und trug sie zum Auto. Am Samstagmorgen war es dann soweit. Rea fuhr mit dem Auto nach Engelberg. Walo, Nora und Nico nahmen den Zug, denn das Auto war überfüllt. Darüber hinaus war es für Nora und Nico natürlich das viel grössere Abenteuer, mit dem Bus und dem Zug nach Engelberg zu fahren. Die Ferienwohnung stand mitten im Dorf. Sie war fast neu, modern eingerichtet und nur zwei Minuten von der Busstation entfernt.

Nora und Nico waren am ersten Abend früh müde und wollten schlafen gehen.

«Sarah, bringst du uns heute ins Bett?», rief Nico mit einer

Bestimmtheit, die Sarah aufhorchen liess.

Sie ging ins Zimmer und Nico schloss die Tür sofort hinter ihr. Irgendetwas war ungewöhnlich. Rea war auch im Zimmer und packte die Taschen der beiden aus. Da wurde es Sarah klar, warum sie ins Zimmer kommen musste und warum Nico die Tür hinter ihr so schnell geschlossen hatte. Rea packte nämlich Windeln aus. Sie hatte es mit Nora und Nico schon zu Hause gut besprochen, dass sie in den Skiferien zur Vorsicht Windeln tragen sollten. Denn zu Hause kam es ab und zu vor, dass die beiden das Bett nässten.

«Aber Walo darf nichts davon erfahren», forderte Nico, «sonst lacht er wieder.»

Rea versuchte ihn zu beruhigen: «Das ist doch nichts zum Lachen. Das ist ganz normal und nichts Aussergewöhnliches.»

«Ich will aber nicht, dass es Walo merkt», sagte Nico nochmals mit ernster Stimme.

Sarah wusste von der Sache auch schon lange und beruhigte ihn ebenfalls: «Weisst du, das ist nichts Schlimmes und Walo weiss es schon lange. Er hat überhaupt nicht gelacht.»

«Sicher nicht?», wollte Nico sich vergewissern.

«Sicher nicht!», bestätigte Sarah. «Er hat nur gesagt, das sei eine gute Idee, dann könntet ihr ohne Angst schlafen. Das ist doch so: Wenn du eine Windel anziehst, musst du überhaupt keine Angst haben, dass das Bett nass wird. So kannst du viel besser schlafen.»

Nico gab sich mit der Antwort einigermassen zufrieden und Sarah konnte ihm nun die Windel anziehen. Nico zog seine Pyjamahose schnell über die Windel hoch und verschwand unter der Bettdecke. Sarah erzählte ihnen noch eine kurze Gutenachtgeschichte und löschte dann das Licht. Sie war froh, hatte sie ihre beiden Geschwister. Sie liebte sie.

Schon am ersten Abend wollten Sarah und Mirjam das Engelberger Nachtleben erkunden. Sie bekamen Ausgang bis um Mitternacht und machten sich auf den Weg. Sie schlenderten durch die Strassen, die noch voll von Touristen waren, die

die Schaufenster begafften, ihren Hund ausführten oder auf dem Weg zum Nachtessen im Restaurant waren. Jugendliche gab es keine oder nur ganz wenige, und die waren mit ihren Eltern unterwegs oder sassen auf ihren Töfflis in einer Gruppe zusammen, so dass sie keine Lust hatten, sich zu ihnen zu gesellen. Sie schlenderten die ganze Strasse entlang und kehrten wieder um. Sie begannen auch, Plakate und Schaufenster anzusehen und fanden endlich das Kino. «Cool running.» Das war doch dieser lustige Film. Sie entschieden, am anderen Abend ins Kino zu gehen, denn heute waren sie bereits zu spät, der Film hatte vor einer Viertelstunde begonnen. Aber was konnten sie mit dem heutigen Abend anfangen?

«Komm, wir gehen in ein Restaurant und trinken etwas», schlug Mirjam vor.

Sarah konnte sich dafür nicht begeistern: «Aber es hat doch keines, in dem die Jugendlichen sind. Zu den alten Gruftis in die Beiz hocken, das ist doch langweilig.»

Mirjam gab sich nicht geschlagen: «Da gibt es sicher eine Disco. Komm, wir gehen in die Disco!»

«Okay», meinte Sarah und die beiden suchten die Disco.

Sie suchten, aber sie fanden sie nicht. Die blöde Disco war einfach nicht zu finden, und nach einer Stunde hatten sie genug.

«Komm, wir gehen in die Wohnung, da hat es einen Fernseher, da ist heute sicher ein guter Film im Programm», schlug Sarah vor.

Mirjam war einverstanden. So waren sie längst vor Mitternacht wieder in der Ferienwohnung und glotzten in die Kiste, und dabei waren sie nicht allein. Walo war konzentriert auf seinem Stuhl und liess sich durch nichts stören. Er verfolgte mit höchster Konzentration diesen Krimi. Bald schon verschwanden Sarah und Mirjam unter ihren Bettdecken, schauten von dort noch etwas fern und schliefen ein.

Am anderen Morgen ging es auf die Piste. Nora und Nico

waren das erste Mal in den Skiferien, und für sie war dieser Tag eine Sensation: Ski fahren. Richtig Ski fahren, mit Skilift und Sesselbahn, mit Sandwich und Cola, mit allem, was eben zu richtigem Skifahren gehörte. Sarah und Mirjam begleiteten die beiden und verbrachten diesen ersten Tag mit ihnen. Nora und Nico waren noch sehr unsicher auf den Skis, und vor allem der Skilift war eine grosse Herausforderung. Zwischendurch nahmen sich Sarah und Mirjam wieder eine halbe Stunde für Nora und Nico und fuhren je zu zweit ein paar Mal die Pisten runter.

In der zweiten Nacht erwachte Sarah. Sie hatte einen trockenen Mund. Die Luft in dieser Wohnung war sehr trocken. Sie holte sich in der Küche ein Glas Tee, und jetzt merkte sie, dass sie nicht nur einen sehr trockenen Mund hatte, sondern auch ihre ganze Zunge schwer war wie Blei. Sie konnte sie kaum mehr bewegen. Was war das? War das nur die trockene Luft? Sarah bekam Angst. Sie schaute auf die Uhr. Es war halb zwölf Uhr. Walo sass immer noch vor dem Fernseher und schaute sich irgendeinen Western an.

«Ist Rea schon im Bett?», fragte Sarah.

Walo gab keine Antwort.

«Ist Rea schon im Bett?», fragte Sarah etwas lauter.

«Was ist?», fragte Walo zurück.

«Ist Rea schon im Bett?»

Sarah wurde ungeduldig. Die Zunge liess sich kaum bewegen, das Sprechen fiel ihr schwer.

«Ja, sie ist etwa vor einer halben Stunde verschwunden», sagte Walo und sah wieder in den Kasten.

«Meinst du, ich darf noch zu ihr gehen?», fragte Sarah vorsichtig.

Die blöde Zunge beschäftigte sie.

«Ich glaube schon, sie schläft kaum, sie stillt wahrscheinlich Samuel», gab Walo nur unaufmerksam zur Antwort.

Sarah klopfte an die Tür und öffnete sie. Rea war noch wach.

«Du, Rea, meine Zunge ist ganz schwer und steif. Was kann das sein? Es ist so komisch. Kann das etwas Schlimmes sein?», fragte Sarah beunruhigt.

Rea beruhigte sie fürs Erste: «Ich glaube nicht. Aber warte schnell, sobald Samuel schläft, komme ich raus, dann kann ich es ansehen.»

Sarah wartete. Dabei schossen ihr die schlimmsten Gedanken durch den Kopf: Hatte sie irgendwelche Anfälle? Wurde das überhaupt wieder gut? Konnte man dagegen etwas machen? Als Rea zu ihr in die Küche kam, war Sarah ziemlich unruhig. Ihre Zunge war nach wie vor schwer und steif. Sie konnte kaum sprechen.

Rea beruhigte sie nochmals: «Das ist nicht so schlimm. Das wird schon wieder gut. Jetzt trinkst du mal etwas und beruhigst dich.»

Sarah gehorchte gerne. Sie trank noch ein Glas Tee. Das mit der Beruhigung wollte ihr allerdings nicht so einfach gelingen. Ihre Gedanken kreisten um allerhand Befürchtungen, und die brachte sie nicht so schnell aus dem Kopf. Rea blieb eine Weile bei ihr und gab ihr dann noch ein homöopathisches Mittel. Nur langsam kam wieder etwas mehr Leben in die Zunge und Sarah konnte sich beruhigen. Sie erwachte in dieser Nacht noch ein paar Mal verängstigt und war jedesmal froh, dass ihre Zunge inzwischen wieder normal geworden war.

Die Ferien verflogen im Eilzugstempo. Es war schon wieder Samstag, sie mussten zusammenpacken und nach Hause fahren. Sarah war froh, dass sie sich für Mirjam entschieden hatte. Es war eine lustige Woche: sie hatten sich die Haare selber geschnitten, sie hatten einmal zum Nachtessen eine feine Pizza gebacken, sie waren viel auf den Skiern gewesen und hatten den Schnee genossen. Sie hatten lustige Abende verbracht und sie hatten nie miteinander gestritten. Ja, Mirjam war wirklich eine echte Freundin. Sarah war froh, dass sie eine so gute Freundin hatte.

Klarstellungen

Sarah fühlte sich wohl. Die Skiferien waren wirklich ein Supererlebnis gewesen und sie hatte auch Rea und Walo wieder von einer anderen Seite kennen gelernt. Sie waren in den Skiferien viel lockerer, nicht so gestresst und angespannt und konnten mit Sarah auch wieder spassen. Sie fanden sogar wieder Zeit, mit ihr ab und zu ein Spiel zu machen. Irgendwie fühlte sie sich so wie ein bisschen zu Hause, obwohl ihr jedes Mal, wenn sie dieses Gefühl hatte, sofort wieder der intensive Wunsch in den Kopf stieg, wieder bei Mami und Papi wohnen zu können. Anderseits war das Leben in der Villa Sorgenlos mit Nora und Nico und mit Walo, Rea und Samuel recht erträglich. Sarah war selber auch froh darüber, dass die ganzen Konflikte mit den Grosseltern etwas in den Hintergrund getreten waren. Das dauerte allerdings nicht lange.

Als Sarah von der Schule nach Hause kam, war Rea stocksauer. Sie hatte einen Brief in der Hand. Sarah merkte sofort, dass es etwas mit ihr zu tun hatte. Sie konnte sich aber nicht vorstellen, was sie denn wieder falsch gemacht hatte. In den letzten Tagen hatte sie wirklich nichts getan, was zweideutig war, und sie hatte wirklich auch alles getan, was von ihr erwartet wurde. Was zum Teufel hatte Rea so geärgert? Was stand in diesem Brief in ihrer Hand?

«Deine Grossmutter hat mich heute wütend gemacht!», begann Rea das Gespräch.

Sarah war erleichtert: Es hatte nicht direkt mit ihr zu tun. Sarah wurde wütend: Was hatte ihre Grossmutter schon wieder zu meckern? Sicher betraf es ja wieder sie!

«Was hat sie gemacht?», fragte Sarah ganz direkt.

«Die Frau lügt uns an, wann es ihr passt!», ärgerte sich Rea. «Sie hat uns ganz deutlich gesagt, sie hätte keine Briefe an die Behörden geschrieben, und jetzt kommt das! Mit der rede ich kein Wort mehr.»

Rea schmiss den Brief auf den Tisch und verliess die Wohnung. Sarah sah sich den Brief an. Es war ein Brief ihrer Beiständin. Der Brief war aber gar nicht an Rea und Walo adressiert, sondern an ihre Grosseltern. Rea und Walo hatten nur eine Kopie davon bekommen. Sarah begann zu lesen: 'Wie mir Herr Dr. Dieter Hurschler, Geschäftsführer des Sozialdienstes, mitgeteilt hat, haben Sie sich Anfang Januar 1996 bei ihm über den Pflegeplatz ihrer Enkelkinder bei Familie Barmettler - von Ah in Ennetmoos beschwert. Unter anderem haben Sie sich beschwert, dass ich den Pflegeplatz nie besucht hätte ...' Sarah las weiter und mit jedem Satz wurde ihre Wut grösser. Da stand: 'Bei unserem heutigen Telefongespräch haben Sie nun zudem erwähnt, auch ihre Tochter Monika Huber habe grosse Probleme mit dem Pflegeplatz in Ennetmoos. Dies verwundert sehr, hat Ihre Tochter doch an unserer letzten Standortbestimmung am 11. November 1995, an welcher acht Personen teilgenommen haben, betont erwähnt, wie glücklich und zufrieden sie mit dem Pflegeplatz ihrer Kinder sei und wie sehr sie hoffe, dass dieses Pflegeverhältnis noch lange bestehen möge.'

'Dumme, blöde, eingebildete Gans', dachte Sarah, lief zum Telefon und rief Mami an. Ihr Mami hatte diesen Brief als Kopie auch bekommen und war stocksauer.

«Die soll doch jetzt endlich mal Ruhe geben und ihre Frustrationen anderswo ausleben!», meinte sie. «Es wird höchste Zeit, dass ich endlich von hier wegziehe.»

Nach dem Telefongespräch lief Sarah in den Stall. Rea mistete die Pferdeboxen und hatte Tränen in den Augen. Sarah konnte nichts sagen, sie spürte mit ungewohnter Klarheit, dass Rea verletzt war, tief verletzt, und Sarah wusste nicht, was sie tun sollte, sie kam ja mit ihren eigenen Gefühlen von Wut und Mitleid mit Mami nicht zurecht, und jetzt auch noch Rea. Das war zu viel. Sie nahm einen Besen, wischte den Stall und sagte gar nichts, und Rea sagte auch nichts. Sarah fühlte sich in diesem Moment sehr nahe bei Rea, auch wenn sie nichts sagen konnte. Als Walo nach Hause kam, sassen sie bereits beim Abendessen.

Walo spürte die Stimmung sofort und fragte noch locker: «Was ist denn euch über die Leber gekrochen?»

Rea gab ihm den Brief kommentarlos.

Walo las ihn ruhig durch, und dann lachte er erst mal geradeheraus: «Bravo, da hat sie aber ein tolles Eigentor geschossen! Unser Gespräch vom Oktober hat anscheinend doch den Eindruck gemacht, dass wir der Sache gewachsen sind. Sie versucht es nun von hinten herum und schiesst die Beiständin ab. Da hat sie sich mit der richtigen Person angelegt. Die lässt sich das nicht gefallen. Jetzt wird es Ruhe geben, ohne dass wir selber dafür etwas tun müssen. Die Beiständin muss jetzt sich selber und damit uns verteidigen. Das finde ich gut, wenn andere für uns die Kohlen aus dem Feuer holen.»

Die Reaktionen blieben aus und Walo merkte jetzt, dass sein Kommentar keine Begeisterung ausgelöst hatte.

«Die soll doch bleiben, wo sie ist!», äusserte Rea ihre Wut.

Sarah doppelte nach: «Das ist eine elende Lügnerin! Einmal so und dann das Gegenteil, gerade wie es ihr passt!»

Walo sagte nichts mehr. Das Nachtessen verlief in angespannter Stimmung und Sarah merkte, dass auch Nora und Nico schweigend dasassen. 'Verdammt noch mal', schoss es ihr durch den Kopf, 'Nora und Nico gingen ja sehr gerne über die Wochenenden oder in den Ferien zu ihren Grosseltern. Was mussten sie jetzt wohl denken, wenn an diesem Tisch so über diese Grossmutter gesprochen wurde?' Sarah sagte nichts mehr, und Rea und Walo schwiegen wohl aus demselben Grund.

Erst später am Abend, als Nora und Nico bereits im Bett waren, griff Walo das Thema wieder auf.

«Du, Sarah», fragte er sie, «was meint dein Mami zu dieser Geschichte?»

«Die ist stinkwütend auf die Grossmutter und wird es ihr auch noch sagen!»

«Was meinst du selber dazu?»

«Das ist eine blöde Kuh, mit der will ich nichts mehr zu tun haben! Die kann so gemein sein! Überhaupt geht es diese Schlampe gar nichts an!»

«Die muss mir nicht mehr ins Haus kommen, ich kann dieser Frau nicht mehr in die Augen sehen! Das ist so primitiv und tut so weh!» Rea weinte. «Ich mag einfach nicht mehr. Ich habe so genug von dieser Sache! Soll es doch machen, wer will! Ich bin nicht auf der Welt, um mir dauernd solche Anschuldigungen gefallen zu lassen.»

Wirr schossen die Gefühle und Gedanken durch Sarahs Bauch und Kopf. War jetzt wieder alles zu Ende, nur wegen dieser blöden Grossmutter? Ausgerechnet jetzt, wo es erträglich wurde? Zerfiel dieses kleine Stück Sicherheit jetzt wieder brutal in einen Scherbenhaufen? Begann jetzt die ganze mühsame Geschichte wieder von vorne: zügeln, neue Pflegeeltern, neuer Wohnort, neue Klasse... Nein, das durfte nicht sein! Nicht schon wieder!

Walo schwieg lange. Dann sagte er sehr bestimmt und klar: «So, auf einen groben Klotz gehört ein grober Keil, und den werde ich jetzt reinhauen!»

Er sagte nicht, was er damit meinte, aber Sarah spürte, dass in diesem Satz jener Tonfall lag, der eine Entschlossenheit und Ernsthaftigkeit ausdrückte, die keine Zweifel offen liessen. Sie spürte, dass er jetzt Sachen unternehmen würde, die nicht mehr lustig waren, die er auch nicht diskutieren, sondern einfach machen würde. Aber sie getraute sich nicht zu fragen. Da braute sich in seinem Kopf ein Gewitter zusammen, da war sie sich sicher, die Frage war nur die: Wann brach es los? Gegen wen war es gerichtet?

An diesem Abend erfuhr Sarah von Walo nichts mehr. Er zeichnete zwar noch lange irgendwelche Figuren auf einen Zettel und verband sie mit Pfeilen hin und her, bis ein grosses Wirrwarr auf dem Blatt war. Er schwieg dazu. Am Schluss zerknüllte er den Zettel und warf ihn weg. Erst zwei Tage später sprachen sie wieder spät am Abend über die Grossmutter.

Die Gefühle hatten sich ein wenig beruhigt.

Walo sprach nun offen darüber, was er zu unternehmen beabsichtigte: «Jetzt kann also die neue Beiständin beweisen, was sie kann. Die wird jetzt aktiv, und zwar ziemlich schnell, dafür werde ich sorgen!»

«Was soll sie tun?», fragte Rea zurück.

«Die muss jetzt mal Klarheit schaffen und sie muss gewisse Leute ruhig stellen!», meinte er bestimmt.

Sarah wurde neugierig. Sie verstand sofort, was er mit Ruhigstellen meinte. Was Klarheit schaffen hiess, wusste sie nicht.

Walo erklärte sich weiter: «Als Erstes muss sie mal diese Grosseltern ruhig stellen und ihnen deutlich sagen, was sie mit ihrem Gerede auslösen und auch den Kindern an Belastungen zumuten. Als Zweites muss sie die Eltern zusammenrufen. Von denen will ich dann noch selber ausdrücklich hören, was sie von der Situation hier halten. Das müssen sie mir hier an diesem Tisch persönlich sagen. Die Beiständin hat dabei zu sein und den Schwarzen Peter zu spielen. Das ist schliesslich ihr Job und nicht unserer!»

Sarah war beruhigt. Damit war sie einverstanden. Sie freute sich allerdings überhaupt nicht auf all die Gespräche, die jetzt wieder kommen würden, und an denen die Erwachsenen wieder über sie und ihre Geschwister reden und verhandeln würden. Aber sie sah ein, dass daran jetzt kein Weg vorbeiführte. Dass ihrer Grossmutter mal deutlich die Meinung gesagt wurde, darauf freute sie sich sogar ein wenig. Die Angelegenheit verschleppte sich über mehrere Wochen, Walo wurde immer wütender und fluchte immer häufiger über die lausige Sozialpolitik in diesem lausigen Kanton. Die Kontakte zu den Grosseltern schmolzen auf ein Minimum. Sie meldeten sich kaum mehr, und wenn sie mal Nora und Nico für ein Wochenende zu sich nehmen wollten, dann fand die Übergabe der Kinder vor der Haustür statt und wurde zur Männersache. Die Grossmutter und Rea vermieden jeden Kontakt untereinander. Die Zeit verstrich.

✻ ✻ ✻

«Du, Rea, findest du das nicht auch sackgemein?», fragte Sarah in wütendem Ton noch unter der Haustür.
«Was ist geschehen?», fragte Rea zurück.
«Die sollen doch ihre Schnauze halten, diese verfluchten Kühe! Das hat sicher wieder diese blöde Grossmutter angerichtet!» Sarah konnte ihre Wut nicht zügeln.
«Was ist geschehen?», fragte Rea nochmals.
Sarah erzählte die Geschichte: «Heute hat mich Astrid angesprochen und gesagt, Nora und Nico seien wirklich zu bedauern. Sie hat mich gefragt, ob es stimme, dass die beiden bei uns misshandelt würden.»
«Was?», fragte Rea überrascht und gereizt nach.
«Ja», fuhr Sarah weiter, «Astrid sagte dann, Franziska hätte dies im Reitstall allen erzählt. Findest du das nicht sackgemein?»
«Und ob ich das gemein finde! Jetzt genügt es also, das lasse ich mir nicht gefallen!»
Rea lief zum Telefon und rief Walo an. Sarah hörte, wie sie mit Walo abmachte, was sie unternehmen wollten. Anschliessend rief Rea wütend und unheimlich entschlossen die betreffenden Eltern dieser Mädchen an und verlangte, dass die Mädchen höchstpersönlich noch am selben Abend bei ihr erscheinen würden. Das konnte ja lustig werden. Sarah verzog sich, sie wollte bei diesen Gesprächen nicht dabei sein, und Rea wollte dies sicher auch nicht. Schon bald erschienen die ersten beiden Mädchen, Franziska mit ihrer Kollegin. Rea sprach mit ihnen ziemlich lange in der Stube. Beide stritten vehement ab, dass sie selber je so etwas gesagt hätten oder dass es überhaupt je Thema gewesen sei. Die beiden Mädchen gingen wieder weg, ohne dass irgendetwas geklärt war. Bald darauf kam auch Walo nach Hause. Die Wut war ihm

diesmal auch äusserlich anzusehen.

«Was hast du rausgefunden?», fragte er ziemlich zielstrebig.

«Nichts, die streiten alles ab!», gab Rea ziemlich ärgerlich zurück. «Ich glaube eigentlich schon, dass mich Franziska nicht anlügt. Sie kommt ja zu mir in die Reitstunden, und da habe ich sie sehr gut erfahren.»

«Sarah!», rief Walo.

Sarah wusste, was jetzt kommen würde. Walo wollte nochmals von ihr selber hören, was denn in der Schule gesprochen worden war. Da klopfte es an der Tür. Es war die Mutter von Franziska, die draussen wartete. Sie wirkte besorgt. Rea begrüsste sie freundlich, die beiden Frauen kannten sich gut.

Die Mutter von Franziska meinte dann sehr ernst: «Ich habe zu Hause noch lange mit Franziska darüber gesprochen. Ich kenne sie gut genug, dass ich weiss, ob sie mich anlügt oder nicht. Ich kann mir wirklich nicht vorstellen, dass sie es war.»

Rea bestätigte sie: «Ich kann es mir eigentlich auch nicht vorstellen, dass Franziska solche Sachen sagt. Aber ich kann solche Vorwürfe nicht auf mir sitzen lassen. Das muss ich klären.»

Diese Spur brachte scheinbar keine Ergebnisse. Die Mutter von Franziska verabschiedete sich. Kaum eine Stunde später erschien sie nochmals, diesmal zusammen mit dem Gemeindepräsidenten, denn seine Tochter Stefi war bei jener Situation im Reitstall auch mit dabei gewesen und war von Rea auch zu sich gerufen worden. Auch sie hatte alles abgestritten. Walo bat die beiden in die Stube und servierte ihnen einen Kaffee. Sarah sass am Rande auf dem Kanapee und verfolgte das Gespräch.

Der Vater von Stefi begann: «Ich war etwas überrascht, als mir meine Tochter von dieser Geschichte erzählte. Ich habe sie zur Rede gestellt. Ich glaube ihr auch, dass sie nichts dergleichen gesagt hat.»

Walo war nicht mehr daran interessiert, irgendwelche Schuldigen zu finden. Er zielte in eine andere Richtung: «Seit längerer Zeit sind wir die Zielscheibe verschiedenster Kritik aus dem Verwandtenkreis der Pflegekinder. Das reicht uns eigentlich schon mehr als genug. Wenn jetzt in diesem Dorf Gerüchte entstehen, dass wir die Kinder misshandelten, dann reicht es uns irgendwann. Es ist mir eigentlich egal, wer jetzt in dieser konkreten Situation was gesagt hat. Aber ich bitte euch schon, dass ihr als Eltern solche Gerüchte klar verweigert. Denn es gibt bei uns keine Misshandlung der Kinder. Das muss ich in aller Deutlichkeit festhalten. Ich bitte auch dich als Gemeindepräsidenten, dass du mit solchen Sachen vorsichtig umgehst. Sonst müssen wir zügeln.»

Der Vater von Stefi war nun doch etwas besorgt und meinte: «Ich glaube natürlich überhaupt nicht, dass hinter dieser Situation mehr steckt. Ich weiss auch nicht genau, was passiert ist, was die Mädchen im Reitstall alles miteinander besprochen haben. Aber ich gäbe dem jetzt auch nicht mehr Gewicht, als es hat. Für die Mädchen ist es wohl eine gute Lektion. Auf alle Fälle habe ich noch nie jemanden getroffen, der sich negativ über euch geäussert hätte.»

Sarah hörte sich das alles mit an. Sie konnte nichts sagen. Diesen Leuten wollte sie sicher nichts erzählen. Aber sie wusste es: Rea und Walo wurden da völlig zu Unrecht angegriffen. Kindsmissbrauch an Nora und Nico. Das gab es in diesem Haus nicht! Im Gegenteil, sie hatten es gut hier. Wenn Nora und Nico lieber bei Mami wohnten als hier, dann war das für Sarah ganz verständlich, das würde sie selber ja auch. Ihr Urteil über diese Mädchen war schon früher nicht gerade schmeichelhaft gewesen. Jetzt aber war sie sicher: Das waren ganz elende, dumme Typen, die sich auf ihre Kosten belustigten. Sie wurde wütend und traurig zugleich und verschwand in ihrem Zimmer: Simon and Garfunkel.

Diese Geschichte war nicht zu klären, die Spuren verliefen sich immer sehr schnell.

Dann endlich, im Juni, fand das gemeinsame Gespräch mit den Eltern und der Beiständin in der Villa Sorgenlos statt. Auch Nora und Nico und Sarah waren bei diesem Gespräch mit dabei. Als erstes äusserte Walo seine Unzufriedenheit darüber, dass dieses Gespräch erst jetzt stattfinde. Die Beiständin entschuldigte sich, sie sei halt dauernd elend überlastet. Aber immerhin vereinbarten sie, dass ab sofort regelmässig solche Standortgespräche stattfinden sollten. Anschliessend drehte sich das Gespräch lange um die Grosseltern und deren Anklageaktionen bei der Beiständin. Die Beiständin konnte dazu nur bedingt Stellung beziehen, weil es ihre Vorgängerin betraf und sie sich erst gründlich in die Situation einarbeiten musste.

Sarahs Mami aber verteidigte sich: «Ich weiss auch nicht, was in meine Mutter gefahren ist und wieso sie solch harte Vorwürfe geäussert hat. Sie war ja seit Oktober nie mehr hier, und ich sehe selber, dass sich in der Zwischenzeit hier wieder vieles verändert hat. Dass sich Nora und Nico hier wohl fühlen, konnte ich selber feststellen, und zwar auf eine gute Art. Als ich nämlich letzthin einmal telefonierte, nahm Walo ab und ich bat ihn dann, Nico ans Telefon zu holen. Er wurde aber von Samuel, der gerade brüllte, abgelenkt und hat es dann vergessen. So konnte ich einige Zeit lang mithören, was gesprochen wurde, ohne dass es jemand wusste. Ich habe gehört, wie Nora und Nico gelacht und gescherzt haben. Ich hatte einen sehr guten Eindruck von diesem Moment. Ich bin darum überzeugt, dass es gut ist, wenn Nora und Nico und auch Sarah hier sind. Sie haben es gut hier. Meine Mutter soll endlich den Mund halten und einsehen, dass sie mit ihrem dauernden Gemecker die Situation nur belastet.»

Sie fügte dann hinzu: «Natürlich machen es alle Eltern wieder anders und ich würde einiges auch anders machen, aber das ist normal. Bis jetzt konnten wir immer gut über verschiedene Auffassungen diskutieren und Probleme besprechen.»

Sarahs Papi war durch seine Therapie in letzter Zeit eher wenig in Kontakt mit den Kindern gewesen und konnte nur eine eher beschränkte Einschätzung der Situation in der Pflegefamilie einbringen: «Ich kann dazu nicht sehr viel sagen. Was mir die Kinder erzählen, ist allerdings normal und keineswegs ein Grund, hier etwas zu ändern. Ich finde es wichtig, dass die Kinder hier bleiben und jetzt endlich eine einigermassen ruhige Zeit erleben können. Mit den Grosseltern habe ich sowieso ein gespanntes Verhältnis. Ich kann dazu momentan nicht sehr viel mehr sagen.»

So stellten sich beide Elternteile ausdrücklich hinter Rea und Walo. Sarah war sehr froh darüber, denn sie wollte nicht, dass sie von hier wegzügeln musste und das ganze Theater wieder von vorne begann.

Walo selber war auch zufrieden und meinte: «Ich bin froh, dass ihr beide so klar Stellung beziehen könnt, denn durch die massive Kritik der Grossmutter waren wir schon etwas verunsichert.»

Anschliessend handelten sie gemeinsam aus, wie die zukünftige Besuchsregelung aussehen könnte.

Dabei meinte Walo überraschend: «Es ist für mich wichtig, dass Nora und Nico weiterhin zu den Grosseltern auf Besuch gehen und dort auch Wochenenden und Ferientage verbringen können. Denn sie haben es gut dort, es gefällt ihnen. Das soll auch weiterhin so bleiben.»

Es wurde beschlossen, und einmal mehr schoss es Sarah durch den Kopf: Es wurde beschlossen und entschieden! Die Erwachsenen, eine völlig fremde Beiständin, die sie noch nie gesehen hatte, Rea und Walo und auch ihre Eltern, die doch weit weg von ihr wohnten, sie entschieden über sie und ihre Geschwister. Sie wurde verwaltet. Obwohl die getroffene Regelung für sie durchaus gut und richtig war, stieg in ihr wieder diese Wut hoch: Sie hatte nichts zu sagen. Andere, fremde Menschen entschieden über ihr Leben.

Die Besuchsregelung sah vor, dass nun ganz klar die

Eltern das Vorrecht hatten an den Wochenenden. Nora und Nico sollten je zwei Wochenenden bei Rea und Walo bleiben und jedes dritte Wochenende bei Papi oder Mami verbringen. Die Grosseltern wurden auf die schulfreien Nachmittage beschränkt. Sarah verfolgte all diese Abmachungen mit gemischten Gefühlen. Einerseits war sie froh, dass mit diesem Gespräch wieder mehr Klarheit in die Situation gebracht wurde. Sie war froh, dass ihr Eltern so klar Stellung bezogen und Rea und Walo unterstützten. Anderseits trug sie da eine Sache mit sich, die all dies wieder stark in Frage stellte und alle diese klaren Aussagen wieder sehr belastete. Aber sie konnte darüber natürlich mit niemandem sprechen, denn es war ihr selber je länger, je unangenehmer. Es belastete sie zunehmend und sie fühlte sich auch immer schlechter dabei. Diese Geschichte war wirklich elend mühsam, und es kostete sie unwahrscheinlich viel, sie weiter zu spielen und nicht endlich auch Klarheit zu schaffen. Aber das war so schwierig. Sie schaffte es einfach nicht. Sie nahm es sich zwar immer wieder vor, aber wenn sie dann vor Rea oder Walo stand, schaffte sie es nicht, den Anfang zu machen. Es war einfach unmöglich, und gerade jetzt, wo Rea und Walo derart ungerecht angegriffen worden waren, konnte sie ihnen das nicht auch noch antun. Es war zum Verzweifeln. Sarah trug ein schlechtes Gewissen mit sich, das sie immer stärker anklagte, das sich auch jetzt in den klärenden Abmachungen während dieser Sitzung unüberhörbar meldete und sie forderte, auch in ihrer Geschichte Klarheit zu schaffen. Aber sie schaffte es nicht. Sie wollte Rea und Walo jetzt nicht zusätzlich weh tun. Jetzt nicht. Sobald sich die Situation einigermassen beruhigt haben würde, wollte sie es tun. Das nahm sie sich auch jetzt ganz fest vor. Das Gespräch mit der Beiständin und den Eltern fand einen zügigen Abschluss und Sarah war froh darum, dass sie mit ihrer ungeklärten Geschichte nicht länger in diesen klärenden Gesprächen sitzen musste. Sie litt unter dieser Unklarheit.

Zwei Wochen nach diesem Gespräch rief Mami an. Sarah merkte sofort, dass es ihr nicht gut ging.

Ihr Mami war wütend und erzählte ihr: «Jetzt ist sie also endgültig durchgedreht. Jetzt ist es also höchste Zeit, dass ich von hier wegzüge. Ich halte das nicht mehr aus.»

«Was ist denn passiert?», fragte Sarah nach.

«Meine Mutter hat von der Beiständin einen Brief bekommen. Darin steht, dass ich einverstanden bin, dass ihr bei Rea und Walo wohnt. Meine Mutter hatte doch behauptet, dass ich auch dagegen sei. Weisst du, was sie heute gemacht hat? Sie hat mir zwei Kehrichtsäcke, gefüllt mit Kleidern von mir, vor die Haustür gestellt. Als ich sie dann angerufen habe, hat sie nur gesagt, sie habe keine Tochter mehr und aufgehängt. Die kann mich mal! Es ist wirklich höchste Zeit, dass ich mehr Distanz zu ihr bekomme.»

Sarah war etwas hilflos. Sie wusste darauf nichts zu antworten, sie merkte nur, dass ihre eigene Wut auf die Grossmutter noch grösser wurde. Mit dieser Frau war es wirklich ganz unmöglich, die hatte doch einfach nichts begriffen. Ihr tat vor allem auch Mami leid, der sie diesen Streit mit der Grossmutter überhaupt nicht wünschte, denn sie wusste nur zu gut, welche Gefahren hinter solchen Konflikten lauerten. Würde Mami stark genug sein, da durchzuhalten, oder war das wieder ein Grund, zu den Drogen zu greifen? Was konnte sie tun, um Mami jetzt zu stützen? Sie musste ihr helfen, sonst war die Gefahr des Absturzes zu gross.

«Kann ich am Wochenende zu dir kommen?», fragte sie.

«Ja, das wäre schön, du bist ja schon lange nicht mehr bei mir gewesen.»

Dieses Wochenende benutzte Sarah denn auch, um ihrem Mami diese elende Geschichte zu erzählen, um sie endlich los zu sein. Die Belastung war ganz unerträglich geworden. Sie nahm Mami aber das Versprechen ab, dass sie davon Rea und Walo nichts erzählen dürfe. Ihr Mami versprach es.

Die Geschichte klärte sich natürlich ganz anders, als sich

dies Sarah gewünscht und geplant hatte. Es stand wieder einmal ein elendes Verwandtenfest an und Sarah wollte mit allen Mitteln verhindern, da mitzugehen.

«Rea, darf ich am Samstag mit der Jugi an das Turnfest gehen?», fragte sie hoffnungsvoll.

Rea wollte sich genauer erkundigen: «Eigentlich schon, wo und wann ist es denn? Du weisst ja, dass wir am Sonntag zu diesem Geburtstagsfest eingeladen sind.»

«Da kann ich eben nicht kommen, weil dann das Jugifest ist», erklärte ihr Sarah.

«Ist es jetzt am Samstag oder am Sonntag?», fragte Rea schon misstrauischer.

«Das weiss ich eben noch nicht so genau. Das hat die Leiterin uns noch nicht gesagt», versuchte Sarah zu beschwichtigen.

«Ja, aber heute ist Mittwoch, die Jugi war gestern. Hat sie euch keinen Zettel mitgegeben? Ich möchte das schon noch etwas genauer wissen.»

Die Schlinge wurde enger. Sarah konnte im Moment keine genaueren Antworten geben. Sie versprach nur noch, bis heute Abend genau Bescheid zu geben. Als Sarah am Abend zu Hause erschien, wurde sie von Rea unmissverständlich empfangen. Noch bevor sie ein Wort sagte, war es klar: Sie wusste alles, das sah ihr Sarah an. Sie wäre am liebsten im Erdboden verschwunden, sie schämte sich elend und war wütend auf sich selber, dass sie es nicht früher geschafft hatte, hier selber Klarheit zu schaffen.

Sarah sagte nichts. Nochmals schoss ihr die ganze Geschichte durch den Kopf: Sie wollte mehr Freiheiten, sie konnte es nicht ertragen, immer nach der Schule direkt nach Hause zu gehen. Was sollte sie zu Hause? Sie wollte nach der Schule jeweils mit ihren Kolleginnen und Kollegen noch zusammen sein, mit ihnen an der Kioskecke herumstehen und mit ihnen reden. Sie wusste aber zu gut, dass Rea und Walo davon nicht begeistert waren, dass sie streng verlangten, dass sie spätestens eine Stunde nach Schulschluss zu Hause war. Sie wusste ebenso gut, dass jede Diskussion darüber sinnlos war, sie hatte es schon zu oft probiert, erfolglos. So war es zu diesem Entschluss gekommen: Wenn ihr mir diesen Freiraum nicht gebt, so organisiere ich ihn mir selber. Aber wie? Die Jugi kam ihr da bestens entgegen. Sie ging schon das ganze Jahr jeweils am Dienstagabend von 18 bis 20 Uhr ins Turnen. Dagegen hatten Rea und Walo nichts einzuwenden. Sie erlaubten ihr sogar, jeweils am Dienstag nach der Schule nicht mehr nach Hause zu kommen und die Zeit bis zum Beginn der Turnstunden mit ihren Kolleginnen und Kollegen zu verbringen. Das war also zumindest der Schlüssel zu einem freien Abend pro Woche. Als Sarah nach den Osterferien fragte, ob sie auch bis zum Sommer wieder in die Jugi gehen dürfte, erlaubten es ihr Rea und Walo deshalb ohne grosse Diskussion. Dass sie jeweils nicht in die Jugi ging, sondern ihre Zeit einfach mit ihren Kolleginnen und Kollegen verbrachte, das merkten die beiden zum Glück nicht. Es war auch absolut keine Sache, am Abend jeweils zwei, drei Sätze über die Jugi zu erfinden, um die beiden in ihrem Unwissen zu lassen. Dies war äusserlich absolut kein Problem, niemand merkte etwas, niemand fragte kritisch nach, alles schien in Ordnung. Nur sie selber hatte damit ein Problem. Es wurde immer belastender. Sarah merkte es immer deutlicher. Wenn Rea sie fragte, ob sie mitkommen wolle zum Ausreiten, sagte sie immer öfter nein. Das war nämlich das Schwierigste. Hier dicht zu halten, wenn sie mit Rea durch die Wälder ritt und wenn ihre Gespräche jeweils recht persönlich wurden. Das hielt sie fast nicht aus. Mehrmals nahm sie sich vor, es Rea einfach geradeheraus zu sagen. Aber sie schaffte es einfach nicht. Sie wollte Rea nicht weh tun. Sie konnte einfach nicht mehr mitgehen auf diese Ausritte. Das Verschweigen der Wahrheit war während der Ausritte unerträglich und schmerzhaft. Sarah empfand es als sehr mühsam, mit dieser Geschichte zu leben, mit Rea und Walo zusammenzuleben und so zu tun, als ob alles in Ordnung wäre. Das war es nämlich nicht, zumindest für sie nicht! Aber sie wusste auch je länger, je weniger, wie sie da wieder herauskommen konnte. Je länger sie wartete, desto schwerer schien ihr die Unehrlichkeit, desto schwieriger wurde es, sie einzugestehen.

Und jetzt lag es also auf dem Tisch.

Rea sagte nicht einmal viel: «Ich habe heute mit der Leiterin der Jugi telefoniert, und sie hat mich aufgeklärt! Du hast mich schon sehr enttäuscht und es tut mir auch weh, dass du mich solange angelogen hast!»

Sarah konnte nichts sagen. Sie schämte sich. Sie hasste sich. Sie wünschte sich zum Teufel. Sie verschwand in ihrem Zimmer, fiel aufs Bett und weinte drauflos. Es tat ihr irgendwie gut. Bei allem Schmerz spürte sie auch Erleichterung. Es war auf dem Tisch. Es war aufgeflogen. Es war bekannt. Die Sache war nicht mehr nur bei ihr und in ihr, der erdrückende, würgende Stein war weg. Es kam jetzt wohl noch eine gehörige Standpauke, aber die Sache war klar. Rea und Walo stellten sie tatsächlich mit der Jugigeschichte. Sarah war völlig überrascht, als nicht die erwartete Standpauke losging.

Walo sagte ziemlich ernsthaft: «Sarah, du hast uns in eine ziemlich schwierige Situation gebracht, und wir möchten gerne mit dir besprechen, wie wir damit umgehen können.»

Rea äusserte ebenfalls keine Vorwürfe, sondern ihre eigene Betroffenheit: «Weisst du, zwischen uns ist in den letzten Monaten langsam ein Vertrauen gewachsen. Auch wenn es ab und zu Konflikte gab, hatte ich das Gefühl, dass wir einander immer besser verstehen. Mit dieser Lügengeschichte hast du dieses Vertrauen ganz gehörig angekratzt. Ich weiss nicht, ob ich dir in Zukunft noch gleichviel Vertrauen entgegenbringen kann. Ich weiss nicht, ob ich jetzt nicht dauernd daran denken muss, dass du mich ja anlügen könntest. Du musst dich jetzt schon auch fest anstrengen, dass dieses Vertrauen wieder neu wachsen kann.»

Sarah konnte darauf nichts antworten. Sie spürte, dass sie

Rea verletzt hatte. Das tat ihr selber weh. Sie spürte aber auch, dass sie sich in letzter Zeit auch vermehrt von Rea weg bewegt hatte, dass sie immer öfter mit ihren Meinungen und Anliegen Probleme hatte und nicht einverstanden war. Sie verspürte irgendwie überhaupt keine Lust, wieder näher zu Rea zu gehen, sie verspürte keine Lust mehr nach diesen langen Ausritten und den offenen Diskussionen. Sie spürte vielmehr, dass sie mit Rea je länger, je weniger anfangen konnte. Sie konnte aber überhaupt nicht sagen, warum. Die Forderung, die Rea nun an sie stellte, war für sie deshalb ganz unmöglich, sie wusste nicht, wie sie das anstellen sollte.

Walo wurde einmal mehr ziemlich konkret: «Wir haben dir bis jetzt ziemlich grosse Freiräume gegeben, an den Nachmittagen, auch an den Abenden. Du durftest recht oft auch auswärts übernachten. Du hast dich bis jetzt jeweils gut an die Abmachungen gehalten. Ich möchte dir auch in Zukunft viel Freiraum geben. Es ist dabei aber unsere Pflicht, dich wenigstens vor den allergrössten Gefahren zu schützen. Mit dieser Geschichte hast du ein wenig Misstrauen geweckt. Ich weiss nicht, ob ich das momentan mit der gleichen Grosszügigkeit schaffe, dir Freiheiten zu geben. Du musst schon auch helfen, dieses Misstrauen wieder zu beseitigen! Denn ich möchte dich ja nicht überwachen. Dazu habe ich überhaupt keine Lust.»

Sarah konnte nichts antworten. Sie hatten ja beide Recht. Dennoch fühlte sie sich unverstanden und sie befürchtete, dass es jetzt noch schwieriger werden könnte, sich frei zu bewegen. Das wollte sie aber unbedingt. Sie wollte sich nicht mehr einschränken lassen, sich nicht mehr vorschreiben lassen, was sie zu tun hatte. Sie war alt genug. Aber sie sagte nichts.

Das musste sie zwingend mit Mami besprechen.

Überraschungen

Walo machte es wirklich spannend. Selbst am Samstag wusste Sarah noch nicht, was die Überraschung war, die ihr Walo für das Einpacken der 400 Rucksäcke versprochen hatte, und die ja am 16. Juni, also am morgigen Tag, anstand. Er liess die Katze nicht aus dem Sack.

Er erklärte Rea nur: «Ihr könnt morgen den Zug um 10.10 Uhr ab Luzern nehmen, dann hole ich euch am Hauptbahnhof um elf Uhr ab.»

Es ging also nach Zürich. So viel konnte Sarah aus dieser Erklärung schliessen. Aber was in Zürich geschehen würde, da hatte sie keine Ahnung. Walo selber musste schon früh am Morgen nach Zürich fahren, weil er da mithelfen musste. War das ein gutes Zeichen? Für Sarah roch es, nicht besonders begeisternd, nach irgendeinem Jugendanlass.

«Muss ich etwas Spezielles anziehen?», fragte sie.

«Das kommt nicht drauf an!», antwortete Walo. «Zieh dich einfach so an, dass es dir wohl ist.»

«Muss ich Geld mitnehmen?»

«Musst du nicht, es ist alles inbegriffen, ausser deine Extrawünsche. Wie viel die kosten, weiss ich nicht.»

Am Sonntagmorgen war es dann so weit. Mirjam erschien rechtzeitig. Mit Rea fuhren sie mit dem Zug nach Zürich. Walo stand natürlich nicht am Bahnhof, aber Rea wusste Bescheid. Sie führte sie zielstrebig durch die Bahnhofunterführung auf die Seite des Landesmuseums, und jetzt war sofort alles klar: Openair! Rock gegen Hass. Vor dem Eingang zum Platzspitz standen viele Kassahäuschen. Überall hingen die Plakate «Rock gegen Hass». Sarah war für dieses Mal sehr zufrieden mit Walo. Das Openair war wirklich eine Überraschung, Sie hatte nie daran gedacht, dass es so etwas sein könnte. Rea grübelte in ihrer Handtasche und verteilte die Tickets. Sie mussten also nicht an der langen Schlange vor dem Kassahäuschen anstehen, sondern konnten direkt auf den

Platz gehen. Am Eingang wurden sie von Sicherheitsfrauen noch gründlich abgesucht. Sie gingen auf den Platzspitz. Es hatte noch nicht so viele Leute hier und diese verteilten sich auf dem ganzen Platz, so dass sie noch problemlos vorwärts kamen. An den Wegrändern standen viele Getränke- und Verpflegungsstände. Aber viel war da noch nicht los, die Verkäuferinnen waren immer noch am Aufstellen und Einrichten. Im hinteren Teil des Platzes entdeckte Sarah viele Marktstände. Dorthin wollte sie unbedingt gehen. Aber sie wurde vorerst abgelenkt durch die laute Musik von der Bühne. Das Musikprogramm hatte also bereits begonnen.

Sarah war beeindruckt: «Wau, das ist ja eine riesige Bühne!»

Sie war zum ersten Mal an einem grossen Openair und es kam ihr gewaltig vor. Alle Einrichtungen waren riesengross.

Rea schlug vor: «Wir suchen jetzt zuerst mal Walo. Er kann uns sicher noch genauer erklären, was alles los ist. Nachher könnt ihr euch dann selbständig durch den Tag schlagen.»

Hinter der Hauptbühne, wunderbar im Schatten der Bäume, fand das Rahmenprogramm zum Openair statt. Da gab es für Kinder eine Sprungburg und verschiedene Aktivitäten, die sie mitmachen konnten. Da entdeckte Sarah jetzt auch wieder diese Rucksäcke. Das hatte ihr Walo natürlich nicht erzählt, dass dieses Rucksackprojekt einen Zusammenhang mit diesem Openair Rock gegen Hass hatte. Es erfüllte Sarah schon ein wenig mit Stolz, dass sie selber mit diesem Riesenanlass auf dem Platzspitz etwas zu tun hatte.

«Hoi zäme», begrüsste sie Walo. «Und? Ist die Überraschung gelungen?»

«Ja, das ist wirklich eine gute Überraschung!», meinte Sarah zufrieden.

Walo zeigte ihnen dann ganz kurz, was sie hier mit der Arbeitsgruppe Nord-Süd machten. Sie hatten zum Hörspiel verschiedene Plakate aufgehängt und zu jedem Plakat einen Walkman. Die Leute konnten jetzt den Plakaten nachgehen und jeweils die dazugehörende Szene des Hörspieles anhören. Dazu gab es eine Saftbar, und die Kinder konnten sich selber einen Ansteckknopf basteln.

«Du, Sarah, ich habe da noch ein überzähliges Ticket. Es ist 55 Franken wert. Wenn du willst, kannst du probieren, es zu verkaufen. Du musst mir nur 30 Franken geben.»

Walo streckte ihr das Ticket entgegen. Sie nahm es gerne und verschwand mit Mirjam Richtung Eingang. Schon nach zehn Minuten kamen sie zurück und Sarah gab Walo die 30 Franken.

«Das ging aber schnell», meinte Walo überrascht. «Wie viel hast du bekommen?»

«50 Franken!», erklärte Sarah stolz. «Das heisst, 20 Franken sind für mich.»

Sie war froh um diese Sackgeldaufbesserung, denn sie war ja pleite.

Rea drückte ihr noch 20 Franken in die Hand: «Damit kannst du etwas essen und auch trinken. Ich schlage vor, dass wir uns spätestens um halb sechs Uhr wieder hier treffen. Jetzt könnt ihr selber tun und lassen, was ihr wollt.»

Sarah und Mirjam zogen los. Da momentan eine Gruppe spielte, die sie nicht kannten und die ihnen auch nicht besonders gefiel, nahmen sie sich die Marktstände vor und schlenderten durch diese Marktstrassen. Das war eine Riesenauswahl an T-Shirts, Hosen, Mützen, Schmucksachen, Feuerzeugen und so weiter. Sarah entdeckte viele Sachen, die ihr gefielen und die sie gerne gekauft hätte. Aber sie hielt sich vorerst zurück und durchkämmte mit Mirjam zuerst alle Stände, um ja nicht zu schnell etwas zu kaufen und dann etwas Besseres zu finden, aber kein Geld mehr zu haben. Schliesslich kaufte sie sich einen Ohrring. Sie musste damit sofort zu Rea gehen und ihn ihr zeigen.

«Gefällt er dir?», fragte sie erwartungsvoll.

«Ja, sehr gut! Der ist wirklich schön. Steck ihn einmal an!», forderte Rea sie auf.

«Ja, der passt sehr gut zu dir!», lobte sie nun.

Inzwischen war die Bühne umgebaut. Sarah bemerkte, dass alle Leute plötzlich zur Hauptbühne drängten. Inzwischen war es wirklich ein Drängen, denn der Platzspitz hatte sich mit Tausenden von Besucherinnen und Besuchern gefüllt. Was war angesagt? Sarah und Mirjam eilten ebenfalls zur Bühne. Da herrschte inzwischen ein Riesengedränge. Jetzt ging es also erst richtig los.

«Mier chöme vo Bärn u heisse Züri West!»

Die Stimmung schoss schlagartig in die Höhe, Züri West legte los. Trotz der brütenden Hitze, die inzwischen auf dem Platzspitz lag, tobten die Leute, tanzten, sangen mit, kreischten. Sarah fühlte sich wohl in dieser Menge. Sie konnte so richtig mitschwimmen, in der Menge eintauchen und sich von dieser friedlichen Stimmung mitreissen lassen. Züri West mochte sie. Sie jetzt live auf der Bühne zu erleben, das war der Hammer. Sie fühlte sich gut. Für den Moment stimmte alles. Tolle Musik, und erst noch live, Mirjam, ihre beste Freundin neben sich, ein schöner, warmer Sommertag und eine riesige Menge Leute, die hier in einer tollen, ausgelassenen, aber friedlichen Stimmung beisammen waren. Es waren sehr viele Junge da, auch in ihrem Alter, viele Eltern mit ihren Kindern und auch ältere Leute, so dass auch Walo durchaus noch dazugehörte, obwohl er schon 36 war. Sie fühlte sich gut. Sie genoss es in vollen Zügen. Dabei sein, dazugehören, eine von ihnen sein, sich mitreissen lassen, mitschwimmen, sich tragen lassen, das tat ihr gut, das spürte sie, es erfüllte sie mit einem Gefühl der Zufriedenheit, ja des Glücks, das sie ja sonst nicht hatte. «I schänke dier mis Härz ...» Sarah sang mit, sie hätte im Moment ihr Herz verschenken können an irgendjemanden. Mirjam neben ihr sang auch mit, sie hängten sich mit den Armen ein und sangen gemeinsam lautstark mit. Sie schwebten. Nach Züri West ging es mit dem nächsten Star weiter: Zucchero. Den kannte Sarah zwar nicht, aber er eroberte sie schon mit seinem ersten Lied. Sie fühlte sich schnell wieder in dieser Stimmung mitgetragen und liess sich widerstandslos wegtragen und schwebte mit.

Sie trafen sich um halb sechs Uhr mit Rea für die Heimkehr. Langsam nur kehrte Sarah in die normale Welt zurück, stand wieder auf dem Platzspitz und nahm wahr, was um sie herum geschah. Als sie mit Rea den Platzspitz verliess und zum Ausgangstor kam, da schoss es Sarah wie ein Blitz in den Kopf: Platzspitz! Dieser Platz hatte ja für ihre Eltern bis vor wenigen Jahren eine ganz wichtige Rolle gespielt, war für sie ein wichtiger Ort gewesen. Hier also hatten ihre Eltern jeweils die Drogen gekauft. Aber sie gab dem Gedanken keinen Platz in ihrem Kopf, sie wollte sich ihre gute Stimmung nicht schon wieder wegen der verfluchten Drogen verderben lassen.

Sie hängte bei Mirjam ein und sang: «I schänke dier mis Härz ...»

❊ ❊ ❊

Die Stimmung sank in den kommenden Tagen ziemlich unaufhaltsam ins Gegenteil. Das hatte einen ganz klaren Grund: Der Zahnarzttermin rückte näher, unveränderlich. Am Mittwoch gab es also diese verhasste Spange!

Walo konnte seinen dummen Spruch nicht lassen: «Du musst nur beim Küssen aufpassen, dass du nirgends hängen bleibst, sonst hast du dann wirklich noch ein Problem.»

«Sei doch du einfach ruhig!», herrschte Sarah ihn an.

Walo wurde nun etwas ernster und meinte: «Schau mal deine Schulkolleginnen an. Wie viele von ihnen tragen eine Spange? Werden sie deswegen ausgelacht? Das geht ein paar Tage, dann haben sich alle daran gewöhnt und kein Mensch mehr sagt ein Wort.»

«Das hilft mir auch nicht. Ich sehe trotzdem aus wie ein Zombie!», wehrte sich Sarah.

«Dafür hast du in einem Jahr eine schöne Zahnstellung, mit der du dann ein Leben lang viel besser aussiehst als mit deinem Hauer.»

Sarah ärgerte sich masslos. Sie wusste jedoch genau, dass kein Weg daran vorbeiführte.

«Walo, kannst du mit mir kommen?», fragte sie am Vorabend.

«Wenn du das willst und es dir etwas hilft, kann ich dich schon hinbringen», meinte er. «Ich kann dann von Luzern direkt weiter nach Zürich an die Arbeit fahren.»

Sie fuhren also gemeinsam mit dem Bus und Zug hin, und es war eine furchtbare Taubstummenfahrt. Walo war morgens sowieso nie sehr gesprächig. Sie kannte das von den gemeinsamen Morgenessen, die sie immer schweigend verbrachten. Sie selber hatte jetzt auch überhaupt keine Lust, irgendetwas zu erzählen. Sie hasste Zahnärzte. Ihnen war sie völlig ausgeliefert. Sie konnte nichts dazu sagen. Sie griffen ihr in den Mund und hantierten da herum. Sie konnte nicht einmal kontrollieren, ob sie es richtig taten. Sie taten es einfach, ohne zu fragen, und sie musste ihnen noch den Mund aufhalten dazu. Sie fühlte sich hilflos ausgeliefert, abhängig. Da wurde wieder auf eine scheussliche Art über sie verfügt, da wurde sie fast wörtlich auf den Tisch gelegt und andere bestimmten, was mit ihr geschah. Diesmal konnte es sogar auf konkrete Art schmerzhaft sein.

Walo lieferte sie pünktlich beim Zahnarzt ab. Nach zehn Minuten verschwand er allerdings und liess sie alleine zurück. Sarah war angespannt und fühlte sich elend. Endlich konnte sie auf den verhassten Stuhl steigen und sich hinlegen. Mund auf! Die Behandlung begann. Was der Zahnarzt heute in ihrem Mund machte, wusste sie nicht so genau, wollte sie auch nicht wissen. Unangenehm war es in jedem Fall. Sie überstand es. Es war schneller als gedacht zu Ende. Sie überstand es fast. Als sie noch kurz warten musste, um einen neuen Termin abzumachen, wurde es plötzlich unscharf vor ihren Augen. Alles drehte sich, schwarz ...

Man hatte sie auf ein Bett gelegt. Sarah wusste nicht, was

ihr geschehen war. Eine Zahnarztgehilfin brachte sie dann mit dem Auto nach Hause. Nach einigen weiteren Terminen hatte Sarah ihre Spange, die nun also diesen blöden Hauer in die richtige Position bringen sollte. Sarah war froh, dass Walo seine dummen Sprüche unterliess.

Lagerleben

Die Sommerferien waren schon bald zu Ende. Sarah hatte sie gut erlebt und ein Höhepunkt stand ja noch bevor: Das Konfirmandenlager. Am Mittwoch vor dem Lager dachte Sarah wieder daran.

«Du, Rea, darf ich nächste Woche mitgehen ins Konf-Lager?», fragte sie ungeduldig.

«Hast du dich denn für dieses Lager überhaupt angemeldet?», fragte Rea etwas überrascht zurück.

«Nein, ich gehe ja auch nicht in den Konf-Unterricht. Aber das Lager ist sicher obermegageil. Darf ich auch gehen?»

Rea wusste nicht sofort, ob sie lachen sollte.

Sie meinte ernüchternd: «Sarah, jetzt ist Mittwoch, das Lager beginnt am Montag und ist ein Konfirmationslager. Meinst du ernsthaft, da könntest du einfach drei Tage vor dem Lager entscheiden, ich will auch mitgehen und damit sei alles geregelt?»

«Warum nicht?», fragte sie erstaunt zurück.

«Ja, mussten sich denn die anderen nicht anmelden?»

«Doch, doch!»

«Wann war der Anmeldetermin?»

«Ende Juni, am Schluss des Schuljahres, das hat mir Christian mal erzählt», klärte Sarah auf.

«Sarah, ich glaube nicht, dass du da so kurzfristig noch mitgehen kannst. Es ist ja ein Lager, das auf dem Konf-Unterricht aufbaut. Die haben sicher schon alles vorbereitet, eingekauft, das Billett bestellt.»

«Aber wenn ich mitgehen dürfte, wärst du dann einverstanden?», beharrte Sarah auf einer Anwort.

«Ja, aber erwarte nicht von mir, dass ich mich jetzt gross dafür einsetze. Da musst du dich schon selber drum kümmern.»

«Und Walo? Ist der auch einverstanden?»

Rea vertröstete sie: «Der kommt schon bald nach Hause, dann kannst du ihn fragen.»

Walo hörte sich die Frage an und lachte laut. Er hatte aber nichts dagegen, dass sie es versuchen würde.

Er meinte nur: «Ich werde mich aber so kurzfristig nicht dafür einsetzen.»

Sarah hängte sich ans Telefon. Zuerst mit Christian besprechen, wie sie es am geschicktesten anpacken sollte, dann mit Mirjam abmachen, ob sie ihr dabei helfe. Sarah unternahm alles. Sie besuchte mit Mirjam die Pfarrerin, die das Lager leitete, und versuchte, sie zu überzeugen. Die Pfarrerin entschied nicht sofort, sie wollte es zuerst mit den Mitleiterinnen besprechen und auch noch Walo anrufen. Am Freitagabend aber war es klar. Sie hatte es geschafft. Sie hatte alle überzeugen können, sie durfte am Montag mit ins Lager fahren. Sie freute sich gewaltig, vor allem auch, weil Christian mit dabei war, aber auch weil Alexandra mit dabei war. Die Woche im Tessin musste zu einem Höhepunkt werden, da war sich Sarah sicher.

Walo gratulierte ihr lachend: «Ich muss schon sagen, das hätte ich nicht erwartet. Das hast du also ganz erfolgreich eingefädelt. Hut ab!»

Am Montag fuhren sie ins Tessin in die Nähe von Ascona, wo sie in einem kleinen Lagerhaus untergebracht waren. Sarah interessierte sich zwar nicht gewaltig für das Programm, das sie jeweils morgens hatten. Da ging es um die Konfirmation. Aber die Nachmittage waren schon ganz erträglich, sie waren unterwegs, sie spielten, sie hatten es gut miteinander. Das Lagerleben begann aber eigentlich erst am

Abend, wenn das Programm zu Ende war und die Leiterinnen und Leiter sich zurückgezogen hatten. Weil ja jedes Lagerhaus aus feuerpolizeilichen Gründen Notausstiege hat, mussten sie diese Abende nicht einmal im Lagerhaus verbringen, sie konnten sie im Freien verbringen.

«Du, Alexandra, gehen wir heute Abend nach Ascona?», fragte Sarah schon am Nachmittag, als sie mal mit Alexandra allein war.

Alexandra war am Anfang noch etwas skeptisch: «Ich weiss nicht. Meinst du nicht, dass das nachher ein Riesentheater geben wird?»

Sarah versuchte zu beruhigen: «Wieso, die Leiterinnen merken es sowieso nicht! Passieren kann uns da auch nichts.»

Sie planten ihren Nachtausflug bewusst auf die zweitletzte Nacht.

«Weisst du», erklärte Sarah berechnend, «wenn sie uns trotz allem erwischen sollten, so ist morgen der zweitletzte Tag. Da schicken sie uns sicher nicht mehr nach Hause. Damit erfahren zumindest Walo und Rea nichts davon. Und deine Eltern auch nicht.»

Die Sache war abgemacht. Nach dem Abendessen wurde Sarah langsam ungeduldig. Sie konnte den Augenblick kaum erwarten, da sie aufbrechen und ausreissen konnten. Aber es dauerte noch eine unendliche Weile, bis es endlich so weit war. Sie gingen wie normal mit den andern ins Zimmer, schlüpften in ihre Schlafsäcke und stellten sich müde und schlafbereit. Sie mussten nochmals lange warten, bis all die Blödeleien und Witze ein Ende fanden und es im Schlafraum ruhig wurde. Erst jetzt wagten sie sich aus den Schlafsäcken und zum Zimmerfenster, das bereits offenstand. Vorsichtig stiegen sie über den Sims auf die Feuerleiter und stiegen hinunter. Das wäre also geschafft. Nun nichts wie weg. Sie rannten, bis das Lagerhaus ausser Sichtweite war. Da blieben sie kurz stehen, schauten sich an und lachten. Der Abend gehörte ihnen, und Ascona war gar nicht so weit entfernt. Sie zogen los und kamen nach einem zügigen Fussmarsch nach Ascona. Sie gingen ins Zentrum und setzten sich dort auf eine Bank. Es war ja doch erstaunlich, welche Leute in diesem Ort zu sehen waren. Sie rochen nach Touristen und nach Geld.

«Wir könnten doch nach Locarno gehen!», schlug Sarah nun vor. «Dort ist sicher noch mehr los.»

«Wie kommen wir dorthin?»

«Kein Problem, wir machen Autostopp, da nimmt uns sicher jemand mit.»

Sarah hatte recht. Es dauerte gar nicht lange, bis ein Auto anhielt. Ein junger Mann nahm sie mit und setzte sie mitten in Locarno wieder ab. Es war bereits halb zwölf Uhr geworden. Aber die Cafés am See waren noch gut besucht, viele Gäste sassen noch im Freien, es war ja ein milder Sommerabend.

«Komm, wir trinken eine Cola!», schlug Sarah vor.

Sie setzten sich vor einem Restaurant an ein freies Tischchen und bestellten sich die Getränke. Da sassen sie jetzt mitten unter den Touristen aus aller Welt in Locarno, an bester Lage, in einer Gartenwirtschaft und genossen um Mitternacht ihre Cola. Das war schon ein tolles Gefühl. Niemand wusste, dass sie da waren, niemand suchte sie, sie konnten ihren Abend sorgenlos ausleben und geniessen. Das taten sie auch. Nach der Cola schlenderten sie dem See entlang und beobachteten die Schwäne und Enten, die vereinzelt noch vorbeischwammen. Langsam leerten sich die Strassen. Die Restaurants schlossen eines nach dem anderen, die Menschen gingen nach Hause. Nur noch selten schlenderten einzelne Pärchen dem Seeufer entlang. Sarah und Alexandra genossen diese friedliche Nachtstimmung am See. Schliesslich setzten sie sich in einem kleinen Park auf eine Bank.

«Es muss schon toll sein, wenn man einfach so machen kann, was man will und niemanden fragen muss!», meinte Sarah.

«Das wünsche ich mir auch schon immer, dass ich endlich selber entscheiden kann, was ich tun will und was nicht. Aber meine Eltern reden da dauernd mit. Sie glauben, sie wüssten besser, was für mich gut ist. Dabei weiss ich das selber gut genug.»

«Rea und Walo haben auch dauernd Angst, dass ich irgendwelchen Blödsinn mache. Sie sagen dauernd, ich sei noch nicht alt genug, um alles selber entscheiden zu können. Die sind doch blöd!»

«Wieso haben die Erwachsenen eigentlich dauernd Angst? Die waren doch auch einmal jung und haben das genau Gleiche wie wir auch getan. Ihnen ist ja auch nichts passiert. Aber sie meinen dennoch, sie müssten mich dauernd kontrollieren und schützen. Das ist doch blöd.»

Sarah und Alexandra ärgerten sich noch eine Weile über die Erwachsenen und standen dann wieder auf.

«Komm, wir gehen noch einmal dem See entlang in die andere Richtung», schlug Alexandra vor.

Sie schlenderten wieder dem Seeufer entlang und stellten fest, dass sie jetzt fast allein waren. Es war inzwischen auch zwei Uhr morgens. Nur noch ganz selten begegneten sie jemandem. Jetzt kam es ihnen in den Sinn, dass sie ja irgendwie wieder zum Lagerhaus zurückkommen mussten. Locarno war allerdings so weit entfernt, dass sie das zu Fuss nie schaffen würden.

«Wir machen doch wieder Autostopp!», schlug Sarah vor. «Dann sind wir in einer halben Stunde zu Hause.»

Sie stellten sich wieder an den Strassenrand und versuchten, eine Mitfahrgelegenheit zu finden. Das war um zwei Uhr morgens gar nicht so einfach, denn es verkehrten nur noch wenige Autos auf dieser Strasse. Sie standen eine ganze Weile, bis endlich ein Wagen anhielt.

«Hoi, wohin wollt ihr denn jetzt noch?», fragte sie ein jüngerer Mann.

«Wir müssen zurück nach Ascona in unser Lagerhaus!», antwortete Sarah. «Dürfen wir mitfahren?»

«Ich muss auch nach Ascona. Ihr könnt mitfahren. Steigt

ein!»

Sarah und Alexandra waren erleichtert. Das hatten sie also geschafft, sie kamen wenigstens zurück bis nach Ascona. Von dort könnten sie ja notfalls wieder zu Fuss zum Lagerhaus zurückgehen.

«Was macht ihr denn so spät noch in Locarno?», begann der Autofahrer das Gespräch.

«Wir sind in der Nähe von Ascona im Lager und sind heute Abend abgehauen und nach Locarno gegangen. Es war lustig. Jetzt müssen wir möglichst unauffällig wieder zurück, damit niemand etwas merkt. Sonst gibt es sicher Zoff!»

«Ja, das kann ich mir vorstellen», lachte der junge Mann, «wenn ihr wollt, kann ich euch ja gerade bis zum Lagerhaus fahren. Das kommt jetzt auch nicht mehr drauf an.»

«Das wäre natürlich super. Sie dürfen aber nicht bis ganz zum Haus fahren, das könnte jemand merken.»

So zeigten Sarah und Alexandra ihrem Chauffeur den Weg zum Lagerhaus. Etwa 200 Meter vor dem Haus stiegen sie aus.

«Danke vielmals, dass Sie uns bis hierher gebracht haben. Auf Wiedersehen», verabschiedete sich Sarah.

Sie waren also zurück.

«Jetzt müssen wir nur noch unbemerkt ins Zimmer hineinkommen», meinte Alexandra etwas besorgt. «Dann haben wir es geschafft.»

Sie stiegen möglichst ruhig die Feuerleiter hoch und kletterten ins Zimmer. Vorsichtig schlichen sie zu ihren Schlafsäcken, schlüpften rein. Es wurde ein kurzer Schlaf, aber sie hatten es geschafft.

Die Sache flog natürlich auf. Aber Sarah hatte mit ihrer Berechnung recht gehabt. Sie wurden nicht nach Hause geschickt. Sie mussten zur Strafe tüchtig abwaschen und putzen. Das nahmen sie gelassen auf sich. So viel war der Ausflug nach Locarno zweifelsohne wert. Es war jetzt einfach nicht ganz klar, ob es zu Hause auch noch ein Nachspiel geben würde. Sarah war ein wenig bedrückt, als sie wieder bei Rea und Walo zu Hause war.

«So, wie war das Lager?», fragte Walo für einmal interessiert.

«Super, es hat mir gefallen und wir hatten es lustig», schwärmte Sarah.

«Vor allem in der Nacht, stelle ich mir vor», lachte Walo.

Wusste er es bereits? Sarah wusste nicht, was sie sagen sollte. Aber warum eigentlich nicht erzählen? Es war ja nichts Schlimmes passiert.

«Ja, sicher, in der Nacht war es immer am besten!», sagte sie noch unverbindlich.

«Das ist auch richtig so», unterstützte sie Walo. «Dafür geht man ja in das Lager. Sonst hättest du ja gleich zu Hause bleiben können.»

Damit war der Bann gebrochen und Sarah erzählte: «Einmal sind Alexandra und ich in der Nacht abgehauen und nach Locarno gegangen.»

«Was seid ihr?», fragte Walo jetzt doch ein wenig überrascht.

Sarah erzählte ihm die Geschichte. Walo und Rea hörten zu und machten ziemlich dumme Gesichter. Thomas, ein Freund von Rea und Walo, sass auch dabei und musste lachen.

Rea fragte nach: «Was hat die Leiterin dazu gesagt?»

«Die hatte natürlich keine Freude. Wir mussten dann putzen und abwaschen. Sie hat nur gesagt, wenn es früher gewesen wäre, hätte sie uns nach Hause geschickt.»

«Ja, das hätte ich wohl auch getan», meinte Rea. «So klug war das nicht von euch. Ich denke, es war so ziemlich naiv und unvorsichtig, was ihr da gemacht habt.»

Thomas lachte immer noch: «Ich finde das super, was ihr da getan habt. Eigentlich sollte das völlig normal sein. Ich finde es natürlich überhaupt nicht gut, dass wir in einer Gesellschaft leben, in der so etwas nicht mehr möglich sein soll.»

Sarah war erleichtert. Es würde also zumindest nicht zu einer autoritären Standpauke und zu Strafen kommen. Dafür würde Thomas mit seinen Einwänden schon sorgen. Es würde jetzt eine Diskussion über den Schwachsinn unserer Gesellschaft losgehen.

Walo schmunzelte: «Ich finde es ja eine gute Geschichte. Ähnliches habe ich natürlich früher selber auch getan. Ich habe überhaupt keinen Grund, dich jetzt dafür zu beschimpfen. Aber ich finde es ziemlich gefährlich, was ihr da unternommen habt.»

«Wieso gefährlich? Es ist ja nichts passiert», entgegnete Sarah.

«Ja, da bin ich auch froh darum. Aber du musst dir schon bewusst werden, dass du dich damit einer Gefahr ausgesetzt hast und auch Glück gehabt hast.»

«Warum?», wollte Sarah nun wissen.

«Weil es leider Männer gibt, die junge Mädchen, die morgens um zwei Uhr auf der Strasse herumhängen, als Freiwild betrachten», meinte Walo bestimmt. «Ich finde es auch unglücklich, aber als Frau kannst du dich einfach morgens um zwei Uhr nicht so unbekümmert auf der Strasse bewegen.»

Rea ergänzte besorgt: «Dass ihr morgens um zwei Uhr zu einem wildfremden Mann ins Auto gestiegen seid, das ist also schon sehr naiv. Es gibt Männer, die natürlich genau das suchen. Irgendwelche Frauen oder Mädchen, die sie nachts aufladen und dann für ihre Interessen missbrauchen können. Da musst du schon ein bisschen besser auf dich aufpassen!»

Thomas lachte immer noch: «Ich finde die Geschichte wirklich gut. Dass Frauen weniger Bewegungsfreiheit haben als Männer, das ist das Problem. Das müsste man verändern, damit die Geschichte eben nicht mehr gefährlich ist.»

Walo nutzte die Gelegenheit, um von den Grenzen zu sprechen, die sie ihr jeweils setzten: «Weisst du Sarah, wenn wir dir jeweils Grenzen setzen und mit dir klare Abmachungen treffen, dann hat das genau darin seinen Grund. Es ist doch unsere elende Pflicht, dich vor den grössten Gefahren zu schützen. Nicht, weil wir dir die Freiheit nicht gönnen würden, sondern weil wir glauben, dass du die Gefahren selber noch gar nicht richtig einschätzen kannst. Mit dieser Geschichte gibst du uns ein wenig Recht. Denn das war nun echt ahnungslos, auch wenn es ein tolles Abenteuer war.»

Sarah verfolgte die Gedanken mit Interesse. Sie verstand für den Moment die Einstellung von Walo und Rea etwas besser, auch wenn sie das Gefühl nicht ganz los wurde, dass die beiden viel zu häufig und zu schnell irgendwelche Gefahren witterten und glaubten, sie davor schützen zu müssen. Sie war nach wie vor überzeugt, dass sie ganz gut alleine auf sich aufpassen konnte.

Lose, luege, laufe

Das neue Schuljahr begann an einem neuen Ort. Sarah konnte das achte und neunte Schuljahr in ihrer Wohngemeinde in Ennetmoos besuchen. Sie freute sich nicht darüber, denn damit fiel auch der Schulweg ins Nachbardorf weg, denn das Schulhaus stand jetzt nur knapp 200 Meter von zu Hause entfernt. Auf dem Schulweg lief also gar nichts mehr. Am ersten Schultag standen natürlich Nora und Nico im Mittelpunkt. Für sie war es der erste Schultag überhaupt, sie traten in die erste Klasse ein.

Sarah ermutigte sie am Morgen, bevor sie das Haus verliessen: «Ich komme euch dann in der Pause besuchen.»

Nora und Nico waren stolz, jetzt in die richtige Schule gehen zu können, und sie freuten sich, als Rea vor dem Haus ein Foto von ihnen machte. Natürlich mit Schultasche. Sarah ihrerseits konnte sich nicht recht freuen. Denn sie kam zu Herrn Lustig in die Schule. Herr Lustig hiess zwar so, aber er war es nicht. Das wusste Sarah seit langem. Barbara hatte ihr ausführlich von ihm erzählt, sie war ja die letzten beiden

Jahre bei ihm zur Schule gegangen. Walo und Rea versuchten sie zwar jeweils zu beruhigen, wenn sie wieder von Herrn Lustig sprach und ein paar Beispiele auftischte.

Walo meinte nur: «Jetzt gehst du mal hin und lernst ihn selber kennen. Vielleicht ist er gar nicht so schlimm, wie da dauernd erzählt wird. Bilde dir dann selber ein Urteil!»

Herr Lustig trat ins Schulzimmer. Sarah schaute ihn an: Er war so um die vierzig, das war noch schwierig zu schätzen, schlank und mittelgross. Er trug eine Brille, einfache Jeans und ein langweiliges Hemd. Er war nicht ihr Typ, das wusste sie auf den ersten Blick. Als erstes verteilte er ihnen die Schulhausordnung, zwei Seiten lang. Er erklärte ihnen Punkt für Punkt und gab sich Mühe, dabei auch lustig zu wirken. Aber er gab sich eben nur Mühe, so richtig gelingen wollte es ihm nicht, oder er konnte damit zumindest bei Sarah nicht landen. Wieso auf dieser Hausordnung stand, dass man nicht mit dem Pferd in die Schule kommen dürfe, begriff Sarah nicht. Sie begriff auch nicht, warum man nicht mit den Rollschuhen kommen durfte. Herr Lustig liess allerdings gar keinen Raum, um Fragen zu stellen, die Hausordnung stand, da gab es nichts zu diskutieren. Sarah brachte dieses Papier mit nach Hause, denn die Eltern mussten es unterschreiben und damit bestätigen, dass sie es gelesen hatten und damit einverstanden waren. Das ärgerte Walo schon ein erstes Mal. Er las den Zettel durch.

Dann schmunzelte er: «Der findet sich aber lustig, der Herr Lustig. Er sollte lieber mal fehlerfrei schreiben.»

Walo holte einen Stift und begann, den Text zu korrigieren. Er fand auf Anhieb einige Fehler. Er zählte sie zusammen und schrieb unter den Text: Fünf Fehler = 4-5. Sarah fand das allerdings nicht lustig.

«Unterschreibe du jetzt diesen blöden Zettel, damit ich ihn morgen wieder mitbringen kann!», forderte sie ihn auf.

Walo unterschrieb und gab den Zettel zurück.

Dann fragte er noch interessiert: «Wie hast du ihn heute so

erlebt, am ersten Schultag?»
«Das ist ein Dummkopf und fertig!»
«Warum ist er ein Dummkopf?»
«Der findet sich sehr lustig und ist es überhaupt nicht. Der wollte uns heute schon einschüchtern und uns Angst machen. Morgen macht er bereits die erste Prüfung. Der spinnt doch!»
«Warte noch ein wenig, bevor du ihn schon zum Dummkopf machst! Du kannst ihm ja noch eine Chance geben!», forderte Walo sie auf.

Die Prüfung fand tatsächlich am zweiten Schultag am Nachmittag statt. Ausgerechnet in Mathematik. Sarah hatte ja davon keine Ahnung. Sie sass wütend an ihren Aufgaben und versuchte, da irgendetwas Sinnvolles zu rechnen. Der Erfolg war bescheiden. Als sie die Prüfung zurückbekam, staunte sie nicht schlecht. Der Einstieg ins neue Schuljahr, der Start mit Herrn Lustig war ihr ja prächtig gelungen: Note 1,5. Sie wurde wütend. Denn sie stellte fest, dass sie doch einige der Resultate richtig hatte und dennoch bei diesen Resultaten keine Punkte gezählt wurden.

Sie fragte nach: «Ich habe aber da einige Resultate richtig, warum gibt das keine Punkte?»

Herr Lustig setzte sein Lächeln auf und sagte genüsslich: «Ja, es reicht eben nicht, dass das Resultat stimmt. Ich will die richtige Darstellung, sonst gibt es keine Punkte. Ihr werdet es schon noch lernen: Lose, luege, laufe. Ihr müsst lernen, mir genau zuzuhören, wenn ich euch etwas erkläre, ihr müsst lernen, genau hinzusehen, wenn ich euch etwas zeige, und ihr müsst lernen, es dann so zu tun, wie ich es euch erklärt und gezeigt habe. Wenn es euch die Lehrer in den früheren Klassen nicht beigebracht haben, so ist es jetzt meine Pflicht, es euch beizubringen!»

Sarah sagte nichts mehr. Sie spürte aber eine Wut in sich. Sie fühlte sich ungerecht behandelt. Sie hatte viele Resultate richtig, sie hatte jeweils nur einen kleinen Darstellungsfehler gemacht, und dafür kriegte sie eine 1,5. Sie war nicht die

Einzige, die sich eine so schlechte Note eingehandelt hatte. Der Klassendurchschnitt lag knapp über 2. Herr Lustig beendete die Prüfungsbesprechung mit der Aufforderung, diese Prüfung von den Eltern unterschreiben zu lassen. Sarah brachte ihren ersten Misserfolg nach Hause und legte ihn Rea und Walo vor. Walo schaute sich die Prüfung an und sagte dann lange nichts.

Endlich sagte er ganz ruhig: «Kannst du mir erklären, wieso das eine 1,5 gibt? Du hast drei Viertel der Resultate richtig.»

Sarah konnte nicht, sie wusste immer noch nicht, welchen Fehler sie in der Darstellung gemacht hatte.

Sie sagte bloss: «Weil er ein Dummkopf ist! Es haben alle so schlechte Noten. Er will uns einfach zur Sau machen.»

«Aber irgendeinen Grund muss es doch geben, dass die Note so schlecht ist?», bohrte Walo nach.

«Ich weiss auf alle Fälle auch nicht, was ich da falsch dargestellt habe», verteidigte sich Sarah.

«Hast du ihn denn nicht gefragt?»

«Den frage ich doch nichts, sonst komme ich nur wieder dran!»

«Dann werde ich ihn fragen», meinte Walo, unterschrieb die Prüfung und gab sie Sarah zurück.

In der kommenden Woche fand der Elternabend statt. Rea und Walo gingen hin, Sarah hütete zu Hause Samuel. Inzwischen war Samuel schon anderthalb jährig und schlief abends auch besser ein. Es würde also an diesem Elternabend sicher nicht mehr zur gleichen Aufregung kommen, wie letztes Jahr. Samuel zeigte sich tatsächlich von der besten Seite und schlief schon bald ein. Sarah konnte den Abend für sich geniessen. Sie musste allerdings oft an den Elternabend denken und hoffte, dass Walo da nicht irgendwelchen Schaden anrichten würde. Rea und Walo kamen nach einer guten Stunde bereits wieder nach Hause. Sarah sah es ihnen schon unter der Haustür an: Sie waren nicht gut gelaunt, da schien wieder allerhand geschehen zu sein.

«Und, wie war es?», fragte sie neugierig.

«Nicht gerade lustig!», kommentierte Walo kurz und wollte die Sache damit beenden.

«Was hat er euch denn erzählt?»

Rea versuchte, so neutral wie möglich zu bleiben: «Er hat uns die Schulordnung erklärt, er hat uns erzählt, was ihr in den kommenden zwei Schuljahren an Stoff behandelt, er hat uns erzählt, wie er mit euch arbeiten will.»

Sarah merkte den unzufriedenen Unterton in Reas Stimme und stimmte ein: «Der macht ja immer das Gleiche mit den Klassen. Ich habe mir den Jahresordner von Barbara besorgt. Mit uns macht er wieder genau die gleichen Sachen. Der ist doch einfach zu faul, etwas Neues zu machen! Hat Walo wieder geschlafen?»

«Nein, er hat nicht geschlafen, er hat sich aufgeregt.»

«Warum?»

«Herr Lustig hat von eurer Prüfung erzählt und uns gesagt, das sei halt so seine Art von Schocktherapie am Anfang des Schuljahres, damit die Schüler merkten, wie er es haben möchte. Er hat anschliessend gross «Lose - luege - laufe» an die Tafel geschrieben und uns erklärt, was er damit meine. Spätestens an Weihnachten will er euch so weit haben, dass ihr tut, was er will. Ja, und da konnte sich Walo nicht mehr zurückhalten. Er wurde kreidebleich im Gesicht und hat sich gemeldet.»

«Was hat er gesagt?»

Jetzt konnte Walo sich nicht mehr zurückhalten: «Ich habe ihm gesagt, dass ich seine Schocktherapie so ziemlich das Letzte finde und ich gar nichts halte von dieser sadistischen Methode. Es gäbe da durchaus bessere Methoden, um Schülerinnen und Schüler zu motivieren, als sie erst einmal zu armen kleinen Würstchen zu machen.»

«Was hat er dann gesagt?»

Rea meinte ärgerlich: «Er hat nur gesagt, das stimme

schon, aber das sei halt nun seine Art, und die müsse man akzeptieren.»

«Ich habe mich geärgert», fuhr Walo unaufgefordert fort, «dass er den ganzen Abend nur von Schülern gesprochen hat, Schülerinnen gibt es für ihn scheinbar nicht. Ich habe mich geärgert, dass er mir seine eigenen Vorstellungen von Hausordnung und Disziplin dauernd unterjubeln wollte und immer wieder sagte, er tue das alles nur in unserem Interesse und weil wir das ja wollten. Er konnte sich sogar darüber aufregen, dass ihm da und dort die Hände gebunden seien und er halt nicht alles verbieten könne, was er gerne verbieten würde. Ich habe mich geärgert, dass er sich dauernd über die Lehrerinnen und Lehrer der unteren Klassen beschwerte, die halt nichts erreicht hätten und es nun an ihm sei, noch zu retten, was zu retten sei. Ich habe mich geärgert, dass er als einziges Ziel seines Unterrichtes nichts Besseres findet, als sich unterwürfige, gehorsame und wiederkäuende Schäflein zu züchten. Ich habe mich ziemlich geärgert heute Abend!»

Sarah merkte, dass sich Walo beherrschen musste, um nicht noch heftiger über Herrn Lustig herzufallen. Sie fragte nichts mehr. Sie wusste, dass man ihn in solchen Situationen besser für einige Zeit in Ruhe liess, bis er sich wieder beruhigt hatte. Der Elternabend war also zum zweiten Mal in die Hosen gegangen.

Die Schule selber war für Sarah erträglich. Herr Lustig liess sie leben und sie versuchte, ihn nicht unnötig zu provozieren. Sie hatte aber Mitleid mit ihren Schulkolleginnen, wenn eine von ihnen von Herrn Lustig zum kleinen armen Würstchen gemacht wurde. Herr Lustig war ein Meister darin und brachte es problemlos fertig, eine Schulkollegin vor der ganzen Klasse derart zu erniedrigen, bis sie weinte. Als sie dies zu Hause erzählte, hörte Walo sehr aufmerksam zu.

Er sagte nach einer kurzen Pause mit todernster Stimme: «Du, Sarah, wenn er das einmal mit dir machen will, dann stehst du einfach auf, ganz ruhig, ganz anständig, ohne etwas zu sagen und kommst nach Hause! Den Rest übernehme dann ich! Aber lasse es dir bitte nicht gefallen, dass er dich vor allen anderen zur Sau macht. Tue ihm diesen Gefallen nicht. Tue es vor allem dir selber nicht an. Das hast du nicht verdient. Ich werde dich da bedingungslos rausholen. Der Typ muss spüren, dass auch er nicht einfach alles darf, nur weil er der Herr Lustig ist.»

Der Satz war abschliessend, Walo hatte ihn so klar und mit einer solchen Wut gesagt, dass es da nichts einzuwenden, nichts zu ergänzen, nichts weiter zu diskutieren gab. Sarah spürte, wie er es ernst meinte und sie glaubte ihm, dass er sie da bedingungslos raushauen würde. Sein Tonfall liess keinen Zweifel zu. Irgendwie tat es ihr gut, diesen Rückhalt zu spüren, sich zumindest in der Schule nicht als den letzten Dreck behandeln lassen zu müssen. Das gab ihr Selbstvertrauen. Sie nahm sich fest vor, mit Herrn Lustig alleine fertig zu werden.

✼ ✼ ✼

«Du, Sarah», fragte Rea ein paar Tage später, «wie siehst du das eigentlich? Möchtest du nicht in die Sekundarschule?»

Sarah war etwas überrascht von der Frage: «Ich weiss nicht recht, ob ich das schaffe.»

«Ich habe heute deine Französischlehrerin, Frau Notter, getroffen. Sie hat mir gesagt, du seist ein sehr aufgewecktes Mädchen, das unbedingt in die Sekundarschule gehöre. Sie wäre auch bereit, dir Nachhilfestunden zu geben, wenn du das willst.»

Sarah wusste nicht so recht, was sie wollte. Sie konnte sich einerseits noch gut an dieses Gespräch mit ihrem Mami erinnern, wie sie gesagt hatte, es sei sehr wichtig, dass sie in die Sekundarschule komme, damit sie eine gute Ausbildung machen könne. Denn ohne Ausbildung sei sie schlechter gestellt und benachteiligt, das sehe sie an sich selber. Die heutige Gesellschaft stelle hohe Anforderungen, der Druck sei gross, und mit einer Suchtvergangenheit könne man es ohnehin glattweg vergessen, noch einen Job zu finden. Ihr Mami hatte auch Walo und Rea darauf angesprochen und sie aufgefordert, Sarah für die Sekundarschule zu motivieren und ein wenig Druck aufzusetzen. Anderseits spürte Sarah momentan wenig Lust, mehr für die Schule zu arbeiten und ihre Freizeit auch noch mit Nachhilfestunden zu verpuffen. Sie wollte lieber mit ihren Kolleginnen zusammen sein. Rea und Walo waren froh, dass ihr Mami sie darin unterstützte, Sarah für die Sekundarschule zu motivieren, denn sie glaubten selber auch, dass Sarah unbedingt in die Sekundarschule gehörte und dass es sich lohnte, wenn sie jetzt ein wenig auf die Zähne bisse.

Rea fügte noch bei: «Überlege es dir doch. Ich denke, es wäre gut für dich, wenn du es probierst. Mit Frau Notter kommst du ja sehr gut zurecht.»

Sarah konnte sich zwei Tage später entscheiden. Ja, sie wollte zu Frau Notter in die Nachhilfestunden und in die Sekundarschule. Rea meldete sie an und Sarah besuchte nun wöchentlich eine Nachhilfestunde. Sarah ging sehr gerne zu Frau Notter, denn die Frau war im Unterricht immer sehr spannend und ganz anders als Herr Lustig. Frau Notter nahm Sarah ernst und konnte sie begeistern und ermutigen, dass sie es schon schaffe. Mit Herrn Lustig war das ganz anders. Er konnte das nicht. Sarah fand den Zugang zu ihm nicht richtig, sie kam mit ihm aber glücklicherweise auch nicht allzu fest in den Clinch. Irgendwie liess er sie in Ruhe. Das änderte aber nichts an den leidigen Hausaufgaben, das änderte nichts an ihrer Unlust an Mathematik, das änderte nichts an ihrer Unfähigkeit, die Hausaufgaben konzentriert zu erledigen. Was Frau Notter an Selbstvertrauen aufbaute, zerstörte Herr Lustig mit sicherer Hand. Das verunsicherte Sarah stark und sie begann wieder, gründlich an ihren Fähigkeiten für die Sekundarschule zu zweifeln.

※ ※ ※

«Du, Walo, kannst du mir bei dieser technischen Zeichnung helfen?», fragte sie wütend und schob Walo das Zeichenpapier über den Tisch.

«Es nützt dir wohl nichts, wenn ich die Zeichnung für dich mache», meinte dieser ablehnend.

«Aber ich komme überhaupt nicht draus, und wenn ich sie falsch mache, dann donnert er wieder drauflos!»

«Du musst es eben richtig machen!»

«Wenn ich nicht draus komme! Das ist doch ein elender Quatsch!»

«Zeig mal her!»

Walo warf nun einen Blick auf das Papier, nahm Bleistift und Massstab und kontrollierte die Masse. Er zeichnete ein paar Striche, die wichtig waren und schob das Blatt zurück.

«So, denn Rest kannst du jetzt selber machen!», meinte er.

«Ich komme da nicht draus, und ich will gar nicht draus kommen, das interessiert mich überhaupt nicht!»

Sarah war wütend. Sie liess die Hausaufgaben liegen, verschwand für ein paar Minuten in ihrem Zimmer und hängte sich dann ans Telefon. Sie telefonierte lange mit ihrem Mami und liess ihrem ganzen Schulfrust freien Lauf. Das tat immer wieder gut, bei Mami alles, was sie bedrückte, loswerden zu können. Mami hatte immer viel Verständnis für sie und hörte geduldig zu. Mami verstand sie. Sie fühlte sich nach diesem Telefongespräch besser und wollte sich den Abend nicht verderben lassen. Sie verschwand im Zimmer und liess die Hausaufgaben unbeschwert liegen.

Sie staunte allerdings nicht schlecht, als sie am anderen Morgen die Zeichnung auf dem Küchentisch holte. Sie war sauber fertig gezeichnet. Das war wenigstens kein Problem mehr. Sarah konnte erleichtert in die Schule gehen, sie hatte für heute nichts zu befürchten. Herr Lustig hatte seine Klasse inzwischen so weit dressiert, dass er das Klassenzimmer für längere Zeiten verlassen konnte und dabei sicher sein konnte, dass die Schülerinnen und Schüler schön brav seinen Auftrag ausführen würden. Er hatte also sein Ziel weitgehend erreicht. Einzig die Pausenregelungen waren noch nicht durchgesetzt. Seine Schülerinnen und Schüler erfrechten sich, ab und zu im Geschäft, das direkt neben der Schule lag, während der Pausen etwas einzukaufen, obwohl dies die Schulordnung klar verbot. Er erwischte auch einige während der Pause beim Rauchen. Dem wollte er den Riegel schieben und setzte dabei auf die Mithilfe der Eltern. Sarah kam mit einem Zettel nach Hause und schob ihn Walo zu. Der las ihn durch und reagierte ärgerlich. Der Zettel war die Aufforderung an die Eltern, ihn, Herrn Lustig, zu unterstützen. Er machte eine Umfrage. Es hiess da: 'Wir sind einverstanden, dass wir das Geschäft neben der Schule auffordern, an die Schüler keine Zigaretten und andere Suchtmittel zu verkaufen.' Dann konnte man da ankreuzen: Ja oder Nein. Beim Nein stand dann allerdings noch ein Zusatz: Begründung. Man hatte also das Nein zu begründen. Sarah war gespannt, wie Walo reagieren würde. Sie wusste, dass er auf solche Unterstellungen unwillig reagierte.

Er fragte dann: «Was soll ich ankreuzen? Es betrifft dich ja sowieso nicht, denn der Zettel spricht nur von Schülern.»

Sarah war überrascht: «Ich weiss doch nicht!»

«Was würdest du denn ankreuzen?»

«Ich kann mir ja Zigaretten auch anderswo kaufen, wenn ich wollte!»

Walo nahm einen Kugelschreiber und kreuzte das Nein an. Er schrieb dann ebenfalls seine Begründung darunter: «Die Schülerinnen und Schüler können sich Suchtmittel auch anderswo beschaffen, wenn sie wollen. Verbote sind wohl die untauglichsten Mittel zur Suchtprävention.» Sarah wusste nicht, ob sie sich freuen sollte oder nicht. Wie würde Herr Lustig auf diese Antwort reagieren? - Er reagierte überhaupt nicht.

Als Sarah dies zu Hause erzählte, meinte Rea nur: «Das kann ich mir vorstellen. Der ist doch so verunsichert, dass er nur mit seiner übertriebenen Autorität überleben kann. Sobald ihm jemand wirklich widerspricht, ist er überfordert.»

Für Sarah war dies eine wichtige Information. Herr Lustig war verunsichert. Er war gar nicht so sicher, wie er sich gab. Sie fühlte sich nicht mehr so ausgeliefert, sie konnte ihm mit mehr Selbstvertrauen begegnen. Tatsächlich liess Herr Lustig sie einigermassen in Ruhe und sie kam mit ihm sogar gar nicht so schlecht zurecht.

Was sie schaffte, schaffte ihr Bruder Nico nicht. Oft kam er abends nach der Schule zu ihr ins Zimmer und weinte. Sarah versuchte, ihn jeweils zu trösten. Nico kam einfach nicht draus bei den Hausaufgaben, sie konnte es ihm so lange und so gut erklären, wie sie wollte. Er konnte es nicht begreifen. Er kam mit je länger je weniger Lust von der Schule nach Hause und bereits nach zwei Wochen war es so weit. Nico kam von der Schule nach Hause und verkündete noch unter der Haustüre: «Die Schule ist ein fertiger Blödsinn. Das Beste sind die Pausen. Das Turnen geht noch so knapp. Aber der Rest ist völlig langweilig und blöd.»

Rea hatte mitgehört und war besorgt: «Was hat dir nicht gefallen, Nico?»

«Ich musste in der Pause im Schulzimmer bleiben. Die anderen durften spielen gehen und ich musste noch die Rechnungen fertig machen. Ich bin sowieso der Dümmste, der nie draus kommt. Ich bin zu blöd!»

Rea erschrak: «Das stimmt doch nicht, du bist überhaupt nicht blöd. Dafür gehst du ja in die Schule, dass du das lernen kannst, was du noch nicht weisst. Die anderen können das auch nicht, sie müssen es auch lernen. Weisst du, es lernen nicht immer alle genau gleich schnell.»

Nico aber war nicht zu trösten, sein Schulfrust wuchs von Woche zu Woche. Sarah versuchte immer wieder, ihm bei den Hausaufgaben zu helfen. Nico aber reagierte oft wütend, wenn er etwas nicht auf Anhieb begriff. Sarah wusste nicht, wie sie ihm weiterhelfen konnte. Es war zum Verzweifeln, er passte einfach nicht in diese Schule. Sie selber hatte sich ja inzwischen recht gut arrangiert. Mit den Reinheften von Barbara konnte sie jeweils die Prüfungen gut vorbereiten und die Antworten vorschreiben, denn Herr Lustig machte die genau gleichen Prüfungen wie zwei Jahre zuvor.

Krisengipfel

Die Elternumfrage wegen des Zigarettenverkaufs an Schülerinnen und Schüler war in eine Zeit gefallen, da Sarah die Sache nicht mehr als Unbeteiligte mitverfolgte. Seit einigen Wochen rauchte sie, zwar wenig, zwar heimlich, aber sie rauchte. Sie wusste nicht so genau, ob Rea und Walo eigentlich wussten, dass sie rauchte. Sie hatte es ihrem Mami schon erzählt, ihr konnte sie alles erzählen, weil sie immer Verständnis für sie hatte. Sie wusste nicht, ob Rea und Walo dafür auch Verständnis haben würden. Sie würde es ihnen nicht erzählen, das ging sie ja eigentlich auch nichts an. Das war allein ihre Sache. Sie war denn auch ziemlich überrascht, als Walo sie und Mirjam nach dem Mittagessen hinten im Stallgang überraschte, und sie beide eine Zigarette in den Händen hielten. Walo jedoch sagte kein Wort. Er ging an ihnen vorbei ins Freie und holte dort irgendetwas. Auch bei der Rückkehr ging er wortlos an ihnen vorüber. Erst am Abend beim Nachtessen sprach er die Sache an.

«Sarah, ich habe eigentlich überhaupt keine Lust, dir das Rauchen zu verbieten. Das kann ich sowieso nicht. Wenn du rauchen willst, so findest du immer eine Gelegenheit, da könnte ich es dir noch so streng verbieten. Ich rauche ja selber auch, also bin ich noch weniger berechtigt, es dir zu verbieten. Aber ich denke, es ist dennoch meine Pflicht, dich darauf aufmerksam zu machen, dass Rauchen ungesund ist. Du machst damit deinen Körper kaputt, und solange du am Wachsen bist, sind die Schäden um so schlimmer. Abgesehen davon, dass du davon süchtig wirst und nicht mehr so einfach aufhören kannst.»

Sarah sagte nichts. Sie wartete eigentlich immer noch auf die Standpauke. Die aber blieb überraschenderweise gänzlich aus. Rea war noch nicht ganz zufrieden. Sie bestand auf gewissen Regeln.

«Wenn du rauchen willst, so sicher nicht im Haus und auch nicht im Stall. Das ist viel zu gefährlich. Du darfst nur im Freien rauchen. Ich will auch keinen einzigen Zigarettenstummel finden. Wenn Samuel einen davon verschluckt, ist das für ihn gefährlich. Ich will also nie einen dieser Stummel finden, sonst kannst du was erleben.»

Sarah konnte diese Regelung akzeptieren. Sie rauchte ja selten und es machte ihr nichts aus, dafür ins Freie zu gehen. Meistens rauchte sie sowieso nur, wenn auch Mirjam dabei war, oder wenn sie es überhaupt nicht mehr in der Wohnung aushielt, weil dicke Luft herrschte. Die herrschte in letzter Zeit wieder häufig. Sarah spürte, dass Rea ihr Rauchen überhaupt nicht akzeptieren konnte und keineswegs einverstanden war, auch wenn sie dies nie ausdrücklich sagte. Rea sprach dann eher so im Umfeld des Rauchens und erwähnte etwa, dass ihr Pullover nach Rauch rieche und dass sie es ziemlich daneben finde, wenn sie rauche. Sie sprach dann zum Beispiel von der Schwäche der Raucher und Raucherinnen, die damit überhaupt keine Heldentat ausübten. Als ob das Sarah nicht selber gut genug wusste. Sie hasste sich ja selber, dass sie diesen Zigaretten bereits nicht mehr widerstehen konnte. Sie hasste sich selber, schwach und bereits süchtig zu sein und nicht mehr aufhören zu können. Sie konnte es deshalb um so schlechter ertragen, wenn man ihr diese Schwäche auch noch vorhielt. «Ich bin Dreck, ich bin schwach, das weiss ich, man muss es mir nicht noch dauernd sagen und auf mir herumtrampeln.» Sarah war schlecht gelaunt und konnte mit Rea nichts mehr anfangen. Aber sie konnte ihr nicht ausweichen. Sie lebte hier, sie ass hier, sie hatte ihre Geschwister hier.

Aber was hatte sie eigentlich wirklich hier? Nichts, rein nichts! Nur Zoff! Mami war nicht da, Christian war auch nicht da, Mirjam war auch nicht da. Sie hatte keine Lust mehr, ihr Leben da zu verbringen, ja, sie hatte überhaupt keine Lust mehr auf ihr Leben. Es war eine grosse Katastrophe, ihr Leben. Wozu das alles? Wozu lebte sie eigentlich? Es war nicht mehr die Frage nach dem Warum. Das Warum war der Blick nach hinten. Dieses Warum war zwar auch nicht beantwortet, aber es war nicht mehr so wichtig. Nein, es war die viel radikalere Frage nach dem Wozu. Es war die Frage nach der Zukunft. Diese Frage war noch um vieles schwieriger und elender, als die Frage nach dem Warum. Das Wozu war hoffnungslos, aussichtslos, unlebbar. Wofür sollte sie leben? Worin bestand ihre Zukunft? Worauf konnte sie sich freuen? Da war nichts! Lohnte sich denn ein solches Leben? Sollte sie all dem ein Ende machen? Einfach nicht mehr leben? Sie sass so tief in ihrem hoffnungslosen Loch, dass sie keinen Weg vor sich sah, der da hätte hinausführen können. Mami war weg, Papi war weg und wollte sie nicht, mit Rea verstand sie sich nicht und bei Walo wusste sie immer noch nicht, was sie von ihm halten sollte. Sich umbringen, das wäre die Lösung. Erstmals schoss es Sarah heftig in den Kopf, dass es diesen Ausweg auch gab. Sich umbringen, der ganzen Geschichte ein Ende setzen und so nochmals stark sein und beweisen, dass sie selber über ihr Leben entscheiden wollte und konnte. Der Gedanke bohrte sich in ihr Hirn, er nahm ungeheuer viel Platz ein und verdrängte alles andere. Sich umbringen, das wäre die Möglichkeit, sich selber zu beherrschen, all ihre Schwächen zu besiegen und endlich einmal stark zu sein. Sie versagte in der Schule, sie versagte mit ihrem Rauchen, sie versagte beim Abnehmen, sie versagte bei Christian, sie versagte vor Rea, sie war nichts als eine Versagerin. Sich umbringen, das würde ihrem Versagerdasein mit einer sehr starken Tat ein Ende setzen, das die andern bewundern mussten. Sie könnte den anderen endlich beweisen, wozu sie fähig war. Sie könnte damit vor allem auch sich selber beweisen, dass sie keine elende Versagerin war, sondern über sich selber auch siegen konnte. Wenigstens einmal - und endgültig.

✳ ✳ ✳

Die Stimmung in der Villa Sorgenlos war getrübt. Die Grosseltern gaben sich noch nicht geschlagen. Die Beiständin teilte mit, dass die Grosseltern einen Brief an die Gemeinde geschrieben hätten und sich darin erneut über den Pflegeplatz beschwert hätten. Sie vereinbarte mit Rea und Walo und mit Sarahs Eltern einen Termin für ein gemeinsames Gespräch auf dem Sozialamt, unter Anwesenheit des betroffenen Gemeinderates. Walo und Rea kochten. Das merkte Sarah sofort. Sie hatten endgültig genug von dieser Geschichte. Sarah konnte sie sogar verstehen. Rea sagte überhaupt nicht mehr viel, aber man sah ihr an, dass sie sehr traurig, verletzt und auch sehr wütend war. Das machte es für Sarah nicht einfacher. Rea reagierte noch gereizter auf sie, mochte noch weniger ertragen. Das wiederum konnte Sarah nicht ertragen. Was konnte sie dafür, dass ihre Grosseltern derart Terror machten? Sie wurde auch wütend, wütend auf ihre Grossmutter, die überhaupt nichts begriffen hatte, aber auch wütend auf Rea, die ihre eigene Wut nun auch Sarah spüren liess. Walo reagierte zurückgezogen und verschlossen. Er sagte meistens überhaupt nichts, und wenn einmal etwas aus ihm herauskam, so war es so trocken und zynisch, dass Sarah meistens nicht verstand, was er meinte. Sarah sah es ihm an, auch er war zornig, auch wenn er es nicht zeigte, auch er war betroffen, auch wenn er nicht derart betroffen reagierte.

Kurz vor dem Gesprächstermin kamen Mami und Papi nochmals vorbei, um das Gespräch vorzubesprechen. Sie trafen einen schlechten Moment, in der Villa Sorgenlos war Streit angesagt. Wieder einmal waren die Meerschweinchen die Ursache der Auseinandersetzung. Rea hatte mit Sarah gestritten, weil sie am Vortag vergessen hatte, die Meerschweinchen zu füttern.

Sie hatte ihr mit aller Deutlichkeit gesagt: «Wenn das nicht besser wird, werde ich für die Tiere einen besseren Platz suchen! Sie haben das Recht, richtig gepflegt zu werden!»

Sarah war in ihr Zimmer verschwunden und war wütend: 'Das geht die gar nichts an, und wehe, wenn sie meine Meerschweinchen weggibt. Die gehören mir und darüber bestimme nur ich!' Sie war froh, dass Mami und Papi an diesem Abend vorbeikamen. Sarah packte die Gelegenheit und wollte mit ihrem Papi auf einen kurzen Spaziergang gehen.

«Wie geht es dir, Sarah?», fragte ihr Papi.

Es brach nun alles Angestaute wie ein Gewitter los: «Ich habe endgültig genug, ich will nicht mehr hier leben. Rea will sogar meine Meerschweinchen verschenken, das geht die doch gar nichts an. Sie sagt mir auch immer, sie fände es schlecht, dass ich rauche, und wenn ich die Haare färbe, sagt sie auch, das sei ungesund. Ich halte das nicht mehr aus, die wollen mich nur so machen, wie sie selber sind. Ich will aber gar nicht so werden wie sie, und sie können mich auch nicht dazu zwingen! Ich will fort von hier!»

«Ist es so schlimm?»

«Ja, die haben alle etwas gegen mich, nichts kann ich ihnen recht machen. Am Abend muss ich auch immer zu Hause hocken, die haben ja nicht einmal einen Fernseher, so langweile ich mich zu Tode und weiss nicht, was ich machen soll. Es ist zum Kotzen.»

Sarah war froh, dass sie bei ihrem Papi den ganzen Berg an Frustrationen und Ärger mal abladen konnte und dass er einfach zuhörte und gar nicht viel sagte. Ihr Papi konnte ihr im Moment auch keine Lösungen aufzeigen.

Aber er sprach es bei Rea und Walo an, als sie wieder zu Hause waren: «Sarah geht es momentan nicht sehr gut. Sie fühlt sich schlecht und hat gesagt, ihr wolltet sie nur so machen, wie ihr seid. Ich kann dazu natürlich nicht viel sagen, weil ich ja weit weg bin und kaum mitbekomme, was hier so geschieht.»

Walo liess sich darauf ein: «Natürlich haben wir gewisse Vorstellungen, wie wir hier zusammenleben wollen. Natürlich haben wir gewisse Grenzen, an die sich Sarah halten muss. Wir glauben jedoch, dass wir ihr jeweils auch gut erklären können, warum wir etwas so und nicht anders wollen. Wir wollen zum Beispiel, dass sie ihre Tiere regelmässig füttert. Wir wollen zum Beispiel, dass sie zur abgemachten Zeit zu Hause ist. Wir wollen zum Beispiel, dass sie das Badezimmer wieder so verlässt, wie sie es angetreten hat.»

«Das ist doch normal», meinte dann auch ihr Mami. «Wenn mehrere Menschen zusammenleben, muss man aufeinander Rücksicht nehmen. Auch wenn man es selber anders machen würde.»

Aber eigentlich waren sie zusammengekommen, um das Gespräch auf dem Sozialamt vorzubereiten. Das war zum Glück schnell geschehen, denn sowohl ihr Papi wie auch ihr Mami sagten ausdrücklich, dass sie der Grossmutter entgegentreten und sich dafür einsetzen würden, um Rea und Walo zu entlasten. Sie beide fänden es gut, die drei Kinder weiterhin hier leben zu lassen.

Sarahs Mami meinte dann nur: «Das ist wieder einmal typisch meine Mutter. Sie kann einfach nicht akzeptieren, dass es irgendwo ein wenig anders zu und her geht, als sie es sich gewohnt ist. Sie ist seit fast einem Jahr nie mehr in diesem Haus gewesen. Sie hat also auch nicht gesehen, dass sich hier schon einiges verändert hat. Sie ist sich nicht gewohnt, dass man Probleme ansprechen und diskutieren kann. Aber sie ist wohl nicht mehr zu ändern!»

Sarah wollte nicht mit zu diesem Gespräch! - Sarah wollte doch mit zu diesem Gespräch! Sie war sich selber nicht im Klaren. Da wurde sie also wieder verhandelt, zerstückelt und verplant von fremden Menschen. Das war ihr zutiefst zuwider, liess in ihr wieder diese ungeheure Wut aufsteigen. Da wurde aber auch ihre Grossmutter zur Rede gestellt und darauf war sie gespannt. Sie ging mit.

Die Beiständin eröffnete das Gespräch und begrüsste alle anwesenden Personen: Sarah, ihr Mami, ihren Papi, die Grosseltern, den Gemeinderat und auch Rea und Walo. Dann wiederholte sie von sich aus die Vorwürfe, die in jenem Brief ein weiteres Mal erhoben wurden: die Unordnung in der Villa Sorgenlos, die Vernachlässigung von Nora und Nico, die zu grosse Hausarbeit von Sarah, die Bevorzugung und Überbetreuung des eigenen Kindes Samuel.

Sie formulierte dann ebenso das Ziel: «Ich möchte heute alle Beteiligten zusammenführen, damit alle Standpunkte hier zusammenkommen!»

Sie erteilte dann als erstes den Grosseltern das Wort.

Die Grossmutter zückte eine Plastiktasche und legte los: «Es ist ja schlimm, was die Kinder da erleben müssen. Ich habe auch Fotos gemacht. Nico hat mir erzählt, sie hätten Mäuse im Zimmer, und ich selber habe auch Mäusekot in einer Zimmerecke entdeckt. Mit den Kindern beschäftigt sich da niemand, die sind den ganzen Tag allein, nicht einmal die Betten werden gemacht, und im Sommer ist das Haus voller Fliegen. Es ist eine Zumutung!»

Sarahs Mami Monika konnte sich nicht zurückhalten: «Schau mal Mutter, du warst schon lange nicht mehr dort. Ich kann dir sagen, es hat sich einiges verändert in letzter Zeit. Du musst auch akzeptieren können, dass andere Leute anders leben, als du es gewohnt bist. Ich weiss, dass es Nora und Nico dort nicht schlecht haben, ich bin oft dort. Ich konnte es auch am Telefon mitanhören, als einmal der Hörer nicht eingehängt war. Da wurde gelacht und gespielt.»

«Aber du hast doch selber gesagt, wie schlecht sie es dort hätten!», fuhr die Grossmutter dazwischen. «Jetzt redest du wieder so!»

«Ich habe dir schon einmal gesagt, dass sich bei Rea und Walo einiges verändert hat. Ich glaube, die Kinder brauchen jetzt Ruhe. Wenn du dauernd solche Kritik einbringst, machst du die Sache auch nicht einfacher.»

Sarahs Papi Ruedi bezog nur zögernd Stellung: «Für mich ist es sehr schwierig, da rein zu blicken. Ich bin zu weit weg und sehe die Kinder nur selten. Nora und Nico erzählen mir jedoch nichts Schlechtes von Rea und Walo. Natürlich würden sie lieber bei mir oder bei ihrem Mami wohnen. Sie können nicht verstehen, warum sie dort wohnen müssen. Aber dafür können Rea und Walo nichts, das ist unsere Verantwortung. Dass Sarah mit Rea und Walo Probleme hat, ist wohl nichts Aussergewöhnliches in ihrem Alter. Wir sprechen auch darüber. Ich denke, es ist ganz wichtig, dass wir die Situation jetzt zur Ruhe kommen lassen, damit auch die Kinder zur Ruhe kommen können. Die dauernden Streitigkeiten stressen die Kinder nur zusätzlich.»

Monika doppelte nach: «Was du da dauernd erzählst, Sarah müsse zu viel arbeiten, stimmt so überhaupt nicht. Sarah hat mir selber erzählt, dass sie die Kleider von Nora und Nico freiwillig machen will. Ich weiss auch warum.»

Sarah sagte nichts, obwohl jetzt von ihr gesprochen wurde.

Die Beiständin sprach sie an: «Möchtest du dazu etwas sagen?»

«Nein!»

Die Grossmutter war in der Defensive: «Es hat ja alles keinen Wert. Einmal so und dann wieder so. Am besten sagen wir gar nichts mehr, auf uns hört ja scheinbar doch niemand!»

Walo war an der weiteren Zusammenarbeit mit den Grosseltern durchaus interessiert und meldete das an: «Wir möchten schon, dass Nora und Nico weiterhin zu Ihnen auf Besuch oder in die Ferien kommen können. Sie kommen gerne zu Ihnen und kommen jeweils auch aufgestellt nach Hause. Ich erwarte jedoch klar, dass Sie Ihre Kritik, und kritisieren darf man uns ohne weiteres, offen anbringen und uns nicht dauernd in den Rücken fallen. Das macht die Sache für uns sehr schwierig, auch im Umgang mit den Kindern.»

Rea schwieg, sie hatte sich das auch vorgenommen. Sie mochte sich nicht äussern, ihre Verletzung sass zu tief und zu intensiv, als dass sie Lust verspürt hätte, an dieser Sitzung davon zu sprechen.

Der Gemeinderat verhielt sich diplomatisch und sagte mit seinen Worten nichts: «Es ist meine Aufgabe, beide Seiten anzuhören und nicht zu schnell einer Seite Recht zu geben. Die Sachen haben ja immer verschiedene Aspekte. Es ist jetzt wichtig, dass wir das Wohl der Kinder nicht aus dem Auge verlieren. Darum war ich heute mit dabei, um mal hinzuhören und die verschiedenen Interessen wahrzunehmen. Wir werden jetzt eine Lösung finden müssen.»

Diese Lösung suchte man nicht mehr an diesem Abend. Die Beiständin schloss nach einer Stunde die Gesprächsrunde ab, ohne dass sich irgendetwas geklärt hatte. Vielmehr war an diesem Abend einiges aufgebrochen, das seine Folgen hatte. Die Grossmutter konnte es nicht ertragen, dass sie mehr oder weniger allein gelassen wurde. Sie ging in den kommenden Tagen erneut auf die Mutter von Sarah los und verurteilte sie in Grund und Boden. Sarah merkte in den Telefongesprächen mit ihrem Mami sofort, dass das Klima auf dem Gefrierpunkt war. Ihr Mami wollte jetzt endgültig zügeln. Sie wollte Distanz zu ihrer Mutter, die öffentlich über den Konflikt sprach und klar sagte, sie habe keine Tochter mehr, mit der wolle sie überhaupt nichts mehr zu tun haben, sie sei ja sowieso nach wir vor dauernd voller Drogen. Sarahs Mami schaute sich intensiv nach einer anderen Wohnung um. Das wiederum erwies sich als nicht so einfach und es dauerte noch ein paar Monate, bis es konkret wurde.

Für Sarah war dies eine zwiespältige Erfahrung. Sie konnte bestens verstehen, dass ihr Mami wegziehen wollte, ja sie wünschte sich, dass dies möglichst schnell möglich wäre, denn sie spürte, wie es ihrem Mami seit diesem Gespräch wieder schlechter ging, und Sarah wusste warum. Sie war sich ebenso bewusst, dass es anders werden würde, wenn ihr

Mami nicht mehr so nahe wohnte. Es würde dadurch schwieriger oder unmöglich, sie zu besuchen und mit ihr über ihre Probleme zu sprechen. Sie würde noch ein Stück mehr allein sein, wenn jetzt auch noch Mami wegging. Verflucht nochmals, warum musste das Leben so brutal und rücksichtslos sein, dass immer alles zu ihrem Nachteil war? War es überhaupt für Mami wichtig, was mit ihr geschah? In letzter Zeit war ihr Mami sehr stark mit sich selber beschäftigt und hatte auch nicht mehr so viel Zeit für sie. War es überhaupt für jemanden wichtig, was mit ihr war? Was sie dachte? Wie es ihr ging? Sie alle schauten nur für sich und ihre Bedürfnisse. Was war mit ihr? Was war mit ihren Bedürfnissen? Es wurde ihr einmal mehr bewusst, dass sie keine Rolle spielte in der Lebensplanung der Erwachsenen, nicht einmal für ihr Mami und ihren Papi. Das tat weh, das tat ganz furchtbar weh.

Hotel Mama

Die Schule war weiterhin schwierig für Sarah. Herr Lustig machte es ihnen nicht einfach. Dennoch war Sarah eigentlich froh um die Schule, sie gab ihr trotz aller Schwierigkeiten, trotz aller Unlust an Mathematik doch einen klaren Tagesablauf. In der Schule traf sie auch täglich Mirjam. Mit ihr hatte sie es nach wie vor einmalig gut. 'Wir könnten doch auch die Zeit über das Mittagessen miteinander verbringen', dachte sich Sarah.

«Rea, ist es möglich, dass Mirjam während der Woche bei uns zu Mittag isst. Sie hat einen weiten Schulweg und das wäre für sie doch angenehmer?»

Rea hatte dagegen nichts einzuwenden: «Wenn sie das wünscht, kann sie das schon machen. Sind ihre Eltern damit einverstanden?»

«Die Mutter sicher und den Vater muss sie gar nicht fragen, der ist ja während des Tages nie zu Hause. Aber der würde es ihr sicher nicht erlauben. Der erlaubt ihr sowieso nie etwas.»

Die Sache war schneller als erwartet eingefädelt. Damit konnten Sarah und Mirjam auch über den Mittag zusammen sein. Von nun an kam Mirjam also regelmässig zum Mittagessen, wenn sie nachmittags Schule hatten. Sarah war froh, das machte die Zeit über den Mittag zu Hause spannender und erträglicher zugleich. Denn nach wie vor war das Mittagessen eher eine Qual als ein Vergnügen. Sie musste jeweils am Mittagstisch sitzen, auch wenn sie beschlossen hatte, nichts zu essen. Rea bestand darauf und forderte sie jedes Mal auf, etwas zu essen. Mirjam hatte natürlich das gleiche Problem. Sie war auch zu dick. Aber zu zweit, so hoffte Sarah wenigstens, würde es ihnen besser gelingen, dem Essen zu widerstehen, als alleine. So sassen die beiden jeweils ziemlich lustlos am Tisch und warteten die verlangten zehn Minuten mit eher griesgrämiger Stimmung ab. Sobald die zehn Minuten vorüber waren, verschwanden sie im Zimmer von Sarah oder gingen hinter den Stall, um eine Zigarette zu rauchen. Dieses Verhalten brachte Rea in Wut.

«Wenn ich mir schon Mühe gebe und für euch koche, so könnt ihr auch etwas essen, sonst lasse ich es ganz sein!», ärgerte sie sich.

Sarah hatte keine Lust auf diese Auseinandersetzung. Ihre Lust am Essen stieg dadurch nicht, und warum sich Rea darüber ärgern musste, weil sie so wenig assen, wusste sie auch nicht. Das war doch ihr eigenes Problem. Rea sah das etwas anders.

«Ich habe langsam genug davon, mir dauernd diese zwei Beerdigungsgesichter anzusehen!»

Die schlechte Laune Sarahs und Mirjams übertrug sich zunehmend auch auf Nora und Nico, die nun oft auch nach zehn Minuten vom Tisch aufstanden und mit Sarah und Mirjam im Zimmer verschwanden. Sie wussten nicht, warum Sarah oft so schlecht gelaunt war, aber sie merkten, dass es auch etwas mit Rea zu tun hatte. Rea hatte Mühe mit dieser Hotel-Mama-Haltung von Sarah und verlor ihre Lust auf das Mittagessen ebenfalls. Es war ein Teufelskreis, der sich enger schloss. Sarah zog sich vermehrt ins Zimmer zurück oder verbrachte die Zeit hinter dem Stall.

✳ ✳ ✳

«Bekomme ich heute Abend für die Disco noch etwas Geld?», fragte Sarah.
«Aber du hast doch erst Sackgeld bekommen!»
«Das habe ich schon verbraucht und ihr habt mal gesagt, dass die Disco nicht zum Sackgeld gehört.»
«Gut, wir bezahlen dir den Eintritt, aber der Rest ist deine Sache!»
Sarah war dauernd pleite, das Sackgeld reichte nirgends hin. Sie hasste es, dauernd um Geld betteln zu müssen. Sie bekam 30 Franken pro Monat, aber das war viel zu wenig, damit konnte sie fast nichts unternehmen. Sie war meistens schon nach kurzer Zeit wieder pleite. Wenn sie mal irgendwo ein tolles T-Shirt sah, so konnte sie es nicht kaufen, weil sie kein Geld hatte. Bis sie jeweils zu Hause das Geld erbettelt hatte und wieder zurück im Geschäft war, war das T-Shirt meist schon weg. Es war zum Verzweifeln. Walo hasste die dauernden Geldgeschäfte ebenfalls.
«Ich schlage dir vor», sagte er eines Abends zu Sarah, «dass du von nun an 100 Franken pro Monat bekommst. Darin ist das Sackgeld, das Geld für Eintritte und für die Kleider inbegriffen. Ich will nicht mehr dauernd über das Geld für deine Freizeit entscheiden. Umgekehrt musst du von jetzt an nicht mehr bei uns zusätzlich um Geld nachsuchen. Es gibt nämlich nicht mehr! Bist du einverstanden?»
Und ob sie einverstanden war. 100 Franken pro Monat zur freien Verfügung, das war gewaltig. Das würde ihr Möglichkeiten eröffnen, von denen sie bis anhin nur träumte.

Walo ergänzte allerdings noch: «Für die Kleider, und das sind 50 Franken pro Monat, musst du uns die Quittungen bringen. Die können wir nämlich weiterverrechnen.»

Für Sarah begann eine neue Zeit. Endlich nicht mehr dauernd pleite, endlich mal spontan ein T-Shirt kaufen können, endlich Schluss mit dem Fragen nach Geld. Für Sarah hiess es auch, dass Rea und Walo jetzt nicht mehr mit dem Geld Macht über ihre Freizeitgestaltung ausüben konnten. Sie hatte damit also etwas Freiheit gewonnen, sie konnte selbständiger entscheiden. Das tat ihr gut. Die neue Sackgeldregelung wurde noch bei einem Gespräch mit der Beiständin offiziell abgesegnet und vorerst auf eine Probezeit von sechs Monaten beschlossen.

Bei diesem Gespräch mit der Beiständin erfuhr Sarah von einer anderen tollen Sache. Ihr Papi hatte es früher schon einmal angetönt und wiederholte jetzt, dass er in den Herbstferien nach Portugal in die Ferien fahren würde und Sarah gerne einladen möchte. Ferien in Portugal, das musste man Sarah nicht zweimal sagen. Natürlich hatte sie Lust und sagte mit Begeisterung zu. Wenn ihr Papi etwas vorhatte und ihr versprach, dann hielt er es auch, er war ja in letzter Zeit so klar und eindeutig geworden. Endlich wieder ein paar Sachen, die das Leben leichter machten. Sarah freute sich.

Die Herbstferien kamen näher. Ihr Papi meldete sich lange nicht. Sie konnte ihn nicht anrufen, weil er kein Telefon hatte. Ganz kurzfristig kam die Absage. Ihr Papi konnte nicht nach Portugal fahren, damit konnte auch sie nicht nach Portugal fahren. Sarah verschwand in ihrem Zimmer. Sie wollte gar nicht genau wissen, warum es auch diesmal nicht geklappt hatte. Es klappte einmal mehr nicht, das reichte! Sie hatte einfach genug! Genug von den dauernden Versprechungen mit den anschliessenden Enttäuschungen. Wie oft hatte sie es in den letzten beiden Jahren erlebt, dass Mami oder Papi ihr etwas versprochen hatten? Wie oft hatte sie sich riesig gefreut, mit Mami oder Papi für mehrere Tage zusammen zu sein und tolle Sachen zu erleben? Wie oft wurde sie von ihnen enttäuscht? Sarah wusste es nicht. Auf alle Fälle waren es zu viele enttäuschte Hoffnungen! Sie wurde nicht einmal wütend, sie wurde einfach traurig. Es schmerzte, es schmerzte bodenlos und tief in ihr Innerstes. Es tat endlos weh. Sarah brauchte einige Tage, um sich von diesem Tiefschlag zu erholen. Rea und Walo sagten vorerst gar nicht viel zu dieser neuen Geschichte. Sie spürten, dass Sarah enttäuscht und traurig war und sprachen mit ihr vorerst nicht darüber. Sarah war froh darum. Sie konnte und wollte jetzt nicht darüber sprechen. Erst nach ein paar Tagen sprach Walo sie darauf an.

«Es tut dir wohl sehr weh, dass dich dein Papi so enttäuscht hat?», begann er abends um zehn Uhr am Küchentisch.

«Ja!»

«Weisst du schon, was du jetzt in den Herbstferien machen willst?»

«Nein, aber vielleicht kann ich ein paar Tage zu Mami gehen.»

«Würdest du das gerne?»

«Sicher, bei ihr habe ich es immer gut.»

«Hast du sie schon gefragt?»

«Ja, aber sie weiss es noch nicht. Sie zügeln vielleicht in den Herbstferien und dann geht es nicht.»

«Was ist, wenn das mit deinem Mami nicht klappt?»

«Dann gehe ich zu Mirjam, wenn ihr Vater einverstanden ist.»

«Da weisst du also noch nichts Definitives für die Ferien?»

«Nein.»

«Was machst du, wenn du nicht zu Mami und nicht zu Mirjam gehen kannst?»

«Das weiss ich nicht, dann gibt es eben wieder langweilige Ferien!»

«Damit wohl auch unerträgliche! Vielleicht könntest du auch etwas planen, das nicht von anderen abhängig ist», meinte nun Walo und schaute sie ermutigend an.

«Was soll ich schon unternehmen?»

«Das musst du schon selber herausfinden. Aber ich denke, du bist in letzter Zeit viel enttäuscht worden, weil du dich zu fest auf die Versprechen von Mami oder Papi verlassen hast. Du sehnst dich wohl immer noch nach diesen guten Zeiten zurück, in denen ihr zusammen wart und es gut miteinander hattet.»

«Würdest du das nicht auch?», fragte Sarah traurig.

«Ich weiss nicht, ich habe das so nie erlebt. Ich verstehe das schon ein Stück weit. Ich sehe aber auch, wie du dabei immer wieder enttäuscht wirst und dann traurig bist. Versuche doch in den Ferien mal selber zu bestimmen, was du tust und dich nicht so fest von den Versprechen anderer abhängig zu machen.»

Das reichte wieder einmal. Sarah verschwand. Der konnte gut reden. Der hatte ja von nichts eine Ahnung. Wenn sie mit Mami zusammen sein wollte, ging ihn das gar nichts an, wenn sie mit Mirjam zusammen sein wollte, ging es ihn noch einmal nichts an. Sie liess sich von dem nicht vorschreiben, was sie in den Ferien zu tun hatte. Das bestimmte sie schon selber.

Sie konnte dann für einige Tage zu Mami auf Besuch gehen, weil sich das Zügeln einmal mehr verzögert hatte. Bei ihr konnte sie jetzt auch den ganzen Schmerz der Enttäuschung über die abgesagte Portugalreise ausdrücken. Ihr Mami konnte zuhören, ihr konnte sie alles erzählen und Mami konnte sie verstehen, trösten und Mut machen.

«Weisst du, Sarah, wenn wir endlich von hier weggezogen sind, wenn ich endlich Distanz zu meiner Mutter gefunden habe, dann kann ich mich sicher schneller und besser erholen. Dann wird auch meine Therapie erfolgreicher werden. Die Distanz zum alten Dorf und zu all den bekannten Leuten wird mir helfen, mich selber wieder zu finden. Da kann ich wohl besser meine Kraft sammeln und schaffe den Ausstieg leichter.»

«Das wäre wirklich toll, wenn du es definitiv schaffen würdest», unterstützte Sarah ihre Mutter.

«Momentan brauche ich wirklich einfach Ruhe vor dem ganzen Gestürm meiner Mutter. Ich brauche die Energie für mich selber.»

Sarah verstand das. Sie wollte ihrem Mami ja nicht im Wege stehen, wenn sie nur endlich ganz gesund würde. Darum sagte sie auch nicht, wie enttäuscht sie darüber war, dass ihr Mami weit weg zügelte. Sie wünschte sich nur eines: Ihr Mami würde gesund und sie könnte wieder bei ihr wohnen.

«Weisst du, Mami, bei Rea und Walo wird es immer schwieriger.»

«Wieso meinst du?»

«Die reden mir dauernd drein. Ich darf dort überhaupt nichts. Rea hat sowieso etwas dagegen, wenn ich rauche. Wenn ich nach dem Essen ins Zimmer gehe, ist es auch nicht recht, wenn ich nach der Schule mal nicht sofort nach Hause gehe, geht der Teufel schon wieder los. Die spinnen doch, die wollen mich nur so machen, wie sie selber sind. Ich will nicht mehr dort bleiben. Kann ich dann wieder zu dir kommen, wenn du gesund bist?»

«Du, Sarah, im Moment kann ich dir nichts versprechen. Zuerst müssen wir zügeln, und dann muss ich schauen, wie es mit meiner Therapie vorwärts geht. Das braucht Zeit. Aber wenn es klappt, dann können wir es wieder anschauen. Ich glaube schon, dass du wieder zu mir kommen kannst, wenn ich ein Jahr lang drogenfrei bin. Am neuen Ort schaffe ich das bestimmt.»

«Das wäre toll, wenn ich wieder mit dir zusammenwohnen könnte. Dann hätten wir es wieder so schön wie früher. Weisst du noch, die gemütlichen Abende in der Stube vor dem Fernseher? Das kommt mir immer wieder in den Sinn. Walo und Rea haben nicht einmal einen Fernseher, die gehen am Abend immer so früh ins Bett. Da langweile ich mich zu Tode.»

In Sarah tauchten viele Bilder wieder auf, und sie wünschte sich nichts mehr, als dass es ihr Mami definitiv schaffte, frei von Drogen zu werden. Dafür lohnte es sich wegzuzügeln. Dafür wollte Sarah gerne auch ein Jahr lang warten.

«Du darfst aber Rea und Walo nicht erzählen, was ich dir von ihnen erzählt habe, sonst sind sie noch eingeschossener auf mich!», bat Sarah ihr Mami.

«Nein, Sarah, das bleibt unter uns, das verspreche ich dir.»

Die Herbstferien vergingen schneller als erwartet. Die Aussicht, bei Mami wohnen zu können, gab Sarah neue Energie und neuen Mut. Sie kümmerte sich wieder besser um ihre Tiere, sie ritt wieder vereinzelt und konnte auch Rea und Walo wieder etwas besser ertragen. Die Schule ging nach den Ferien im gewohnten Stil weiter, Herr Lustig blieb seinem Stil treu. Sie hatte sich daran gewöhnt und konnte damit leben. Oft kam nun Mirjam abends nach dem Nachtessen noch zu ihr nach Hause, denn sie selber durfte ja während der Woche abends nicht mehr weggehen. Miteinander machten sie die Hausaufgaben und spielten oft auch mit Nora und Nico. Die beiden genossen es sichtlich, wenn Sarah und Mirjam sich Zeit für sie nahmen. Damit liess sich das Schlafen meistens auch noch um eine halbe Stunde verzögern. Mirjam kam nun immer öfters und blieb immer länger.

Walo sprach sie mal drauf an: «Wissen eigentlich deine Eltern, wo du bist?»

«Die Mutter weiss es und mein Vater schläft sowieso.»

«Der weiss es also nicht?», fragte Walo nach.

«Nein, aber der muss es auch nicht wissen, denn er würde es mir sowieso nicht erlauben, hierher zu kommen.»

Walo fragte dann nicht mehr weiter und Mirjam war froh darum. Sarah wusste, dass sie zu Hause momentan ziemlich Streit mit ihrem Vater hatte. Mirjam hatte schon oft davon gesprochen, sie wolle abhauen, sie halte diesen Vater nicht mehr aus, der ihr nie etwas erlaube. An diesem Abend blieb sie sehr lange bei Sarah. Erst um 23.30 Uhr packte sie zusammen und machte sich auf den Heimweg. Sarah verschwand auch in ihrem Zimmer, Walo wünschte beiden eine gute Nacht. Er verschwand aber nicht im Schlafzimmer, sondern grübelte in der Stube noch etwas. Er hörte es darum, als Mirjam eine halbe Stunde später durch die Hintertür wieder in die Wohnung kam. Sarah kam aus ihrem Zimmer und die beiden standen nun mit ziemlich blöden Gesichtern vor Walo.

Walo war direkt: «Du willst scheinbar heute nicht nach Hause. Kannst du mir sagen, warum nicht?»

Sarah antwortete für sie: «Bei dem Vater würdest du auch nicht mehr nach Hause gehen. Der spinnt doch!»

«Und warum spinnt er?», fragte Walo nach.

«Der erlaubt ihr überhaupt nichts, sie darf ja nie in die Disco. Ihr jüngerer Bruder aber darf alles, nur weil er ein Knabe ist. Der Vater spinnt doch.»

«Wenn es wirklich so ist, wie du erzählst, finde ich das auch etwas komisch», bestätigte Walo.

«Ja, und wenn er sie mal erwischt, dann schlägt er sie auch ab!», setzte Sarah noch einen drauf. «Darf Mirjam heute nicht bei mir schlafen? Zu Hause wird sie nur abgeschlagen.»

Walo schwieg eine Weile, dann war er ziemlich klar: «Nein! Ich weiss zwar nicht, was Mirjam zu Hause erlebt. Ich bin überhaupt nicht einverstanden, wenn Eltern ihre Kinder schlagen. Ich bin überhaupt nicht einverstanden, wenn Eltern Knaben gegenüber den Mädchen bevorteilen, ich finde das alles sehr daneben. Ich kann mir vorstellen, dass man dann keine Lust hat, nach Hause zu gehen. Trotzdem bringe ich dich jetzt nach Hause. Denn ich lasse mich auf solche Spielereien nicht ein. Mit Abhauen kannst du dieses Problem nicht lösen. Das bringt nur noch grössere. Da will ich nicht mitmachen.»

Walo brachte Mirjam nach Hause. Sie kam weiterhin regelmässig am Abend und oft auch schon am Morgen um sechs Uhr zu Sarah. Sie schien auch eine Frühaufsteherin zu sein. Am Morgen erledigten sie oft noch in kurzer Zeit ihre Hausaufgaben.

Der Schein trügt

Sarah hatte ein zwiespältiges Verhältnis zu den Novembertagen. Es wurde schon wieder früh dunkel und oft waren die Tage nebelverhangen. Es lag dauernd eine melancholische Stimmung in der Luft. Das passte ihr irgendwie, sie fühlte sich oft mit diesen Tagen ähnlich. Melancholisch, nebelverhangen und grau. Nur ab und zu vermochte sich ein Sonnenstrahl durchzusetzen und brachte für kurze Zeit nochmals etwas Wärme, die sie gierig aufsaugen konnte. Im Winter waren die Abende zu Hause noch länger. Sie konnte weniger im Freien sein, war noch mehr in dieser Wohnung und bei diesen Menschen eingekerkert. Auch da war die Stimmung eher nebelverhangen und nur selten gab es wärmende Sonnenstrahlen. Sie versuchte, diesem Gefängnis so oft wie möglich zu entfliehen und ihre Zeit auswärts zu verbringen. Ein Besuch bei Papi war da eine willkommene Abwechslung. Aber wie konnte sie ihn erreichen ohne Telefon. Sie rief ihr Mami an.

«Mami, hat sich Papi wieder einmal bei dir gemeldet?»
«Ja, er hat mich gestern angerufen.»
«Wie geht es ihm?»
«Ich weiss nicht so recht, er tönte nicht so gut!»

Für Sarah brach die Welt erneut zusammen. Es war ihr sofort alles klar, noch bevor es ihr Mami sagte. Ihr Papi war abgestürzt. Wie ein Kartenhaus brach es in Sarah zusammen. Während anderthalb Jahren war ihr Papi jetzt drogenfrei gewesen, hatte die harte Therapie überstanden und seit einem halben Jahr wieder in einer Wohnung gelebt. Er arbeitete wieder. Er hatte es geschafft, wenigstens er war wieder gesund gewesen. Alles futsch!

«Wann ist er abgestürzt?», fragte sie nun sehr direkt.

«Ich weiss es auch nicht so genau. Aber er hat mir gesagt, dass es ein einmaliger Ausrutscher war.»

Sarah wusste nur zu gut, wie das mit diesen einmaligen Ausrutschern war. Sie konnte das einfach nicht mehr glauben, so gerne sie es auch geglaubt hätte. Sie hatte das schon zu oft gehört, auch von ihrem Mami. Ihrem Papi ging es also wieder schlecht und so schnell würde sich das auch nicht ändern. Das konnte erneut eine lange Geschichte werden und er musste wieder ganz von vorne beginnen mit einer neuen Therapie.

«Gehst du ihn einmal besuchen?», fragte Sarah.

«Ja, ich fahre am Wochenende zu ihm.»

«Darf ich mitkommen?»

«Sicher, Papi freut sich bestimmt, wenn du mitkommst.»

«Darf Alexandra auch mitkommen?»

«Ich weiss nicht recht, von mir aus schon.»

Sarah konnte das Wochenende kaum erwarten. Zu dritt fuhren sie zu ihrem Papi nach Rheinfelden. Ihr Papi war dann allerdings recht erstaunt, dass sie zu dritt kamen.

«Ich habe gemeint, du kämest allein mit Mami!», sagte er leicht vorwurfsvoll zu Sarah.

«Mami hat gesagt, Alexandra dürfe auch mitkommen», verteidigte sie sich.

«Das war ein kleines Missverständnis», verteidigte sich nun ihr Mami. «Ich habe mich da zu wenig deutlich ausgedrückt. Aber jetzt ist sie da und wir können es auch so gut miteinander haben.»

Die Stimmung war leicht getrübt. Sarah spürte, dass ihr Papi etwas enttäuscht war, dass sie ihre Kollegin mitgenommen hatte. Alexandra selber fühlte sich nicht wohl, weil sie sehr gut spürte, dass sie hier nicht willkommen war. Sarahs Papi war gestresst, er wusste nicht so recht, was er mit seinem Besuch anfangen sollte. Da hing ja einfach das Thema in der Luft, um das er nicht herumkommen konnte, auf das er aber gar keine Lust hatte.

«Gehen wir an den Rhein? Dort ist es momentan sehr schön!», schlug er schliesslich vor.

Sie gingen nun lange am Rhein entlang. Sarah hatte bei Alexandra eingehängt und genoss diese herbstliche Stimmung über dem Fluss. Sie sprachen lange nichts. Ihr Papi und ihr Mami gingen ein paar Meter vor ihnen und sprachen miteinander. Sarah konnte nicht verstehen, was sie miteinander sprachen, ihre Stimmen waren gedämpft. Sarah sah sie so vor sich her gehen. Das hatte es schon lange nicht mehr gegeben, dass ihr Mami und ihr Papi nebeneinander gingen und miteinander ohne zu streiten sprachen. Hatten sie sich wieder versöhnt? Verstanden sie sich wieder besser? Das wäre toll, wenn sich ihre Eltern wieder besser verstünden. Ihr Papi hatte sich ja in letzter Zeit hart von ihrem Mami abgesetzt und nichts mehr mit ihr zu tun haben wollen. Jetzt gingen sie scheinbar friedlich nebeneinander ein paar Meter vor Sarah dem Rhein entlang. Sarah und Alexandra hatten inzwischen etwas aufgeschlossen und konnten deutlicher verstehen, was die beiden miteinander sprachen.

«Weisst du, es ist schwierig, hier zu normalen Leuten Kontakt zu finden. Was soll ich? In den Turnverein? In den Kegelklub? Das sind doch alles Leute, mit denen ich überhaupt nichts anfangen kann. Soll ich in die Beiz gehen? Ins Dancing? Das gurkt mich doch an und mit diesen Leuten verbindet mich gar nichts, die sind für mich überhaupt nicht interessant.»

«Ja, und dann bist du plötzlich total allein und hast überhaupt niemanden, der dich versteht, das kenne ich.»

«Da bekommst du plötzlich wieder dieses grosse Reissen, dem du nicht widerstehen kannst. Es ist niemand da, der mit dir umgehen kann, der weiss, was du jetzt brauchst.»

«Das Leben ist manchmal ganz schön hart und kein Schwein hilft dir!»

«Ich habe mich jetzt lange mit mir auseinandergesetzt und ich will das auch weiterhin tun. Aber die Situation ist echt aussichtslos. Die Zukunft sieht nicht gerade rosig aus. Wenn ich das nüchtern betrachte, sieht sie sogar elend aus: unsere Familie ist im Eimer, finanziell werde ich es nie auf einen grünen Zweig bringen, die nehmen mir ja sofort alles Geld wieder weg für die Kinder und setzen mich brutal auf das Existenzminimum. All die Probleme mit der Polizei und mit den Haftstrafen sind auch noch nicht geregelt.»

«Darum kümmere ich mich schon gar nicht mehr. Das ist doch alles zum Kotzen!»

«Aber ich muss mich darum kümmern, ich will ja schliesslich nicht in dieser elenden Sucht weiterleben. Jetzt hat es mich erwischt und ich muss so schnell wie möglich da wieder raus. Denn das ist noch die hoffnungslosere Zukunft, wenn ich mir all den Stress und die Jagd nach Geld und Stoff wieder vorstelle. Das will ich nicht mehr!»

«Wie willst du es schaffen? Deine Therapie in diesem Heim war scheinbar nicht erfolgreich.»

«Ich weiss es doch auch nicht. Aber ich weiss, dass mich diese blöde Sucht wahnsinnig geprägt hat und alle meine Bekanntschaften und Beziehungen in diesen Drogensumpf gehen. Die meisten anderen Beziehungen ausserhalb der Szene sind schlecht belastet durch das blöde Geld, das ich irgendwo ausgeliehen und nicht zurückgegeben habe. Dort kann ich auch nicht ansetzen. Die wollen nichts mehr mit mir zu tun haben.»

«Ich muss jetzt auch endlich zügeln, ich kann nicht mehr unter diesen Leuten im Dorf leben. Seit meine Mutter mich öffentlich beschimpft, ist es noch unerträglicher geworden. Ich weiss auch nicht, wie es weitergehen soll, aber ich muss von dort jetzt einfach weg.»

«Das kann ich ja eben nicht, ich habe hier meinen Job, den will ich nicht verlieren, sonst ist wirklich alles wieder verloren. Aber Leute habe ich hier auch keine, die nicht selber auch Drogen nehmen. Da habe ich halt wieder zugemacht, ich hielt es nicht mehr aus.»

«Sie sind aber auch nicht zum Aushalten, all diese Unannehmlichkeiten, die uns in letzter Zeit widerfahren sind. Aber ich will es auch endlich schaffen, da wegzukommen.»

Sarah hörte dem Gespräch ihrer Eltern gespannt zu. Es war zum Verzweifeln. Ihr Papi war in einer bedauernswerten Situation. Es gab da keinen vernünftigen Ausweg. Es war wirklich nicht zum Aushalten. Da konnte sie ihn gut verstehen. Ob die Situation mit Drogen eher zum Aushalten war? Sie erinnerte sich an den Riesenstress, den ihre Eltern jeweils zu Hause hatten, an die ewige Jagd nach Geld und Stoff und an die brutalen Dealer, die vor gar nichts zurückschreckten. Einmal hatte einer von denen ihren Papi ja kurzerhand aus dem Küchenfenster geworfen. Glücklicherweise war ein Stock tiefer bereits das Garagendach, so dass er sich ausser den Arm nichts verletzte. War das denn die angenehmere Situation, die man besser aushielt als das Leben ohne Drogen? Sarah konnte es sich nicht vorstellen, sie hatte aber Verständnis für ihren Papi, der es satt hatte, allein in seiner Wohnung zu hocken, täglich zu schuften und keinen Menschen zu haben, der ihn verstand und mit dem er auch seine Probleme gut besprechen konnte. Sarah war froh, dass Papi wieder mit Mami sprach, denn die beiden wussten, wovon sie sprachen, sie mussten sich gegenseitig auch nichts vormachen, sie kannten die Probleme und die billigen Antworten, die sie nur zu oft hörten. Sie kamen wieder zurück zur Wohnung und kochten miteinander das Abendessen. Es war seit langem das erste Mal, dass sie wieder als Familie beisammen waren, miteinander kochten und miteinander am gleichen Tisch sassen und assen. Sarah genoss diesen Augenblick. Es war also noch nicht ganz entschwunden und definitiv verloren. Es war also möglich, dass sie als Familie zusammen waren, sie, Sarah, mit ihren Eltern. Der Augenblick war einmalig, er traf sie im Innersten. 'Wir sind wieder eine Familie, wir sind wieder zusammen, wir gehören zusammen!' Sie sog diese Minuten am Tisch förmlich in sich auf wie ein ausgetrockneter Schwamm das Wasser, sie füllte sich mit dieser Stimmung, mit dieser Verbundenheit, mit dieser Geborgenheit, den ihr diese Familie jetzt gab. Sie spürte endlich wieder einmal so etwas wie Glück, liess es zu und tauchte ein, liess sich wegtragen und ergreifen von diesen lang ersehnten Gefühlen.

Nach dem Nachtessen fragte Monika: «Sarah, kannst du zusammen mit Alexandra den Tisch abräumen und abwaschen. Es wäre schön, wenn ihr auch etwas dazu beitragen könntet.»

«Ja, sicher, das machen wir gerne», meinte Sarah, blickte zu Alexandra, die bestätigte.

Sie begannen, das Geschirr zusammenzustellen, abzutragen und wuschen ab. Es war ja nicht allzu viel, so dass sie gut vorwärtskamen und die Küche bald sauber aufgeräumt hatten. Währenddessen waren Mami und Papi aus der Küche ins Wohnzimmer gegangen. Sarah und Alexandra gingen jetzt auch ins Wohnzimmer, aber es war leer. Die Zimmertüre zum Schlafzimmer war geschlossen. Sarah wusste sofort, was los war. Alexandra nicht. Am liebsten wäre Sarah in den Boden versunken, einfach nicht da gewesen, weit weg gewesen. Die Gefühle während des Nachtessens waren in ihr Gegenteil verwandelt. Mami und Papi setzten sich da im Zimmer einen Schuss, das wusste Sarah mit ungewohnter Klarheit und Sicherheit. Sie hatte es oft genug erlebt. Jetzt also wieder, nach diesem herrlichen Nachtessen. Nein! Nein! Nein! Es durfte nicht sein, das durften sie ihr nicht antun, nicht jetzt und nicht hier. Es war zu schön gewesen, als Familie zusammen zu sein! Mussten sie es sofort wieder mit aller Gewalt zerstören? War sie ihnen so wenig wert, dass sie ihr nicht einmal diesen einen Abend gönnten? Nur raus aus diesem Haus, weg von hier, weit weg! All das schoss ihr in Sekundenschnelle durch den Kopf, kehrte ihr den Magen, würgte sie.

«Kommst du nochmals ein wenig an den Rhein, es hat mir dort so gut gefallen?», fragte sie Alexandra, ohne ihr den eigentlichen Grund zu sagen.

reden.

«Du bist nicht sehr begeistert nach Hause gekommen.»

«Wieso?»

«Ja, das hat man dir von weitem angesehen, dass da nicht alles in Ordnung war. Du hast ziemlich traurig ausgesehen.»

Sarah gab keine Antwort. Sie verspürte keine Lust, dieses Thema zu besprechen.

Walo ging nun direkt auf die Sache los: «Stimmt es, dass dein Papi einen Absturz hatte?»

«Ja! Aber er will wieder aufhören damit! Kannst du mir noch bei den Rechenaufgaben helfen? Da komme ich überhaupt nicht draus.»

Walo erklärte ihr die Gleichungen und stellte keine Fragen mehr.

Du kommst mir zu nahe

Der Absturz ihres Papi beschäftigte Sarah. Er bedrückte sie. Sie konnte nicht verstehen, dass er nach anderthalb Jahren wieder rückfällig geworden war, jetzt, wo er die Therapie überstanden hatte und wieder normal leben konnte. Sie war enttäuscht, denn es war nun noch in weitere Ferne gerückt, dass sie je wieder zu ihm zügeln und bei ihm wohnen konnte. Sie hatte sich ja immer gewünscht, nach der Schule eine Lehrstelle in seiner Nähe zu suchen und dann bei ihm zu wohnen, falls sie dann nicht schon bei Mami wohnen konnte. Das war jetzt wieder futsch. Sie musste also eventuell noch lange bei Rea und Walo bleiben. Diese Aussicht wiederum begeisterte sie in keiner Art und Weise. Es war elend, jede Hoffnung auf ein Wegzügeln von Rea und Walo war dahin. Jede Hoffnung, näher bei Mami oder Papi zu sein, war wieder zerstört. Mami zügelte weg von ihr, Papi war wieder süchtig, die Distanz wurde grösser. Sie war jetzt also noch mehr allein, weit weg von ihren Eltern an einem fremden Ort, wo sie mit fremden Leuten zusammenleben musste, mit denen sie eigentlich nicht zusammenleben wollte. Es war zum Verzweifeln. Konnte sie dagegen etwas unternehmen? Musste sie das einfach über sich ergehen lassen? Gab es keinen Ausweg aus dieser ausweglosen Situation? Sarah erlebte den Dezember schlecht. Bohrende Fragen im Kopf, auf die es keine Antworten gab, auf die es aber Antworten geben musste, und zwar sofort. Sie musste sich verändern.

«Rea, hast du Haarfärbemittel?»

«Nein, ich habe nur Henna.»

«Wo gibt es Haarfärbemittel?»

«In der Drogerie, aber ich würde mir die Haare nicht färben. Damit machst du dir dein schönes Haar kaputt.»

Sarah reagierte verärgert: «Ich will mir aber die Haare färben. Gibst du mir Geld für das Mittel?»

«Nein, Sarah, wenn du dir die Haare unbedingt färben willst, dann kannst du das, aber ich bezahle dir das Mittel nicht. Dafür hast du Sackgeld.»

Sarah war geladen. Nicht einmal das Haarfärbemittel bezahlte ihr Rea! Sie konnte auch einmal mehr ihren Kommentar nicht lassen und musste ihr erneut sagen, dass sie etwas Falsches machte. Ob Haarefärben für ihr Haar gesund war oder nicht, das spielte jetzt keine Rolle. Sie wollte die Haare färben, denn irgendetwas musste sie an ihrer Situation verändern. Sie stieg auf das Fahrrad und holte sich das Mittel. Jetzt um so mehr! Sie hatte es satt, von Rea dauernd belehrt zu werden, was gut für sie war und was nicht. Noch am selben Abend färbte sie sich die Haare brandschwarz. Kaum war sie fertig damit und wieder in ihrem Zimmer, rief ihr Rea.

«Sarah, kannst du bitte das Badezimmer wieder reinigen!»

Sie reagierte nicht.

«Sarah, kannst du bitte das Badezimmer wieder reinigen! Wenn du schon die Haare färben willst, so kannst du nachher so aufräumen, wie es vorher war», forderte Rea sie gereizt auf.

«Das kann ich verstehen, ich staune ja, dass ihr das alles immer noch aushaltet.»

«Weisst du, die Kinder sind schon gut. Mit Nora und Nico haben wir wirklich eine unbeschwerte Zeit. Die beiden sind meistens aufgestellt und lustig. Aber mit Sarah wird es schon ab und zu schwierig.»

Sarah lag in ihrem Zimmer auf dem Bett und spitzte die Ohren. Sie war ja nur durch eine dünne Mauer von Rea und Verena getrennt, die Zimmertüre war sowieso sehr undicht, so dass sie jedes Wort mithören konnte.

«Wenn wir ihr mal Grenzen setzen oder wenn ein Problem ansteht, so rennt sie sofort zu Mami, sie weicht uns aus, wo immer sie kann.»

«Da müsste natürlich auch die Mutter sich abgrenzen!»

«Daran glaube ich einfach nicht mehr. Die Frau ist doch unglaubwürdig geworden. Seit Sarah da ist, sagt sie dauernd, sie sei drogenfrei und schaffe es, aber man muss jeweils nur Sarah nach dem Telefongespräch anschauen, dann weiss man wieder, was los ist. Ich bin nicht mehr sicher, ob Sarahs Mutter wirklich ernsthaft versucht, von den Drogen wegzukommen. Ich kann es ihr einfach nicht mehr richtig glauben.»

Sarah ärgerte sich masslos. Da wurde also ihr Mami verhandelt. Da sprachen Rea und Verena offen über ihr Mami, und sie konnte, musste es mitanhören. Das war doch eine bodenlose Frechheit.

«Das macht es für euch auch nicht einfacher.»

«Nein, manchmal wünsche ich mir, dass sie weit weg wäre. Sie kann bei ihren Kindern dauernd das Sonntagsmami spielen, das für alles Verständnis hat, das aber nie den Alltag mit den Kindern bewältigen muss, das nie die Folgen ihres eigenen Verhaltens gegenüber den Kindern ausbaden muss.»

«Könnt ihr da nichts machen?»

«Ich möchte eigentlich schon, aber das ist fast unmöglich. Mit ihr kannst du kaum klare Abmachungen treffen. Sie hält sie dann sowieso nicht ein. Auch gegenüber den Kindern nicht. Wie oft hat sie schon mit den Kindern etwas abgemacht und dann nicht eingehalten. Nora und Nico sind dann jeweils sehr enttäuscht und traurig. Aber das sind sie ja wieder bei uns. Das muss ihre Mutter ja nicht selber ausbaden. Das ist schon sehr schwierig.»

«Und Sarah?»

«Die ist auch wieder näher zu ihrem Mami gerückt. Seit der missglückten Jugigeschichte geht es nicht mehr gut. Sie kommt kaum noch mit mir ausreiten. Sie zieht sich zurück, mit jedem Problemchen rennt sie zu Mami. Das finde ich nicht gut. Irgendwann muss sie lernen, ihre Probleme auch mit uns auszutragen. Sie kann da nicht immer zu ihrem Sonntagsmami flüchten, das für alles Verständnis hat und sie immer versteht.»

«Begreift das die Mutter nicht?»

«Nein, leider nein, da ist sie mit ihrer Suchtkrankheit viel zu wenig stark und konsequent.»

«Was meint Walo dazu?»

«Der grenzt sich immer so cool ab und spielt den Unbetroffenen. Er hat es auch leichter. Er ist oft weg, hat wieder tagelang Distanz. Das ist für ihn einfacher. Aber ich kann das nicht. Ich bin jeden Tag um Sarah und ich kann dieses Mädchen momentan fast nicht mehr ertragen. Sie kommt heim, verschwindet im Zimmer, jede freie Stunde verbringt sie mit Mirjam oder sonst irgendwo. Aber sie lebt überhaupt nicht mehr hier. Sie ist überhaupt nicht mehr hier zu Hause. Wenn sie hier ist, hat sie meistens eine schlechte Laune. Ich kann das einfach nicht mehr ertragen, mit Menschen zusammenzuleben, die nicht hier wohnen, die das hier nur als Hotel brauchen, die aber sonst überhaupt nicht da sind, nicht mit ihren Gedanken und nicht mit ihrem Leben. Manchmal habe ich das Gefühl, ich ernähre da 50 Kilo Fleisch, ich mühe mich ab für irgendjemanden, der mit mir nichts zu tun haben will. Ich spüre Sarah immer weniger als Person. Das macht mir Mühe. Ich habe keine Lust, mich mit ihr nur zu ärgern.

«Ich glaube auch, dass es besser ist, wenn du eine gute Realschülerin bist, als wenn du dann mit viel Mühe in der Sekundarschule wärst und dort einen hundsmiserablen Abschluss hättest», zeigte ihr Mami Verständnis für sie.

Bei ihr wohnen wäre wirklich toll. Dann wären all die Probleme, die sie mit Rea hatte, einfach nicht mehr da. Aber jetzt wollte ihr Mami zügeln. Weiter weg auch von ihr. Sarah konnte sich das nicht vorstellen.

«Das kann ich aber Rea nicht sagen, die versteht so etwas nie. Die sagt immer, es fehle mir nicht im Kopf, ich sei nur zu faul! Aber ich bin jetzt einfach auch gerne mit meinen Kolleginnen zusammen und will nicht stets zu Hause hocken und für die Schule büffeln. Aber dafür hat Rea kein Verständnis.»

«Sie müsste doch wissen, dass man mit vierzehn aus dem Haus will, bei den Kolleginnen und Kollegen sein will. Sie müsste doch verstehen, dass du jetzt langsam ganz andere Bedürfnisse hast als ein kleines Kind.»

«Begreift sie aber nicht! Die will mich nur noch mehr an sich binden und meint, sie wisse, was gut ist für mich. Sie versteht mich überhaupt nicht mehr.»

«Kannst du ihr das nicht sagen, was dich bei ihr zu Hause stört?», fragte ihr Papi nach.

«Das hat doch keinen Wert. Die weiss immer alles besser und ist auf mich eingeschossen. Die wirft mir doch nur wieder vor, ich wolle den Weg des geringsten Widerstandes gehen und allen Problemen ausweichen.»

«Das muss ziemlich hart sein für dich!», meinte Mami.

«Beim Essen herrscht sowieso immer der Terror. Rea zwingt mich, zehn Minuten am Tisch zu hocken, auch wenn ich überhaupt keinen Hunger habe. Wenn ich nichts esse, wird sie auch wütend und wirft mir vor, ich hätte Essstörungen. Dabei will ich einfach abnehmen. Langsam hängt mir auch diese Art Essen zum Halse hinaus. Immer dieses gesunde, grüne Zeugs, die Körner und Soja. Ich kann das manchmal schon gar nicht mehr anschauen, diesen Schlangenfrass.»

Sarah lud nun all ihren Frust, den sie mit Rea und Walo erlebte, ungehemmt ab. Es war eine geballte Ladung, eine ganze Menge, die sie da ihren Eltern vorlegte. Sie tat es sehr gezielt. Jetzt waren sie sich wieder näher gekommen, sie sprachen wieder miteinander, ja, sie besuchten sich gegenseitig oft. War das der Anfang zum Happyend? Sarah dachte sich auf alle Fälle, es könnte gut sein, wenn sich die Eltern auch gemeinsam um ihre schlimme Situation bei Rea und Walo kümmern mussten, denn wenn sie zu zweit auftraten, hätten sie sicher auch mehr Gewicht. Wenn Mami schon nächstens wegzügeln würde, so würde sie sich doch weiterhin um sie und ihr Wohlbefinden kümmern müssen, vor allem, wenn es Sarah jetzt so unmöglich schlecht ging. So ganz bewusst war ihr aber ihre eigene Strategie nicht, es war vielmehr der Wunsch, wieder bei Mami und Papi wohnen zu können, der sie jetzt so losschiessen liess.

«Ich werde mal mit Rea sprechen und ihr sagen, wie du dich momentan fühlst», schlug ihr Mami nun vor.

«Nein, das darfst du nicht. Es wird nur schlimmer. Du musst mir versprechen, dass du ihr nichts sagst. Ich will nur noch eines: Weg von dort.»

«Aber, Sarah, so geht es doch auch nicht! Wir müssen doch die anstehenden Sachen ansprechen, damit sich die Situation verbessern kann! Was meint denn Walo zu der ganzen Sache?»

Ja, was meinte eigentlich er zur ganzen Sache? Sarah wusste es auch nicht.

«Der würde mir jedenfalls schon etwas mehr erlauben als Rea. Er redet mir auch nicht so viel drein. Er ist sowieso viel weg und sagt meistens nicht viel. Aber der hat, glaube ich, gar nicht viel zu sagen.»

«Den Eindruck hatte ich auch schon. Ich glaube, der muss selber auch ziemlich unten durch. Die beiden haben doch sel-

Sie selber erlebte Weihnachten nicht so fröhlich und unbeschwert. Ihr wurde einmal mehr bewusst, dass sie eine völlig zersplitterte Familie waren, eben keine Familie mehr. Da mischten sich viele fremde Leute bei ihnen ein, die mit ihr nichts zu tun hatten. In den Weihnachtsferien fuhr sie für ein paar Tage zu ihrem Papi. Es freute sie, dass auch Mami mitkam. Sie war wenigstens für ein paar Tage weg von Rea und Walo, das war ihr schon sehr viel wert. Den Jahreswechsel feierte sie mit ihren Eltern.

Der Alltag kam allerdings schneller als gewünscht. Die Weihnachtsferien verflogen rasch, sie musste wieder in die Schule, sie musste wieder bei Rea und Walo wohnen. Ja, sie musste. Freiwillig wäre sie wohl nicht mehr dahin zurückgekehrt. Aber sie wusste nur zu klar, dass es keine andere Lösung gab, wenigstens für den Moment nicht. Sie musste hier wohnen, ob sie wollte oder nicht. Die Einzigen, die das hätten verändern können, waren ihre Eltern. Aber die waren mit anderem beschäftigt. Ihr Mami zügelte, ihr Papi war weit weg. Sie kam deshalb lustlos zu Rea und Walo zurück. Diese merkten das natürlich schon bei der Ankunft.

«Wie waren deine Ferien, Sarah?», fragte Walo sie denn am ersten Abend.

«Schon recht!»

«Das Gefühl hatte ich auch, als du heute Nachmittag zurückgekommen bist. Es war nicht besser als 'schon recht'.»

«Wieso meinst du?»

«Ich hatte das Gefühl, dass du überhaupt nicht gut zu uns zurückgekommen bist.»

«Ich habe überhaupt keine Lust, wieder in die Schule zu gehen, zu diesem Herrn Lustig», wich Sarah aus.

Walo ging nun direkt auf die Sache los: «Die Schule ist wohl nicht der Hauptgrund. Es geht doch eher auch um uns, um Rea und mich. Ich denke, du hattest auch keine Lust, zu uns zurückzukommen.»

Was sollte sie darauf schon antworten? Sollte sie ja sagen?

Dann wäre sie ehrlich gewesen und hätte sich wohl eine lange, gescheite Diskussion mit Walo eingehandelt. Sollte sie es abstreiten, dann würde ihr Walo nicht glauben.
«Es geht so», meinte sie unverbindlich.
«Es geht eben nicht so!»
«Wieso nicht?»
«Weil das für Rea immer schwieriger wird. Weil das auch für dich immer schwieriger wird. Weisst du, ich habe in den Weihnachtsferien bemerkt, wie Rea jeweils auch froh ist, wenn du ein paar Tage weg bist. Das tut ihr gut. Sie freut sich jeweils gar nicht so riesig, wenn du zurückkommst.»
«Das spüre ich auch, dass sie etwas gegen mich hat.»
«Ich glaube nicht, dass sie etwas gegen dich hat. Aber mit dieser Jugigeschichte hast du sie sehr verletzt. Die Auseinandersetzungen mit deinen Grosseltern haben uns zusätzlich genervt. Das war für Rea etwas zu viel.»
«Da kann ich doch auch nichts dafür, wenn die so blöd sind!»
«Natürlich kannst du nichts dafür. Du kannst auch nichts dafür, dass du nicht bei deinen Eltern wohnen kannst. Du kannst nichts dafür. Das weiss ich. Du musst dafür keine Verantwortung übernehmen. Aber du musst damit leben, so gross die Probleme auch sein mögen, auch wenn du sie dir nicht selber eingebrockt hast. Du musst damit etwas machen. Du kannst nicht dauernd diese Vergangenheit verwünschen und dabei dein eigenes Leben verpassen.»
Sarah wusste, was jetzt kommen würde. Walo würde mit aller Klarheit die Unklarheit ihrer Eltern auf den Tisch legen und ihr mit seiner ganzen Trockenheit die Wahrheit um den Kopf schlagen. Er würde die scheinbare Familienidylle brutal zerstören und sie auf den Boden zurückholen. Was war denn, Herrgott nochmals, wenn sie es auf diesem Boden nicht aushielt, wenn die Wahrheit schlichtweg unerträglich war? Warum musste er sie immer so rücksichtslos mit den Tatsachen konfrontieren, die sie schon gut genug kannte, die er ihr

nicht nochmals vorsetzen musste? Walo nahm allerdings eine andere Richtung.

«Ich denke, dass du dich selber auch ein wenig anstrengen musst, wenn du es mit Rea wieder etwas erträglicher haben willst. Sie muss sich auch anstrengen und ihre Verletzungen nicht zu stark an dir austragen. Das will sie auch. Es gelingt ihr einfach nicht immer gleich gut. Sie ist momentan ziemlich gereizt und das verstehe ich gut.»

«Muss ich jetzt das brave Mädchen spielen, das immer schön zu Hause hockt und überall hilft?»

«Nein, das musst du natürlich nicht. Das erwartet auch niemand von dir. Du musst dein Leben leben und geniessen. Du lebst allerdings, ob du willst oder nicht, jetzt mit uns zusammen. Da gibt es schon auch ein paar Sachen, an die du dich halten musst. Wir wollen dich damit nicht einfach nerven. Aber wir lassen uns von dir auch nicht alles gefallen.»

«Ihr wollt mich ja einfach so machen, wie ihr selber seid. Aber ich bin jetzt einmal anders.»

«Das ist auch gut so. Hoffentlich bist du anders als wir, sonst wärst du stinklangweilig. Es geht ja nicht darum. Es geht doch darum, wie du und Rea wieder miteinander umgehen könnt, ohne dass aus der kleinsten Mücke sofort ein Elefant wird.»

«Das macht aber meistens sie. Sie ärgert sich immer über mich und stört sich an noch so kleinen Dingen.»

«Das mag stimmen, dass sie sich schnell über dich ärgert. Umgekehrt magst du in letzter Zeit auch überhaupt keine Kritik ertragen. Die kleinste Bemerkung bringt dich auf 180 und du verschwindest beleidigt in deinem Zimmer. Ihr müsst euch schon beide anstrengen.»

Was der Kopf einigermassen einsah, konnte der Bauch deswegen noch lange nicht akzeptieren. Sarah fühlte sich nicht gut. Da kam sie aus den Ferien zurück und schon am ersten Abend stellte sie Walo wieder in die Ecke. Es war zum Kotzen. Dieses Gespräch verbesserte ihre Stimmung jedenfalls nicht, sie sah den kommenden Tagen mit wenig Begeisterung entgegen. Es wurde noch schwieriger, da ihr Mami inzwischen nach Rothenburg umgezogen war. Ein Besuch am Abend oder an einem Nachmittag war nicht mehr möglich. Ihr Mami hatte also ernst gemacht und Distanz zu ihrem Dorf und den altbekannten Leuten geschaffen. Sie hatte dadurch auch Distanz zu Sarah geschaffen. Was würde das bedeuten? Würden sie jetzt weniger Kontakt haben? Würde sie jetzt weniger mit Mami besprechen können? Würde sie Mami schon bald halbwegs vergessen? Sarah war entschlossen, den Kontakt zu Mami sehr eng zu halten, damit sie nicht auch sie noch verlor. Sie telefonierte ihr noch häufiger im Niedertarif.

Mirjam kam wie gewohnt wieder zum Mittagessen und wie gewohnt waren sie beide weiterhin zu dick und mussten hungern und das Essen sein lassen. Die Mittagsstimmung war weiterhin beerdigungswürdig. Zum Glück hatten sie schon nach drei Wochen Sportferien. Sie fuhren wieder in die Skiferien nach Engelberg. Diesmal war es für Sarah sofort klar, dass sie Mirjam mitnehmen würde. Sie fragte Christian schon gar nicht. Aber sie besorgte sich bei Röbi ein Snowboard und übte sich nun eine Woche lang als Snöberin.

※ ※ ※

Ein erster Konflikt stand kurz nach den Ferien im Haus. Diesmal war es Walo, der sie in Wut versetzte.

«Du, Sarah, ich möchte die Abrechnung mit dem Sozialamt machen. Kannst du mir bitte die Kassenzettel für die Kleider bringen, die du gekauft hast.»

«Die habe ich dir schon alle gegeben!»

Walo durchwühlte das Ablagefach und fand tatsächlich ein paar dieser Zettel. Er legte sie auf den Tisch und zählte sie zusammen.

«Ist das alles?»

«Ja, ich habe keine anderen mehr.»

«Dann haben wir jetzt aber ein Problem.»
«Warum?»
«Du hast pro Monat 50 Franken bekommen für Kleider, seit sechs Monaten, das sind also 300 Franken. Die Quittungen hier ergeben aber nur knapp 200 Franken. Es fehlen also gut 100 Franken. Hast du wirklich keine Zettel mehr?»
Sarah überlegte. Sie hatte doch noch ein paar Schuhe gekauft. Wo war dieser verflixte Zettel? Sie ging ins Zimmer und durchwühlte ihr Chaos. Erfolglos, der Zettel war verschwunden.
«Ich habe noch ein paar Schuhe gekauft, aber ich finde den Zettel nicht mehr.»
«Das ist aber dein Problem», meinte Walo trocken.
«Die Schuhe haben etwa 50 Franken gekostet.»
«Interessiert mich eigentlich nicht, ich will den Zettel.»
«Den habe ich verloren, das habe ich dir gerade gesagt. Aber du kannst ja die Schuhe anschauen, damit du mir glaubst, dass ich Schuhe gekauft habe.»
«Das glaube ich dir schon, aber ohne Zettel kein Geld, und das hast du gewusst.»
«Was soll ich jetzt machen?»
«Ja, das ist ganz einfach. Du bekommst ab sofort kein Kleidergeld mehr. Ab sofort gibt es wieder 50 Franken pro Monat als Sackgeld, bis du diese Zettel findest.»
Sarah wusste, dass es keinen Wert hatte, mit ihm zu streiten. Solche Sachen waren für Walo derart klar, dass sie gar nicht erst beginnen musste, ihn von seinem Entscheid abzubringen. Aber sie stellte sich die Zukunft vor. Lausige 50 Franken, das reichte nirgends hin. Wie sollte sie sich damit je ein Töffli beschaffen können. Die Töffliprüfung stand auch noch bevor. Es hiess also nichts anderes als: Sie würde wieder dauernd pleite sein. Sarah suchte noch intensiv nach dem verlorenen, wertvollen Zettel, denn er war über 50 Franken wert, aber sie fand ihn nicht. Walo setzte seinen Entscheid durch und schon im Februar musste sie mit 50 Franken auskommen.

※ ※ ※

Die Situation beim Mittagessen wurde für Rea unerträglich. Sie konnte Sarah und Mirjam nicht mehr ertragen, wie sie missmutig am Mittagstisch sassen und das Essen verweigerten.

«Du kannst Mirjam sagen, dass ich sie nicht mehr zum Mittagessen will», teilte sie kurz und bündig mit.

«Warum nicht?»

«Ich habe keine Lust, zwei Mädchen mit einer Stinklaune am Tisch zu haben. Wenn sie schon nichts isst, kann sie genauso gut ganz wegbleiben. Für Nora und Nico ist es auch nicht lustig, wenn ihr zwei wie Mehlsäcke dasitzt und so schnell wie möglich im Zimmer verschwindet. Das verdirbt auch ihnen den Appetit und mir auch.»

Sarah sagte gar nichts. Sie wurde wütend auf Rea und verliess das Haus. Das war es also schon wieder. Rea dachte nur an sich. Wenn ihr etwas nicht passte, dann hatten die anderen sich dem zu fügen. Es interessierte sie überhaupt nicht, ob sie und Mirjam es gut miteinander hatten oder nicht. Allein ihre Bedürfnisse zählten. Rea behandelte sie wie Dreck, der nichts wert war, der keine Bedürfnisse haben durfte, der sich ihr zu unterwerfen hatte. In letzter Zeit hatte sie schon manchmal das Gefühl gehabt, dass Rea sie nur so als 3.-Stufenkind behandelte, sie war ja nur Pflegetochter. Jetzt war es also langsam genug.

Noch am gleichen Abend setzte Rea einen oben drauf. Sarah hatte wieder einmal vergessen, ihre Meerschweinchen zu füttern.

«Du, Sarah, ich habe es dir jetzt schon so oft gesagt, dass du besser zu deinen Meerschweinchen schauen solltest. Heute hatten sie wieder kein Heu. Wenn du sie nicht mehr willst, so schenke sie doch Nora, dann weiss ich, dass ich ihr helfen muss, daran zu denken. Aber so schaue ich nicht mehr lange zu. Wenn das nicht besser wird, werde ich sie verschenken.»

Sarah sagte wieder nichts. Sie konnte nicht mehr. Sie verliess die Wohnung wütend und mit Tränen in den Augen. Sie ging auf die Laube und nach hinten in den Stallgang. Sie zündete sich eine Zigarette an. Es ging nicht mehr. Warum musste Rea dauernd auf ihr herumhacken und auf ihr Versagen hinweisen. Sie wusste selber, dass sie eine Versagerin war, man musste es ihr nicht noch dauernd in aller Härte sagen und sie am Boden zertrampeln. Das hielt sie nicht mehr aus. Walo kam zu ihr in den Stallgang. Er zündete sich ebenfalls eine Zigarette an und sagte vorerst gar nichts. Sarah war zugeschnürt. Sie wurde von einem heftigen Schmerz gewürgt.

Endlich brach es aus ihr heraus: «Wenn ihr mich nicht mehr wollt, so sagt es mir bitte, dann kann ich gehen!»

«Ich glaube nicht, dass wir dich nicht mehr wollen.»

«Aber warum hasst mich denn Rea so fest?»

«Ich glaube auch nicht, dass Rea dich hasst.»

«Warum behandelt sie mich denn wie den letzten Dreck? Nichts kann ich ihr recht machen!»

«Ich denke eher, dass es das Gegenteil ist. Du bist Rea überhaupt nicht gleichgültig. Wenn du ihr gleichgültig wärst, würde sie sich nicht so stark über dich aufregen.»

«Ich mache ihr einfach nie etwas recht. Die Kleider von Nora und Nico mache ich nicht recht, die Meerschweinchen mache ich nicht recht, beim Mittagessen verhalte ich mich nicht recht. Ich halte das nicht mehr aus! Sagt mir bitte, wenn ich für euch zu viel bin, dann gehe ich, aber so kann ich nicht mehr hier leben.»

«Rea hat momentan so ziemlich genug von dir. Das stimmt. Aber sie hasst dich nicht. Dafür bist du ihr viel zu wichtig. Ich denke manchmal, dass sie als Frau von deiner Situation noch direkter betroffen ist als ich. Die ganze Geschichte mit den Grosseltern hat sie stark verletzt und mit der unklaren Haltung deiner Mutter hat sie auch Mühe. Ich aber auch. Weisst du, alle Vorwürfe und die ganze Kritik werden ja immer Rea in die Schuhe geschoben. Man greift immer

Rea an. Ich werde da meist verschont, ich weiss zwar auch nicht, warum. Aber es trifft sie natürlich noch zusätzlich, dass immer sie für alles verantwortlich gemacht wird.»
«Ich darf hier aber überhaupt nichts machen. Ihr habt es viel besser, wenn ihr etwas wollt, so könnt ihr es einfach tun. Aber ich habe überhaupt keine Freiheiten. Es ist wie ein Gefängnis.»
«Das stimmt überhaupt nicht!»
«Ich muss immer fragen, wenn ich etwas machen will.»
«Aber Freiheiten hast du mehr als alle anderen Personen in diesem Haus. Du kannst viele Nachmittage und auch die Wochenenden so verbringen, wie du willst. Rea und ich haben auf alle Fälle viel weniger Freizeit als du. Nora und Nico haben auch noch einen engeren Freiraum. Du kannst dich also am freiesten bewegen von allen.»
«Ich kann so aber nicht mehr hier leben! Ich halte das nicht mehr aus.»
«Sarah, du kannst nichts dafür, dass du hier bist. Das weiss ich. Du kannst auch nichts dafür, dass du nicht bei den Eltern leben kannst. Aber wir können auch nichts dafür. Du kannst dem noch lange nachtrauern und dir erhoffen, dass die Familie wieder zusammenkommt. Ich selber glaube nicht daran und du auch nicht, wenn du ehrlich mit dir bist. Du musst jetzt mal an dich denken und dir überlegen, was du mit deinem Leben anfangen willst. Du kannst dich da nicht dauernd in Scheinwelten flüchten, die es doch gar nicht gibt. Du musst dich schon auch dem Leben stellen, und das heisst auch, dass du jetzt mal bei uns bist und mit uns die Konflikte austragen musst. Du kannst dem nicht dauernd ausweichen. Denk mal an dich selber, nimm dich selber ernst! Hoffe nicht immer nur auf die Gesundheit deiner Eltern und ein neues Zusammenleben, das es ziemlich sicher nicht mehr geben wird. Du betrügst dich ja dauernd selber damit. Damit verpasst du dein eigenes Leben. Das ist schade.»
Sarah konnte sich ein wenig beruhigen. Der Schmerz war

etwas zurückgegangen. Sie war einfach überfordert. Es war alles so unendlich schwierig und ausweglos. Die Situation ihrer Eltern, der Streit mit Rea. Ausweglos. Was sollte das alles? Warum? Warum musste gerade sie das erleben? Gab es für sie auch ein Leben, das lebenswert war? Sie kam nicht weiter. Wozu denn überhaupt noch leben? Zu den Eltern konnte sie nicht! Hier hielt sie es nicht aus! Mit Rea ging es nicht, nicht mehr! Wo konnte sie hin? Gab es überhaupt jemanden, der ihr so etwas wie Boden gab? Sie hätte jetzt einen Menschen gebraucht, dem sie sich hätte bedingungslos in die Arme werfen können, der sie einfach festgehalten hätte. Sie hätte sich ausweinen wollen, sich in sicheren Armen festhalten wollen, die sie so akzeptierten, wie sie war und sie einfach festhielten. Aber diese Arme gab es nicht. Nicht hier, nicht bei ihren Eltern, nirgends. Sie fühlte sich ohnmächtig, bodenlos, sinnlos, wertlos.

Ich muss gehen

Sarah fühlte sich in den kommenden Tagen schlecht. Das Gespräch mit Walo im Stall hatte ihr die ganze Hoffnungslosigkeit noch stärker bewusst gemacht. Sie wusste weniger denn je, wie es mit ihr weitergehen könnte. Alle Aussichten auf eine Veränderung der Situation waren zerschlagen. Seit Papi in der Entzugsstation gewesen war und nun wieder drogenfrei lebte, begann auch er sich wieder vermehrt zu distanzieren. Er war auch nicht mehr so oft bei Mami, die beiden hatten wieder sehr viel gestritten miteinander. Es war verflixt. Wenn Papi drogenfrei war, wollte er von der Familie nichts wissen. Sarah war sich des elenden Widerspruches ihrer Hoffnungen nur zu gut bewusst: Wurden ihre Eltern drogenfrei, war damit die Familie endgültig gestorben, denn in klaren Zeiten setzte sich ihr Papi radikal ab. Waren ihre Eltern nicht drogenfrei, rückten sie zusammen, aber ein Wohnen bei ihnen war durch ihre Sucht ausgeschlossen. Es ging einfach nicht beides zusammen. Da gab es für Sarah, wenn sie ehrlich mit sich war, keine Lösung. Aber bei Rea und Walo bleiben, das war auch keine Lösung. Es gab keine Lösung für sie! Das bohrte sich immer tiefer in sie hinein. Es gab keine Lösung für sie! Die Erwachsenen hatten keinen Platz für sie!

Die Stimmung in der Villa Sorgenlos war getrübt. Rea war gereizt, Sarah war gereizt. Sie versuchten beide, so gut es eben ging, sich gegenseitig in Ruhe zu lassen. Aber das ging eben nicht, solange sie unter demselben Dach, in der gleichen Wohnung lebten. Mit Walo beschäftigte sich Sarah in diesen Wochen lieber, sie hatte auch einen klaren Grund dazu. Noch immer stand die Töffliprüfung an. Walo musste ihr regelmässig aus dem Büchlein die Fragen zusammenstellen, die sie beantwortete und er dann korrigierte. Er erklärte ihr jeweils wieder, warum sie das und dieses eben nicht dürfe oder anders machen müsse. Auch bei den Hausaufgaben half er ihr noch ab und zu, wenn sie das wünschte. Sie wünschte es jedoch immer seltener, weil sie sich nicht mehr um die Schule kümmern mochte. Sie bestand dann die Töffliprüfung nicht auf Anhieb und Walo musste mit ihr nochmals üben. Der zweite Versuch war erfolgreich. Wenigstens dieses Stück Freiheit hatte sie sich mit viel Aufwand erkämpft. Sie durfte offiziell Töffli fahren.

Um so wichtiger wurden in diesen Wochen die Telefone mit Mami. Sarah wollte den Kontakt zu ihr unbedingt eng halten, auch wenn sie jetzt weit weg gezügelt war. Jetzt war es um so nötiger, mit ihr oft zu sprechen, da sie sie ja nicht mehr so einfach besuchen konnte.

✳ ✳ ✳

Es war Mittwochabend. Sarah kam abends um sechs Uhr nach Hause.

«Du, Rea, darf ich am Wochenende zu Papi auf Besuch

gehen?»

«Ja, ich denke schon, es ist gut, wenn er jetzt ab und zu Besuch von euch hat. Es ist sicher wieder eine schwierige Zeit für ihn.»

«Alexandra kommt wahrscheinlich auch mit.»

«Du musst es deinem Papi einfach sagen, dass du nicht alleine kommst. Letztmals kam das ja nicht so gut heraus.»

«Darf ich Mami anrufen, dass sie es ihm mitteilt? Ich kann ja Papi nicht anrufen.»

«Hat dein Mami denn noch oft Kontakt zu ihm? Ich dachte, die beiden seien eher wieder auf Distanz.»

«Er ruft Mami ab und zu an, und dann kann sie es ihm sagen, dass ich am Wochenende komme.»

Sarah rief ihr Mami an und gab ihr den Auftrag, ihren Papi zu informieren, dass sie am Wochenende kommen und auch Alexandra mitbringen werde. Sie war erleichtert, dass sie das Wochenende bei Papi verbringen durfte. Sie verschwand im Zimmer. Das Wochenende war also gerettet. Sie fütterte nach dem Nachtessen ihre Meerschweinchen und Kaninchen und erledigte ihre Hausaufgaben.

Rea hatte nicht daran gedacht, es kam ihr aber noch am gleichen Abend in den Sinn: Am Sonntag hatte Samuel Geburtstag, er wurde zweijährig. Sie wollte seinen Geburtstag feiern, und zwar mit allen Kindern.

«Sarah!», rief sie in ihr Zimmer.

«Was ist?»

«Kannst du bitte schnell rauskommen?»

Sarah kam zu Rea in die Küche.

«Ich habe heute Abend gar nicht daran gedacht. Am Sonntag hat Samuel Geburtstag. Da möchte ich ein kleines Fest machen. Ich möchte gerne, dass ihr drei auch dabei seid.»

«Was heisst das? Kann ich nicht zu Papi gehen?»

«Nein, das heisst es nicht. Aber es heisst, dass du und auch Nora und Nico am Sonntag hier sein müsst. Du kannst aber am Samstag sicher zu Papi gehen.»

«Ich will aber nicht schon am Samstag wieder nach Hause kommen. Ihr könnt doch auch ohne mich den Geburtstag feiern.»

«Das will ich aber nicht. Ich fände es schön, wenn du auch dabei wärst.»

«Können wir nicht einfach am Sonntagabend das Fest machen? Wir können ja etwas früher zurückkommen.»

«Nein, Sarah, ich möchte, dass du am Sonntag da bist.»

«Immer muss ich zu Hause hocken, nie darf ich etwas unternehmen. Immer sagst du es mir so kurzfristig, wenn ich schon etwas abgemacht habe!», ärgerte sich Sarah.

«Das stimmt so nicht. Du bist ja dauernd weg. Einmal darfst du schon auch einen Sonntag mit uns verbringen. Das darf ich von dir erwarten, und von wegen Kurzfristigkeit bist du kein Stück besser.»

«Ich habe aber überhaupt keine Lust, am Sonntag den ganzen Tag hier zu hocken, nur weil Samuel Geburtstag hat. Ich will zu Papi und die Zeit mit ihm verbringen!»

«Manchmal habe ich das Gefühl, dass du überhaupt keine Lust mehr hast, hier zu leben. Du suchst jede Gelegenheit, um wegzugehen und dich irgendwo aufzuhalten, nur nicht bei uns.»

«Das ist doch meine Sache, was ich mit meiner Freizeit mache, das kann ich selber entscheiden, oder etwa nicht?»

«Ja, aber wir haben auch Bedürfnisse. Da musst du dich halt auch einmal anpassen.»

«Jetzt habe ich aber schon mit Mami telefoniert und mit ihr abgemacht!», versuchte Sarah noch einen letzten Ausweg.

«Ja, dann rufst du dein Mami halt nochmals an und sagst ihr, es gehe nicht. Dein Mami hat ja selber einmal gesagt, sie fände es wichtig, dass du ab und zu auch ein Familienfest mit uns feierst. Dann wird sie das schon verstehen.»

Sarah war endgültig geladen. Jetzt musste Rea also auch noch mit ihrem Mami argumentieren. Sie wollte am Sonntag nicht hier sein und sie würde nicht hier sein! Was ging sie Samuels Geburtstag an? Sie hatte endgültig genug davon, dass Rea immer das durchsetzen musste, was sie selber wollte. Jetzt mochte sie ihr also nicht einmal die Zeit mit Papi gönnen. Überhaupt nichts mochte ihr Rea gönnen. Sie dachte immer nur an sich! Nein, diesmal liesse sie es sich nicht noch einmal gefallen. Dieses Wochenende gab sie nicht auf. Sarah war noch gefasst und zielbewusst.

«Ich will aber zu Papi gehen. Ich komme am Sonntag früher nach Hause, aber nicht schon am Samstag», teilte sie in entschiedenem Ton mit.

«Nein, Sarah, du musst am Sonntag da sein!», bestand Rea auf ihrer Meinung.

Sarah wurde wütend. Musste sie gehorchen? Musste sie sich wieder unterordnen und Rea nachgeben? War sie denn wirklich nur Dreck, über den Rea einfach verfügen konnte? Sie hatte genug davon. Sie hielt es nicht mehr aus, die ganze Wut brach aus ihr heraus. Sie weinte vor Wut und Enttäuschung. Sie wurde regelrecht geschüttelt und der ganze angestaute Frust verschaffte sich Raum.

«Ich will überhaupt nicht mehr da sein! Immer muss ich das machen, was du willst! Immer nur du! Nichts kann ich dir recht machen! Immer muss alles so sein, wie du es willst! Ich zähle für dich überhaupt nicht! Für dich sind ja sogar die Tiere wichtiger als ich! Ich habe da keinen Platz! Du willst mich ja gar nicht mehr! Das halte ich nicht mehr aus! Dann gehe ich lieber! Darf ich Mami anrufen?»

«Sarah, das ist es genau! Jedesmal, wenn du mit uns etwas hast, weichst du aus und rufst dein Mami an. Das finde ich sehr schlecht.»

Sarah begann zu kochen. Wenn sie ihr Mami anrufen wollte, so tat sie das auch.

«Ich rufe mein Mami an, wann ich will! Das kannst du mir nicht auch noch verbieten!»

Das brachte nun auch Rea in Wut. Sie hatte genug, jetzt

auch noch von Sarah für alles und jedes verantwortlich gemacht zu werden. Sie hatte genug davon, dass jetzt auch Sarah einfach auf sie losging und alles, was sie tat, in Grund und Boden verurteilte. Sie hatte genug, dass sie jetzt fast zwei Jahre dauernd den Prügelknaben gespielt hatte. Sie mochte nicht mehr.

«Schau, Sarah, wenn es dir bei uns nicht mehr passt, dann kannst du ja sonst irgendwohin gehen, wenn du etwas Besseres weisst. Ich halte das so auch nicht mehr aus!»

Sarah war völlig überrumpelt. Rea schmiss sie also raus! Was sollte sie tun? Sie verschwand im Zimmer, packte ihren Rucksack und rannte aus dem Haus. Weg von hier! Nur weg von hier! Sie stieg auf das Fahrrad und fuhr drauflos. Wohin? Wohin konnte sie jetzt um halb elf Uhr abends? Zu Christian? Nein, das ging nicht. Zu Mami? Die war zu weit weg. Zu Papi? Der war noch weiter weg. Gab es denn keinen Ort, keinen Menschen, zu dem sie jetzt gehen konnte? Sie fuhr zur nächsten Telefonkabine im Dorf.

«Hoi, Mami. Ich will zu dir. Ich will nicht mehr bei Rea bleiben. Das halte ich nicht aus. Kannst du mich holen kommen?», brach es aus Sarah heraus, noch bevor ihr Mami etwas sagen konnte. «Ich halte das nicht mehr aus bei Rea. Die denkt nur immer an sich. Sie mag es mir nicht einmal gönnen, dass ich am Wochenende Papi besuche. Nein, ich muss wieder einmal zu Hause hocken, nur weil diese Schlampe es will. Mami, ich kann hier nicht mehr leben, die macht mich noch ganz kaputt. Ich will wieder bei dir wohnen.»

«Was ist geschehen?»

«Die verbietet mir alles, sogar, dass ich Papi am Wochenende besuche. Nein, Mami, ich gehe nicht mehr zurück. Lieber bringe ich mich um!»

«Sarah, wo bist du jetzt?»

«In Ennetmoos, in der Telefonkabine. Kannst du mich da abholen? Ich will wieder bei dir wohnen!»

«Sarah, du weisst, dass das nicht geht. Aber wenn es so

schlimm ist, werde ich Rea jetzt anrufen und ihr mal sagen, wie du die Situation dort erfährst, dass es für dich unerträglich geworden ist.»

«Ich gehe aber nicht mehr dorthin zurück. Bitte, Mami, hole mich hier ab! Das halte ich nicht mehr aus, die behandeln mich ja nur wie Dreck!»

«Sarah, gehe doch für heute Nacht zu den Grosseltern, dann können wir morgen weiterschauen. Ich werde Rea anrufen und ihr sagen, wo du bist. Für heute kannst du schon bei den Grosseltern übernachten. Ich werde dich morgen von der Schule abmelden, damit du etwas ausruhen kannst.»

Sarah wurde etwas ruhiger. Für heute Nacht gab es eine Lösung. Sie fuhr zu den Grosseltern und übernachtete bei ihnen. Tatsächlich rief ihr Mami dann Rea an und erzählte ihr all die Sachen, die sie von Sarah in den letzten Monaten gehört hatte. Es war nicht wenig, was sich bei ihr angesammelt hatte. Rea mochte im Moment gar nicht darauf reagieren. Sie wurde einmal mehr für alles verantwortlich gemacht. Sie hatte genug, sie ertrug es nicht mehr. Sie war enttäuscht und wütend zugleich, dass jetzt auch Sarahs Mami so gewaltig gegen sie schoss. Sie weinte. Als Walo um elf Uhr nach Hause kam, ging er mit dem Auto noch bis zum Nachbardorf um zu sehen, ob Sarah irgendwo auf der Strasse war. Er fand sie nicht.

Walo rief am anderen Morgen Monika an und erkundigte sich nach Sarah. Monika wusste, dass Sarah bei den Grosseltern war und lud jetzt auch bei Walo nochmals ihren gesamten Vorwurfskatalog ab, der sich bei ihr angesammelt hatte, den sie wegen des Versprechens an Sarah aber bis jetzt zurückgehalten hatte. Monika war besorgt. Sarah hatte bei ihr mit Selbstmord gedroht, falls sie zurückkehren müsse. Sie vereinbarte dann mit Walo, dass sie mit Sarah nochmals sprechen werde, wenn sie wieder etwas ruhiger sei. Walo verlangte dann ausdrücklich, dass Sarah spätestens bis am Abend zurückkommen müsse. Er sei bereit, die Sache offen und schonungslos anzuschauen.

Der Donnerstagabend verging, ohne dass Sarah wieder erschien. Am Freitag holte Sarah zusammen mit Mirjam ein paar Kleider aus ihrem Zimmer. Sie sagte nur knapp Hoi und verschwand im Zimmer. Als sie wieder gehen wollte, sprach sie Walo an.

«Sarah, kannst du mir sagen, wie es jetzt weitergeht?»

«Ich weiss es auch nicht. Es ist abgemacht, dass ich jetzt ein paar Tage bei den Grosseltern bleibe.»

Am Freitagabend rief Monika an und teilte mit, dass Sarah am Sonntagabend nach dem Besuch bei Papi wieder zurück zu Rea und Walo komme, wenn sie sich wieder etwas beruhigt hätte.

Am Samstag holte der Grossvater Nora und Nico ab. Er fuhr allerdings mit seinem Auto nicht bis zum Haus, sondern wartete 200 Meter vor dem Haus beim Lebensmittelgeschäft auf die beiden. Sie hatten telefonisch vereinbart, dass er alle drei Kinder am Sonntag um fünf Uhr wieder zurückbrächte. Am Sonntagabend um acht Uhr brachte der Grossvater Nora und Nico nach Hause. Sarah kam nicht zurück. Sie blieb bei den Grosseltern.

Angeklagt

Sarah wusste, dass sich ihre Eltern mit der Beiständin zu einem Krisengespräch mit Rea und Walo treffen würden. Diesmal hatte man sie auch nicht gefragt, ob sie dabei sein wolle. Die Erwachsenen waren also unter sich, verhandelten über sie, ohne dass sie dabei war. Aber es war ihr egal. Sie wohnte jetzt bei den Grosseltern, sie hatte da ihre Freiheiten. Zu Rea und Walo zurückzukehren, das war ausgeschlossen, das hatte sie auch mit ihrem Mami lange besprochen. Nein, es ging nicht mehr. Sie konnte und wollte nicht mehr dorthin zurück. Dort konnte sie einfach nicht mehr leben.

Das Gespräch fand zwei Wochen nach ihrem Weglaufen an einem Nachmittag in der Villa Sorgenlos statt. Samuel, Nora und Nico waren während des Gesprächs bei der Nachbarin, so dass die Erwachsenen wirklich unter sich waren.

✳ ✳ ✳

Rea verspürte absolut keine Lust auf dieses Gespräch. Sie wirkte sehr reserviert und überliess es Walo, die Eltern zu begrüssen und in die Stube zu bitten. Walo hatte sogar Tee und Kaffee bereit gemacht und schenkte ein. Die Spannung am Tisch war nicht zu übersehen, die Eltern von Sarah auf der einen Seite, Rea und Walo auf der anderen, die Beiständin oben am Tisch.

Die Beiständin eröffnete das Gespräch: «Es geht darum, das Weglaufen von Sarah nochmals anzuschauen und miteinander abzumachen, wie es weitergehen soll. Ich möchte heute versuchen, die verschiedenen Seiten nochmals anzuhören, die Meinungen zu sammeln, so dass die Sachen klar auf dem Tisch liegen. Es geht mir nicht darum, heute schon etwas zu entscheiden.»

Monika trat entschieden auf und meinte heftig: «Ich finde es auch gut, dass gewisse Sachen jetzt endlich mal auf den Tisch kommen. Ich habe jetzt lange genug zugeschaut! Wenn ich Sarah nicht versprochen hätte, nichts zu sagen, hätte ich schon lange reagiert.»

Die Beiständin blieb sachlich: «Ich möchte zuerst nochmals genauer wissen, was eigentlich geschehen ist, was denn zu diesem Abbruch geführt hat.»

Rea erzählte nun aus ihrer Sicht, wie die Auseinandersetzung zwischen ihr und Sarah an jenem Mittwochabend abgelaufen war.

«Und warum ist Sarah am andern Tag nicht zurückgekommen?», fragte die Beiständin nach.

«Das kann ich gut verstehen, darin habe ich sie auch unterstützt!», meinte Monika bestimmt. «Wenn Sie das Mädchen in dieser Verfassung erlebt hätten, hätten Sie Sarah auch nicht zurückgeschickt. Sie hat nur noch geheult und gedroht, sie bringe sich um, wenn sie zurück müsse. Nein, in dieser Situation konnte ich Sarah nicht zwingen, hierher zurückzukommen! Dafür kenne ich Sarah zu gut und ich kann sie auch gut verstehen, dass sie nicht mehr hier wohnen will.»

«Wir wussten einfach nie so richtig, wo Sarah überhaupt war», meinte Rea. «Darum war es für uns schon gar nicht möglich, etwas zu unternehmen. Als sie mal vorbeikam, um einige Kleider abzuholen, teilte sie uns kurz mit, es wäre abgemacht, dass sie jetzt bei den Grosseltern bliebe. Wer das mit wem abgemacht hatte, wissen wir nicht.»

Walo ergänzte, an die Beiständin gewandt: «Ich habe Sie am folgenden Tag angerufen und Ihnen klar mitgeteilt, dass wir Sarah sofort zurückwollen, um mit ihr die Auseinandersetzung gut anzuschauen. Ich habe den Ball bewusst Ihnen zugeschoben, weil wir selber da unmöglich aktiv werden konnten. Ich weiss allerdings nicht, was Sie dann alles unternommen haben.»

Die Beiständin reagierte darauf nicht. Sie fuhr fort: «Sie, Frau Huber, haben mir am Telefon schon mitgeteilt, dass Sie es sehr schlecht fänden, wenn Sarah hierher zurückkehren müsste. Ich denke, es ist gut, wenn Sie Ihre Eindrücke und Einwände jetzt nochmals aussprechen, damit es die Pflegeeltern direkt von Ihnen hören.»

Monika nahm die Aufforderung an: «Ich bin durchaus dafür, dass alle so leben dürfen, wie sie wollen und dass es ganz verschiedene Formen zu leben gibt. Es müssen es auch nicht alle gleich machen, wie ich es machen würde. Ich mache es auch nicht gleich, wie es meine Eltern machen. Aber es gibt schon Dinge, die mich stören. Sarah ist schon bald 15-jährig. Und ich verstehe es, wenn sie sich beklagt, ihr sei es oft langweilig. Ich verstehe, dass Rea und Walo abends früh ins Bett gehen, aber ich kann nicht verstehen, dass sie keinen Fernseher haben. Ich meine, wir leben doch im 20. Jahrhundert, und da sieht ein 15-jähriges Mädchen einfach gerne fern. Ich finde es schon auch wichtig, dass man nicht den ganzen Tag in die Röhre schaut, aber überhaupt keinen Fernseher zu haben, ist für ein junges Mädchen enorm langweilig. Ich möchte ihren Lebensstil nicht kritisieren, das ist ja ihre Sache. Aber wir leben 1997, da haben Jugendliche halt schon andere Bedürfnisse.»

Rea reagierte sofort: «Ich finde es überhaupt nicht wichtig, dass wir einen Fernseher haben. Den Kindern ist es deswegen nicht langweilig, sie lernen, sich auch selber zu beschäftigen, miteinander etwas zu machen. Ich finde das jedenfalls um einiges besser, als täglich mit den Kindern zu streiten, ob sie fernsehen dürfen oder nicht.»

«Das ist eure Meinung, die lasse ich euch auch!», entgegnete Monika. «Aber ich verstehe Sarah, dass sie gerne einen Fernseher hätte und ich verstehe nicht, warum das nicht möglich ist. Ein weiterer Punkt ist das Essen. Ich versuche, mich gesund zu ernähren, das finde ich wichtig, denn Gift nehmen wir ja täglich genug zu uns nur schon durch die Umwelt. Ich finde es darum gut, wenn ihr gesund kocht. Ich verstehe aber Sarah, wenn sie mal Lust auf einen Hamburger hat oder auf Pommes frites. Und ich verstehe nicht, dass man ihr auch das nicht gönnen mag. Es gehört nun mal zur Welt der Jugendlichen, dass man Cola trinkt und Hamburger isst. Sarah hat das grüne Zeugs einfach nicht gerne, und wenn es dann täglich diese Körnermenüs gibt, verstehe ich, dass es ihr zum Hals raushängt. Sarah kann die Sachen nicht mehr ausstehen, für sie ist es nur noch Schlangenfrass. Gesund kochen ist okay, aber man muss damit ja nicht übertreiben. Ich denke, da leben wir mit ganz anderen Bedrohungen, als dass es jetzt nur auf das Essen ankommen würde. Und es ist für die Kinder ungerecht, wenn nicht alle das gleiche essen müssen. Sie fühlen sich benachteiligt.»

Das konnte Rea nicht auf sich sitzen lassen: «Es stimmt: wir essen oft einfach und wir essen nur wenig Fleisch. Was man gerne hat oder nicht, ist Geschmackssache, aber es essen bei uns alle immer dasselbe, ob Kinder oder Erwachsene. Die Gerechtigkeit unter den Kindern wird von diesen so stark gefordert, dass wir selbst die Biskuits zählen müssen, dass sich keines benachteiligt fühlt. Das kann wieder als Sturheit interpretiert werden. Früchte dürfen die Kinder essen, wann und soviel sie wollen, sie sind immer offen verfügbar.»

«Ja, und was ist mit Samuel, isst er auch das Gleiche wie die andern?», bohrte Monika nach.

«Ja, er isst das gleiche!», erklärte Walo bestimmt. «Manchmal isst er allerdings einfach nichts, aber er hat keine Extrawurst, abgesehen davon, dass er noch bei Rea trinkt. Aber das ist ihm wohl nicht vorzuwerfen.»

«Ich finde es vor allem auch völlig daneben, wenn da abends am Küchentisch über mich hergezogen wird und Sarah ist nebenan im Zimmer und hört alles mit. Ich glaube, es ist für die Kinder wirklich nicht gut, wenn man mich vor ihnen einfach schlecht macht. Ich habe Fehler gemacht, dazu stehe ich, aber ich arbeite auch hart an mir, aber das sieht natürlich kein Schwein. Es ist einfach, mich nur schlecht zu machen. Wenn man das vor den Kindern tut, finde ich das schon daneben.»

«Hat Sarah da konkrete Beispiele genannt?», wollte Walo wissen.

«Ja, als zum Beispiel Ruedi einen Absturz hatte, wurde das scheinbar hier offen verhandelt. Als ich zügelte, wurde auch schlecht darüber geredet. Solche Sachen sind doch für Sarah einfach eine Belastung. Noch schlimmer finde ich es, wenn da öffentlich über Sarah selber hergezogen wird und sie zufällig nebenan ist und alles mitbekommt!»

Walo antwortete sehr ruhig, aber auch bestimmt: «Die Pflegekinder und ihre Eltern sind bei uns natürlich oft Gesprächsstoff. Ihre Situation und ihr aktueller Zustand betrifft uns direkt. Als Ruedi im Herbst 96 einen Absturz erlebte, da sprachen wir darüber auch mit den Kindern. Sie haben ein Recht auf Klarheit. Als Monika zügelte, da sprachen wir darüber auch mit den Kindern, welche Veränderungen das mit sich bringen würde. Wir versuchten dabei immer, dass wir nicht schlecht über die Eltern als Personen sprachen, aber wir machten auch auf Schwierigkeiten in ihrer Situation aufmerksam, so weit wir diese mitbekamen und so weit sie für uns und für die Kinder wichtig waren und sind. Wir versuchten dabei, die Kinder vor Scheinwelten zu bewahren. Wenn ihr als Eltern irgendwelche Abmachungen nicht einhieltet, was ja wirklich öfters vorkam, dann, und das gebe ich ohne weiteres zu, sagte ich auch den Kindern, dass ich ein solches Verhalten schlecht finde. Ich bin überzeugt, dass das sogar meine vordringliche Pflicht ist, mit den Kindern klar zu sein und keine Scheinwelten zu produzieren. Scheinwelten haben sie genug. Sie brauchen Klarheit, auch wenn sie manchmal nicht angenehm ist.»

Die Beiständin liess ihn nicht weiterreden: «Ich denke, dass es wenig sinnvoll ist, wenn Sie jetzt auf jeden Satz reagieren und ihn richtigstellen wollen. Damit kommen wir momentan wohl nicht weiter. Ich schlage vor, dass Frau Huber jetzt mal ausreden kann und dass Sie anschliessend reagieren können.»

Monika fuhr fort: «Sarah beklagte sich auch darüber, dass sie von euch dauernd ablehnende Reaktionen bekam, wenn sie sich schminkte oder irgendwelches Parfum verwendete. Versteht ihr denn wirklich nicht, dass für ein Mädchen in diesem Alter das Aussehen wichtig ist, dass sie sich gerne schön macht? Ich will euch eure Lebenseinstellung wirklich nicht nehmen, aber sie passt schon nicht so recht ins 20. Jahrhundert. Dass Sarah modern angezogen sein will und sich auch schminkt, das gehört doch heute einfach dazu. Für eine junge Frau ist das wichtig. Ein weiterer Punkt, und das finde ich das Wichtigste, ist die Ablehnung, die Sarah durch Rea erfuhr.

Nur weil sie anders ist, anders aussehen will und halt andere Sachen wichtig findet, ist sie noch nicht schlecht. Aber Sarah hat den Eindruck, dass Rea sie hasst. Ich fragte sie noch genauer aus. Sarah erzählte mir, dass Rea das selber einmal so gesagt hätte. Ich denke, dass so das Zusammenleben unmöglich war. Auch Nora und Nico erzählten mir immer wieder Sachen, die ich nicht verstehen konnte. Scheinbar nehmt ihr den Kindern Spielsachen weg, die euch nicht passen. Sie dürfen bei euch nur Holzspielsachen haben. Das geht doch nicht. Nico hat mir erzählt, wie er bei euch Spielsachen rein- und rausschmuggelte, damit ihr sie ihm nicht wegnehmen konntet. Ich sprach auch mit der Lehrerin. Diese beschwerte sich auch über euch, dass ihr die Schule überhaupt nicht ernst nehmt und den Kindern nicht bei den Hausaufgaben helft. Das finde ich schlimm. Ich weiss selber gut genug, was es heisst, ohne Ausbildung dazustehen. Du bist einfach nichts. Eine gute Ausbildung finde ich sehr wichtig. Ich verstehe überhaupt nicht, dass ihr das einfach links liegen lässt. So kommen die Kinder schulisch überhaupt nicht weiter. Ich finde das verantwortungslos. Nico erzählte mir da auch immer wieder Schauermärchen, die ich fast nicht glauben konnte. Letzthin fragte er mich: 'Mami, stimmt es, dass sie dir das Bein abnehmen müssen?' Ich fragte ihn dann, wer das gesagt hätte. 'Rea hat gesagt, dass man den Rauchern das Bein abnehmen müsse', gab er zur Antwort. Auch über das Essen erzählte er eine solche Geschichte: 'Stimmt es, dass man ins Spital muss, wenn man zu viel Pommes frites isst?' Auch das hatte ihm Rea scheinbar erzählt, dass alle Leute, die im Spital wären, zu viele Pommes frites gegessen hätten. Ich glaube nicht, dass mich Nico und Nora anlügen, das würde ich ihnen anmerken. Nico und Nora hatten darum auch immer massive Widerstände, wenn sie hierher zurückkommen mussten, sie heulten nur noch und weigerten sich, ins Auto einzusteigen und zu Rea und Walo zu fahren, da würden sie ja nur wieder angeschrien. Nein, ich will diesen Psychoterror nicht mehr länger mitansehen. Ich schaute jetzt mehr als ein Jahr lang zu. Ich besprach es auch mit meinem Therapeuten. Auch der sagte mir, das wäre wirklich Psychoterror, was hier abginge. Ich verlange ganz klar, dass jetzt alle drei Kinder umplatziert werden. Es reicht mir jetzt!»

Die Beiständin blieb weiterhin ruhig: «Ich denke, es ist gut, wenn die Sachen so klar auf dem Tisch sind. Ich möchte auch Sie, Herr Huber, noch einladen, Ihre Meinung zu äussern.»

Ruedi fand nur wenige Worte: «Ich kann das alles nicht beurteilen, ich bin ja einfach zu weit weg. Aber wenn das so ist, wie Monika sagt, finde ich es nicht gut. Mir geht es einfach darum, dass es die Kinder gut haben. Ich kann aber im Moment nicht viel dafür tun. Ich bin da zu weit weg.»

Die Beiständin wandte sich nun an Rea und Walo, die ruhig zugehört hatten, und bat: «Ich denke, es ist ebenso wichtig, wenn Sie jetzt auf diese Vorwürfe reagieren und mal Ihre Sicht der Dinge schildern.»

Walo war angespannt, er wurde bleich, rutschte auf seinem Stuhl zurecht und hatte Mühe, seine Stimme ruhig zu halten: «Da kommt eine geballte Ladung, ich weiss nicht recht, ob ich darauf gut reagieren kann. Ich bin ziemlich erschrocken ob all dem, was ich mir jetzt anhören musste. Eines aber ist mir ganz klar geworden: wenn auch nur die Hälfte der Vorwürfe so zutrifft, wie sie Monika geäussert hat, dann darf man die Kinder wirklich keinen einzigen Tag länger bei uns lassen und muss sie sofort umplatzieren. Dann herrscht bei uns wirklich Psychoterror, und vor dem sind die Kinder mit allen Mitteln zu schützen. Diesen Psychoterror dürfte man keinen Tag länger dulden. Ich weiss gar nicht so recht, wie ich jetzt beginnen soll, um dem gerecht zu werden.» Er machte eine Pause. «Ich möchte mit Nora und Nico beginnen. Ich bin einerseits überzeugt, dass Nora und Nico nicht absichtlich und gezielt lügen. Was sie euch über die Situation bei uns und über ihre Erfahrungen mit uns mitteilten, hat sicher einen

Hintergrund bei uns. Wie weit ihre Mitteilungen aber verkürzt und interpretiert waren und darum nur ausschnittweise diesem Hintergrund entsprachen, können wir wohl nie definitiv klären.

Den Aussagen von Sarah begegne ich mit ein bisschen mehr Misstrauen. Sie hat uns zumindest einmal über längere Zeit die Wahrheit verschwiegen und ist über Wochen, anstatt jeweils in die Turnstunden der Jugi zu gehen, im Dorf mit Kolleginnen und Kollegen zusammen gewesen. Das ist inhaltlich natürlich absolut nichts Schlimmes, aber es hat das Vertrauen in ihre Wahrhaftigkeit angekratzt.

Ein paar der Vorwürfe kann ich aber so einfach nicht stehen lassen, die muss ich mit ebenso grosser Deutlichkeit zurückweisen: Ich möchte mit Sarah beginnen: Sie kleidet sich natürlich hochanständig, verwendet wenig Parfum und färbt sich ab und zu die Haare. Daran ist gar nichts auszusetzen. Wir glaubten, dass es erlaubt sein könnte, über die Auswirkungen des Haarfärbens auf die Gesundheit der Haare etwas zu sagen. Wir glaubten, dass es erlaubt sein könnte zu sagen, dass einem ein Parfumgeschmack nicht beliebt. Wir glaubten, dass es sogar unsere Pflicht sein könnte, Sarah über die gesundheitlichen Gefährdungen des Rauchens zu informieren. Das Rauchen verboten wir ihr nie, wir regelten es nur so weit, dass sie nicht im Haus oder Stall rauchen durfte. Dafür gibt es gute Gründe. Rea sagte meines Wissens nie, sie hasse Sarah. Was richtig ist, ist folgendes: Sarah fragte mich einmal auf der Laube: 'Warum hasst mich Rea?' Ich antwortete ihr dann: 'Ich glaube nicht, dass sie dich hasst, sonst würde sie sich nicht so stark um dich kümmern. Ich denke eher, dass du ihr überhaupt nicht gleichgültig bist, darum kämpft sie soviel mit dir. Aber momentan mag sie nicht mehr, sie hat ziemlich genug.' Das Verhältnis zwischen den beiden Frauen wurde schlecht, seit Sarah uns die Jugigeschichte aufgebunden hatte. Seither ging Sarah auch nie mehr mit Rea ausreiten, was vorher immer so eine Art Standortbestimmung für die beiden war. Sarah benutzte in letzter Zeit ihr Zuhause bei uns so als 'Hotel Mama', in dem sie zum Essen kam, die Zeit aber wenn immer möglich auswärts oder, wenn zu Hause, zurückgezogen in ihrem Zimmer verbrachte. Das schien uns eigentlich normal. Sie erledigte ihre Ämtchen, Kleider waschen und Abwaschmaschine ausräumen, weiterhin zuverlässig. Vielleicht erträgt eine Pflegemutter die Hotel-Mama-Haltung einfach schlechter als die eigene Mutter. Dass im Zusammenleben mit Sarah auch ab und zu deutliche Worte fielen, ist wahr. Aber ich lasse mich zum Beispiel von Sarah nicht als verdammtes Arschloch bezeichnen, ohne darauf zu reagieren. Das bin ich mir selber schuldig.

Zu Nora und Nico möchte ich auch noch einiges sagen: Sie haben viele Spielsachen. Zum Teil sind sie auf dem Estrich verräumt, im Einverständnis mit Nora und Nico. Wir nahmen aber den Kindern nie und kein einziges Spielzeug weg oder versteckten es. Wir verboten ihnen auch nie, mit irgendetwas zu spielen. Wahr ist, dass ich einmal nach drei Tagen (Freitag, Samstag, Sonntag) fast ununterbrochener Schlümpfedisco in der Wohnung genug davon hatte und sagte, sie sollten einmal andere Musik abspielen. Wahr ist, dass Rea Nico einmal mit seinem ferngesteuerten Auto ins Freie schickte, weil sie vom Lärm und dem Auto zwischen den Beinen genug hatte. Wahr ist auch, dass wir Nora sagten, dass uns ihre Barbie-Puppen nicht besonders gefielen, worauf sie keck erwiderte: 'Aber mir.' Damit hatte es sich. Sie spielt bis heute damit. Ich finde selbst als Mann, dass die Barbie-Puppe ein ganz scheussliches Frauenbild transportiert.

Das Thema Schule wurde inzwischen ja schon mehrmals und ausführlich besprochen. Wir halten fest, dass wir da mit der Lehrerin in einen Prozess getreten sind. Umgekehrt bringt Nico auch Äusserungen von der Schule mit nach Hause, die ich unbedingt noch überprüfen will.

Nora und Nico schreien wir nicht an. Wahr ist, dass wir den beiden auch Grenzen aufzeigen wollen und in unseren

Aussagen deutlich sein wollen. Sie anschreien müssen wir deswegen nicht.

Raucherbeine und Pommes frites sind gute Beispiele, wie erzählte Geschichten weiterwirkten. Über beides sprachen wir wirklich aus konkreten Erlebnissen heraus. Die Raucherbeingeschichte enthielt auch die Frage Nicos: 'Kann das auch unserem Mami passieren?' Was würden Sie darauf antworten? Wir sagten: 'Ja, das kann allen Rauchern, auch deinem Mami, passieren.' Die Geschichte ging scheinbar beim nächsten Treffen zwischen Nico und seiner Mutter mit den gehörten Fragen weiter. Die Pommes-frites-Geschichte ist ähnlich.

Ob Nora und Nico jeweils gerne zu uns zurückkommen, weiss ich nicht. Ich frage mich in diesem Zusammenhang vielmehr: Was läuft eigentlich bei Nora und Nico ab, die bei uns wohnen müssen, bei uns den Alltag meistern müssen und bei uns auch Grenzen und Auseinandersetzungen erfahren, die aber gleichzeitig sehr viel und guten Kontakt zu euch beiden haben und sich nichts anderes mehr wünschen, als endlich bei euch leben zu dürfen, dies aber aus für sie nicht ganz verständlichen Gründen nicht können? Wo gehen sie hin mit ihren Freuden? Mit ihren Frustrationen? Mit ihren Enttäuschungen? Mit ihren Hoffnungen? Mit ihren Fragen und Ängsten? Was heisst denn in diesem Zusammenhang ihre Aussage, dass sie nicht gerne bei uns wohnen? Ist es eine Aussage über uns oder ist es auch eine, vielleicht völlig unbewusste Forderung an euch, die Kinder endlich wieder zu euch zu nehmen? Wo wohnen Kinder gerne? Da habe ich einfach auch nur ganz viele Fragen.»

Walo stand auf. Er ging zu seinen Papierschubladen, zog eine raus und grübelte darin. Endlich zog er ein «Tagesanzeiger-Magazin» hervor und nahm es mit an den Tisch. Er blätterte und fand schliesslich die Stelle.

Er meinte: «Das habe ich zufällig gefunden. Ich möchte euch nur zwei Sätze vorlesen: ‚Etwas vom Wichtigsten, das eine Mutter ausmacht, ist, dass sie die letzte Zufluchtsmöglichkeit, die letzte Rettung ist. Das kann man nicht delegieren.' Und weiter hinten steht da: 'Dennoch haben die Babys nie stärkere Bindungen an die Betreuungspersonen als an ihre Mütter entwickelt. Sogar wenn die Mutter das Kind weniger geliebt hätte als die Betreuungsperson.' Das hat mir schon sehr Eindruck gemacht.»

Die Beiständin wandte sich an Rea: «Möchten Sie noch etwas ergänzen?»

Rea fühlte sich durch die Vorwürfe besonders betroffen, auch verletzt.

Sie zögerte einen Augenblick und sagte dann: «Ich weiss nicht, ob ich darauf reagieren kann, ob es überhaupt einen Sinn macht. Für mich ist das, was du, Monika, da sagst, einfach voller Widersprüche. Da können wir machen, was wir wollen, es ist falsch. Ich möchte zum Beispiel die Schule erwähnen: Ich sehe da schon einen klaren Widerspruch zwischen deinen Forderungen, Nora und Nico schulisch stark zu begleiten und zu stützen und sie in dieses System schnell einzuklinken und dem Vorwurf, den du uns vor allem wegen Sarah machtest, wir wollten sie nur so machen, wie wir selber sind und hätten noch nicht gemerkt, dass wir im 20. Jahrhundert lebten. Als wir Sarah nämlich mit leichtem Druck in die Sekundarschule versetzen wollten, wirktest du, Monika, dem entgegen mit der Aussage, lieber eine gute Realschülerin als eine schlechte Sekundarschülerin und wir müssten verstehen, dass Sarah jetzt andere Interessen hätte. Nein, es macht wenig Sinn, darauf wirklich einzugehen. Es tönt ja einmal so und dann wieder anders.»

Walo mischte sich noch einmal ein: «Der Vorwurf des Psychoterrors ist happig. Den weise ich also ebenso klar einfach zurück. Bei uns läuft nicht alles optimal. Das stimmt, dazu stehen wir auch. Wir haben Schwächen, wir machen Fehler, auch im Umgang mit den Kindern, wir sind manchmal gestresst oder gereizt. Aber Psychoterror betreiben wir nicht, das lasse ich so nicht stehen!»

Rea hatte sich nochmals gefasst und ergänzte: «Ich denke, es macht vielleicht Sinn, deinen Vorwürfen, diesem Psychoterror, einfach ein paar Erfahrungen, die wir mit den Kindern machen, entgegenzustellen: Ich erfahre zum Beispiel, wie Nora schon länger, aber auch Nico seit einigen Monaten, vermehrt körperlichen Kontakt zu mir suchen. Fast nach jedem Essen sitzen die beiden auf meinem Schoss oder bei Walo und spielen mit ihm Sturm oder Gewitter. Ich bin überrascht, dass mir Nora ab und zu und Nico vereinzelt einen Gutenachtkuss geben, ohne dass ich das von mir aus gewünscht hätte. Ich erlebe Nico, wie er wünscht, in den Osterferien eine Woche bei uns zu bleiben, um die Baumhütte zu bauen. Ich erlebe, wie beide am Tisch oder am Abend oft sehr lustig miteinander spielen und uns Theater und Zirkus vorführen oder Zoo spielen und wir die Zootiere besuchen müssen. Ich erlebe Nico, wie er in der Nacht zu uns ins Zimmer kommt und von Träumen erzählt und dann bei uns weiter schläft. Wir erleben, dass beide während der Zeit bei uns noch nie ernsthaft erkrankt sind. Wir erleben, dass beide nur noch höchst selten und nach besonderen Erlebnissen bei uns oder bei Verwandten das Bett nässen. Wir erleben auch anderes, das ist ebenso wahr, zum Beispiel, dass es beide jeweils überhaupt nicht begeistert, am Abend ihr Zimmer aufräumen zu müssen. Wir erleben, dass Nico oft traurig oder nachdenklich ist, vor allem auch nach Telefongesprächen mit dir, Monika, und viel von bösen Träumen erzählt, vor denen er sich fürchtet.»

Walo kam dann wieder auf Sarah zu sprechen: «Zu Sarah und ihren Problemen habe ich eigentlich viel mehr Fragen als Antworten: Was heisst das eigentlich für Sarah, wenn wir sie als Zwölfjährige aufnahmen, also gerade am Anfang der Pubertät, die eigentlich viel Vorschussvertrauen benötigt? Was heisst das umgekehrt für uns, wenn wir mit ihr direkt am Beginn der Pubertät starteten und sie als Kind nicht kannten? Ist es uns möglich, dieses Vorschussvertrauen in gleichem Masse aufzubringen, wie ihr das als Eltern könntet? Was heisst das für dich, Monika, wenn deine Tochter auswärts pubertiert und rebelliert und bei Konflikten bei dir Unterstützung sucht, wo sie doch eigentlich bei dir rebellieren sollte? Ich weiss auf diese Fragen keine Antworten. Ich spüre nur, dass die Situation für Sarah zusätzlich schwierig ist. Ich spüre nur, dass mir dieses komplexe Beziehungsgeflecht, in dem Sarah steckt, sehr viele Fragen aufwirft und sehr viel Energie verbraucht. Bei Sarah weiss ich am wenigsten, wie der Weg in die Zukunft aussehen könnte. Sarah geht es nicht gut. Sie kam mit uns nicht zurecht. Wir kamen mit ihr nicht zurecht. Dazu kommt, dass die Probleme mit Sarah sich zum Teil auf Nora und Nico auswirkten. Wenn es Sarah schlecht ging, und in letzter Zeit ging es ihr häufig schlecht, dann spürten das Nora und Nico. Stimmungen übertrugen sich manchmal. Wir erlebten, dass Nora und Nico in den letzten zwei Wochen eher auflebten und ihre Zeit noch vermehrt mit uns verbrachten. Aber vielleicht hat das auch nur mit uns zu tun und nichts mit der Abwesenheit Sarahs.»

Die Beiständin fand sachlich eine weitere Kurve: «Danke, dass auch Sie so klar Stellung bezogen haben. Wir können die Sachen heute sicher nicht klären. Es ist aber gut, dass es jetzt von beiden Seiten klar auf den Tisch gekommen ist. Ich schlage vor, dass wir jetzt nach vorne schauen und miteinander besprechen, wie es weitergehen könnte.»

Walo war da sofort klar: «Mir ist es vor allem wichtig, dass die drei Kinder jetzt nicht unter die Räder kommen. Es geht um ihr Leben, das niemandem von uns gehört. Wenn wir als Pflegeeltern der Entwicklung dieser Kinder im Wege stehen, dann muss man sie sofort umplatzieren, nicht erst morgen, sondern schon heute. Wenn wir aber zu ihrer Entwicklung einen Beitrag leisten können, dann tun wir das gerne. Auf uns muss man bei diesem Entscheid wirklich keine Rücksicht nehmen.»

«Sie könnten sich also vorstellen, die Kinder weiterhin bei sich zu behalten?», fragte die Beiständin nach.

Walo hakte ein: «Grundsätzlich ja, aber eines ist auch klar: Wir können hier natürlich alles tun, was wir wollen, wenn wir dabei vom Umfeld nicht mitgetragen werden, ist alles umsonst. Darum haben wir schon ein paar Forderungen, falls es bei uns weitergehen sollte.»

«Können Sie diese schon ausdrücken?», fragte die Beiständin.

«Ich glaube schon», meinte Walo. «Ich denke, dass folgende Punkte ganz wichtig sind, damit es bei uns überhaupt funktionieren kann: Wir haben schon mehrmals betont, dass wir interessiert sind an einem guten Kontakt mit den Eltern der Kinder und auch mit den Grosseltern. Das ist für uns nur möglich, wenn Kritik an uns aktuell und offen angebracht wird. Es belastet das Verhältnis, wenn Sachen länger als ein Jahr angestaut und dann als geballte Ladung losgelassen werden. Das schafft eher Misstrauen im Kontakt. Das haben wir jetzt ja erlebt. Zweitens glaube ich, dass wir da in einer ganz schwierigen Familiensituation leben. Diese Familie umfasst die drei Kinder, die beiden Elternteile, die Grosseltern, uns als Pflegeeltern und verschiedene weitere Personen. Im Mittelpunkt müssen die Kinder stehen. Wir denken, es ist notwendig, dass das Zusammenleben in dieser Familie regelmässig mit einer Fachperson angeschaut wird, um Schwachstellen und Konflikte frühzeitig zu erkennen. Bei diesen Gesprächen müssten wir, die Eltern und je nach Situation auch die Pflegekinder dabei sein. Vor allem für Sarah denke ich, dass eine Fortsetzung schwierig ist und nur mit dem Einverständnis der Eltern möglich wäre. Die Rückplatzierung muss ganz sorgfältig vorbereitet werden. Vielleicht ist eine Zwischenplatzierung für beide Seiten hilfreich. Eine eigene therapeutische Begleitung von Sarah würden wir begrüssen. Monika, du hast ja auch schon davon gesprochen. Und mich nähme es wunder, ob diese Suiziddrohung ernsthaft war, dann möchte ich sie selber auch sehr ernst nehmen. Aber das Wichtigste ist die Forderung von dir, Monika, die du heute ja unmissverständlich ausgedrückt hast, dass alle drei Kinder jetzt umplatziert werden müssten. Es scheint mir schwierig, ja eigentlich unmöglich zu sein, das Pflegeverhältnis gegen den Willen von euch beiden bei uns fortzusetzen. Das Konfliktpotential, das damit entstehen würde, dürfte sehr gross sein.»

Rea ergänzte: «Für Nico und Nora ist es auch absolut wichtig, dass ihr als Eltern ihnen klaren Wein einschenkt. Es ist für mich eine klare Forderung, dass ihr beide den Kindern selber sagen müsst, warum sie hier wohnen und wie lange sie voraussichtlich hier wohnen bleiben. Das hilft den Kindern, sich auf uns einzulassen.»

Die Beiständin sprach nun auch Ruedi und Monika an: «Wie ist es denn für Sie?»

Ruedi wirkte ziemlich hilflos in der ganzen Auseinandersetzung: «Wie ich bereits am Anfang sagte, geht es mir um die Kinder. Was hier alles abging, weiss ich einfach nicht.»

«Für mich ist es nach wie vor klar», sagte Monika, «dass die Kinder an einen anderen Platz kommen müssen. Ich glaube nicht, dass es hier gut weitergehen kann. Sarah will um keinen Preis mehr hierher zurückkehren und ich werde sie niemals dazu zwingen. Das Mädchen geht hier kaputt! Und das lasse ich nicht zu! Dafür habe ich einfach auch keine Energie mehr. Ich muss momentan ganz gut zu mir selber schauen, die Energie bei mir behalten. Deswegen muss ich mich unbedingt von diesen Problemen entlasten können, die hier dauernd anstehen. Ich kann das nicht länger auf mich nehmen.»

Zum Schluss des Gespräches forderte die Beiständin Rea und Walo auf: «Ich bitte Sie, mir in den nächsten Tagen noch ein schriftliches Echo zu geben und mir mitzuteilen, wie Sie die weitere Zukunft sehen.»

Walo reagierte positiv darauf: «Ich möchte darüber gerne noch etwas nachdenken und werde Ihnen dann unsere Überlegungen schicken. Manchmal ist es ja gut, wenn man ein paar Mal darüber schläft.»

Zu Monika und Ruedi gewandt meinte die Beiständin: «Ich bin Ihnen dankbar, wenn auch Sie die Sache nach diesem Gespräch nochmals überlegen und mir mitteilen, wie Sie die Zukunft sehen.»

Monika reagierte lächelnd: «Da muss ich nicht mehr viel überlegen.»

«Ich möchte dennoch, dass Sie mit mir in den kommenden Tagen nochmals Kontakt aufnehmen!», bestand die Beiständin auf der Aufforderung.

Die Verabschiedung war nüchtern.

✳ ✳ ✳

«Du, Sarah, Walo hat gestern dein Zimmer aufgeräumt und alles in die Ecke gestellt!», erzählte Nico ein paar Wochen später in der Pause.

«Was hat er?», fragte Sarah überrascht zurück.

«Dein Zimmer aufgeräumt und die Wickelkommode von Samuel hineingestellt. Kommst du eigentlich nicht mehr zu uns zurück?»

«Nein, ich wohne jetzt für eine Weile bei den Grosseltern.»

Sarah kam schon am gleichen Abend zusammen mit Mirjam in die Villa Sorgenlos. Schnurstracks gingen die beiden in das Zimmer. Tatsächlich, es war so, wie Nico erzählt hatte. Walo hatte alles zusammengepackt und in die Ecke gestellt. Den Schrank hatte er in seine Einzelteile zerlegt. Er schien ernst zu machen. Er rechnete also schon gar nicht mehr damit, dass sie zurückkam und benutzte ihr Zimmer für anderes. Als sie wieder gehen wollten, stand Walo ziemlich offensichtlich in der Küche.

«Hoi, Sarah, wie geht es dir?»

«Gut.»

«Ich habe fest damit gerechnet, dass du heute kommst und überprüfst, ob ich das Zimmer tatsächlich geräumt habe. Ich habe das ganz bewusst getan. Du hast ein paar neue Tatsachen geschaffen, die ich ernst nehme.»

Dann fragte er noch nach: «Wie geht es deinem Mami?»
«Gut, warum?»
«Sie hat sich in letzter Zeit hier nie gemeldet, sie hat auch nie nach Nico und Nora gefragt. Das hat mich schon ein bisschen erstaunt. Aber sag ihr einen Gruss.»
«Tschüss.»
«Tschüss, Sarah.»

Ennetmoos, 15. Mai 1997

Liebe Sarah

Vor zwei Monaten hast du uns verlassen. Du hast dich mit Rea gestritten und du hast es nicht mehr ausgehalten. Du musstest gehen. Im Streit bist du weggegangen und zu deinen Grosseltern geflüchtet. Dein Weggehen hat viel ausgelöst. Der ganze Frust, den du in den letzten zweieinhalb Jahren erlebt hast, ist nochmals hochgekommen und wir sind mit massiven Vorwürfen überschüttet worden. Nun bist du weg, seit zwei Monaten lebst du nicht mehr bei uns. Ich weiss nicht, ob du je wieder zu uns zurückkommen wirst. Abschied ist ein bisschen wie Sterben, heisst es in einem Lied. Ich habe dir ja schon ziemlich viel geschrieben. Jetzt verlangte dieses Buch nach einem Abschlusskapitel, das ich noch schreiben musste, weil ich es dir ja nicht mehr erzählen kann. In diesen zwei Monaten, seit du weg bist, sind wir uns schon ein paar Mal begegnet und ich hatte jedes Mal das Gefühl, dass es dir bei diesen Begegnungen nicht ganz wohl ist, als ob du mir noch etwas sagen möchtest, dies aber nicht kannst. Du musst auf alle Fälle kein schlechtes Gewissen haben, dass du weggegangen bist. Du musst ja schliesslich dein Leben leben, und nur dein Leben leben. Wenn wir dir dabei im Wege stehen, dann bleibt nichts anderes, als zu gehen. Du musst deiner inneren Stimme folgen.

Ob die Situation jetzt für dich einfacher geworden ist und ob sie in Zukunft einfacher wird, weiss ich nicht. Ich hoffe es auf jeden Fall für dich. Du wirst vielleicht an einem neuen Ort ein Zuhause finden, das dir besser passt als das unsere. Auswählen wirst du wahrscheinlich aber nicht können, denn die ganze Situation ist für dich ja ziemlich ungemütlich, weil du nicht selber entscheiden kannst und weil auch deine Eltern nicht selber entscheiden können. Dass dies so ist, dafür kannst du nichts. Das Leben stellt einen immer wieder in Situationen, die nicht sehr angenehm sind, die man sich aber nicht selber eingebrockt hat. Das Leben kann manchmal ganz schön schwierig sein, und du wirst noch ein paar Kratzer abkriegen. Mit deinem Weggehen hast du neue Tatsachen geschaffen: du lebst nicht mehr zusammen mit deinen Geschwistern Nora und Nico, was du früher ja unbedingt wolltest. Dein Zimmer habe ich nach zwei Monaten geräumt, weil das Pflegeverhältnis von dir abgebrochen worden und Ende April abgelaufen ist. Wir verwenden es jetzt anders, wie du ja am Tag nach dem Aufräumen selber überprüft hast. Du hast zwar noch viele Sachen bei uns, aber dein Platz ist leer.

Wir haben deiner Beiständin mitgeteilt, dass wir bereit sind, dich wieder aufzunehmen, wenn du das willst. Allerdings müssten wir dann sehr genau miteinander besprechen, was das heisst, denn sonst sind wir ja in einem halben Jahr wieder gleich weit. Wir können uns auch vorstellen, dass du nicht mehr zu uns kommst. Der Ball liegt eigentlich bei dir. Du musst es für dich gut überlegen, ob du dich nochmals auf dieses Abenteuer einlassen willst oder nicht. Das hängt ja auch davon ab, welche Abenteuer du denn sonst eingehen kannst. Ein Wunschkonzert ist es ja nicht, du kannst höchstens zwischen zwei mehr oder weniger schlechten Lösungen auswählen. Die für dich gute Lösung gibt es wohl überhaupt nicht. Das ist wieder mal so ziemlich aussichtslos.

Sarah, du bist jung, und Jungsein muss wohl enorm schwierig sein, wenn alles drunter und drüber geht. Aber du hast viel Energie und gute Energie. Ich bin überzeugt, dass du dein Leben schaffen kannst, wenn du willst. Achte dabei vor allem auf dich selber, höre auf dich selber und tue, was du in deinem Innersten tun willst. Was die Erwachsenen dabei denken und sagen, ist so ziemlich egal. Du musst dein Leben leben und dabei bekommt man Kratzer ab. Die Erwachsenen verwalten momentan zwar noch dein Leben, mehr als dir lieb ist, aber auch das wird ein Ende haben. Wir haben versucht, dir so die wichtigsten Pflöcke einzuschlagen, damit du nicht unter die Räder kommst. Du kannst ein Stück weit selber entscheiden, wieweit du die Spielregeln des Lebens einhalten, ob du dich an die wichtigsten Pflöcke halten willst, oder ob du einfach deine Freiheit geniessen willst, bis dir dann ziemlich gewaltsam die Grenzen gesetzt werden. Das Leben bleibt so diese Gratwanderung von Tun und Lassen, was man will einerseits, und von sich Anpassen und Einfügen andererseits. Die Lösung liegt irgendwo dazwischen.

Liebe Sarah, wenn du jetzt den Weg ohne uns weitergehst, dann möchte ich dir vor allem eines noch ganz deutlich sagen: Du musst kein schlechtes Gewissen mit dir tragen, dass du das tust. Ich mache dir da überhaupt keinen Vorwurf. Jung sein heisst ja auch, sich von den Erwachsenen abzugrenzen und den eigenen Weg zu gehen. Es ist jetzt meine Aufgabe, deine Abgrenzung von uns zu akzeptieren und als einen weiteren Schritt von dir in dein eigenes Leben zu verstehen. Ich hoffe, dass wir uns auch in Zukunft ab und zu sehen und dass wir einander gut begegnen können. Ich wünsche dir bei deinen weiteren Schritten alles Gute. So als etwas heiteren Abschluss erinnere ich dich an ein Versprechen: Du hast uns gesagt, dass wir dann bei deiner Hochzeit dabei sein dürfen. Das würde mich freuen, ob es nun in fünf oder fünfzehn Jahren sein wird.

Alles Gute und viele intensive Erfahrungen bei allem, was du tust, wünscht dir

dein Hüetiätti Walo

Nachsatz

Sarah blieb ein paar Wochen bei den Grosseltern, wohnte anschliessend kurze Zeit bei einer Kollegin und fand darauf in einer neuen Pflegefamilie einen Platz. Wenige Monate später musste sie diese wieder verlassen. Sie kam zurück in die Pflegefamilie von Rea und Walo und ... aber das ist nochmals eine ganz andere Geschichte ...

Dank

Ich verdanke dieses Buch vor allem Frauen. Ich danke Sarah, die mit ihrer ungeheuren Lebenskraft viel Schwung und Abwechslung in mein Leben brachte und es unvorstellbar bereicherte. Ich danke meiner Frau Catherine für ihre endlose Geduld, wenn ich mich Abende lang hinter dem Computer versteckte. Ich danke Frau Beatrice Schultheiss für das sorgfältige und engagierte Lektorat. Ich danke Frau Yvonne Gassmann für die vielen spannenden und sympathischen Gespräche und den sanften Druck, am Schreiben zu bleiben und das Manuskript fertig zu machen. Ich danke Herbert Schild, der mich zur Publikation ermunterte und in vielen Belangen tatkräftig unterstützte. Ich danke der Raiffeisenbank Kölliken-Uerkental, der Carl und Elise Elsener Stiftung, der Gemeinde Bottenwil und allen Freundinnen und Freunden, die dieses Buch mit ihrem finanziellen Beitrag ermöglichten. Die vielen inhaltlichen Anregungen und die persönlichen Ermutigungen haben mir gut getan. Danke euch allen. Es ist schön, von so vielen wohlgesinnten Menschen umgeben zu sein.

Nachwort

Zwischen zwei Familien

Wenn ein Kind nicht bei seinen leiblichen Eltern, aber in einer Familie lebt, gilt es als Pflegekind. Pflegekinder haben "zweimal Eltern", die Eltern, bei denen sie geboren wurden und die Pflegeeltern, bei denen sie leben. Pflegekinder haben vielleicht auch noch zweierlei Geschwister und mehrere Grossmütter und Grossväter.

Pflegekinder müssen die schwierige Aufgabe lösen, wie sie die zwei Familien in ihrem Herz und ihn ihrem Alltag zusammenbringen. Viele Pflegekinder hätten am liebsten beide Mütter und beide Väter und alle Brüder und Schwestern unter einem Dach vereint. Das ist fast nie möglich. Oft verstehen die einen Eltern die andern nicht so leicht und nicht so ganz. Sie haben vielleicht Mühe, miteinander Abmachungen zu treffen, zum Beispiel, wann das Kind wie lange zu seinen leiblichen Eltern auf Besuch geht. Die einen Eltern finden es zu viel, die andern zu wenig. Das tönt kompliziert und das ist es auch.

Eigentlich können Pflegekinder gut damit umgehen, dass es am einen Ort so ist und am andern anders. Aber es setzt voraus, dass die leiblichen Eltern und die Pflegeeltern sich gegenseitig wertschätzen und Konflikte offen austragen. Wie gut es dem Kind geht, hängt stark davon ab, wie die Erwachsenen miteinander umgehen. Neben den Eltern und Pflegeeltern sind auch die Sozialarbeiterin und der Beistand, die Frau von der Vormundschaftsbehörde und vielleicht noch ein Therapeut mitbeteiligt. Die Erwachsenen müssen gut zusammenarbeiten, damit es für das Kind keine Verwirrung gibt und kein Hin- und Hergerissen-Sein.

Wie viele Pflegekinder gibt es eigentlich? ...

Man kann nur von den Angaben der Volkszählung ausgehen: 14'500 Kinder lebten 1990 weder als leibliche Kinder noch als Adoptivkinder, weder als Tageskinder noch nur vorübergehend in einer Familie. Sie lebten also als Pflegekinder in Familien.

Im Pflegekinderwesen in der Schweiz fehlen die statistischen Grundlagen. Wie alt die Kinder sind, wenn sie in Pflegefamilien platziert werden, wie lange sie dort bleiben, wo sie hingehen, wenn sie ihre Pflegefamilie wieder verlassen – lässt sich nur vermuten.

Zwei Trends zeichnen sich ab:
Erstens: Vor vielleicht 20 Jahren wurden viele Kinder in einer Pflegefamilie platziert, deren Eltern erwerbstätig waren und während ihrer Arbeitszeit das Kind nicht betreuen konnten. Mit Tagesbetreuungsplätzen, nicht zuletzt in Tagesfamilien, wurde dafür eine bessere Betreuungsform geschaffen und die Anzahl Kinder in Pflegefamilien ging zurück. Wenn Eltern eine Arbeit mit Schicht oder mit unregelmässigen Arbeitszeiten ausüben, oder wenn es sich um 150% beruflich engagierte Väter handelt, gibt es aber auch heute oft keine Alternative zu einer Pflegefamilie. Sonst jedoch werden heute fast nur noch Kinder in eine Pflegefamilie platziert, die aus sehr schwierigen und komplexen Situationen kommen. Manche haben schon verschiedene Betreuungsplätze durchlaufen und viele Trennungen und Brüche in ihrem jungen Leben erlebt. Viele Kinder sind misshandelt, vernachlässigt oder sexuell ausgebeutet worden. Man spricht von traumatisierten Kindern. Wenn eine Pflegefamilie ein Kind aufnimmt, dann ist es fast immer ein Kind, das psychisch verletzt ist und das auf eine besondere Betreuung angewiesen ist.

... und warum leben sie in einer Pflegefamilie?
Zweitens: Die Zahl der Pflegekinder hat in den letzten Jahren wieder zugenommen. Das hängt mit zwei Entwick-

lungen zusammen: Es gibt zum einen mehr Familien, die gefährdet sind. Das sind Familien, die durch äusseren Druck, wie Arbeitslosigkeit, Armut oder soziale Ausgrenzung, zusammen mit Krankheit oder etwa Abhängigkeit von Drogen, zusammenbrechen und nicht durch innere oder äussere Ressourcen, wie ein verlässliches soziales Netz oder sozialpädagogische Familienhilfe, aufgefangen und stabilisiert werden können. Anderseits ist zu vermuten, dass der Kostendruck im sozialen Bereich eine immer grössere Rolle spielt: Oft wird die billigste Lösung gewählt, auch wenn sie nicht die beste ist für das Kind. Da die Platzierung in eine Pflegefamilie (mindestens kurzfristig) billiger ist als eine Platzierung in eine Institution, werden mehr Kinder in einer Pflegefamilie untergebracht.

System nicht up-to-date

Das Pflegekinderwesen in der Schweiz ist schlecht organisiert und es genügt den heutigen Anforderungen nicht. Jeder Kanton hat das Pflegekinderwesen etwas anders eingerichtet, ein unübersichtliches Wirrwarr ist die Folge. Es gibt eine schweizerische Verordnung über die Aufnahme von Pflegekindern, die minimale Vorschriften festlegt. Sie schreibt die Kontrolle über die Pflegeverhältnisse vor. Pflegefamilien brauchen eine Bewilligung, bevor sie ein Kind aufnehmen. Die Zuständigkeiten sind an die einzelnen Kantone und an die Gemeinden delegiert. Verantwortlich für die so genannte Pflegekinder-Aufsicht sind die Vormundschaftsbehörden am Wohnort der Pflegeeltern.

In der Praxis zeigen sich krasse Mängel: Es gibt keine Instanz, welche den ganzen komplexen Prozess steuert, wenn ein Kind nicht mehr in seiner Herkunftsfamilie leben kann und in eine Pflegefamilie platziert wird. Die Instrumente sind veraltet und neue Methoden, die den heutigen Anforderungen gerecht werden, sind kaum entwickelt.

Gäbe es Pflegefamilien nicht, man müsste sie erfinden
Im Pflegekinderwesen wird viel engagierte und fortschrittliche Arbeit geleistet! Da sind zuerst die Pflegefamilien, die oft - "on the job" sozusagen - hochdifferenzierte Kompetenzen entwickeln und hervorragende Leistungen erbringen - und das praktisch ohne Lohn. Das Pflegegeld, das sie gemäss den Richtlinien erhalten, deckt die effektiven Ausgaben - manchmal nicht mal das.

Es sind Projekte entstanden, die modellhaft arbeiten, in denen nicht nur die Pflegefamilie, sondern auch alle andern Beteiligten kompetent, vernetzt und professionell arbeiten. Das heisst, die Platzierung wird gut abgeklärt und vorbereitet, die Herkunftsfamilie wird einbezogen, die Situation ist rechtlich gut abgesichert, die Pflegefamilie wird in ihrer Arbeit begleitet. Anders gesagt: für das Kind wird eine hohe Qualität an Betreuung hergestellt, damit es bekommt, was es braucht. Projekte wie ESPOIR im Kanton Zürich oder INTEGRATION im Emmental zeigen, dass es möglich ist, unter den ungünstigen Rahmenbedingungen gute Arbeit zu leisten.

Die Pflegefamilien sind eine der wichtigsten Ressourcen in der Kinder- und Jugendhilfe. Müsste man alle Kinder in Pflegefamilien in einem Heim unterbringen, so würden jährliche Mehrkosten von über 300 Millionen Franken entstehen. Das zeigt die grosse volkswirtschaftliche Bedeutung der Einrichtung Pflegefamilie.

Investieren in die Ressourcen
- Pflegeeltern: Man kann Ressourcen nicht beanspruchen, ohne auch zu investieren. Viele Pflegefamilien fühlen sich ausgebeutet, weil von ihnen während 24 Stunden am Tag anspruchsvolle Arbeit erwartet wird, ohne angemessene Bezahlung, ohne Unterstützung, ohne Wertschätzung. Oft erschweren Behörden und Fachleute ihre

Arbeit zusätzlich. Pflegeeltern haben - wie MitarbeiterInnen in einem Heim - neben angemessener Bezahlung Anrecht auf die Instrumente, die für ihre Arbeit nötig sind: Fortbildung, Supervision, praxisbezogener Austausch. Sie haben das Recht, als Partner ernst genommen zu werden und nicht nur als billige "Töpfe", in welche man die Kinder versorgen kann.

- Sozialdienste: Viele Pflegekinder werden von Sozialdiensten platziert, die neben vielen andern Aufgaben das Pflegekinderwesen betreuen. Sie haben wenig Zeit zur Verfügung. Die SozialarbeiterInnen lernen in ihrer Ausbildung wenig über die fachlichen Grundlagen für die Abklärung von Pflegeplätzen, die Entscheidungsprozesse, die Platzierung, die Begleitung der Kinder, der leiblichen Eltern und der Pflegeeltern in diesem komplizierten System. In der Regel sind Sozialdienste für die Aufgaben im Pflegekinderwesen zu wenig gut dotiert. In der Schweiz gibt es nur sehr wenige spezialisierte Pflegekinderdienste, die ausschliesslich mit der Arbeit im Pflegekinderwesen beauftragt sind. Es kann sich deshalb auch wenig Praxis-Knowhow entwickeln. Auch dort, wo modellhaft gearbeitet wird und eine vorbildliche Praxis aufgebaut wurde, besteht wenig Austausch und Vernetzung mit andern Stellen.

Dem Pflegekinderwesen kommt eine wichtige sekundäre präventive Funktion zu. Wenn es zu Misshandlungen von Kindern gekommen ist, wenn also eine primäre Prävention nicht funktionierte, dann braucht das Kind einen qualifizierten Betreuungsplatz. Viel Leid und viele Spätfolgen können verhindert werden, wenn man einem Kind die Möglichkeit zu neuen Beziehungen und zur Verarbeitung des Erlittenen gibt. Aber wie soll es das machen, wenn es ohne klare Perspektive in eine Pflegefamilie "abgestellt" wird, nach einiger Zeit umplatziert werden muss und schon wieder eine Trennung erleidet?

- Behörden: Die Vormundschaftsbehörden befassen sich mit dem Pflegekinderwesen und dem Kinderschutz. Sie sind zuständig für die Erteilung von Bewilligungen für Pflegeplätze und für die Kindsschutzmassnahmen, wenn solche nötig sind. Jede Gemeinde in der deutschen Schweiz hat eine Vormundschaftsbehörde, es sind praktisch überall politisch zusammengesetzte Laienbehörden. Vom fachlichen Standpunkt aus ist das die untauglichste Lösung. Diese Behörden haben rund 20 Minuten Zeit für einen Entscheid, zum Beispiel, ob ein Kind aus seiner Pflegefamilie wieder zu den Eltern, die es früher misshandelt haben, zurückplatziert werden soll. Verfügt jemand über Fachwissen, dann ist es zufällig. Natürlich gibt es auch Vormundschaftsbehörden, die sehr gute Arbeit leisten, aber das System an sich ist nicht gut eingerichtet. Wenn die Feuerwehr so organisiert wäre wie das Pflegekinderwesen, dann wären schon viele Häuser abgebrannt. Es gibt durchaus eine Gemeinsamkeit zwischen dem Pflegekinderwesen und der Feuerwehr: Es muss schnell und effizient gehandelt werden und man muss wissen wie. Keine Feuerwehr rückt mit alten Spritzpumpen aus, um einen Brand in einer Sondermülldeponie zu löschen. Aber noch immer werden komplexe soziale Probleme, bei denen Kinder betroffen sind, zu lösen versucht, indem man die Kinder bei einer Familie unterbringt, ohne die Familie darauf vorzubereiten, was es bedeutet, ein Pflegekind aufzunehmen und ohne die Familie zu begleiten und zu unterstützen.

Viel zu wenig bekannt
Obwohl sie wertvolle Dienste für die Öffentlichkeit leisten, sind Pflegefamilien im öffentlichen Bewusstsein kaum vorhanden. Wie viele Kinder in einer Pflegefamilie erhalten, was sie brauchen und eine gute, qualitativ hochstehende Betreuung und Begleitung bekommen, ist nicht bekannt.

Die Sensibilisierung der Öffentlichkeit für die Anliegen von Pflegekindern, für die Leistungen von Pflegefamilien und für die Mängel und die Schwierigkeiten des Pflegekinderwesens sind denn auch Aufträge an die Schweizerische Fachstelle für das Pflegekinderwesen, die vor 5 Jahren von der Pflegekinder-Aktion Schweiz ins Leben gerufen wurde.

Wenn Pflegekinder erzählen...
Man weiss wenig darüber, wie es Pflegekindern geht, wie sie mit ihrer Situation zwischen zwei Familien klar kommen, wie sie Trennungen erleben und verarbeiten, wie es für sie ist, in einer Familie zu leben, in die sie nicht geboren wurden. Was sie denken und empfinden darüber, wenn es ihrer leiblichen Mutter so schlecht geht, dass sie nicht mehr in der Lage ist, für sie zu sorgen. Was sie sich wünschen. Was sie am dringendsten brauchen.
Netz, die Fachzeitschrift für das Pflegekinderwesen versucht immer wieder, Pflegekindern, Jugendlichen und ehemaligen Pflegekindern Raum zu geben um sich auszudrücken. Wir wissen aus der Erfahrung mit ihnen, wie schwierig es ist für sie, sich über ihre Geschichte zu äussern, wie viel Schmerz da immer wieder angerührt wird. Wie viel Mut es braucht, sich mit dem Schwierigen und Unlösbaren, das die meisten von ihnen erlebt haben, auseinanderzusetzen.

Pflegekinder-Aktion Schweiz
Fachstelle für das Pflegekinderwesen
Peter Grossniklaus-Schweizer
Kathrin Barbara Zatti

Adressen
Adressen, bei denen Eltern, Behörden und Pflegeeltern Auskunft über Ausbildungsmöglichkeiten und Unterstützungsangebote einholen können:

Pflegekinder-Aktion Schweiz
Franziska Schädel-Baumann, Geschäftsstellen-Leiterin; Annelies Vollenweider, Administration;
Bederstrasse 105a, 8002 Zürich.
Tel. 01/205 50 40, Montag bis Freitag 9-12 und 13-17 Uhr; Fax 01/205 50 45; homepage: www.pflegekinder.ch
Die Pflegekinder-Aktion Schweiz
- ist die einzige nationale Organisation, die sich für Pflegekinder und für die Entwicklung des Pflegekinderwesens einsetzt
- ist ein gemeinnütziger, politisch und konfessionell unabhängiger Verband mit 13 regionalen Pflegekinder-Aktionen als Mitglieder
- ist Mitglied der ZEWO und wird durch den Vorstand ehrenamtlich geführt
- bietet folgende Dienstleistungen und Leistungsbereiche an:

Fachstelle Pflegekinderwesen
Peter Grossniklaus-Schweizer / Barbara Raulf
Fachgrundlagen, Beratung, Dokumentation, Tagungen und Kongresse für Fachleute und Behörden, Fachinformation, Fortbildung für Behördenmitglieder

Fachzeitschrift Netz
Katja Rauch / Dr. Kathrin B. Zatti
Schwerpunktthemen und Aktuelles für alle Beteiligten an einem Pflegeverhältnis

Bildung für Pflegeeltern

Administration: Annelies Vollenweider
Fortbildungskurse für Pflegeeltern, Ausbildung zur qualifizierten Erziehung von Pflegekindern

Ferienlager für Pflegekinder

Administration: Annelies Vollenweider
Jährlich 3-4 Ferienlager für Pflegekinder im Ferienhaus Heiden, sowie Vermietung des Ferienhauses

Pflegekinder-Aktion Aargau

Dr. iur. M. Ramisberger, Sternenplatz, Postfach 114,
5415 Nussbaumen, Tel. 056/282 28 80,
Fax 056/282 28 88, E-Mail: Info@ramisberger.ch

Pflegekinder-Aktion Appenzell

Adolf Bruderer, Hinterbissaustrasse 11, 9410 Heiden,
Tel. 071/891 14 42

Pflegekinder-Aktion Basel

Helene Hertig, Binzenstrasse 14, 4058 Basel,
Tel. 061/601 03 75

Pflegekinder-Aktion Bern

Sekretariat, Hölzlistr. 56, 3475 Riedtwil,
Tel. 062/968 00 09, E-Mail: pab.be@bluewin.ch

Associazione ticinese famiglie

affidatarie ATFA, Segretariato, Vicolo Centrale 1,
6900 Lugano-Massagno, Tel. 091/966 00 91

Pflegekinder-Aktion Graubünden

Fred Schütz, Wiesentalstrasse 84, 7000 Chur,
Tel. 081/254 45 90

Pflegekinder-Aktion Schaffhausen

Vermittlungs- und Beratungsstelle, Rosengasse 26, 8200 Schaffhausen, Tel. 052/624 72 05

Pflegekinder-Aktion St. Gallen

Beratungs- u. Vermittlungsstelle, Othmarstrasse 7, 9000 St. Gallen, Tel. 071/277 48 38

Pflegekinder-Aktion Thurgau

Sekretariat, Frau Susanne Gisin, Kehlhofstr. 9, 8572 Berg, Tel. 071/638 00 55

Pflegekinder-Aktion Winterthur/Andelfingen

Judith Scheiwiller, Winzerstrasse 31, 8400 Winterthur, Tel. 052/222 74 48

Pflegekinder-Aktion Zentralschweiz

Fachstelle Kinderbetreuung, Löwenstrasse 7, 6004 Luzern, Tel. 041/410 88 42

Pflegekinder-Aktion Zürich

Sekretariat, Schulhausstr. 64, 8002 Zürich, Tel. 01/201 15 52

Pflegekinder-Aktion Glarus

Marianne Blumer Schegg, Mättlistrasse 28, 8867 Niederurnen, Tel. 055/610 31 09

Solothurnische Stiftung für das Pflegekind

Kurt Rufer, Wengistrasse 17, 4500 Solothurn, Tel. 032/627 22 80